U0516118

课题批准号：BJA160064
课题名称：制度有效性视角下我国高职教师职称评审制度的三足鼎立及现实选择研究
负责人姓名：王为民

谨以此书献给河南大学建校 110 周年暨河南大学教育学科成立 100 周年

本书出版得到全国教育科学规划国家社会科学基金、河南大学教育学部、
河南大学教育行动国际研究中心的资助
特此感谢

高职教师
职称评审制度
研 究

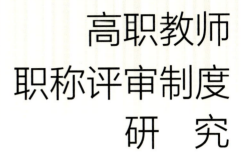

RESEARCH ON
PROFESSIONAL TITLE EVALUATION SYSTEM OF
HIGHER VOCATIONAL TEACHERS

王为民 著

社会科学文献出版社
SOCIAL SCIENCES ACADEMIC PRESS (CHINA)

前 言

　　高职教师职称评审制度是引导高职教师从事教育教学工作与实现专业成长的"指挥棒",是推进高职教育体制机制建设的"牛鼻子",是促进高职教育高质量发展的"助推器"。健全与完善高职教师职称评审制度,不仅能提升高职教师的工作主动性、积极性和创造性,激发教师工作活力,释放人事管理制度红利,而且有助于进一步提高技术技能型人才的培养质量,对服务我国产业结构优化升级与迭代发展具有重要意义。

　　长期以来,我国高职教育存在较为普遍的"四化"倾向,即高职院校普教化、高职教师同质化、高职课程学问化、高职教育内卷化。为何存在"职业院校越来越像普通学校"现象?[①] 为何高职教师存在同质化倾向?[②] 为何高职课程存在学问化的偏离效应[③]或"学术漂移"现象?[④] 为何高职院校普遍存在"科研锦标赛"问题?[⑤] 为何高职院校整体效益并未得到质的飞跃,[⑥] 而是陷入"无发展的增长"态势?[⑦] 本书认为,上述诸多问题均与高职教师职称评审制度建设滞后有较大关系。

　　高职教师职称评审制度如果不变革,将会影响整个高职教育的健康发展。基于此,本书对高职教师职称评审制度进行系统性专题研究。首先,从制度变迁的视角梳理我国高职教师职称评审制度发展的"套用本科"、

---

① 徐国庆:《确立职业教育的类型属性是现代职业教育体系建设的根本需要》,《华东师范大学学报》(教育科学版)2020年第1期,第9页。

② 王为民:《高职教师专业发展制度有效性研究》,科学出版社,2017,第147页。

③ 徐国庆:《职业教育项目课程:原理与开发》,华东师范大学出版社,2016,第4页。

④ 肖化移:《审视高等职业教育的质量与标准》,华东师范大学出版社,2006,第103页。

⑤ 郝天聪、石伟平:《高职院校的科研锦标赛:表现形式、形成机制及改革建议》,《高等教育研究》2020年第11期,第69页。

⑥ 贾德民:《高等职业教育内卷化及其破解路径研究》,《辽宁广播电视大学学报》2017年第3期,第11页。

⑦ 戴香智:《高职教育发展的内卷化及其突破》,《长沙大学学报》2017年第5期,第137页。

"三足鼎立"和"自主评审"等三个历史发展阶段，总结出高职教师职称评审制度变迁的历史背景与主要动因。其次，利用访谈、问卷调查和文本分析等方法获得大量一手资料，概括出评审权下放后高职院校教师职称评审制度建设的最新发展情况，提炼出高职教师职称评审制度建设的主要亮点。接着，挖掘高职教师职称评审制度存在的主要问题，包括学术导向的评审模式依然占据主导地位、职称评审的配套制度建设相对滞后等。然后，从传统教育管理思想、盲目套用研究型大学理念、绩效评估管理模式等方面对主要问题进行探究。最后，提出健全与完善高职教师职称评审制度的策略与方法，包括形成基于治理思想指导的职称评审制度建设基本原则、建设凸显类型属性的职称评审指标体系、优化职称评审方式与流程、加强配套制度建设等。

希冀本书的出版能进一步提升我国高职教师职称评审制度建设的质量，助推高职院校教师专业发展与高职教育的高质量发展，能为我国培养千千万万的、堪当民族复兴大任的、高素质技术技能型人才和大国工匠，为实现中华民族伟大复兴的宏伟目标做出积极贡献。

CONTENTS 目 录

第一章
绪　论

高职院校的人事制度，特别是教师职称评审制度决定高职院校发展的质量。高素质的教师队伍是高等职业教育发展的第一资源，是提升高职院校人才培养质量的关键力量。教师职称评审是高职院校内涵建设与人才强校战略的核心要素，健全与完善高职院校教师职称评审制度是深化教师考核评价改革的重要内容，是提升高职院校人才管理水平的重要举措，是加快高职教育治理体系与治理能力现代化的重要保障。

第一节　高职教师职称评审制度核心概念

一　高职及高职教师

"高职"在本书中指我国职业教育体系中承担和实施专科层次职业教育的高等职业教育。关于高等职业教育的概念，学界有以下几种较有代表性的界定。《中国教育百科全书》对此的诠释是："培养高级应用型人才的教育，属于高等教育范畴。职业技术教育的高等层次，招收中等职业技术学校毕业生、普通高中毕业生及具有相应文化水平和实践经验的中级技术工人，学制为 2~3 年。"[①]《教育大辞典》将之界定为："属于第三级教育层次的职业教育和技术教育。"[②] 杨金土等认为，高等职业教育主要指高等技术教育，旨在培养生产、管理和职业三类人才。[③] 匡瑛认为高等职业教育是指

---

① 张念宏主编《中国教育百科全书》，海洋出版社，1991，第 92 页。
② 顾明远主编《教育大辞典》，上海教育出版社，1990，第 134 页。
③ 杨金土等：《对发展高等职业教育几个重要问题的基本认识》，《教育研究》1995 年第 6 期，第 8 页。

"课程面向实际，让学生获得从事某个或某类职业或行业所需的实际技能和知识，为社会培养技术性人才的高等教育"。① 王明伦指出"高等职业教育具有职业教育和高等教育的双重属性"，其培养目标定位是"技术应用型人才和高技能型人才"。②

联合国教科文组织 1997 年颁布的《国际教育标准分类法》规定，高等职业教育是实施和承担实用型、技术型、适应具体职业之类的教育。依照联合国教科文组织 2011 年修订的《国际教育标准分类法》，我国专科层次高等职业教育属于"短线高等"（short-cycle tertiary）教育系列中的"55"类别，即第 5 等级中的短线高等职业教育类别。该类教育主要开设特定职业类课程，旨在给参加者提供有关专业知识、技艺和能力方面的课程学习。此类课程的学习时间较短，对理论学习的要求遵循"够用原则"，特别重视实践能力培养。国外的社区大学教育（community college education）、副学位教育（associate degree education）和高级技术教育（higher technical education）等均属于此类。我国高等职业教育的实施主体是各省（区、市）设置的职业技术院校，人才培养的主要目标是参与一线生产、管理、服务的高素质技术技能型人才。③ 概言之，高等职业教育"是以培养具有一定理论知识和较强实践能力，面向基层、面向生产、面向服务和管理一线职业岗位的实用型、技能型专门人才为目的的教育，是职业教育的高等阶段"。④ 高等职业教育的主要实施机构是职业技术院校。本书中的"高职"特指承担专科层次职业教育的高等职业教育，其主要实施机构是专科层次的高等职业技术学院。

"高职教师"在本书中特指高等职业院校内向学生传授职业知识、技能和行为方式，促进学生思想品德、职业能力和身心健康发展的专任专业课教师，⑤ 主要包括专业理论课教师、专业实践课教师（实践指导教师）和理实一体化教师，不包括普通文化课教师、专职辅导员、专职

---

① 匡瑛：《比较高等职业教育：发展与变革》，上海教育出版社，2006，第 16 页。
② 王明伦：《高等职业教育发展论》，教育科学出版社，2004，第 145 页。
③ 潘懋元、王琪：《从高等教育分类看我国特色型大学发展》，《中国高等教育》2010 年第 5 期，第 17 页。
④ 中华人民共和国教育部高等教育司、全国高职高专校长联席会：《教学相长：高等职业教育教师基础知识读本》，高等教育出版社，2004，第 2~3 页。
⑤ 赵志群、白滨编著《职业教育教师教学手册》，北京师范大学出版社，2013，第 34 页。

管理人员等。职业学校中的主要课程一般包括普通文化课、专业理论课以及实习课（实践课），[1] 因此，职业教育的师资队伍有相应的分类。有学者认为，职业教育师资包括普通科目师资和职业教育专业科目师资，其中，职业教育专业科目师资又分为职业教育专业理论师资与专业技术师资两大类。[2] 有学者将职业教育的师资队伍分为普通文化课教师、专业课教师和实习指导教师三类。专业课教师不仅应具备广博的专业基础知识、熟练的操作技能，而且应具有善于将这些知识与技能传授给学生以及组织管理教育教学工作的能力。实习指导教师必须具有较强的实践经验、实践性知识和熟练的操作技能以及社会适应能力。[3] 孟广平等认为职业学校教师队伍主要由文化课教师、专业课教师和生产实习指导教师三部分构成。[4] 与此类似，有学者把我国职业学校的专任教学人员分为公共文化课教师和专业课教师，其中专业课教师包括专业理论课教师、实习课教师（实习指导教师），主要负责专业课教学。[5] 综上，本研究依据教师所承担的教学任务，将我国职业学校教师分为公共文化课教师、专业理论课教师和专业实践课教师。专业理论课教师与专业实践课教师之间并没有绝对的界限，随着教师来源的变化以及教师在职培训与定期到企业实践观念的加强，越来越多的专业课教师正在逐步成为"双师型"或具有"双师素质"、能承担理实一体化课程的教师。基于此，专业理论课教师与专业实践课教师会依据实际教学工作的需要和教师个体专业发展情况承担相应的专业课程，两类教师在素质与能力上都须具备特定的"双师素质"，两类教师之间的界限正在逐步模糊，因此，他们可以作为专任专业课教师一并研究。[6]

[1]　周蕖主编《中外职业技术教育比较》，人民教育出版社，1991，第 174~175 页。
[2]　周谈辉：《职业教育师资培育》，台北：三民书局，1985，第 7 页。
[3]　周蕖主编《中外职业技术教育比较》，人民教育出版社，1991，第 174~175 页。
[4]　孟广平主编《当代中国职业技术教育》，高等教育出版社，1993，第 215~216 页。
[5]　Ziqun Zhao, Lianwei Lu, "China's TVET Teachers and Their Professionalization," Philipp Grollmann, Felix Rauner, *International Perspectives on Teachers and lectures in Technical and Vocational Education*, New York: Springer, 2007: 61.
[6]　周谈辉：《职业教育师资培育》，台北：三民书局，1985，第 7 页。

二　职称评审制度

制度（institution）是社会学科研究的一个重要对象，也是体制机制改革的重要内容。中外历史上对制度的概念界定颇多。《说文解字》的定义是："制，裁也，从刀从未，未，物成，有滋味，可裁断，一曰止也。""度，法制也，从又，庶省声。"① 《辞源》认为其是"法令礼俗的总称"，② 包括一切正式的法律规章和非正式的礼节习俗。《辞海》的阐释是："要求大家共同遵守的办事规程或行为准则，或在一定历史条件下形成的政治、经济、文化等方面的体系，如经济制度。"③ "institution"在《牛津高阶英汉双解词典》中的释义为："a custum or system that has existed for a long time among a particular group of people 风俗习惯，制度。"④ 《朗文当代英语大辞典》的解读为："a habit，custum etc，which has been in existence for a long time 即惯例、习俗、制度。"⑤ 国内外学者对制度的解释不胜枚举，代表性的有：凡勃伦（Thorstein B. Veblen）认为"制度是个人或社会对有关的某些关系或某些作用的一般思想习惯"，⑥ 主要是指以道德观念、风俗习惯和意识形态等形式存在的非正式规则形态的制度。康芒斯（John R. Commons）将制度定义为，用集体行动的意志与规范来控制个体行为的比较稳定的规则，这些规则指明在集体行动中个人能做或不能做什么，必须这样做或者禁止这样做，可以做或不可以做的事情。⑦ 尼尔逊（R. R. Nelson）强调，制度是对某些社会组织的约束行为或规则。⑧ 舒尔茨（Theodore W. Schultz）指出，制度是约束人们在社会、政治和经济领域行为的一系列规则。⑨ 柯武刚（Wolfgang Kasper）、史漫飞（Manfred E. Streit）从社会交往的角度指出："制

① （汉）许慎：《说文解字》，徐铉校订，中华书局，2013，第235、345页。
② 商务印书馆编辑部辞源修订组：《辞源》，商务印书馆，1998，第353页。
③ 辞海编辑委员会编《辞海》，上海辞书出版社，2009，第2949页。
④ 〔英〕霍恩比：《牛津高阶英汉双解词典》，王玉章等译，商务印书馆，2010，第1058页。
⑤ 〔英〕萨默斯：《朗文当代英语大辞典》，朱原等译，商务印书馆，2005，第903页。
⑥ 〔美〕凡勃伦：《有闲阶级论》，蔡受百译，商务印书馆，1981，第149~150页。
⑦ 〔美〕康芒斯：《制度经济学》，赵睿译，华夏出版社，2013，第61~62页。
⑧ R. R. Nelson, "The Coevolution of Technology, Industry Structure and Supporting Institution," *Industrial and Corporate Change*, 1994 (3): 57-58.
⑨ Theodore W. Schultz, "Institutions and the Rising Economic Value of Man," *American Journal of Agricultural Economics*, 1968 (50): 1313-1322.

度是人类相互交往的规则，它抑制着可能出现的、机会主义的和乖僻的个人行为，使人们的行为更可预见并由此促进着劳动分工和财富创造。为了有效能，制度总隐含着某种对违规的惩罚。"① 诺思（Douglass C. North）将制度定义为"一个社会的博弈规则，即一些人为设计的、形塑人们互动关系的约束"，它能够减少或避免人们日常生活的不确定性，因此构成了社会的激励结构。② 其中，非正式约束是在人类社会各种文化传统中所形成的一种普遍存在的行事准则、行为规范以及管理等。③ "正式规则包括政治规则、经济规则和契约。"④ 我国学者林毅夫认为："制度可以被理解为社会中个人所遵循的一套行为规则。"⑤ 樊纲则强调："制度是由当时在社会上通行或被社会所采纳的习惯、道德、戒律、法律和规章等构成的一组约束个人社会行为与调节人与人之间社会关系的规则，是调节人与人之间利益关系的一种社会机制。"⑥

综上可知，制度的内涵包括三个方面。首先，从本体上讲，制度是一种被社会成员基本认可并接受的约束和规制人与人之间社会关系及其行为的社会准则。其次，就权责关系看，制度是赋予人们一系列权利并要求其承担相应义务的集合。最后，从表现形态看，广义的制度不仅包括正式规则，而且包括非正式约束。依据以上所述并结合本研究实际情况，本书中的制度指称正式制度和非正式制度，包括国家、地方的行政或管理部门发布的有关职称评审方面的政策法规，高职院校制定的方案、规定、办法，以及一些不成文的传统、习惯等。

职称即职务之名称，是"专业技术职务"的简称，指用人单位依据系统、行业、企业或事业工作需要设置的、有明确工作职责与任职条件和一定任期的专业技术职务，一般设置从低到高的若干职务级别。专业技术人

---

① 〔德〕柯武刚、史漫飞：《制度经济学》，韩朝华译，商务印书馆，2000，第 35 页。

② 〔美〕道格拉斯·C. 诺思：《制度、制度变迁与经济绩效》，杭行译，格致出版社，2008，第 3~4 页。

③ Douglass C. North, *Institutions, Institutional Change and Economic Preformance*, Cambridge: Cambridge Unversity Press, 1990: 45.

④ Douglass C. North, *Institutions, Institutional Change and Economic Preformance*, Cambridge: Cambridge Unversity Press, 1990: 47.

⑤ 林毅夫：《诱致性制度变迁与强制性制度变迁》，载盛洪主编《现代制度经济学》（下卷），北京大学出版社，2004，第 255 页。

⑥ 樊纲：《渐进改革的政治经济学分析》，上海远东出版社，1996，第 13 页。

员经过一定的考核并合格后，才能从较低一级职称晋升为较高一级职称，即职称晋升。可见，职称是专业技术人员的专业技术水平、能力以及成就的等级称号，是反映专业技术人员的技术水平、工作能力的主要标志。一般而言，职务数量按照一定的编制要求来确定，各级职务有一定的结构比例和任期，专业技术人员在任职期间享有相应的专业技术职务工资。《关于实行专业技术职务聘任制度的规定》（国发〔1986〕27号）对"专业技术职务"的解释是："根据实际工作需要设置的有明确职责、任职条件和任期，并需要具备专门的业务知识和技术水平才能担负的工作岗位，不同于一次获得后而终身拥有的学位、学衔等各种学术、技术称号。"《高等学校教师职务试行条例》（职改字〔1986〕11号）对"高校教师职务"的界定是："根据学校所承担的教学、科学研究等任务设置的工作岗位。教师职务设助教、讲师、副教授、教授。各级职务有明确的职责、任职条件和任期。"根据高职教育的实际情况，高职院校一般设置高校教师系列、教育管理研究、实验技术、工程技术、卫生技术、图书资料、档案技术、出版技术、会计、审计等专业技术职务岗位。各类人员应根据所从事工作的岗位性质，申报相应系列的专业技术职务。本书中的高职教师职称主要是指高职院校设置的、以服务专任专业课教师为主的高校教师系列，不包括思想政治课教师、辅导员、公共课教师等的情况。

职称评审是指按照一定评审标准和程序，对事业、企业、社会团体等单位内的专业技术人才的品德、能力、业绩等方面进行综合评议和认定，并依据结果决定申报人职称是否晋升以及聘用的工作评价与考核活动。我国职称评审主管部门的分工是，人力资源和社会保障部负责全国的职称评审统筹规划和综合管理工作，省级或县级人力资源和社会保障行政部门负责本地区职称评审综合管理和组织实施工作，行业主管部门负责本行业的职称评审管理和实施工作。2019年6月，人力资源和社会保障部颁布我国第一部关于职称工作的法律性文件——《职称评审管理暂行规定》（中华人民共和国人力资源和社会保障部令 第40号）。该规定明确要求，将此前有关职称评审的其他称谓全部改为"职称评审"，不再使用"专业技术职称资格评聘""专业技术职务"等称谓。

职称评审标准一般分为国家标准、地区标准和单位标准。就国家标准而言，各职称系列标准由人力资源和社会保障部会同行业主管部门制定。

就地区标准而言，各地区人力资源和社会保障行政部门会同行业主管部门依据国家标准，结合地区实际制定。就单位标准而言，具有职称评审权的用人单位依据国家标准、地区标准，结合单位实际制定，并且地区标准、单位标准不得低于国家标准。用人单位获得职称评审权后，一般通过组建职称评审委员会开展职称评审工作，职称评审委员会受组建单位监督，并对组建单位负责。上级主管部门对职称评审委员会实行核准、备案和监管。职称评审流程须严格遵循申报、审核、评审、公示、确认等基本程序，各环节应当符合具体程序规定。申报人应当为单位在职的专业技术人才。

职称评审制度是通过考核和评价专业技术人员的工作态度、学术技术水平、专业能力和业绩贡献，对其进行职称晋升或聘任，以激励专业技术人才职业发展的重要管理制度。[①] 其中，职称晋升是最重要的一项激励措施，即按照一定工作岗位或聘任职务级别规定，定期对专业技术人员的职业态度、专业技术基础、能力、水平和业绩等进行评价或认定，通过者会获得更高一级工作岗位职务或专业技术等级称号，并享受更高一级薪酬待遇。简言之，职称评审制度是加强专业技术人才队伍建设，促进专业人才专业发展，增强其工作积极性、创造性、持久性、贡献度，提升用人单位工作效率或效益的重要制度。

职称评审制度主要由体系结构、评审机制和评审结果使用三个基本要素构成。其中，体系结构是对专业技术职务系列框架的概括性描述，主要包括职称系列和层级设计等。评审机制是评审制度的核心内容，包括评审标准、评审方法和评审基本程序等。评审结果使用主要反映评聘关系。一般而言，职称评审制度包括职称评审主体与权责、职称评审机制、职称评审标准、职称评审方式方法、职称评审管理与服务等内容。

三　高职教师职称评审制度

职业学校的教师职称评审制度是对职业学校任教教师所达到的学术研究水平、专业理论知识和教学能力的一种分类评价和认可的标准，旨在通过人事工资分配制度与教师教学能力、学识水平的合理挂钩和设置，有效

---

① 谢晶：《职称制度的历史与发展》，中国社会科学出版社，2019，第1页。

地促进教师发展，使教师专心钻研业务，提高专业教学质量。[①] 具体到本书，高职教师职称评审制度是指高职院校为了提升和激发专任教师工作主动性、积极性和创造性，依据相关政策法规，通过主管部门批准或授权组建职称评审委员会，按照一定的评审标准和评审程序，对申报者的评审条件与资格，教学、科研及服务社会等能力与业绩贡献进行综合评定，判断其是否能够胜任相应专业技术职务的一种制度安排。高职教师职称评审制度一般包括评审主体及其权责、评审内容标准、评审机制流程、评审方式方法、评审结果及其使用等方面。申报者通过职称评审后会获得更高一级的专业技术职称，亦即有资格受聘相应的专业技术职务或岗位，享受相应的学术声誉、工资待遇与福利。就高职教师职称评审的周期而言，一般为年度评审。职称评审结果与职务晋升、聘任、薪酬福利和荣誉等直接挂钩，因此，高职教师职称评审制度是对教师个体利益与发展影响最大、最受教师个体关注、对教师工作最具导向性作用的人事制度。

高职教师职称评审制度主要涉及中央、地方和学校三个层面的政策法规或标准要求。鉴于我国对高校教师职称评审实施中央、地方和学校三级管理，并颁布相应的国家标准、地区标准与单位标准或规定，因此，高职教师职称评审制度涉及以下三个层面的政策法规或规定要求：一是国家层面的上位制度，主要是中央政府及其相关部门颁布的有关教师职称方面的政策法规；二是省级层面的中位制度，主要是地方政府及其相关行政部门出台的政策、规定或办法；三是校级层面的下位制度，主要是高职院校制定的有关教师职称评审的规定、标准和要求等。

第二节　高职教师职称评审制度存在的问题及研究范畴

一　背景及问题

当前，高职院校发展存在较为普遍的"四化"倾向，即高职院校普教

---

① 周志刚、米靖主编《职业教育教师培养制度与机制创新》，北京师范大学出版社，2013，第 156 页。

化、高职教师同质化、高职课程学问化、高职教育内卷化。究其缘由，本研究认为，高职教师职称评审制度建设滞后是掣肘我国高职教育高质量发展，导致上述问题的重要因素。自《国家中长期教育改革和发展规划纲要（2010—2020 年）》明确提出完善符合职业教育特点的教师职称评审办法后，国家层面的多项政策安排反复强调，应尽快健全与完善高职教师职称评审制度。囿于诸多原因，高职教师职称评审制度建设力有不逮，严重制约了高职教育高质量发展。

（一）高职院校教师职称评审制度存在长期"套用本科"问题

长期以来，高职院校缺少符合高职教育特点的教师职称评审制度，一直套用普通本科院校的标准，形成评审制长期"套用本科"问题。肇始于 20 世纪 80 年代初的高等职业教育，从 1986 年起一直套用普通本科院校的教师职称评审制度，亦即"用学术型大学教师的标准评聘高职教师的做法"，[①]"把教师引导到写理论文章和出专著上"。[②] 由于当时对职业教育类型属性缺乏明确认识，对高职教师职业素养、工作特点与专业发展方向缺乏较为深入的研究，1986 年相继发布的《高等学校教师职务试行条例》（职改字〔1986〕11 号）、《关于〈高等学校教师职务试行条例〉的实施意见》和《高等学校教师职务评审组织章程》均将高职院校视为"普通高校家族"中的一员，要求高职院校专业课教师必须按照普通本科院校的职务要求去申报、参与职称评审与接受聘任。其中，《高等学校教师职务试行条例》（职改字〔1986〕11 号）第六章第二十三条规定："本条例适用于普通高等学校。原则上也适用于其他类型的高等学校。"自此，高职院校在教师职称评审时长期套用普通本科院校的教师职称评审办法或要求，形成了较为普遍的评审制"套用本科"问题。

高职院校教师职称评审制度的"套用本科"问题导致"学术导向"的职称评审模式，偏离了高职院校人才培养目的。其消极作用表现在以下几个方面：一是评审制"套用本科"导致高职教师职称评审制度有悖于高职教师工作制度的方向，对高职教师教育教学工作产生较强的斜向拉力，而

①　徐国庆：《职业教育原理》，上海教育出版社，2007，第 163 页。
②　肖化移：《审视高等职业教育的质量与标准》，华东师范大学出版社，2006，第 103 页。

正向拉力不足，使其偏离了技术技能型人才培养的诉求；二是职称评审制度与教师企业实践制度、教师培训制度方向不一致，"套用本科"背离"双师型"教师发展诉求，误导教师将主要精力投放在与教育教学关系不大的论文发表与课题研究方面，使高职教师专业发展偏离"双师导向"而向学术化倾斜，造成高职教师专业发展"异化"现象，[①] 以及与普通高校教师同质化现象；三是"套用本科"严重影响教师教育教学的热情与积极性，抑制教师在人才培养方面的时间和精力投入，影响教育教学质量和人才培养质量，成为制约职业院校内涵建设的因素（见图1-1）。

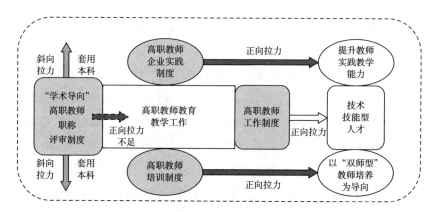

图1-1　高职教师职称评审制度"套用本科"问题

（二）新时代教育评价改革亟须破解职称评审中的"五唯"现象

高职院校教师职称评审存在较为普遍的"五唯"现象，[②] 甚至出现"想用的人评不上，评上的人用不上"的职称评审怪圈。当前高职教师职称评审制度中"套用本科"的问题依然较严重，相关考核内容和标准仍然具有"五唯"倾向。近年来，尽管很多高职院校已经对教师职称评审制度进行积极改革，譬如适当加大教学业绩的分值比例，重视对教师实践教学能力的考察等，但是依然强调论文、课题、项目等的数量、级别和资历、称号等，

---

① 王为民：《走出"制度陷阱"：高职教师专业发展制度的供给困境反思》，《河南大学学报》（社会科学版）2018年第1期，第140~141页。

② 邵建东、韦清：《高职教师职称评聘须彰显职教特色》，《中国教育报》2020年12月15日，https://www.tech.net.cn/news/show-92728.html。

难以走出"死磕论文、项目"的怪圈。结果是"用科研、著作等成果来对高职教师进行职称晋级的评定办法，让大多数高职教师感觉到希望渺茫、教学工作输出低价值、低成就感"，造成"很多教师甚至放弃了晋级想法，表现出失落、压抑、悲观情绪，逐渐失去工作热情和积极性，冷漠对待教学工作"的问题。①

研究评审权下放后高职教师职称评审制度的建设情况，总结制度建设的经验与问题，提出高职教师职称评审制度建设的对策，对破解职称评审中的"五唯"倾向具有重要意义。2020 年 10 月《深化新时代教育评价改革总体方案》强调破解职称评审中的"五唯"现象，主要包括三方面内容：一是"扭转不科学的教育评价导向，坚决克服唯分数、唯升学、唯文凭、唯论文、唯帽子的顽瘴痼疾"，提高教师业绩评价的科学性、专业性、客观性；二是突出教育教学实绩，亦即高职院校应健全"双师型"教师考核标准，突出实践技能水平和专业教学能力；三是改进教师科研评价，突出质量导向，重点评价学术贡献、社会贡献以及支撑人才培养情况。由此可见，剖析当前高职教师职称评审存在的"五唯"现象，加快高职教师职称评审制度建设是当务之急。

（三）现代职业教育体系建设亟须健全高职教师职称评审制度

健全高职教师职称评审制度是现代职业教育体系建设的重要内容。国家出台了一系列相关政策，反复强调要加快推进高职教师职称评审制度建设（见表 1-1）。21 世纪以来，较早提出完善高职教师职称评审制度的国家政策是《国家中长期教育改革和发展规划纲要（2010—2020 年）》，它要求完善符合职业教育特点的教师资格标准和职称评聘办法。《教育部关于推进高等职业教育改革创新引领职业教育科学发展的若干意见》（教职成〔2011〕12 号）提出，将教师参与企业技术应用、新产品开发、社会服务等作为职称评聘和工作绩效考核的重要内容。之后《国务院关于加快发展现代职业教育的决定》（国发〔2014〕19 号）指出健全职业院校教师职称评聘办法。《现代职业教育体系建设规划（2014—2020 年）》要求根据职业

① 周丽娟、陈新：《高职教师职业倦怠现状调查与分析——以北京农业职业学院为例》，《中国职业技术教育》2017 年第 27 期，第 54 页。

教育的特点完善教师资格标准、职称评聘办法。嗣后，《高等职业教育创新发展行动计划（2015—2018 年）》（教职成〔2015〕9 号）规定："完善教师职称评聘办法，将师德表现、教学水平、应用技术研发成果与社会服务成效等作为高等职业院校教师职称评聘和工作绩效考核的重要内容。"《教育部关于深化高校教师考核评价制度改革的指导意见》（教师〔2016〕7号）重申"破除束缚高校教师发展的体制机制障碍"，指出完善教师考核评价制度是当前和今后一段时期深化高等教育综合改革的紧迫任务。2019 年颁布的《国家职业教育改革实施方案》重申"建立师资队伍标准、完善评价标准"，"实施教师专业标准"，"改革职业院校专业教师招聘办法，实行高层次、高技能人才以直接考察的方式公开招聘"。随后，《教育部 财政部关于实施中国特色高水平高职学校和专业建设计划的意见》（教职成〔2019〕5 号）强调："创新教师评价机制，建立以业绩贡献和能力水平为导向、以目标管理和目标考核为重点的绩效工资动态调整机制。"《深化新时代职业教育"双师型"教师队伍建设改革实施方案》（教师〔2019〕6号）指出，新时代职业教育"双师型"教师队伍建设的目标是"深化突出'双师型'导向的教师考核评价改革"，"建立职业院校、行业企业、培训评价组织多元参与的'双师型'教师评价考核体系"，重点是"深化教师职称评审制度改革，破除'五唯'的顽瘴痼疾"。《职业教育提质培优行动计划（2020—2023 年）》（教职成〔2020〕7 号）指出："落实和扩大职业学校办学自主权，健全完善职称评聘、分配制度等"，"将企业生产项目实践经历、业绩成果等纳入评价标准"。从国家相关政策安排的密集度与重视度可知，进一步健全和完善高职教师职称评审制度是职业教育体系建设的当务之急。

表 1-1　有关加强高职教师职称评审制度建设的政策

相关政策	主要内容
《国家中长期教育改革和发展规划纲要（2010—2020 年）》	完善符合职业教育特点的教师资格标准和专业技术职务（职称）评聘办法
《教育部关于推进高等职业教育改革创新引领职业教育科学发展的若干意见》（教职成〔2011〕12 号）	进一步完善符合高等职业教育特点的教师职称评审标准，将教师参与企业技术应用、新产品开发、社会服务等作为职称评聘和工作绩效考核的重要内容

续表

相关政策	主要内容
《国务院关于加快发展现代职业教育的决定》（国发〔2014〕19号）	健全教师专业技术职务（职称）评聘办法
《现代职业教育体系建设规划（2014—2020年）》	根据职业教育的特点完善教师资格标准、专业技术职务（职称）评聘办法
《高等职业教育创新发展行动计划（2015—2018年）》（教职成〔2015〕9号）	完善教师职称评聘办法，将师德表现、教学水平、应用技术研发成果与社会服务成效等作为高等职业院校教师职称评聘和工作绩效考核的重要内容
《教育部关于深化高校教师考核评价制度改革的指导意见》（教师〔2016〕7号）	完善教师考核评价制度，职称评审应加强师德考核力度、突出教育教学业绩、完善科研评价导向、重视社会服务考核、引领教师专业发展
《国家职业教育改革实施方案》	职业教育与普通教育是两种不同教育类型，建立师资队伍标准、完善评价标准，实施教师专业标准等
《教育部 财政部关于实施中国特色高水平高职学校和专业建设计划的意见》（教职成〔2019〕5号）	创新教师评价机制，建立以业绩贡献和能力水平为导向、以目标管理和目标考核为重点的绩效工资动态调整机制
《深化新时代职业教育"双师型"教师队伍建设改革实施方案》（教师〔2019〕6号）	深化突出"双师型"导向的教师考核评价改革，建立多元参与的"双师型"教师评价考核体系，深化教师职称评审制度改革，破除"五唯"的顽瘴痼疾
《职业教育提质培优行动计划（2020—2023年）》（教职成〔2020〕7号）	落实和扩大职业学校办学自主权，健全完善职称评聘、分配制度等；改革专业教师晋升和评价机制，破除"五唯"倾向，将企业生产项目实践经历、业绩成果等纳入评价标准

受诸多因素影响，高职院校在教师职称评审制度建设方面的步子较小、力度不够，导致高职教师职称评审制度难以适应高职教育高质量发展的诉求。在2017年评审权下放后，尽管很多高职院校进行了积极探索与改革，但是该制度建设仍难以满足高职教育人才培养模式的需求，难以符合高职教育"双师型"教师专业发展的诉求，现行教师职称评审制度"未能充分

激发职业院校教师工作主动性、积极性和创造性"，[①] 仍然存在一些有悖于高职教育规律、严重束缚教师工作积极性的弊端。因而，2019 年人力资源和社会保障部明确了这方面建设的路线图和时间表，力争 2020 年底前完成各系列职称评审制度改革工作。[②]

二 研究意义

研究并健全高职教师职称评审制度，直接关系高职教育内涵发展与教师工作成效，对提升高职院校人才培养质量，促进高职教师专业发展具有重要意义。

（一）理论意义

1. 探索符合高职院校"双师型"教师特点的职称评审新理念

通过对高职教师职称评审制度的专题研究，本书试图探寻符合高职院校"双师型"特点的教师职称评审制度设计新理念。好的职称评审制度设计理念，往往会因为制度创新而生成制度红利，即"通过制度创新，降低交易成本，创造发展优势，提高发展效率，进而带来超过原来资源配置方式下所能获得的增量收益和回报"。[③]

《国家中长期教育改革和发展规划纲要（2010—2020 年）》等国家政策明确提出，探索和完善符合职业教育特点、突出"双师型"导向的教师职称评审制度，但是我国有关高职教师职称评审制度建设方面的专题研究较少，比较成熟的制度建设理念也鲜见，进而掣肘高职教师职称评审制度的实践探索与发展。2017 年，高职院校获得教师系列高级职称评审权，开启职称自主评审新时代，更是亟须探索符合高职院校"双师型"教师特点的职称评审新理念。教育部等五部门颁布《关于深化高等教育领域简政放权放管结合优化服务改革的若干意见》（教政法〔2017〕7 号），强调要"改进高校教师职称评审机制"，要求高校自主组织职称评审、自主评价、

---

① 钱维存、石伟平：《困境与突破：职业院校教师绩效管理的问题、原因与对策》，《中国职业技术教育》2020 年第 27 期，第 55 页。

② 韩秉志：《人社部出台改革意见——职称评审重在破除人才成长羁绊》，2019 年 12 月 24 日，http://www.gov.cn/xinwen/2019-12/24/content_5463426.htm。

③ 张占斌：《改革红利再释放》，生活·读书·新知三联书店，2014，第 5 页。

按岗聘用，并"改进教师职称评审方法"。之后，人力资源和社会保障部、教育部联合发布《关于深化高等学校教师职称制度改革的指导意见》（人社部发〔2020〕100号），明确规定："高校教师职称评审权直接下放至高校，自主组织评审、按岗聘用，主体责任由高校承担。"

毋庸置疑，评审权下放后全国1400多所高职院校均面临"如何接好权、如何用好权"的挑战。[①] 因而，探寻能够指导高职教师职称评审制度建设的新理念，对我国高职院校而言迫在眉睫。新时代高职教师职称评审制度建设应该秉持何种理念？如何才能破解职称评审制度设计中导向不清晰、评审主体单一、评审内容定位不准、评审模式僵化等系统性问题？本书一方面依据制度有效性理论、治理理论对当前高职教师职称评审制度存在的问题进行审视，分析和探索高职教师职称评审制度建设的价值导向、主要原则和基本思路，包括制度建设的有效性分析；另一方面，借助职业教育的"类型属性"来进行微观层面的剖析，凸显职称评审制度建设的"双师型"导向。因此，探寻符合高职院校"双师型"教师特点的职称评审新理念，有助于把握制度建设的正确导向，遵循高职教育发展的规律，满足高职院校内涵发展与高职教师专业成长的要求。

2. 拓展制度有效性理论在教师职称评审制度领域的新境界

高职教师职称评审制度建设是一项理论性与实践性较强、综合性与复杂程度较高的研究活动。高职教师职称评审制度研究既需要基于制度有效性理论，又需要在此基础上不断丰富和拓展制度有效性理论，并构建符合该研究特点的制度分析框架。制度有效性理论是由美国经济学家诺思提出的一个年轻而充满朝气的理论流派。诺思认为，有效率的制度就是好制度，好的制度就是生产力，它产生的制度红利能对经济与社会的发展产生巨大的促进作用。我国学者冯务中对该理论有进一步的论述。[②] 之后，有研究进一步探讨了制度的价值有效性和制度的功能有效性概念，[③] 成为本书研究的重要理论基础。

在此基础上，本书进一步丰富了制度有效性理论。本书构建了该理论

---

① 中华人民共和国教育部：《2019年教育统计数据》，2020年6月11日，http://www.moe.gov.cn/s78/A03/moe_560/jytjsj_2019/qg/。

② 冯务中：《制度有效性理论论纲》，《理论与改革》2005年第5期，第15~19页。

③ 王为民：《高职教师专业发展制度有效性研究》，科学出版社，2017，第23页。

分析的一、二级框架，其中一级分析框架主要包括制度的公平性、制度的民主性、制度的合目的性、制度的实效性等维度；二级框架包括合目的性、公平性、组织有效性、执行有效性等维度。从供给侧结构性改革角度看，如果能提供更优质、更有效的制度，就能为社会释放更多的制度红利，就能破解掣肘改革发展的深层次问题，进一步推进当前社会经济改革。本书通过探索和提升高职教师职称评审制度的有效性，不仅有助于规避当前高职教师职称评审制度建设中可能存在的陷阱与误区，减少教师工作制度与教师职称评审制度之间的不相容性，降低教师工作中的交易成本，并通过制度杠杆撬动教师专业发展，提升教师工作效率，促进高职院校内涵发展；而且能为制度有效性理论提供更多的探索空间与发展案例，包括可能获得相关的职称评审制度有效性建设维度、有效性考察标准、有效性设计流程、有效性设计理念等。

（二）实践意义

1. 发掘符合高职"双师型"教师特点的职称评审原则与标准

评审权下放后，高职院校发展亟须探寻符合高职教育特点的职称评审制度，急需这方面的理论探索以及对其成功实践经验的总结。当前，高职教师职称评审制度的设计理念、原则与指标在一定程度上偏离了高职教育内涵发展及高职教师专业成长方向，导致高职教师职称评审产生以下问题：一是学术导向的职称评审模式与高职教师工作制度及其专业发展制度不相容，影响高职院校的人才培养质量与内涵发展；二是影响高职教师的绩效管理生态，诱发"劣币驱逐良币"的现象，亦即"想用的人评不上，评上的人用不上"。一些在教育教学方面付出很多、教学业绩比较显著的教师未必能在职称晋升方面具有明显优势；而一些对教育教学工作付出与贡献较少的教师，善于通过写论文、搞项目等较快获得职称晋升。因此，高职院校在获得自主评审权后，亟须通过职称评审制度建设来扭转和改变上述问题。例如，2017 年 9 月，四川省多所高职院校联合召开高职院校职称评审研讨会；[①] 同年 10 月，珠海城市职业技术学院组织召开"11 校教师职称评

---

① 眉山职业技术学院：《川南片区市属高职高专职称评审研讨会在我院举行》，2017 年 9 月 30 日，http：//www.msvtc.net/htmlarticles/House/mzyw/2017_09/31079.html。

审制度改革研讨会"，共同研讨职称评审的方法和路径。① 之后，常州市、重庆市多所高职院校举行职称评审工作研讨会，商议职称评审制度建设问题。②

基于此，本书一方面通过对高职教师职称评审制度的"套用本科"问题进行剖析，理性批判其制度设计理念、原则与标准方面存在的主要问题，分析造成教师职称评审制度与教师工作制度不相容的原因，发掘当前职称评审制度建设中存在的误区；另一方面，以高职教师职业素养与工作特点为逻辑起点，从高职院校办学定位、人才培养目标和高职院校内涵发展的内在需求出发，提出高职教师职称评审制度建设的原则，包括坚持以"双师型"为导向的方向性原则，坚持以业绩贡献和能力水平为导向的内容性原则，坚持以利益相关者多元参与评审为导向的方法性原则。同时，提出职称评审制度建设的标准，从制度设计上破除高职教师职称评审中的"五唯"倾向，促使高职教师职称评审回归初心。

2. 助推高职院校"双师型"教师专业发展与学校高质量发展

"人材者，求之则愈出，置之则愈匮。"健全职称评审制度能从根本上激发教师专业发展的内在驱动力，为高职院校的良性发展提供动力与活力。在某种意义上，高职教师职称评审制度就是高职教师从事该职业过程中的学术与业绩评判制度、人才选拔制度、工作激励制度、个人专业发展制度，是教师评价中最重要、最具影响力的制度。一方面，它是教师专业发展的"指挥棒"。高职教师职称评审制度中有关教师教学、科研、服务社会的评价内容、权重、分值等直接影响教师专业发展的方向与内涵，制约和引领教师专业发展的过程与结果；另一方面，高职教师职称评审制度的科学化、系统化以及规范化，是进一步提升高职院校人才培养质量、促进高职院校高质量发展的重要"推进器"。当前，高职教师职称评审制度基本上是"学术导向"模式。这种模式的设计理念并不适合高职院校"双师型"教师的

① 珠海城市职业技术学院：《11所高职院校齐聚我校研讨推进教师职称评审制度改革》，2017年10月23日，https：//www.zhcpt.edu.cn/info/1033/20488.htm。
② 江苏城乡建设职业学院：《在常高职院校2018年度职称评审工作研讨会在我校顺利举行》，2018年6月18日，https：//www.sohu.com/a/236436468_196618；重庆电子工程职业学院：《学校召开职称工作研讨会 有序推进2020年职称评审工作》，2010年10月8日，https：//ohr.cqcet.edu.cn/info/1252/2146.htm。

工作需求与专业发展诉求，背离学校办学定位与人才培养目的，严重制约了高职院校的内涵发展，致使高职教育质量不容乐观。① 对此，很多教师喊话"我们不想被埋在职称里"。此外，本书及时对放权后高职教师职称评审制度建设经验进行总结，也可为提升高职院校人事管理水平提供重要参考。现代社会的发展需要与时俱进的人事制度。② 作为人事制度的重要组成部分，高职院校的职称评审制度建设已经初见成效，并且积累了一些较成功的经验。及时总结与提炼这些经验，不仅能丰富高职教师职称评审制度建设的理念与方法，而且能为全国高职院校的职称评审制度建设提供重要实践参考与经验借鉴，有助于提升高职院校人事管理水平。

总之，建立符合高职院校"双师型"教师特点的教师职称评审制度，能够引领高职教师更专注、更积极地投入本职工作与自身专业发展，有助于提升专业与课程建设质量、课堂授课质量、学生指导水平等，推进高职院校高质量发展。因此，建设符合高职院校教师特点的职称评审制度迫在眉睫。

三 研究范畴

本书研究的重点包括爬梳高职教师职称评审制度的历史变迁，总结高职教师职称评审制度的发展现状，探寻高职教师职称评审制度存在的主要问题及其缘由，提出健全与完善高职教师职称评审制度的对策建议。

主要内容之一是爬梳高职教师职称评审制度的历史变迁。高职教师职称评审制度历史变迁属于一种渐进性变迁，主要分为"套用本科"时期、"三足鼎立"时期与"自主评审"时期。

主要内容之二是总结高职教师职称评审制度发展现状。评审权全部下放到高职院校后，全国高职院校共同面临如何完善职称评审制度，进行自主评审的问题。历经"八仙过海"式的自主探索后，高职院校职称评审制度呈现一些新特征与新亮点。

主要内容之三是探寻高职教师职称评审制度存在的主要问题及其缘由。

---

① 教育部教育规划与战略研究理事会秘书处编《建设中国特色、世界水平的现代职业教育体系》，教育科学出版社，2014，第 37 页。

② 林代昭主编《中国近现代人事制度》，劳动人事出版社，1989，第 1 页。

通过对评审权下放后高职教师职称评审制度的"全面体检"，发现当前制度建设中既存在历史性老问题，也有发展中的新问题，并通过多种视角对其缘由进行剖析。

主要内容之四是提出健全与完善高职教师职称评审制度的对策建议。高职教师职称评审制度的健全与完善涉及政府、高职院校、企业行业等多个系统，关涉全国 1468 所高职院校和 55.6 万名高职专任教师利益，[①] 是一项比较复杂的系统工程，因此需要深入的基层调研、严谨的论证分析，最后提出一些建设性、适切性对策建议。

①　中华人民共和国教育部：《2020 年教育统计数据》，2021 年 8 月 30 日，http：//www.moe.gov.cn/jyb_sjzl/moe_560/2020/quanguo/。

第二章
高职教师职称评审制度研究的基础

第一节　高职教师职称评审制度研究的基本情况

梳理文献发现，关于高校教师职称评审的研究较多，但是关于高职教师职称评审的研究较少。对高职教师职称评审研究的成果多是一些期刊论文，系统性的专题研究很少，主要是4篇硕士学位论文，其中2篇属于本课题的阶段性研究成果，一篇是《高职教师职称评审制度发展与问题研究——以河南省为例》[①]，另一篇是《治理与放权：高职院校教师职称制度研究——基于东部八所高职院校的调研》[②]。关于高职教师职称评审的博士学位论文或专著目前尚未发现。考虑到研究文献的时代性与针对性，同时为了更集中反映2015年国家提出"放管服"改革后高职教师职称评审制度建设情况，本书文献综述中的论文主要选取2011年之后的比较有影响力的文献，其中又以2015年以后的代表性文献为主。根据研究主题，该部分主要从高职教师职称评审理念、内容、机制、方法和结果使用等维度对相关研究进行爬梳、敷陈和总结。

一　有关高职教师职称评审理念的论述

（一）关于高职教师职称评审理念问题的论述

关于高职教师职称评审理念的论述，主要集中在指出或批判当前高职

---

① 王艳辉：《高职教师职称评审制度发展与问题研究——以河南省为例》，河南大学硕士学位论文，2018，第1页。

② 郑梦真：《治理与放权：高职院校教师职称制度研究——基于东部八所高职院校的调研》，河南大学硕士学位论文，2020，第1页。

教师职称评审理念存在的导向偏斜问题、盲目套用问题、彼此不一致问题和管理认知滞后问题等。

第一类论述主要探讨高职教师职称评审理念的导向偏斜问题。亦即，发现和指出现实中职称评审制度的设计理念存在较为普遍和严重的"学术导向""科研至上"倾向。有论者认为，当前高职教师职称评审制度的设计导向失之偏颇，"全国大部分省份一直沿用普通高校教师职称评审制度开展高职教师的职称评审工作，容易将高职教师的注意力和努力方向引向学术论文和纵向课题"。① 虽然很多省份已经出台单列的高职院校教师职称评审规定，但"实质上仍然以科研成果为主，偏离了职业教育的'职业性'"。② 这种基于"学术导向"的制度设计未能充分发挥、调动高职教师工作积极性，反而误导教师将主要时间与精力投放在科研方面，形成以"发表论文、争取项目"为目的的职称评审模式，并且导致教师的职业倦怠，以至于很多教师喊话"不评不甘心，参评特累心，落评更灰心"。调查数据显示，职称评审制度不够合理导致高职教师的低成就感和情绪衰竭，③ 造成教师职业倦怠的比例高达56%。④

第二类论述主要探讨高职教师职称评审理念的盲目套用问题。亦即，一些研究者发现高职教师职称评审制度存在套用普通本科院校标准或指标的问题，并对"套用问题"的合理性进行了质疑。有研究发现，高职教师职称申报和评审标准与本科院校几乎一样，未能体现高职教育的特殊性，很难反映高职教师的"双师素质"诉求。⑤ 有论者认为，"当前高职院校的职称评审仍旧沿用了研究型大学从助教、讲师到教授的职称评审体系"，结果造成重理论、轻实践，重论文、轻能力的现象。⑥ 有研究指出，高职教师

① 林宇：《高等职业院校师资队伍建设的现状、问题及对策》，《中国高教研究》2015年第1期，第81页。
② 赵晓芳：《基于胜任力模型的高职教师职称评定体系构建》，《教育理论与实践》2016年第36期，第25页。
③ 周丽娟、陈新：《高职教师职业倦怠现状调查与分析——以北京农业职业学院为例》，《中国职业技术教育》2017年第27期，第51页。
④ 汪长明：《高职院校教师职称评审的新思路探析》，《职教通讯》2016年第11期，第57页。
⑤ 张舸、李飞虹：《高职教师职称评审体系的构建与研究》，《成人教育》2012年第10期，第68页。
⑥ 谭见君、严勇：《"双一流"背景下高职院校师资队伍建设的问题与对策》，《长沙理工大学学报》（社会科学版）2019年第1期，第141页。

职称评审标准的"套用问题"导致教师专业发展中的"学术化"倾向或"同质化"问题，不利于高职教师成长，[①] 同时有悖于高职教育的内在需求与本质特点以及"双师型"师资队伍建设的初衷，[②] 当前的高职院校教师职称评审标准与指标体系存在较为严重的异化问题，[③] 不完全适合高职院校，因而，高职院校不能完全照搬本科院校的职称评审模式。[④]

第三类论述主要探讨高职教师职称评审理念的不相容问题。在此，不相容问题主要是指职称评审制度与教育教学制度、教师资格制度在设计理念上的不吻合与不一致。如果相关制度之间存在设计理念的不一致，就会出现制度之间的冲突、抵触或"制度打架"现象，在执行中彼此互为羁绊，难以形成合力。有研究指出，现行高职教师职称评审指标体系与职业教育教学目标不一致，评审标准主要是"比拼"科研成果，而对最重要的教书育人能力和业绩重视不够。[⑤] 有论者认为，目前高职教师职称评审制度的设计理念背离"双师型"教师队伍建设的诉求，与"教师资格标准、工作绩效标准与评价标准出现错位"。[⑥] 也就是说，高职教师职称评审制度与教师资格制度、教师工作制度在理念上不相容，在实践中难以衔接。

第四类论述重点探讨高职教师职称评审理念的认知滞后问题。该类研究指出，制度设计主体对高职教育的类型特征、教师的"双师素质"特点、教师工作能力要求或业绩特性的认知滞后，造成制度设计的理念偏差。具体而言，原因之一是设计职称评审制度时对高职院校的类型特征把握不准确。为了避免职称评审变革可能引发的矛盾，一些院校沿用此前的评聘办法，[⑦] 造成职称评审指标未能充分体现高职教师的职业能力

① 俞启定、王为民：《审视与反思：我国高职教师职称评审标准的套用问题》，《教师教育研究》2013 年第 1 期，第 17 页。
② 符成成：《高职教师职称评定管理工作策略革新》，《岳阳职业技术学院学报》2013 年第 2 期，第 34 页。
③ 黄亮：《内涵发展视域下高职教师职称评审改革路径研究——以江西财经职业学院为例》，《职教论坛》2019 年第 6 期，第 69 页。
④ 周礼：《关于推进高职院校教师职称评审工作改革的思考》，《长春教育学院学报》2015 年第 10 期，第 121~122 页。
⑤ 汪长明：《高职院校教师职称评审的新思路探析》，《职教通讯》2016 年第 11 期，第 57 页。
⑥ 黄亮：《内涵发展视域下高职教师职称评审改革路径研究——以江西财经职业学院为例》，《职教论坛》2019 年第 6 期，第 69 页。
⑦ 王孝坤、胡晓霞：《高职院校教师职称评聘问题与治理运行机制》，《宁波职业技术学院学报》2015 年第 2 期，第 10~11 页。

和职业素养等。① 原因之二是设计职称评审制度时对高职教育与本科教育的
性质认知不到位，加上惯性思维的影响，造成高职院校在设计职称评审制
度时套用普通本科院校的标准。② 原因之三是设计职称评审制度时对高职教
育最重要的育人功能理解不透彻，背离了高职教育的初心。③

（二）关于优化高职教师职称评审理念的论述

针对高职教师职称评审理念存在的诸多问题，一些研究者提出相应的
救偏补弊的思考，现将其归纳为以下两类。

第一类论述主要提出，建立单列的、符合高职院校类型特征的高职教
师职称评审制度。有论者认为，应该建立单列的高职教师职称评审制度。
"高等学校教师"职称系列是一个职称职组，在该职组中分为若干职系，因
此，应将高职教师职称评审制度作为一个单列的职系，以区别于普通本科
高校。也就是，在高等学校教师职务评聘系列（职组）中"单列高职院校
教师专业技术职务评聘制度"。④ 特别是，应建立符合高职院校类型特征的
科研评价标准，"淡化传统论文取向的科研评价模式，将应用研发、技术创
新、生产工艺革新、生产流程优化、产品升级等体现职业教育特色的研究
成果作为评价的内容"。⑤

第二类论述主要建议，在设计相关配套制度时应坚持理念与标准的相
容性。这种相容性在此的具体表征是，高职教师资格条件与其职称评审条
件的一致性、高职教师的工作制度与其职称评审制度的一致性或融合性。
有论者针对职称评审制度设计与"双师型"教师能力要求不相符的现象，
建议把"双师型"教师的专业能力要求与高职院校职称评审条件相融合，
"使'双师型'教师专业能力要求成为高职教师申报职称的必备条件"，将

---

① 赵晓芳：《基于胜任力模型的高职教师职称评定体系构建》，《教育理论与实践》2016 年第
36 期，第 25 页。
② 赵淑琪：《高职院校教师教科研能力现状调研及提升策略》，《教育与职业》2019 年第 21
期，第 87~88 页。
③ 施虹：《基于清理"四唯"背景下高职院校职称评审机制优化探析——以 T 学院为例》，
《就业与保障》2019 年第 24 期，第 106 页。
④ 王孝斌、夏勇子：《高职院校"双师型"教师队伍建设现状——基于湖北省 16 所高职院校
的调查与分析》，《职业技术教育》2015 年第 30 期，第 50 页。
⑤ 任君庆、王琪：《高职院校教师职业压力、组织支持感与工作满意度关系研究》，《中国职
业技术教育》2020 年第 3 期，第 59 页。

职称评审制度中的标准体系与"双师型"教师专业能力标准融为一体。此外，应设立与职称晋升相对应的多层级"双师型"能力标准，提高"双师型"能力标准与职称标准的匹配性与同步性。① 有研究认为，完善高职教师职称评审制度必须坚持"干什么、评什么"，即"分类评价"的原则，按照不同岗位、不同类型教师的职责特点，制定教师职称分类评价指标，② 或构建以"双师型"教师队伍建设为基本方向的教师职称评审制度，③ 以提高教师工作制度或教育教学制度与评审制度的相容性。

二 有关高职教师职称评审内容的研究

（一）关于职称评审内容方面问题的论述

诸多研究表明，当前高职院校教师职称评审内容存在偏重科研、轻视教学等主要问题。在此，评审内容指高职院校职称评审制度中的评审条件、要求、标准、指标及赋分情况。

第一，过度重视科研，存在"学术导向"问题。有研究认为，长期以来高职教师职称评审标准设置存在"论文至上、核心期刊崇拜"问题。④ 一些高职院校尽管获得了自主评审权，但是在制定评审标准时仍然偏重于以论文、课题为主导的考核，教学能力指标的比重偏小，⑤ 并且它们对科研的考核指标偏重科研数量，忽视科研质量。⑥ 此外，很多高职院校的科研定位偏重"学术导向"，而非以服务教育教学为导向的应用性研究。⑦ 甚至一些

① 韩天学：《融职称评审为一体的高职"双师型"教师专业能力标准体系研究》，《机械职业教育》2016 年第 5 期，第 38~40 页。
② 郑柏松：《高职院校教师职称量化评价体系的构建与探索——以黄冈职业技术学院为例》，《机械职业教育》2019 年第 10 期，第 55 页。
③ 阚阅：《当代英国高等教育绩效评估研究》，高等教育出版社，2011，第 51 页。
④ 梁苏、杨富：《高职教师职称评聘存在的问题及对策思考》，《西北成人教育学院学报》2014 年第 6 期，第 67 页。
⑤ 罗艳、刘琼：《以教学能力为主构建高职院校教师职称评价标准合理性探究》，《职业技术》2015 年第 4 期，第 8 页。
⑥ 张建芳：《高职院校职称评聘的问题探析》，《太原城市职业技术学院学报》2017 年第 11 期，第 60 页。
⑦ 王孝坤、胡晓霞：《高职院校教师职称评聘问题与治理运行机制》，《宁波职业技术学院学报》2015 年第 2 期，第 11 页。

高职院校"不允许将专利、研究项目等作为代表性成果进行送审鉴定"。[1]

　　第二，轻视教学方面考核。一方面，对教学考核不全面，普遍存在"只看教学工作量，不问教学质量"的情况。亦即"根据教学的工作量考核教师工作，却没有考虑到教师的教学质量和教学水平"，[2] 或"以教学工作量及参与课程建设、专业建设等方面的数量代替质量的问题"。[3] 另一方面，对教学质量的考核不够科学严谨，缺乏反映高职特色的新标准。[4] 对教学效果的考核多以简单的学生评教结果为依据，无法真实反映教师教学的质量。随着高职院校的职称评审自主权不断扩大，"评审标准中高职的职业性特色逐步显现，但仍有部分指标与本科趋同"，[5] 缺乏反映职业教育特色的考核指标。[6] 对此，有论者认为，对高职院校教师业绩的考核重点并非科研，而是专业教学、实践和科研成果的推广与应用。[7] 概言之，职称评审中"唯论文""唯奖项""重量不重质"等情况仍较为普遍。[8] 值得一提的是，评审权下放后，一些职业院校建立了校内职称评审标准，逐步重视对"教师实践能力"的考核。[9]

　　上述评审内容方面存在的问题，对高职教师的工作积极性、职业能力提升等造成很多消极影响，同时诱发了一些学术腐败问题。首先，当前"重科研、轻教学"的职称评审标准"打击了教学能力出色的教师的积极性"，[10] 抑

---

① 经月美：《高职校规范开展职称评审代表作同行鉴定工作》，《现代企业》2019 年第 12 期，第 60~61 页。

② 周礼：《关于推进高职院校教师职称评审工作改革的思考》，《长春教育学院学报》2015 年第 10 期，第 121 页。

③ 胡晓霞：《高职院校教师考核评价机制构建的实践探索与思考》，《职教论坛》2015 年第 14 期，第 14 页。

④ 梁苏、杨富：《高职教师职称评聘存在的问题及对策思考》，《西北成人教育学院学报》2014 年第 6 期，第 67 页。

⑤ 雷家彬：《高职教师职称评价标准的比较研究》，《高校教育管理》2016 年第 4 期，第 91 页。

⑥ 汪长明：《高职院校教师职称评审的新思路探析》，《职教通讯》2016 年第 11 期，第 57 页。

⑦ 徐华：《高职教师专业发展：困境与出路》，上海交通大学出版社，2017，第 81 页。

⑧ 施虹：《基于清理"四唯"背景下高职院校职称评审机制优化探析——以 T 学院为例》，《就业与保障》2019 年第 24 期，第 106 页。

⑨ 李兴旺、杨彩凤：《"放管服"改革背景下高职院校教师职称改革现状调查研究》，《科教文汇》（上旬刊）2020 年第 4 期，第 5 页。

⑩ 周媛媛：《高校教师职称评审与岗位设置管理工作的衔接研究》，《管理观察》2014 年第 34 期，第 147 页。

制了高职教师的教学研究热情。① 其次，影响高职教师职业能力提升。"教师职称评审仍然以教学工作量和科研成果为主……把教师的主要精力和时间都吸引到教学、科研方面，对教师自身专业实践能力的提高缺乏内在动力"，② 影响教师的实践教学能力提升，③ 在一定程度上影响了教师科研的正确定位与研究能力发展。④ 此外，还会诱发一些学术腐败问题。职称评审中不理性的学术导向"导致投机取巧、学术造假的学术腐败问题频发"。⑤

（二）关于补充完善职称评审内容的论述

基于上述职称评审内容方面的问题，有研究提出一些补充完善建议，主要包括进一步完善职称评审考核范围，加强高职教师教学能力考核等。

首先，关于完善职称评审考核范围的观点。朱剑荣认为应从教学工作量、日常规范、服务对象评价、科研工作量、群众评议和非教学工作量六个方面构建高职教师绩效考核指标体系。⑥ 王孝斌、夏勇子建议"将教师参与企业技术应用、新产品研发、社会服务等作为职称评审的重要内容"。⑦

其次，关于加强高职教师教学能力考核的建议。有学者强调高职教师专业能力是职业能力与教学能力的结合，⑧ "应将教学能力和教学业绩放在评定标准的首位，增加教师专业技术操作与技能方面的素质考核"，并且必须"鉴定教师指导学生实践实习的实际能力等"，⑨ 以此促进高职教师教学

---

① 张媛：《高职院校教师职称评审制度探析》，《轻纺工业与技术》2020 年第 5 期，第 181 页。
② 王成福等：《高职教师专业实践能力的内涵及培养对策》，《高等工程教育研究》2015 年第 3 期，第 148 页。
③ 吴益群、范可旭、吴丽华：《高职院校混合所有制办学人事制度改革初探》，《职业技术教育》2017 年第 8 期，第 9 页。
④ 赵丽：《高职教师科研工作现状与对策分析——基于高职院校科研评价的现状调查与分析》，《太原城市职业技术学院学报》2017 年第 4 期，第 9 页。
⑤ 赵淑琪：《高职院校教师教科研能力现状调研及提升策略》，《教育与职业》2019 年第 21 期，第 87~88 页。
⑥ 朱剑荣：《高职院校教师绩效考核体系创新研究——以南京化工职业技术学院为例》，《职业技术教育》2014 年第 26 期，第 57 页。
⑦ 王孝斌、夏勇子：《高职院校"双师型"教师队伍建设现状——基于湖北省 16 所高职院校的调查与分析》，《职业技术教育》2015 年第 30 期，第 50 页。
⑧ 吴全全：《职业教育国际合作的成效研究：定位、功能与组织》，《职教论坛》2011 年第 13 期，第 71 页。
⑨ 李梦卿、罗莉：《"双师型"教师职称：职教教师专业发展的保证》，《职教论坛》2011 年第 22 期，第 61 页。

与专业实践能力的提升。[①]

三　有关高职教师职称评审机制的论述

(一)　关于职称评审主体方面问题的论述

从相关研究文献可知，2015 年之前，高职院校的职称评审权，包括指标分配、评审标准制定以及任职资格的评审大都集中于上级行政部门，高职院校用人自主权受到较大限制。随着"放管服"改革在高校领域的深入推进，高职院校获得了职称评审权，实现了自主评审权和自主用人权的主体统一。[②] 在职称评审制度逐步完善的过程中，评审主体存在以下问题。一是校内职称评审委员会的成员大多是行政领导，在一定程度上，行政权力主导了职称评审。[③] 二是校外同行评审专家的遴选与组成不够严谨、不够合理。高职院校往往将申报人的代表作材料送至本科高校相关学科专家处进行鉴定，但是"本科高校与高职院校在办学目的、人才培养目标、师资队伍建设要求等方面都存在巨大差异"，导致"代表作鉴定的同行专家权威性令人质疑"，容易产生"鉴定结果不公平现象"。[④]

针对上述问题，相关研究提出诸多建议。有论者认为评委会应由专家学者、相关行业里的资深专家和技术能手等共同组成。[⑤] 鉴于高职教师教学的跨界属性，有研究提出，对高职教师教学水平进行评价时应建立一个多元评价主体参与的评审机制。评审主体包括学生、同行、企业、专家等，实行学生评价、同行互评、企业测评、专家盲评等相结合的办法。[⑥] 此外，应平衡学术权力和行政权力在职称评审中的作用，发挥职称评审在人才培

---

① 赵丽：《高职教师科研工作现状与对策分析——基于高职院校科研评价的现状调查与分析》，《太原城市职业技术学院学报》2017 年第 4 期，第 9 页。

② 李兴旺：《信息不对称视角下高职新一轮职称评审问题与对策》，《科教文汇》（上旬刊）2020 年第 3 期，第 109 页。

③ 潘永波：《基于职称评定现状分析教师职称改革的紧迫性》，《人才资源开发》2016 年第 2 期，第 39 页。

④ 经月美：《高职校规范开展职称评审代表作同行鉴定工作》，《现代企业》2019 年第 12 期，第 60 页。

⑤ 李梦卿、罗莉：《"双师型"教师职称：职教教师专业发展的保证》，《职教论坛》2011 年第 22 期，第 61 页。

⑥ 赵晓芳：《基于胜任力模型的高职教师职称评定体系构建》，《教育理论与实践》2016 年第 36 期，第 25 页。

养中的激励功能。[①]

（二）关于职称评审流程方面问题的论述

高职教师职称评审的流程不够规范与严谨，存在一定的不公平问题。一是职称评审程序不甚规范。一些高职院校在推荐过程中"缺乏务实、客观的审查、评议以及申报答辩等程序，致使推荐流程未能真正地发挥作用，不能将学术不端人员在推荐人员名单上排除"，使得一些真正优秀的教师可能因为没有获得推荐而错失晋升机会。[②] 二是代表作送审环节存在流程不够规范、操作不够严谨、鉴定结果不公平的现象。有的高职院校在代表作鉴定单位选取方面主要根据领导主观意愿，有的送审环节管理不严谨，工作人员保密意识不强。[③] 三是申诉制度不够健全。高职院校教师在职称晋升中遇到不公平对待时申诉的案例越来越多，但是，教师职称评审中的申诉制度或行政复议等制度建设比较滞后。[④]

四　有关高职教师职称评审方法的研究

（一）关于职称评审制度方法方面问题的论述

关于职称评审方法方面存在问题的论述，主要集中于职称评审办法和赋分办法不科学、不合理，影响职称评审的公平性问题。其一，某些评审条件或标准规定不够合理，方法不够恰当。评审权下放后，高职院校对教师能力与水平的认定方法不合理，包括对教师教学、科研和服务水平认定的观测点不科学，以评议投票的方式认定教学科研水平的方法不够客观公正。[⑤] 其二，评审权下放会导致不同学校的评审标准和分值权重不同，进而

---

① 李苏：《"放管服"视域下高职教师可持续发展动力机制研究》，《职业技术》2020年第2期，第18页。

② 张建芳：《高职院校职称评聘的问题探析》，《太原城市职业技术学院学报》2017年第11期，第60页。

③ 经月美：《高职校规范开展职称评审代表作同行鉴定工作》，《现代企业》2019年第12期，第60~61页。

④ 温丙帅、孙建波：《高职院校"双师型"教师职称评审权利保障研究》，《中国职业技术教育》2014年第20期，第68页。

⑤ 王孝坤、胡晓霞：《高职院校教师职称评聘问题与治理运行机制》，《宁波职业技术学院学报》2015年第2期，第11页。

产生校际、省际的不公平问题。当前，高职院校开始自主评审，不同学校在制定本校的评审指标体系时，在指标与权重方面会出现较大灵活性与差异，因而会出现一些不公平问题。例如"同一职称等级不同类型的职务要求差异较大"。[①] 再如，代表作外审鉴定结果的校内规定标准不同，也容易导致校际的不公平。有的高职院校规定："但凡代表作鉴定结果中，有一个'基本达到'，学科评议组即不予通过。"有的院校对于鉴定结果的要求则较宽松。[②] "由于缺乏相对统一的职务标准，不同省域教师的任职条件差异较大。"[③] 其三，设计评审条件或指标时，未充分考虑不同类型教师的情况。有的职称评审指标体系未能充分考虑教学型、教学科研型等不同类型教师的实际情况，[④] "考核指标单一化，无法满足高校教师分类发展的需求"。[⑤] 有的职称评审指标忽视不同专业之间的公平与平衡，未能兼顾非热门专业。例如"由于非热门专业可申报的科研项目或可投稿的期刊较少，"在职称评审的科研计分方面往往处于劣势。[⑥] 此外，还存在"评价方式过于简单、不注重实际效果和能力"等问题。[⑦]

（二）关于优化改进职称评审方法的论述

职称评审方法方面的优化改进意见，主要包括摒弃"一把尺子评所有"的做法，实施分类评审，采用更加公开透明的"双公示"或"申报人答辩"方法，以及提高信息化管理水平等。

一是摒弃"一把尺子评所有"的职称评审办法，建议采用分类评审法。

---

① 雷世平：《职称评审权下放高职院校并非"一放就灵"》，《大视野》2020年第1期，第1~2页。

② 经月美：《高职校规范开展职称评审代表作同行鉴定工作》，《现代企业》2019年第12期，第61页。

③ 雷家彬：《高职教师职称评价标准的比较研究》，《高校教育管理》2016年第4期，第91页。

④ 谭见君、严勇：《"双一流"背景下高职院校师资队伍建设的问题与对策》，《长沙理工大学学报》（社会科学版）2019年第1期，第141页。

⑤ 胡晓霞：《高职院校教师考核评价机制构建的实践探索与思考》，《职教论坛》2015年第14期，第14页。

⑥ 陈婷：《基于马斯洛需求层次理论的高职院校科研激励机制》，《黎明职业大学学报》2019年第1期，第55~56页。

⑦ 李兴旺、杨彩凤：《"放管服"改革背景下高职院校教师职称改革现状调查研究》，《科教文汇》（上旬刊）2020年第4期，第5页。

针对高职教师内部的分工与分类情况，应建设基于胜任力模型的分类评价权重框架，即依据高职教师工作岗位、教学分工和职业能力的差异，将高职教师分为教学型、实验教学型、科研型、服务型，按照不同的类型确定所考察内容的比重。[①]

二是进一步完善职称评审的方法或方式，实行"双公示""申报人答辩"等方法。"双公示"要求将申报人员的评审材料在评审之前和评审结果公布之后分两次进行公示，这有助于确保职称申报人员所提交的评审材料前后一致、真实、有效。"申报人答辩"能对申报人及其申报材料进行一次综合性的全面考察，有利于发现学术不端行为。[②]

三是提高职称评审的信息化管理水平。针对高职教师职称评审改革中的信息不对称现象，有研究者建议，在评审专家遴选、评审专家库建设、评审专家评选过程中充分利用"信号传递"、"激励相容约束"和"分离均衡"等方法强化信息公开与交流，提高职称评审效率。[③] 此外，建设高职院校职称采集与评审系统，能够快速、准确地采集到教师职称评审的相关数据，有助于提高职称评审的科学化、信息化水平。[④]

五 有关高职教师职称评审结果使用的研究

职称评审结果使用主要是指申报人在通过申报并顺利晋升较高一级职称后，是否直接被学校聘用并享受相应的薪酬与福利待遇问题。围绕此问题，相关研究集中在"评审分离"与"评聘结合"的利弊分析、评聘制度实践成效等方面。

一是关于"评聘分离"与"评聘结合"利弊的论述。有研究认为，实际上大多数高职院校并未实现评聘分离；当前普遍重视职称评审环节而忽

---

① 赵晓芳：《基于胜任力模型的高职教师职称评定体系构建》，《教育理论与实践》2016 年第 36 期，第 24~25 页。
② 张建芳：《高职院校职称评聘的问题探析》，《太原城市职业技术学院学报》2017 年第 11 期，第 62 页。
③ 李兴旺：《信息不对称视角下高职新一轮职称评审问题与对策》，《科教文汇》（上旬刊）2020 年第 3 期，第 109 页。
④ 田帆：《高职院校职称采集与评审系统设计与实现》，天津大学硕士学位论文，2016，第 1 页。

视职务聘任，聘任制蜕变为职称终身制。[①] 有论者对"评聘分离"持赞同态度，认为"评聘分离"有利于打破教师职称终身制，有利于形成竞争机制，促进岗位与教师职务之间的双向选择。[②] 也有研究表明，"评聘结合"尽管存在一定不足，但是从管理角度而言，不仅能省去一些不必要的管理环节，而且能避免很多矛盾。就当前实际情况而言，如果实行"评聘分离"可能会产生落聘、"高职低聘"、"低职高聘"等棘手问题，并诱发和激化很多矛盾。有研究建议，进一步完善岗位竞聘实施方案，明确聘期与责任，将考核指标和内容具体化。[③]

二是关于职称评审实践成效或满意度的论述。有研究发现高职教师对目前职称评审制度及其使用情况的满意度较低，反映出来的主要问题是"在职称评聘方面还存在一些不公开、不公平、不公正的现象"。[④] 这种情况在一定程度上挫伤了高职教师们干事创业的积极性，也影响了高职院校的内涵发展。[⑤]

六　对高职教师职称评审文献综述的评析

文献梳理让我们对我国高职教师职称评审制度的诸多方面有一个比较清晰的回顾。在此基础上的评析，不仅有助于更好把握已有研究的结构要素特点，而且能够发现已有研究存在的问题与研究发展动向。

（一）对已有研究结构要素的评析

第一，从研究内容看，关于高职教师职称评审的研究主要集中于对职称评审实施过程中存在问题的发现与思考，主要包括评审内容与标准的不合理性、评审方法与流程的不公平性等问题。其中也有一些较为深入的研

---

① 符成成：《高职教师职称评定管理工作策略革新》，《岳阳职业技术学院学报》2013 年第 2 期，第 35 页。

② 周媛媛：《高校教师职称评审与岗位设置管理工作的衔接研究》，《管理观察》2014 年第 34 期，第 148 页。

③ 张建芳：《高职院校职称评聘的问题探析》，《太原城市职业技术学院学报》2017 年第 11 期，第 62 页。

④ 解鹏、李健宁：《高职院教师工作满意度及激励策略的调查研究》，《江苏高教》2015 年第 4 期，第 147 页。

⑤ 黄亮：《内涵发展视域下高职教师职称评审改革路径研究——以江西财经职业学院为例》，《职教论坛》2019 年第 6 期，第 67 页。

究，但整体而言，对职称评审主体的研究、对职称评审结果使用情况及其问题缘由的探究较少，亟待进一步深入和丰富。

第二，从研究主体看，大多数研究者为从事高职领域研究的管理者、普通高校教师或学者、高职院校的教师和管理人员以及职业教育专业研究生，其他相关领域的研究者较少关注该问题。研究者探究的问题基本上都具有较强的实践性、客观性和紧迫性。可见，健全与完善高职教师职称评审制度是高职教育发展亟待解决的重要问题。

第三，从研究方法看，既有基于高职教育实践观察与思考的经验性或思辨性研究，也有很多基于访谈、问卷、个案调查等的实证性研究。经验性研究多采取文献法、文本分析法，一般都能提出一些积极的、建设性的建议。有关该问题的实证性研究基本上是小样本研究，全国性、大样本、专题性研究尚未发现。

第四，从研究结果或表现形式看，大多数研究成果是期刊论文，相关的专著、硕博论文都很少。从论文发表的期刊级别看，大多为普通 CN 学术刊物，发表于中文核心期刊的论文并不多。有硕士学位论文以某省为例，对我国高职教师职称评审制度进行较为系统的研究，并将该制度变迁历史分为标准共用时期、三足鼎立时期、放权发展时期。[1] 另有硕士学位论文对我国东部部分高职院校职称评审制度进行了较为深入的调研，并将该制度的历史变迁划分为同源初创时期、分型探索时期、放权治理时期。[2]

第五，从研究的时段看，既有反映评审权下放之前情况的研究成果，也有反映评审权下放之后情况的研究成果等。从已有文献中不难发现，有的研究反映的是评审权下放之前的情况，例如，对教师"双师型"资格的要求缺乏刚性等；有的研究反映的是评审权下放后的问题，例如学校职称评审委员会建设中的问题；还有一些研究关注的是长期存在、尚未破解的难题，譬如"套用问题""教学赋分占比较少""学术导向"的职称评审模式等。

---

① 王艳辉：《高职教师职称评审制度发展与问题研究——以河南省为例》，河南大学硕士学位论文，2018，第 21～22 页。

② 郑梦真：《治理与放权：高职院校教师职称制度研究——基于东部八所高职院校的调研》，河南大学硕士学位论文，2020，第 38～40 页。

（二）对已有研究存在问题的评析

第一，有关该问题的研究呈现较强的碎片化，亟须进行系统性专题性研究。从对高职教师职称评审制度研究年度发文量的分析中可见，2005年开始出现关于高职教师职称评审制度的期刊论文（见图2-1），截至2021年6月共计发表106篇期刊论文，其中中文核心和CSSCI论文10篇。

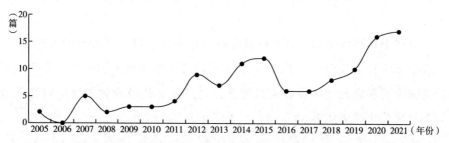

图2-1 有关高职教师职称评审制度研究的期刊论文数（2005年至2021年6月）

同期有关高职教师职称评审制度的硕士学位论文仅有4篇，其中2篇为本课题研究阶段性成果，目前尚未发现相关的博士学位论文和专著（见表2-1）。可见，高职教师职称评审制度的研究尽管特别重要，但尚未引起学界充分的关注和重视，亟待系统性的专题研究。

表2-1 有关高职教师职称评审制度的硕博论文（截至2021年6月）

学位论文篇名	作者及专业	出 处
《内蒙古高职院校教师职称评审改革研究》	窦宇，公共管理	内蒙古大学2017年硕士学位论文
《高职教师职称评审制度发展与问题研究——以河南省为例》	王艳辉，成人教育	河南大学2018年硕士学位论文（本课题研究阶段性成果）
《高职院校"双师型"教师职称管理问题研究——以内蒙古部分高职院校为例》	陈江林，教育经济与管理	西南大学2020年硕士学位论文
《治理与放权：高职院校教师职称制度研究——基于东部八所高职院校的调研》	郑梦真，职业技术教育	河南大学2020年硕士学位论文（本课题研究阶段性成果）

第二，许多研究缺乏一定的理论基础及分析框架指导。我国高职教师职称评审制度在实践探索与理论研究中属于一个较新的问题，不仅相关的理论探究较少，而且相关研究缺乏一定的理论基础和理论框架的指导，研究的深刻性、创新性亟待提升。

第三，有关职称评审制度建设的思路缺乏一定的学理性。虽然有的研究从胜任力角度、"双师型"教师素质要求和职业教师资格标准等方面进行分析，有一定新意，但是缺乏一定的方法论指导，分析不够深入、不够全面。

基于上述评析可知，对高职教师职称评审制度进行系统性的专题研究，不仅是评审权下放后全国 1400 多所高职院校实践探索的需要，也是高职教育内涵发展和高职教师专业成长使然，更是新时代教育评价制度对高职教育治理现代化的必然诉求。

第二节　高职教师职称评审制度研究的理论构建

选择适切的理论能为研究提供有效的方法论指导、分析框架与逻辑视角。本书主要以制度有效性理论、治理理论和教师评价理论为理论分析的学理基础，对高职教师职称评审制度进行审视和剖析。其中，制度有效性理论主要用于构建分析框架，治理理论主要提供制度设计的整体思路，教师评价理论主要为优化评审方法提供方法论。

一　制度有效性理论

（一）制度有效性理论的内涵

制度有效性是新制度经济学中一个有关制度理论的重要概念与理论分析工具。追求制度有效性是新制度经济学的基本价值观。[①] 人类社会对制度"有效性"的追求是制度变迁的重要因素。"有效"常常包含"效率""效益""效果"之义。"效率"（efficiency）一般指"消耗的劳动量与所获得

---

① 卢现祥：《寻找一种好制度：卢现祥制度分析文选》，北京大学出版社，2012，第51页。

的劳动成果的比率"。[①]"效益"(benefit)强调社会活动所消耗的劳动量与所取得的符合社会需要的劳动成果之间的比较。"效果"(effect)强调活动所形成的结果,兼具效率与效益之义。一般而言,"效率"不关注活动结果的性质;"效益"强调制度所规范的活动不仅应具有一定的效率,而且应具有特定的价值取向。因此,"制度有效性"指有关制度活动能以最小的代价来获得具有最大化正价值的制度效果。[②]

"制度有效性"是判断制度是否有效的重要理论分析工具。学者对"制度有效性"的代表性解释如下。诺思指出,凡是好的制度都是有效率的制度。之后,阿兰·斯密德(Allan A. Schmid)将效率、自由、民主与全体一致性、交易成本最小化作为判断一个制度是否有效率的四个要素。[③]我国学者卢现祥认为最优的制度就是交易费用最低的制度。[④]冯务中认为,某种特定的制度对于人的行为发生现实影响的效力就是制度有效性,并将有效性分为质与量两个维度。[⑤]据此可知,价值有效性与功能有效性是制度有效性的两个方面。

1. 制度的价值有效性

制度的价值有效性源于制度价值的属性。"制度本身具有一定的伦理追求、道德原则和价值判断,包含着对制度的正当、合理与否的伦理评价。"[⑥]"价值表示人们的需要与外物的属性之间的一种关系。"[⑦]制度价值是指制度活动的客观属性满足制度主体的需要。[⑧]由此可知,制度的价值蕴含着制度制定者及相关者对于制度目的的诉求与期望,体现着制度设计者对公平正义的理解与偏好。因此"合目的性"与"公平性"是制度价值有效性的两个方面。

"合目的性"是制度价值有效性的第一维度。康德认为,价值的合目的

---

① 辞海编辑委员会编《辞海》,上海辞书出版社,2009,第2525页。
② 刘复兴:《教育政策的价值分析》,教育科学出版社,2003,第49页。
③ 〔美〕阿兰·斯密德:《制度与行为经济学》,刘璨、吴水荣译,中国人民大学出版社,2004,第113~116页。
④ 卢现祥:《寻找一种好制度:卢现祥制度分析文选》,北京大学出版社,2012,第43页。
⑤ 冯务中:《制度有效性理论论纲》,《理论与改革》2005年第5期,第16页。
⑥ 方军:《制度伦理与制度创新》,《中国社会科学》1997年第3期,第55~56页。
⑦ 李存山编《张岱年选集》,吉林人民出版社,2005,第235页。
⑧ 刘复兴:《教育政策的价值分析》,教育科学出版社,2003,第49页。

性就像"一位医生要深刻地了解这个有机体的目的何在，这个有机体上的
这一部分的作用、功能何在，它是'为了'做什么的，这就是一种合目的
性的规律"。① 价值的本质在于客体对主体而言的合目的性。制度价值理性
的任务在于指示行为应该如此的规律。② 合目的性就是制度必须能够有效促
使遵循制度规则的人达成其所预期的目的，"未达到其目标的规则不可能永
久地证明其存在是合理的"。③ 若客体合乎主体的某种目的，那么它就有某
种价值，否则就没有价值。④ 正如波斯纳所言，我们必须考虑并且估量制度
的目的以及达到目的的手段。⑤ 可见，价值的合目的性是指价值本体存在
的客体能够满足或反映主体需要。制度的合目的性，是指制度设计过程中
的理念及其表现形式符合相关主体的发展规律、内在需求及利益，能够满
足其基本目的和内在规定性。在本书中，合目的性一般包括制度设计须符
合学校本位的发展目的，符合教师本位的发展目的，也就是说，制度设计
应始终与学校人才培养目标一致，与教师工作制度导向一致，不能偏离
目标。

　　制度价值有效性的第二维度是"公平性"。制度的公平性直接关系到社
会公平以及社会成员的根本利益。⑥ 制度具有价值特质，因而必然涉及制度
本身的公平问题。罗尔斯提出了正义的两个原则，即形式上的机会平等与
实质性的平等。⑦ 因此，制度公平性应包括形式上的机会平等和差异性公平
两个方面。其一，制度公平性应是一种形式上的机会平等，即实现最大多
数人的最大可能的平等。就教育制度而言，其基本出发点就是要实现学习
者的教育利益。法律与制度在本质上是通过权威的方式对社会利益进行分
配，⑧ 因此，教育制度的公平性应以实现教育利益的公平分配为旨归。具体
到教师职称评审制度，对教育利益的分配应包括教师职称评审框架设计的
公平、评审机制的公平、评审结果使用的公平等。其二，制度公平性应该

① 邓晓芒：《康德〈判断力批判〉释义》，生活·读书·新知三联书店，2008，第71页。
② 〔德〕黑格尔：《小逻辑》，贺麟译，商务印书馆，1980，第142页。
③ 〔美〕本杰明·卡多佐：《司法过程的性质》，苏力译，商务印书馆，1997，第38页。
④ 孔易人：《价值：合目的性》，《浙江学刊》1997年第3期，第61页。
⑤ 〔美〕理查德·A.波斯纳：《法理学问题》，苏力译，中国政法大学出版社，1994，第138页。
⑥ 彭海斌：《公平竞争制度选择》，商务印书馆，2006，第370页。
⑦ 〔美〕约翰·罗尔斯：《正义论》，何怀宏等译，中国社会科学出版社，1988，第75~80页。
⑧ 张金马：《政策科学导论》，中国人民大学出版社，1992，第17~18页。

休现差别原则，具有"差异的平等观"。差异的平等观认为应根据不同环境，用不同的标准来要求不同情况的人。差异的平等观不仅承认客观存在的个体性差异、合理适应差异，而且认为多样性的平等才是真正的平等。基于此，就高职教师职称评审制度而言，差异的平等观应体现为在设定教师职称评审内容与标准时，应该依据不同类型教师职业能力特点与工作需求，采用不同的标准衡量或评价不同类型的教师。[①] 也就是说，不能用同一的价值判断或相同的制度内容和要求来评审不同类型的教师职业能力、业绩贡献，否则就有悖于差异的平等观。

在本书中，制度公平性的主要表征是程序公平性与内容公平性。程序公平性即制度设计的各个环节、步骤应科学合理、公开透明，始终体现公平正义的原则。内容公平性，一方面表现为职称评审制度在教学、科研、服务社会等评审指标方面的设计具有较强的公平合理性；另一方面表现为在规避熟人关系、特权干涉方面具有较强的公平合理性，包括原则设计、技术防范、方法选择等。

2. 制度的功能有效性

功能有效性是制度的重要维度。"功能"可理解为"效能""功绩"，"功"即"劳绩"或"成效"。[②] 制度的功能有效性是指制度在理念设计、结构内容、运行机制、组织管理、执行过程以及实施成效方面所表现出来的有效性。在本书中，制度的功能有效性一般可以分为组织（设计）有效性与执行有效性。组织有效性是指制度在制定设计方案与内容、整合各种信息与资源过程中表现出来的效率，主要包括降低交易成本、减少信息不对称。提高系统内各种配套或相关制度的相容性等，促使制度体系内部的相关规则或制度彼此协同、相互协调和支持，呈现较高的一致性、协同性、整体性。执行有效性是指制度在应用实施过程中的执行情况与实际效果，包括利益相关者的积极参与和支持情况，激励机制在实践中的效果等。执行有效性一般包括利益相关者参与度、激励机制的实效等。

从制度设计、组织管理以及实施过程讲，功能有效性具有程序正义的内涵，是一种依赖于价值有效性的正义。因此，价值有效性与功能有效性

① 赵志群：《职业教育工学结合一体化课程开发指南》，清华大学出版社，2009，第29页。
② 商务印书馆编辑部辞源修订组：《辞源》，商务印书馆，1998，第372~373页。

是既相互联系又相互分离的。① 制度的功能有效性与价值有效性属于一种目的与手段的关系。② 价值有效性要通过功能有效性来实现，只有较好的功能有效性，才能保障价值有效性的顺利实现。只有价值有效性的价值导向符合人们的目的与公平理念，功能有效性才更容易被公众所认可和接受。制度的价值有效性与功能有效性密切相关。有效性较高的制度，一方面意味着制度合目的性与公平性较高，另一方面表明其能大大降低制度运行中的交易费用，提高制度的功效，使价值有效性与功能有效性实现最大限度的平衡。

综上所述，本书认为"制度有效性"是制度在设计、执行和落实过程中，在价值层面所表现出来的合目的性与公平性，在功能层面所表现出来的效益、成效与效果，一般包括组织有效性（包括降低教育成本、减少信息不对称）和执行有效性（包括利益相关者参与度、激励机制的实效）等方面。

（二）制度有效性理论的分析框架

依据制度有效性理论和高职院校职称评审制度建设特点与需要，本研究构建出高职教师职称评审制度分析框架。该框架从制度的价值有效性和功能有效性两个维度、多个视角，对高职教师职称评审制度进行分析。其中，价值有效性包括合目的性和公平性两个视角。功能有效性分为组织有效性和执行有效性，其中，组织有效性包括降低交易成本、减少信息不对称；执行有效性包括利益相关者参与度和激励机制的实效。基于此，本研究构建了一个基于"2 个方面，4 个维度，8 个指标"的三级制度分析框架（简称"248 分析框架"）（见图 2-2），不仅可以用来深度剖析和评判现行制度，也可以依照这些维度为该制度的建设提出有效的建议。

构建该理论分析框架，一方面为分析高职教师职称评审制度提供了重要的理论视角与分析模型，有利于对该制度的变迁进行深入剖析，对该制度的建设具有重要指导意义；另一方面，制度有效性理论在本研究中的应用能进一步拓展其应用范围，丰富该理论的内容。

---

① 〔美〕约翰·罗尔斯：《政治自由主义》，万俊人译，译林出版社，2000，第449页。
② 刘复兴：《教育政策价值分析的三维模式》，《教育研究》2002 年第 4 期，第 18 页。

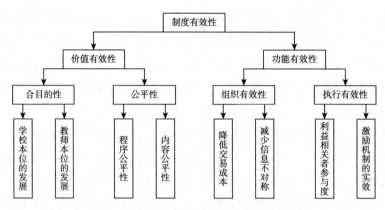

图 2-2　高职教师职称评审制度分析的理论框架

（三）制度有效性理论在本研究中的应用

首先，制度有效性中的价值有效性包括合目的性与公平性，两者在本研究中的应用分析如下。一方面是合目的性在高职教师职称评审制度研究中的应用。在高职教师职称评审制度建设过程中，制度设计理念及其具体规定遵循高职教育的发展规律，满足高职院校人才培养的诉求，符合高职教师"双师型"职业素养要求，符合高职教师工作特点与教师专业发展的需求。对此的主要观察点有教师师德素养的合目的性规定、教师教学业绩方面的合目的性规定、教师科研成果方面的合目的性规定、教师服务社会方面的合目的性规定等。

另一方面是公平性在高职教师职称评审制度研究中的应用。公平性在本研究中体现为职称评审框架设计的公平（包括不同类型教育的教师职称之间的公平、框架内职务分类与权责利的公平、不同层次人才是否被公平地配置资源等）、评审机制的公平（包括评审标准的公平、评审委员会组建与运作中的公平、评审方法与程序的公平等）和评审结果使用的公平等。对此的主要观察点有形式上的机会均等、实质上的机会均等和程序上的公平。为实现实质上的机会均等，应该依据不同类型教师职业能力特点与工作需求，采用不同的标准衡量或评价不同类型的教师。

其次，制度有效性中的功能有效性包括组织有效性与执行有效性，两者在本研究中的应用分析如下。一方面是组织有效性在高职教师职称评审制度研究中的应用。在高职教师职称评审制度研究中，组织有效性主要包括降低交易成本和减少信息不对称两方面。其中，降低交易成本的原因是评审权下放后高职院校同时拥有职称评审权与聘任权，减少了评审中的委托代理环节，由"高重心评审"转变为"低重心评审"。减少信息不对称可以用来分析"评聘分离""评聘结合"的利弊问题、实施"申报人答辩制"的合理性问题。

另一方面是执行有效性在高职教师职称评审制度研究中的应用。执行有效性主要包括利益相关者参与度、激励机制的实效两方面。利益相关者参与度高有助于提升制度设计的民主性、科学性、代表性与合理性，直接影响制度的运用、执行、功能发挥等。高职教师职称评审制度最重要的利益相关者包括政府、学校管理者、教师、学生、企业等，在设计职称评审制度时必须考虑到这些利益群体的利益，赋予其一定的话语权、参与权与决策权。这样既能健全与完善制度，又能促进制度的执行与落地。在分析"学术导向"模式对教育教学影响，剖析高职院校普教化、高职教师同质化等诸多问题时，均可从激励机制是否具有合目的性的视角进行原因探究。

二　治理理论

治理理论所倡导的多元共治、民主法治、公平效率等核心精神，为高职教师职称评审制度建设提供了新视角、新理念、新方法，对健全与完善高职教师职称评审制度具有重要指导作用。

（一）治理的概念与内涵

治理概念的提出与理解是一个逐渐深入的过程。1989 年世界银行首次提出"治理"（governance）概念，认为"治理是利用机构资源和政治权威管理社会问题与事务的实践"。联合国开发计划署认为："治理是基于法律规则和正义、平等的高效系统的公共管理框架，贯穿于管理和被管理的整个过程，它要求建立可持续的体系，赋权于人民，使其成为整个过程的支配者。"① 1995 年，全球治理委员会认为："治理是各种公共的或私人的个

---

① 许耀桐、刘祺：《当代中国国家治理体系分析》，《理论探索》2014 年第 1 期，第 10 页。

体和机构管理其共同事务的诸多方式的总和。"① 治理理论的主要创始人罗西瑙（J. N. Rosenau）和格里·斯托克（Gerry Stoker）对治理有专门的解读。罗西瑙将"治理"定义为"一系列活动领域里的管理机制，它们虽未得到正式授权，却能有效发挥作用"。② 格里·斯托克将治理的含义归纳为行为主体的多元性、问题解决的开放性、机构间的权力依赖性、参与者之间的自主联系性和超越政府力量的存在性等。③ 概言之，治理就是由公共部门、私人部门和公民组成的多个主体，通过正式制度或非正式制度的相互协调及持续互动，共同参与社会问题与公共事务的行动过程。④

治理的内涵可以从其与统治、管理的概念区别来理解和把握。首先，治理有别于统治，两者区别如下。一是权力主体不同，这是两者的本质区别。治理的主体是多元的，包括政府、企业组织、社会组织和居民自治组织等。统治的权力主体是单一的，仅限于政府或其他国家公共权力部门。二是权力性质有别。治理更多是协商，统治更多是强制。三是权力来源不同。治理的权力来源包括法律、契约。统治的权力来源主要是国家法律。四是权力运行向度相反。治理的权力运行是一个上下互动的过程，其主要是通过合作、协商、伙伴关系、确立认同和共同的目标等形式实施对公共事务的管理。统治的权力运行是基于政府政治权威的自上而下模式。五是两者作用所及的范围迥异。治理所及的范围是公共领域，统治所及的范围就是政府权力所及领域。⑤

其次，治理有别于管理，两者区别如下。一是实施主体不同。治理的主体有政府、社会组织和个人，管理的主体只有政府。二是权力来源有别。治理权的来源不仅包括法律、政策等，而且包括非国家强制性的契约等。三是目标职责迥异。治理的目标职责为实现全社会的公共利益，以及实现所有人的利益最大化。管理的目标职责则是实现多数人的意志和利益，对

① 俞可平：《治理和善治：一种新的政治分析框架》，《南京社会科学》2001 年第 9 期，第 40 页。
② 〔美〕詹姆斯·N. 罗西瑙主编《没有政府统治的治理》，张胜军、刘小林等译，江西人民出版社，2001，第 5 页。
③ 〔英〕格里·斯托克：《作为理论的治理：五个论点》，华夏风译，《国际社会科学杂志》（中文版）1999 年第 1 期，第 20~21 页。
④ 许耀桐、刘祺：《当代中国国家治理体系分析》，《理论探索》2014 年第 1 期，第 10~14 页。
⑤ 俞可平：《推进国家治理体系和治理能力现代化》，《前线》2014 年第 1 期，第 5 页。

少数人的意志和利益考虑较少。四是运行方式、方法互异。治理强调政府、社会、民众等多主体的互动协作、共同参与。管理更多地采用命令、规制和处罚等方式。四是权威的性质、根据和向度不同。治理的权威形成过程是复合的、合作的、包容的，治理行为的合理性容易被公众接受，所以其有效性较强。管理的权威形成路径往往是单向的、强制的、刚性的，因此管理行为的合法性、民主性常常遭受质疑，有效性无法保障。治理的权威更多地来源于国民和社会组织的共识合意、协商、契约等。管理则注重强制，其权威依赖于国家机器自上而下的强制。[①]

基于上述分析，本研究认为治理是在公平、正义、平等、高效和赋权于民等理念引领的时代背景下，公共或私人部门与机构、公民个体等多元行为主体，在面向社会问题与公共事物时，利用正式制度或非正式制度等，通过合作、协商、契约等联合行动与方法，促使参与者不同利益得以调和与最大化，并最终实现共同目标的持续过程。

（二）治理理论的核心与内容

治理理论的核心是"建立在市场原则、公共利益和认同之上的合作"，[②]其具有民主化、制度化、法治化、高效化、协调化与系统化等属性。

第一，治理的民主化，即国家治理体系和治理过程都要体现主权在民或人民当家做主。民主是一种和平理性的公共选择方法。[③] 提高治理体系的民主化程度是推进国家治理体系和治理能力现代化的题中应有之义。国家治理过程中的公共政策和行为方式要从根本上体现人民的意志和人民的主体地位。[④] 社会主义民主是不断生长着的民主，它要随着生产力的发展、人民受教育水平的提高、社会环境的改善而不断扩大其适用范围。[⑤] 民主化的

---

① 江必新：《国家治理现代化基本问题研究》，《中南大学学报》（社会科学版）2014 年第 3 期，第 143 页。
② 俞可平：《治理和善治引论》，《马克思主义与现实》1999 年第 5 期，第 38 页。
③ 〔美〕约瑟夫·熊彼特：《资本主义、社会主义与民主》，吴良健译，商务印书馆，1999，第 395 页。
④ 徐勇：《热话题与冷思考——关于国家治理体系和治理能力现代化的对话》，《当代世界与社会主义》2014 年第 1 期，第 8 页。
⑤ 徐邦友：《推进国家治理体系和治理能力现代化的中国方案——基于制度理性的视角》，《治理研究》2020 年第 5 期，第 16 页。

集中体现之一是民主参与。民主参与是促使利益诉求得以充分表达与有效整合的重要基础，也是治理之魂。"公民广泛的政治参与，不仅意味着国家权力掌握在人民手中，也体现出公民在享有法律保障的身份和权利的同时，要承担和履行相应的义务。"① 民主化的集中体现之二是契约精神，即政府在治理过程中并非以权威的身份参与，而是以与社会其他团体、机构或公民同样平等的身份去参与、协商合作。这种参与合作蕴含个体自愿、一致同意、各负其责和公开透明等要素。②

　　第二，治理的制度化，即形成完备的国家治理制度体系。制度安排理性化是治理的集中表现，这种制度体系包括正式制度与非正式制度，不仅着眼于破解当下的问题，而且能够推进社会持续发展，实现长治久安。实现治理必须建立完备的制度体系和执行机制，用制度和法律保障人民的民主权利，并形成和具有合法化的、高强度的权力与权威，否则就难以支撑现代国家治理的有效进行和促成社会的有序发展。③

　　第三，治理的法治化，即通过健全与完善国家宪法与法律来推进国家治理体系建设，提升国家治理能力。法是人类理性的声音，是人类普遍正义的理性表达。法律主治的政治与治理即为法治。现代治理体系是一种基于法制的民主治理，法律面前，各利益相关者是平等的。只有将民主制度化和法律化，并构建民主运行的法治框架，让民主在法治的轨道上运行，才能使其得以稳定持久的实现。④

　　第四，治理的高效化，即通过决策科学化和执行的高效率，最大限度地实现社会经济效益，促进社会稳定和推动社会发展。治理的高效化是制度安排最优的逻辑归宿，是提升治理有效性的价值所在。其中，制度化是前提和基础，民主化、法治化、协调化与系统化是本体内容，高效化是制度建设的直接目的。高效化体现在管理效率、制度效率与回应性等方面。

① 薛澜、张帆、武沐瑶：《国家治理体系与治理能力研究：回顾与前瞻》，《公共管理学报》2015 年第 3 期，第 5 页。
② 郑言、李猛：《推进国家治理体系与国家治理能力现代化》，《吉林大学社会科学学报》2014 年第 2 期，第 48~49 页。
③ 徐勇：《热话题与冷思考——关于国家治理体系和治理能力现代化的对话》，《当代世界与社会主义》2014 年第 1 期，第 8 页。
④ 徐邦友：《推进国家治理体系和治理能力现代化的中国方案——基于制度理性的视角》，《治理研究》2020 年第 5 期，第 15 页。

管理效率包含管理机构的设置合理性、程序科学性、管理灵活性，以及最大限度地减少成本。制度效率即充分利用各种市场机制或制度来避免政府管理中的低效。回应性指权责明晰的多元治理主体要对自身行为及共同目标负责。①

第五，治理的协调化与系统化，即国家治理的各个方面和各个层次成为一个有机整体，既相互协调、互动促进，又能相互衔接、相互支持，形成一个有机系统。一方面，现代社会处于高度分工和分化状态，各个主体都有自己的利益和价值，因此，国家治理容易出现"碎片化治理"，虽然每个主体都竭尽全力，但如果作用力和着力点不一致，或者出现相反状态，不仅力量相互抵消，还会相互对抗。② 另一方面，人类社会的制度实践表明，只有法律、规则和制度形成一个相互衔接、协调与支持的有机系统，才能确保每一个单项法律、规则和制度的实施，整个制度和治理体系的社会效能才可能最大化。③

治理理论的内容概括如下：一是治理目标是实现所有人利益最大化；二是治理实施主体是多元的，旨在强调政府、社会、民众多主体互动协作，共同处理公共事务；三是治理的权力来源不仅包括政府授权，也包括人们的自治、共治；四是治理的权力性质不仅有来自法律等正式制度的强制性因素，还有来自契约、协商或其他非正式制度的非强制性因素；五是治理的权力运行向度是一个上下互动的管理过程，主要通过合作、协商、建立伙伴关系、确立认同和共同的目标等方式实施对公共事务的管理；六是治理强调国家与社会的合作关系；④ 七是运行方式与手段的多元化，治理理论主张从一种更为灵活的互动论视角，从政府、市场、企业、公民、社会的多维度、多层面上观察、思考问题。⑤

---

① 郑言、李猛：《推进国家治理体系与国家治理能力现代化》，《吉林大学社会科学学报》2014年第2期，第48~49页。

② 徐勇：《热话题与冷思考——关于国家治理体系和治理能力现代化的对话》，《当代世界与社会主义》2014年第1期，第8页。

③ 徐邦友：《推进国家治理体系和治理能力现代化的中国方案——基于制度理性的视角》，《治理研究》2020年第5期，第15页。

④ 俞可平：《治理和善治：一种新的政治分析框架》，《南京社会科学》2001年第9期，第41页。

⑤ 郑言、李猛：《推进国家治理体系与国家治理能力现代化》，《吉林大学社会科学学报》2014年第2期，第45页。

（三）治理理论在教育领域的作用

治理理论运用到教育领域即形成教育管理的一种高级形态——教育治理。教育治理是指"国家机关、社会组织、利益群体和公民个体等，通过一定的制度安排进行合作互动，共同管理教育公共事务的过程"，[①] 其本质是基于社会参与和民主参与的多元共治。教育治理的目的即多元主体通过共同参与、共同治理以达到善治（good governance）的过程。从主体看，教育治理是多元主体共同管理、民主管理教育公共事务的过程。其中，国家机关是我国教育治理中的重要主体之一，发挥着重要作用，政府是最直接参与教育管理与治理的行政机关。从目的看，教育治理是通过"办好教育"实现教育领域公共利益的最大化。从特征看，教育治理蕴含着参与性、公平性、民主性、有效性、回应性、稳定性和追责性等属性。从任务看，教育治理旨在建立高效、公平、自由、有序的教育新格局。从实现方式看，教育治理就是设计好、执行好、落实好科学合理的教育制度。

治理理论在教育领域的作用即教育治理的应然存在方式与实然诉求，主要表现在以下方面。

1. 提高教育的民主化程度

教育治理的民主化应充分体现平等、协商、合作与共享的价值诉求。包括以下方面：①利益相关者享有充分的教育参与权。参与教育治理的主体范围越宽，利益相关者的代表性和话语权越充分，多元利益就越能得到充分表达，治理的民主化程度就越高。教育治理强调多元主体，特别关注弱势群体的参与，保障弱势群体在多元参与的框架中具有充分的代表性，以及拥有知情权、表达权、决策权、监督权。②实现政务与校务信息的高度透明。政务公开和校务公开越充分，信息透明度越高，多元治理主体就能越有效地参与治理并监督治理过程。③优化教育行政系统内部的决策机制和民主程序，实现重大问题集体决策和依法按程序决策。④能对教育需求做出及时回应。教育治理需要对公众的教育需求做出及时、负责的反应，应该积极主动了解民情民意。

---

① 褚宏启：《教育治理：以共治求善治》，《教育研究》2014 年第 10 期，第 4 页。

2. 提升教育的法治化水平

教育治理能较好地"提升教育法治水平,推进教育问责制改革,促进教育制度或政策设计与执行的科学化、合理化、灵活性和实效性"。[1] 具体表现在以下方面:①具有规范公民与政府行为的健全法制。任何治理活动、任何治理主体都必须依法行事。法治是善治的基本要求。治理的复杂性要求必须依法治理,否则必致混乱。②能够对治理主体进行问责。问责意味着治理主体必须对自己的行为负责。当治理主体不适当履行或者没有履行职责和义务时,就要被追究责任,要受到惩戒。③形成良好的教育秩序,即通过制度设计与政策安排,形成良好的教育教学秩序、教育从业者工作秩序、教育管理秩序等。

3. 增强教育的内发性活力

教育治理的现实切入点是通过促进教育自由增强教育内发性活力,释放教育治理红利。①现代教育应该是自由的教育。教育主体在教育活动中应享有一定的自由权利,教师在教学与学术方面的自由权、学生的学习自由权、学校的办学自主权、地方教育行政机关必要的裁量自由权,以及学生参与学校治理的诸多权利能得到更好的保障。②当教育主体享有一定的自由权利时,教育主体就会迸发出一种生生不息的内发性活力,就能充分发挥内在的积极性、自主性与创造性。否则,教育系统就缺乏生机与活力。[2]

4. 减少教育决策的信息不对称

教育治理有助于减少教育决策的信息不对称。①教育管理效率不高的主要原因之一是教育管理中存在大量信息不对称问题。教育治理能促使利益相关主体通过便捷性、公正性和公开性的方式积极参与教育政策制定,能有效减少和避免决策中的信息不对称问题,因而能大大提升决策与政策制定的理性化与科学化水平。②让教育中的利益相关者通过多种渠道和方式参与教育决策,一方面,政府能了解公众的需求,广泛听取民意,能减少政府方面的信息失衡;另一方面,公众能参与政务,表达自己的正当利益诉求,提出各自的意见、建议,形成不同主体、不同层面的信息互通,

---

① 褚宏启:《关于教育治理的几个关键问题》,《人民教育》2014 年第 22 期,第 24 页。
② 褚宏启:《教育治理:以共治求善治》,《教育研究》2014 年第 10 期,第 7 页。

促使利益相关者对话、协商和合理博弈，有助于集思广益，汇聚民智，形成共识性、理性化和科学化的决策，增强教育决策与政策安排的正确性、及时性和有效性。

5. 降低教育成本并提高教育效率

教育治理通过高效、公平、自由、有序的治理机制，实现降低教育成本、提高教育效率的鹄的。其主要体现在以下方面：①基于民主、参与、协商、分权、责任、合作产生的高效率。即通过减少教育管理中的多层级委托代理引发的委托链与代理链冗长问题，化解利益相关者之间的零和博弈或负和博弈困局，规避相关制度之间的不相容现象，降低教育活动的诸多成本和风险。②基于民主科学决策而产生的高效率。教育治理的效率是指教育治理活动中投入与产出的关系，其中，合理公正地分配教育利益和配置教育资源是治理的主要特征和重要任务。[①] 教育治理本身存在多元主体的参与，容易导致暂时或表面的低效和无序，但是民主有助于形成共识，达成科学决策，带来教育的"长期效率"。③基于实现教育善治的高效率。教育治理直接目标是实现教育善治，最终目标是教育公共利益的最大化，使公民的受教育权得到良好实现与保障，更好地促进人的发展与社会发展。

（四）治理理论在本研究中的应用

党的十八大以来，我国社会运行体制呈现出日益增强的治理理念，并逐步形成以下共识：国民是国家政权的所有者，也是国家治理过程的参与者；社会逐步成为治理的主体，而不再只是被治理的对象；政府不再只是治理的主体，也成为被治理的对象。在此背景下，借治理理论来审视高职教师职称评审制度是适切的，并且具有较好的社会基础和较强的解释力。治理理论在本研究中的应用包括三个方面，即治理理论核心理念对职称评审制度建设的引领作用、治理理论主要内容对职称评审制度建设的指导作用，以及治理理论为本研究提供的分析视角。治理理论在本研究中的应用框架如图 2-3 所示。

---

① 褚宏启、贾继娥：《教育治理与教育善治》，《中国教育学刊》2014 年第 12 期，第 9 页。

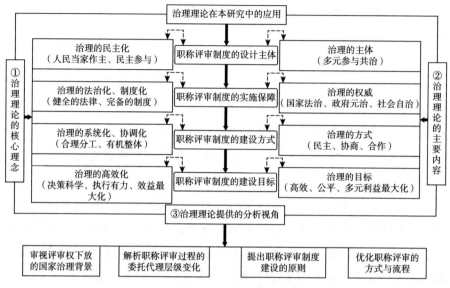

图 2-3　治理理论在本研究中的应用框架

1. 治理理论核心理念在本研究中的应用

治理理论核心理念包括治理的民主化、治理的法治化与制度化、治理的系统化与协调化、治理的高效化。其对高职教师职称评审制度建设的引领作用主要表现在以下四个方面：一是职称评审制度的设计主体应体现治理的民主化理念，应充分发挥民主，让政府、学校、教师、企业、学生或校友等利益相关者参与制度设计；二是职称评审制度的实施保障需要建立在治理的法治化、制度化基础之上，也就是需要健全的法律体系和完备的制度体系；三是职称评审制度的建设方式需要体现治理的系统化、协调化，亦即相关的配套制度既要有合理的分工，能体现其针对性，又必须是有机整体，能够相互衔接、协调和支持，具有相容性。四是职称评审制度的建设目标应凸显治理的高效化，主要体现为决策科学、执行有力和效益最大化等。

2. 治理理论主要内容在本研究中的应用

治理理论的主要内容包括治理的主体、治理的权威、治理的方式和治理的目标。其对高职教师职称评审制度建设的指导作用表现在四个方面：一是职称评审制度的设计是一种多元参与的共治；二是职称评审制度的实施保障源于国家法治、政府元治和社会自治共同维系的权威，既包括正式的法律制度，也包括非正式的制度；三是职称评审制度建设采取一种民主、协商与合作的方式；四是职称评审制度的建设目标就是追求高效、公平和多元利益最大化。质言之，这与治理理论核心理念具有内在的对应性与一致性。

3. 治理理论为本研究提供的分析视角

首先，治理理论有助于审视评审权下放的国家治理背景。评审权下放是我国推进国家治理能力现代化与治理体系现代化的产物。长期以来，政府对高职院校的过度管理造成学校办学自主权不够，甚至学校缺失教师职称评审权，导致办学活力不足、学校内部治理结构不完善等问题。借助治理理论能更好地审视评审权下放前后的情况。评审权下放之前，缺乏多元参与，政府习惯于对高职院校采取任务下达式的刚性工作方式。① 评审权下放之后，教育系统在"放管服"改革中逐步获得较大办学自主权。亦即，职业教育"从传统以政府为主导的行政管理走向行业、企业、社会组织等多元主体共同参与的协同治理"。② 概言之，治理理论有助于分析高职院校内外部的利益相关者获得或参与学校管理与决策的话语权、决策权等的情况。

其次，治理理论有助于解析职称评审过程的委托代理层级变化情况。早期的高校（含高职院校）在高级职称评审中存在两个层级的委托代理关系，即"中央政府—地方政府—学校"。后来，中央逐步将高校教师职称评审权委托给省级教育行政部门，将两层级委托代理减少为一个层级的委托代理。2017 年，中央政府要求地方政府将评审权还给高校，最终取消了职称评审中的委托代理，形成高校自主评审，实现了从"高重心"评审向"低重心"评审、从外部评审到内部评审的转变，不仅降低了职称评审的成本，而且规避了委托代理中的风险。

再次，治理理论有助于提出职称评审制度建设的原则。评审权下放后的职称评审制度建设，本身就是我国推进教育治理现代化的产物，也必然

① 姜晓萍：《国家治理现代化进程中的社会治理体制创新》，《中国行政管理》2014 年第 2 期，第 26 页。
② 谷峪、李玉静：《现代职业教育治理：框架构建和内容解析》，《职业技术教育》2015 年第 16 期，第 8 页。

要求遵循治理理论来建设和完善。治理理论蕴含多元参与精神、法治精神、公平正义精神、效率精神，有利于促使高职教师职称评审制度建设理念从管理转向服务、从集权转向分权、从封闭转向开放，有助于提出更合理、更高效的职称评审制度建设原则。

最后，治理理论有助于进一步优化职称评审的方式与流程。治理理论的本质是基于社会参与和民主参与的多元共治，这种治理的民主化，一方面能够增强组织的内发性活力，通过汇聚民智、集思广益规避决策中的风险，提升制度设计的合理性、程序的科学性，进而降低制度成本；另一方面，通过协调化、系统化和回应性减少制度设计与执行中的信息不对称，实现职称评审方式的优化。

三　教师评价理论

教师评价理论对高职教师职称评审制度研究有重要的指引作用。在探究高职教师职称评审制度的过程中，必然涉及利用何种理论或理念对高职教师职业能力和业绩等进行综合评价的问题，因而需要用教师评价理论来审视该问题。教师评价活动是伴随着学校的产生而产生的，是学校或教育相关部门对教师教育教学活动的一种评判，正式的教师评价肇始于 19 世纪末 20 世纪初。到 20 世纪 80 年代末 90 年代初，有关教师评价的理论逐步成熟。教师评价理论的主要内容包括教师评价类型和教师评价标准等。[①]

（一）教师评价的类型

根据评价的目的和动因，传统的教师评价可以分为鉴定性评价（又称奖惩性评价）和发展性评价。鉴定性评价是依据教师工作业绩或表现而进行的评价，并做出有关聘任、晋升、调动、降级、调薪和奖励等决定。发展性评价旨在促进教师专业发展，是在教师专业发展过程中实施的向教师进行及时反馈并给予一定引导的评价。教师发展性评价"不应强调来自上级、校长、学生、家长和同事的决定性压力"，[②] 而应关注教师教学上的进

---

① 孙河川：《教师评价指标体系的国际比较研究》，商务印书馆，2011，第 25 页。

② J. D. NcNeil, "Politics of Teacher Evaluation," J. Millman（ed.）, *Handbook of Teacher Evaluation*, Beverly Ills Sage, 1981.

步与提高。这种旨在帮助教师改进教学的评价即发展性教师评价。[①]

随着教育的发展，树立以"促进、改善、发展"为目的的教师评价理念成为社会的共识。[②] 发展性评价指标体系通常由素质评价指标、职责评价指标和绩效评价指标三个维度构成，并且三者在评价理念、评价结构与维度、评价价值导向等方面具有一致性。概言之，发展性教师评价重视教师专业发展过程，并对教师教学情况进行及时反馈，主要特点是以面谈和自评为主要方式，采用定量和定性考评相结合的评价方法，评价教师的个人价值、伦理价值和专业价值，评价结果与奖惩脱钩等。

按照评价信息的收集方式来划分，教师评价分为三类，即胜任力评价、绩效评价和效能评价。①胜任力评价是对新入职教师进行的基本能力判断，主要是评价教师所需要的素质或胜任力，其结果常常作为教师资格证书授予或入职招聘的重要依据，考察的主要内容是教师专业素养和专业知识。②绩效评价是评价教师在工作中的成绩或表现，即对教师的工作行为与任务完成情况进行评定，以了解教师工作的结果与质量。该评价通常是在工作中通过课堂观察和考核绩效等形式，由领导、同行、学生甚至家长等做出评定。高校教师绩效评价一般包含教师教学评价、教师科研评价、教师服务社会情况评价等。职称评审属于一种典型的绩效评价。③效能评价是评估教师施加给学生的实际影响或效果，也就是评价在教师影响下学生在重要教育目标上的进步或实现程度，通常通过同一测量工具进行前测与后测比较，将预测学生应该取得的进步与学生实际取得的进步进行比较，并获取数据。20 世纪 90 年代以来，基于教师绩效或效能的综合评价结果常常成为教师获得资格证书、聘用、奖惩或职称晋升的重要依据，基本上属于鉴定性评价范畴。[③]

此外，有学者提出的学术"全评价"体系或"全评价"理论（Academic All Round Evaluation System，AARES）对我们分析和构建高职教师职称评审制度有一定参考价值。"全评价"理论由"六大要素"和"三大维度"构

① 蔡永红、黄天元：《教师评价研究的缘起问题及发展趋势》，《北京师范大学学报》（社会科学版）2003 年第 1 期，第 135 页。
② 刘志军、王洪席、张红霞：《促进教师不断发展的评价体系构建》，《清华大学教育研究》2015 年第 6 期，第 82 页。
③ 孙河川：《教师评价指标体系的国际比较研究》，商务印书馆，2011，第 3~4 页。

成。"六大要素"主要包括评价的主体、客体、目的、标准、方法和制度等。评价目的是评价体系的"龙头",制约着评价主体的选择、评价客体的确认、评价标准的设置、评价方法与评价制度的选取与实施。"三大维度"包括形式评价、内容评价和效用评价等。①

(二)教师评价的标准

开展教师评价必须有合理的内容标准。教师评价标准分为以下几类:①法律标准,即从社会发展的宏观层面对教师职责所提出的总体要求。《中华人民共和国教师法》对所有教师的职责与义务有较为明确的规定,是进行教师评价的重要参考。②目的标准,即从教育目的出发,依据教师工作所应达到的目标、需求或规则推演而成的标准,如教学准则等。③原理标准,即从教育学和心理学基本原理出发,把在教学中遵循、运用教育原理和心理学原理的熟练程度作为主要依据。④经验标准,即以某些教学经验丰富的教师的意见为基础,进行归纳总结,最后设计出来的评价准则。⑤工作标准,即根据教师在教育教学过程中应履行的工作职责,利用工作分析法,对相应的教师所必备的各种能力进行分析而形成的标准。通过工作分析,了解工作岗位的工作活动和完成工作所需的要求,确定任职者应具备的知识、能力、工作技能与素质条件,有助于对任职者实施绩效考核和薪酬管理,建立内部公平、外部相对具有竞争力的薪酬体系,有助于提高任职者的工作满意度与投入度。② ⑥结果标准,即从教师教学效果来评价教师教学。⑦教师质量标准,即仅从教师本身素质进行判断的标准。基于不同理念与角度会产生不同的教师评价标准,并且这些标准往往是多种标准的复合或综合。

(三)教师评价理论在本研究中的应用

根据高职教师职称评审制度的特点,教师评价理论认为,高职教师职称评审制度建设须遵循价值导向的统一性原则、评价内容的一致性原则、

---

① 叶继元:《近年来国内外学术评价的难点、对策与走向》,《甘肃社会科学》2019年第3期,第61~67页。
② 姚若松、苗群鹰:《工作岗位分析》,中国纺织出版社,2003,第11~13页。

评价主体的多元性原则和评价方法的科学性原则等（见图2-4）。实际上，高职教师职称评审本质上是对教师工作态度、能力与业绩的一种综合性评价。教师评价理论能为本研究中的教师职称评审目标、内容、方法等维度的评价、设计和判断提供重要的分析视角和观测点。

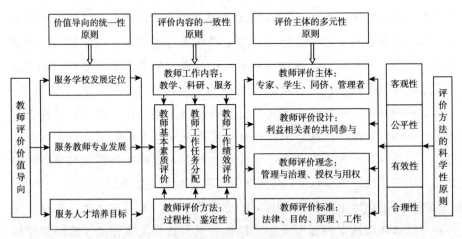

图2-4 教师评价理论在本研究中的应用原则与分析框架

首先，教师评价理论为客观理解和判断高职教师职称评审制度的属性，提供了理论基础。基于上述概念，可以对高职教师职称评审做出以下逻辑预设。①高职教师职称评审属于鉴定性评价，同时具有发展性评价的功能。②高职教师职称评审属于一种综合性评价，不仅包括教师素质（"双师型"教师素质）评价，而且具有职责（教师工作职责）评价和绩效（教师在教育教学、科学研究、服务企业等方面的业绩）评价的特点。③高职教师职称评审强调绩效或贡献导向，并非"唯胜任力"或"唯职业能力"评价，因而不同于强调学术水平的学衔制度。教师效能评价虽被人们关注，但是在当前高职教师职称评审指标体系中往往缺失。教师的工作业绩对学生学业成长和职业发展究竟产生哪些影响、多大程度影响常常被忽视，教师在服务企业方面的业绩对企业发展有何贡献由于不被考核也不得而知。

其次，教师评价理论为审视职称评审的考核标准或指标，提供多维度的视角。①目标标准是否背离？即是否有悖于高职教师工作需要与教师专业发展需求？②原理标准是否建立起来？即对高职教师教学、科研、服务方面进行评审的理论基础是什么？③经验标准是否理性？即是否对其中的经验标准进行批判性学习和借鉴？有的经验标准可以作为基层首创的成果被理性吸纳，有的有违目的与规范的经验性标准，应该被剔除。④工作标准是否具有代表性和统一性？目前有学者利用工作分析的方法，试图构建高职教师职业能力"图谱"，这对高职教师专业能力标准和建设，以及教师工作特点分析具有重要参考作用。⑤结果标准是否可信？当前采用的结果标准是一种形式性标准，还是一种实质性标准？基于工作业绩与贡献的结果标准属于实质性标准，符合制度设计的初衷，但是基于一些"作秀式"的形式性的标准，不仅徒具虚名而且具有较强的误导性，必须予以排查与清除。⑥质量标准，即从高职教师自身素质来对其工作情况进行判断的标准，应该作为何种考察条件？质量标准必然影响教师工作质量与绩效，但两者并不成正比。质量标准只能作为一种基础性的必备条件。

基于对上述理论在本研究中应用情况的分析，本研究认为，建设和完善高职教师职称评审制度应坚持"绩效标准与教师工作标准、教师素质标准应具有价值导向的一致性、内容设计的一致性"，否则就会影响职称评审制度的有效性。

四 高职教师职称评审制度的理论分析模型

综合制度有效性理论、治理理论和教师评价理论在本研究中的应用，本研究制作了高职教师职称评审制度的理论分析模型。其中，借用制度有效性理论的"2个方面，4个维度，8个指标"的三级制度分析框架，融入治理理论的民主化、高效化、法治化与制度化、系统化与协调化等属性，纳入教师评价理论中的价值导向的统一性等四个原则。

从三个理论在本研究中的功能看，制度有效性理论重在通过"4个维度，8个指标，16个观测点"来分析高职教师职称评审指标设计的合目的性、公平性、组织有效性和执行有效性等。教师评价理论重在考量制度设计的价值导向的统一性、评价内容的一致性、评价方法的科学性、评价主体的多元性，并融入制度有效性的16个观测点。治理理论重在通过治理的民主化、高效化、系统化与协调化、法治化与制度化来审视职称评审制度设计理念与执行中存在的问题，并借此提出健全与完善职称评审制度的理念、原则和办法。通过对三个理论的条分缕析和考察，发现三者之间既具有一致性，同时也各有侧重。简言之，该理论分析模型既是判断现行制度是否有效的重要参照系，也是指导高职教师职称评审制度建设的重要"导航图"（见图 2-5）。

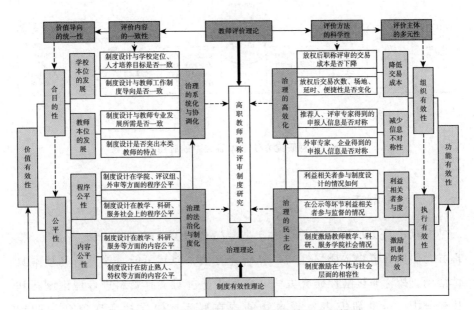

图 2-5　高职教师职称评审制度的理论分析模型

第三节　高职教师职称评审制度研究的总体设计

一　研究方法

笛卡尔曾言，最有价值的知识是关于方法的知识。科学史的发展表明，科学发展的每次重大突破都与方法的革新有关。本研究采用的主要研究方法有文献法、访谈法、问卷法，并形成彼此能够佐证的三重证据法[①]（见图 2-6）。

---

① 刘良华：《教育研究方法》，华东师范大学出版社，2014，第 127 页。

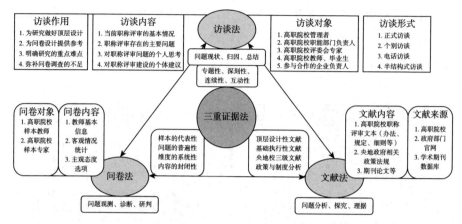

图2-6　三种研究方法在本研究中的应用及其关系

（一）文献法

文献法是文献研究法的简称，是专门对相关文献进行查阅、分析、整理并力图探寻事物本质属性的一种研究方法，因其不能直接参与和接触具体活动，故称非接触性研究方法。文献法通过对文献资料进行理论阐释和比较分析，帮助研究者发现事物的内在联系，探寻社会现象产生的规律性。[①]

围绕高职教师职称评审研究主题，根据所需文献的内容，搜集文献的方式主要有以下三种。

第一，检索相关的期刊论文等。为了搜集有关"高职教师职称评审"方面的期刊论文、报纸论文和学位论文，主要借助学校数字图书馆的期刊数据库，利用"高校/高职/高等职业教育/高等职业院校/高职院校/职业学校""教师职称/职称评审/职务职称/专业技术职务"等关键词进行文献检索，发现截至2021年6月共有与高职教师职称评审相关的期刊论文等106篇。从发文量看，基本可以分为两个阶段。2005~2011年属于萌芽期，年度发文量一般不超过5篇。2012~2020年属于初始期，年度发文量基本在7篇以上，最多年份达17篇。

---

① 袁振国主编《教育研究方法》，高等教育出版社，2000，第149页。

对篇名包含"高职""职称"的期刊论义等进行主题分类,主题相关性较强的包括职称评审(45篇)、职称评聘(16篇)、职称评审制度(7篇)、教师职称(7篇)、职称评定(7篇)、职称晋升(5篇),共计80多篇,其中发表在中文核心期刊及以上级别的论文约为10篇(见图2-7)。研究表明,有关高职教师职称评审的研究成果相对较少,并且高级别期刊论文很少,系统性的专题研究也甚少,相关的博士学位论文和专著尚未发现。随着1400多所高职院校获得教师职称评审权,在教师评价制度"破五唯"改革的背景下,研究高职教师职称评审制度对健全与完善高职教师职称评审制度,无疑具有重大意义和价值。

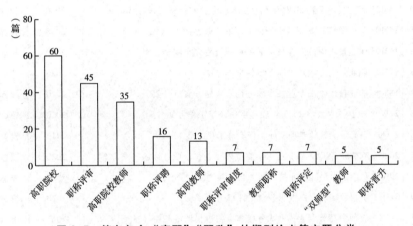

图2-7 篇名包含"高职""职称"的期刊论文等主题分类

第二,搜集和整理相关的政策文本。搜集有关我国中央、地方政府及其相关职能部门(教育部门、人社部门等)发布的有关高职教师职称评审方面的政策法规、规定、意见、办法等文本时,主要通过登录政府相关部门官网(中华人民共和国中央人民政府网站、中华人民共和国教育部网站等)和政府网络数据库(中华人民共和国统计局网站)等方式。

第三,搜集和分析高职院校制定的职称评审制度。2019年12月至2021年2月,笔者通过学术圈搜集样本校2017年以来制定的职称评审方面的方案、办法、规定等(见表2-2),作为本研究重要的文献资料,然后对这些文本及其附件进行分析,为本研究提供宝贵文献支持。

表 2-2　样本校制定的职称评审制度（部分）

序号	学校制定的职称评审方案、办法或规定	制定年份	备注
1	01E01 职业技术学院职称评审办法	2018	校标准
2	02E02 职业技术学院专业技术职务评聘办法	2018	校标准
3	03E03 职业技术学院教师专业技术职务自主评聘办法	2019	校标准
4	04E04 职业技术学院教师专业技术职务评聘方案（2017~2019 年度）	2017	校标准
5	07E07 专业技术职务任职资格评审工作办法	2018	校标准
6	09E09 职业学院专业技术职务聘任实施细则	2018	校标准
7	10E10 学校专业技术职务聘任办法	2019	校标准
8	11E11 教师专业技术职务评审办法（试行）	2016	校标准
9	13E13 职业技术学院教师专业技术职务聘任条件	2018	校标准
10	14M01 职业技术学院 2020 年专业技术职务自主评审工作方案	2020	校标准
11	15M02 职业学院专业技术职务自主评审实施方案	2018	校标准
12	16M03 职业技术学院专业技术职务任职资格评审实施方案	2019	校标准
13	17M04 职业学院专业技术职务申报推荐办法	2020	校标准
14	18M05 职业技术学院专业技术职务评审实施方案（修订）	2020	校标准
15	21W08 职业技术大学 2020 年职称申报评审工作方案	2020	校标准
16	27O01 职业学院教师职务聘任工作实施细则	2019	校标准
17	2020~2022 年 28O02 职业技术学院教师专业技术职务评聘实施方案	2020	校标准
18	29O03 职业技术学院专业技术职务自主评聘实施办法	2020	校标准
19	31O05 职业学院专业技术职务自主评审工作意见	2020	校标准
20	19M06 教师中高级专业技术职务任职资格申报评审条件（试行）	2017	省标准
21	30O04 高等学校教师职务和其他专业技术职务聘任工作实施细则	2018	省标准

（二）访谈法

访谈法是指调查者通过与调查对象进行面对面或其他方式的交谈，以口头问答的形式来了解情况、搜集资料的一种调查研究方法。[①] 本研究主要采用结构式访谈，同时穿插使用非结构式访谈。使用访谈法能够了解被访者对现行高职教师职称评审及其制度建设的认识、判断和思考，发现存在的主要问题以及问题产生的根源等。

本研究的主要访谈对象是高职专业课教师（具有教授、副教授职称的

---

① 侯怀银主编《教育研究方法》，高等教育出版社，2015，第 155 页。

专业课教师)、职能部门管理者(人事处、教务处、科研处负责人和二级学院的院长)、高职院校评委会专家、高职院校领导(校长或业务校长),本研究团队据此设计了两种不同的访谈提纲(见附录)。此外,还对部分参与校企合作的企业界人士(产业学院院长,公司董事长、经理等)和一些高职院校学生(在校生、毕业生)等进行了访谈。

本研究团队分别对东部、中部 14 所高职院校的校长(或副校长)、职能部门负责人(含二级学院院长)、专任教师(含专业负责人)等共计 26 人进行了访谈。然后对访谈资料进行了甄别、归纳、提取和编码等。具体的访谈信息如表 2-3、表 2-4、表 2-5 所示。

表 2-3　访谈高职院校校长、副校长的情况

序号	访谈对象	访谈日期	方式	访谈编码
1	H-SM 学院校长	2017-12-05	直接访谈	H-SM20171205MA
2	H-LZ 学院副校长	2017-12-05	直接访谈	H-LZ20171205MA
3	H-JD 学院校长	2017-12-06	直接访谈	H-JD20171206MA
4	H-LY 学院副校长	2017-12-08	直接访谈	H-LY20171208MA
5	H-JD 学院副校长	2020-02-15	电话访谈	H-JD20200215MA
6	H-LH 学院副校长	2021-03-14	电话访谈	H-LH20210314MA

表 2-4　访谈高职院校职能部门负责人(含二级学院院长)的情况

序号	访谈对象	访谈日期	方式	访谈编码
1	G-B 学院院长	2019-09-22	电话访谈	G-B20190922EA
2	G-A 学院院长	2019-09-23	电话访谈	G-A20190923EB
3	Z-A 学院人事处处长	2019-09-27	电话访谈	Z-A20190927MA
4	Z-A 学院科研处处长	2019-09-27	电话访谈	Z-A20190927EC
5	Z-B 学院××学院院长	2019-09-29	电话访谈	Z-B20190929ED
6	Z-A 学院××学院院长	2019-09-30	电话访谈	Z-A20190930EE
7	J-B 学院院长	2019-10-06	电话访谈	J-B20191006EF
8	S-B 学院人事处主任	2019-10-12	电话访谈	S-B20191012MB
9	J-B 学院人事处处长	2019-10-22	电话访谈	J-B20191022MC
10	J-A 学院人事处负责人	2019-10-23	电话访谈	J-A20191023MD
11	G-B 学院人事处负责人	2019-11-02	电话访谈	G-B20191102ME
12	H-HS 学院人事处负责人	2021-03-14	电话访谈	H-HS20210314MA

表 2-5　访谈高职院校专任教师（含专业负责人）的情况

序号	访谈对象	访谈日期	方式	访谈编码
1	G-A 学院××学院专任教师	2019-09-24	电话访谈	G-A20190924TA
2	S-A 学院××专业专任教师	2019-09-25	电话访谈	S-A20190925TB
3	Z-A 学院××学院专任教师	2019-09-29	电话访谈	Z-A20190929TC
4	Z-A 学院××学院专任教师	2019-09-30	电话访谈	Z-A20190930TD
5	S-A 学院××专业专任教师	2019-10-15	电话访谈	S-A20191015TE
6	J-A 学院××学院专任教师	2019-10-16	电话访谈	J-A20191016TF
7	Z-B 学院××专业主任	2019-11-01	电话访谈	Z-B20191101EG
8	H-H 学院××专业主任	2020-11-10	电话访谈	H-H20201110TA

企业是高职教师职称评审的重要利益相关者，企业负责人是校企合作的重要参与者或主体的代言人，对教师职称评审具有自己独到的视角和理解。本研究团队对三位参与校企合作的企业界人士（产业学院院长、公司总经理等）进行了访谈（具体情况见表 2-6），以了解合作企业负责人对高职院校职称评审的思考，特别是对高职教师教育教学、科学研究、服务企业的关系和重要性的认识，以及对职称评审的建议。

表 2-6　访谈参与校企合作的企业界人士的情况

序号	访谈对象	访谈日期	方式	访谈编码
1	QY-A 产业学院院长	2021-03-15	电话访谈	QY-A20210315
2	QY-B 产业学院院长	2021-03-16	电话访谈	QY-B20210316
3	QY-C 公司总经理	2021-03-17	电话访谈	QY-C20210317

职业院校的学生是高职教师职称评审的重要利益相关者，特别是毕业生对该问题的认知更深刻、更客观。本研究团队对五位高职院校的毕业生进行了访谈（具体情况见表 2-7），以了解他们对高职教师职称晋升的理解与思考，特别是他们对教师教育教学、科学研究与服务企业的重要性的看法。

表 2-7　访谈高职院校毕业生的情况

序号	访谈对象	访谈日期	方　式	访谈编码
1	BYS-A 机电专业毕业生	2021-03-15	电话访谈	BYS-A20210315
2	BYS-B 机电专业毕业生	2021-03-16	电话访谈	BYS-B20210316
3	BYS-C 财会专业毕业生	2021-03-17	电话访谈	BYS-C20210317
4	BYS-D 磨具专业毕业生	2021-03-17	电话访谈	BYS-D20210317
5	BYS-E 磨具专业毕业生	2021-03-18	电话访谈	BYS-E20210318

（三）问卷法

问卷法又称问卷调查法，是调查者将要研究的问题编制成表格，再把设计好的问卷发放给被调查者，让其在规定时间内回答完毕，然后回收并进行统计，从而了解被调查者对某一现象或问题的看法和意见的一种调查研究方法。[①]

1. 问卷设计情况

为研究 2017 年职称评审权下放后我国高职院校教师职称评审制度建设的状况及其存在的问题，本研究团队按照一定维度进行问卷设计和编制。问卷分为两种，第一种是针对高职院校专业课教师的问卷，第二种是针对高职院校人事管理者及评委会专家的问卷（见附录 2）。其中，《高职院校专业课教师调查问卷》的题型设计均为客观选择题，问卷内容分为三部分。第一部分为个人基本情况。第二部分围绕"贵校职称评审制度现状"设计了 24 道单项选择题。第二部分问题设计主要包括五大维度，即职称评审制度设计的依据、评审主体、评审标准、评审方法、评审程序等。基于上述五个维度，设计出八个观测点（见表 2-8）。第三部分是围绕"如何建设高职教师职称评审制度"设计的一个结构量表，共 10 道题，主要包括评审方式方法（包括流程、教学、科研、服务社会）和评审效果价值（包括科研成果评价的实际贡献度、行业企业的参与度、教学质量的认可度）两大维度。

[①]　裴娣娜：《教育研究方法导论》，安徽教育出版社，2010，第 167 页。

表 2-8 《高职院校专业课教师调查问卷》的观测点分布

序号	观测点	第二部分选项	第三部分选项
1	评审方法：主体、流程等	1-4；1-9；1-19；1-21	2-4；2-7；2-8
2	评价条件：师德或双师型等	1-1	2-5
3	评价标准之一：教学方面	1-5；1-6；1-8；1-10 1-16；1-17	2-1；2-2；2-6
4	评价标准之二：科研方面	1-7；1-11；1-12；1-13	2-3
5	评价标准之三：服务社会	1-18	—
6	评价标准之四：三者关系	1-14；1-15	—
7	教师对评审标准的认知	1-22；1-23；1-24	2-10
8	其他相关规定、要求或情况	1-2；1-3；1-20	2-9

2. 问卷发放与回收情况

本研究共选取高职院校 26 所。其中东部地区涉及上海、天津、江苏、浙江、广东 5 个省市的 13 所高职院校；非东部地区（含中部、西部）涉及河南、陕西、四川、重庆、辽宁 5 个省市的 13 所高职院校。在样本校中，属于中国特色高水平高职学校和专业建设计划（简称"双高计划"）第一轮建设单位的院校有 14 所，其中高水平学校建设单位 9 所，高水平专业群建设单位 5 所（见表 2-9）。

表 2-9 样本校是否为"双高计划"学校及其占比情况

层次	"双高计划"学校						非"双高计划"学校
	高水平学校建设单位			高水平专业群建设单位			
档次	A 档	B 档	C 档	A 档	B 档	C 档	—
样本校（所）	5	2	2	1	3	1	12
合计/占比	9 所，34.6%			5 所，19.2%			12 所，46.2%
总合计/占比	14 所，53.8%						12 所，46.2%

其中，"双高计划"学校占比为 53.8%，非"双高计划"学校占比为 46.2%（见图 2-8）。"双高计划"学校的各档均有样本校，因而这些样本校具有较强代表性。

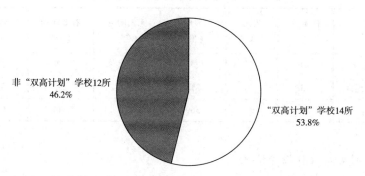

图 2-8　样本校中"双高计划"与非"双高计划"学校的比例

（1）样本校教师问卷回收情况

共计发放教师问卷 1560 份，回收问卷 1477 份，回收率为 94.68%。剔除无效问卷 114 份后得到有效问卷 1363 份，有效问卷占回收问卷的 92.28%。在统计无效问卷时，凡是问卷填写有明显规律、前后问卷选项一样或重复，或缺失项超过两个，均视为无效问卷，并剔除。个别问卷有一个或两个缺失项，但无上述情况者视为有效问卷。因此，在本研究的描述统计中会存在很少数量的缺失项，缺失项数量基本控制在有效问卷总量的 1% 左右，对整个数据的分析影响很小（见表 2-10）。

表 2-10　样本校教师问卷回收情况统计

地域	样本校（所）	省市（个）	回收问卷（份）	无效问卷（份）	有效问卷（份）	问卷有效率（%）
东部地区	13	5	619	22	597	96.45
非东部地区	13	5	858	92	766	89.28
总计	26	10	1477	114	1363	92.28

（2）样本校专家问卷回收情况

总计回收专家问卷 569 份，剔除无效问卷 29 份后，得到回收有效问卷 540 份，有效问卷占回收问卷的 94.90%。其中，东部地区专家问卷 251 份，无效问卷 4 份，有效问卷 247 份，有效问卷率 98.41%；非东部地区回收专家问卷 318 份，无效问卷 25 份，有效问卷 293 份，有效问卷率 92.14%（见表 2-11）。

表 2-11　样本校专家问卷回收情况统计

地域	样本校（所）	省市（个）	回收问卷（份）	无效问卷（份）	有效问卷（份）	问卷有效率（%）
东部地区	13	5	251	4	247	98.41
非东部地区	13	5	318	25	293	92.14
合计	26	10	569	29	540	94.90

3. 问卷信效度检验情况

职业教育研究是一个收集、加工和解释有关职业教育核心数据的过程，其中应"保证数据的合法性、可靠性、有效性和代表性"。[①] 本研究专业课教师问卷第三部分量表的编制经过了问卷维度的整体设计、初始结构的修改与完善、正式问卷的编制与修改，以及效度、信度的检验。利用 SPSS 21 对量表进行数据分析，维度核验显示，问卷能较好地反映高职教师职称评审制度的相关维度，具有一致性、可靠性和真实性，具体情况如下。

本研究量表信度检验结果：Cronbach's Alpha 系数为 0.791，表明可靠性较好。题项之间的相关性为 0.604；Spearman-Brown 系数等长为 0.753，不等长为 0.753；Guttman Split-Half 系数为 0.753。结果表明信度较高。

下面进行结构效度检验。

（1）KMO 和 Bartlett 的检验

取样足够度的 Kaiser-Meyer-Olkin（KMO）度量值为 0.834；Bartlett 的球形度检验近似卡方值为 2923.813，df 值为 45，Sig 值（P 值）为 0.000（<0.005）。因此，该数据适合进行探索性因子分析。

（2）提取两因子方差贡献率

利用主成分分析法，提取两因子方差贡献率为 46.639%，其中，提取平方和载入合计为 1.106，方差为 11.064%，累计为 46.639%，表明指标解释度较高。

（3）因素负荷表的检验情况

从旋转成分矩阵和公因子方差分析结果看，该量表的结构比较合理。

---

① 张志新、赵志群：《职业教育教师职业能力模型构建研究》，《职教论坛》2016 年第 15 期，第 22 页。

根据题项表述内容提取两个因子，并将两个因子分别命名为"因子1：方式方法""因子2：效果价值"。因子1（方式方法）包含7道题，其中，题项1主要表明教师对教师职称评审实施考核达标式评审方法比较认同（0.644）。题项2表明教师对职称评审申诉方式的规定十分认同（0.798）。题项3表明教师对高职教师职称评审标准不应"套用本科"方法的认同（0.785）。题项4表明教师对实施师德考核一票否决制比较认同（0.546）。题项8表明，教师对承担辅导员、指导学生等工作应该计入工作量比较认同（0.513）。另外两个题项的系数也接近0.5，考虑到问题设计完整性，因此也保留这两个题项。因子2（效果价值）包含3个题项，其中，题项9表明，教师对科研成果评价应以其对社会的实际贡献为主十分认同（0.784）；题项10表明，对高职教师职称评审应该有行业企业领域的专家参与也比较认同（0.770）。另外，题项5得分接近0.5，因此也保留（见表2-12）。总体而言，该量表设计解释度较高，工具制作能够解释各题项研究假设。

表 2-12　本研究五分量表因素负荷检验情况

成分矩阵的检验对象	旋转成分矩阵得分情况		公因子方差初始	公因子方差提取
	1. 方式方法	2. 效果价值		
1. 高职教师职称评审，应从定额竞争式过渡到考核达标式（如考驾照）	0.644		1.000	0.472
2. 对教师提出的评审质疑，学校应做出合理的解释	0.798		1.000	0.637
3. 高职教师职称评审标准应不同于普通本科院校	0.785		1.000	0.637
4. 在高职教师职称评审中，应实施师德考核一票否决制	0.546		1.000	0.409
5. 在高职教师职称评审中，应实施教学质量考核一票否决制		0.484	1.000	0.411
6. 高职教师职称评审，应该从评聘一体过渡到评聘分开	0.467		1.000	0.316
7. 高职教师教学业绩应作为教师职称评审的最重要内容	0.460		1.000	0.309

成分矩阵的检验对象	旋转成分矩阵得分情况		公因子方差初始	公因子方差提取
	1. 方式方法	2. 效果价值		
8. 教师承担辅导员、指导学生等工作应计入教学工作量	0.513		1.000	0.266
9. 对高职教师科研成果的评价，应以其对社会的实际贡献为主		0.784	1.000	0.624
10. 高职教师的职称评审应该有行业企业领域的专家参与		0.770	1.000	0.604

然后，利用 SPSS 21 对专家问卷第二部分量表的编制进行效度、信度检验，该量表的设计题项、内容与教师问卷第三部分量表内容基本相同。

该研究量表信度检验结果：Cronbach's Alpha 系数为 0.785，表明可靠性较好。KMO 和 Bartlett 的检验结果：取样足够度的 KMO 度量值为 0.798；Bartlett 的球形度检验近似卡方值为 1276.678，df 值为 45，Sig 值（P 值）为 0.000（<0.005）。因此，该数据适合进行探索性因子分析。提取两因子方差贡献率：利用主成分分析法，提取两因子方差贡献率为 48.602%，其中，提取平方和载入合计为 1.328，方差为 13.280%，累计为 48.602%，表明指标解释度较高。并且，专家问卷与教师问卷测试的信度、效度具有较强一致性。

为了获取较为全面、真实、有效的调查信息，本研究做了以下努力。一是对问卷填写人有一定要求。填写《高职院校专业课教师调查问卷》的教师必须是申报并参加过职称评审的专业课教师，填写《高职院校人事管理者及评委会专家调查问卷》的必须是学校职称评审委员会成员，且一般是具有教授职称，或参与并组织过职称评审工作的校人事处负责人。二是问卷设计维度基本涵盖了高职教师职称评审制度的核心环节或问题。问卷的设计维度主要涉及职称评审中的师德师风、教学、科研、社会服务、专业发展等方面。第一部分为教师基本信息情况，意在获得学校层面高职教师职称评审制度的真实情况。问卷设计第二部分是描述性问题，第三部分是规范性问题，旨在获得相关主体对职称评审制度相关规定的价值判断，以分析其合理性。

二 研究思路

好的研究思路就像一张科学、合理、周密、精确的"导航图"。本研究基于问题导向的研究逻辑，涉及研究的逻辑思路、研究内容（高职教师职称评审制度）、研究的理论支撑三个维度（见图2-9）。

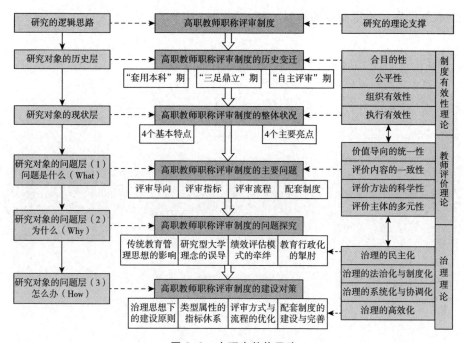

图2-9 本研究整体思路

首先，明确研究的主要问题——评审权下放后高职院校教师职称评审制度建设问题。一方面，进行文献综述，了解学界对高职院校教师职称评审制度研究的概况；另一方面，明确本研究的主要理论基础是制度有效性理论、教师评价理论和治理理论。其次，进入研究对象的历史层，探究高职教师职称评审制度的历史变迁。通过回顾、梳理和总结高职教师职称评审制度的三个时期，发现从"套用本科"时期过渡到"三足鼎立"时期，再到当前"自主评审"时期，是高职院校办学自主权不断增强、制度有效性逐步提高的一个过程。再次，进入研究对象的现状层，审视高职教师职称评审制度的整体情况，发现当前高职教师职称评审制度的四个基本特点与四个主要亮点。最后，进入研究对象的问题层。在研究对象的问题层之一，主要发掘高职教师职称评审制度的主要问题；在研究对象的问题层之二，通过剖析高职教师职称评审制度的问题缘由，探究传统教育管理思想、研究型大学理念、绩效评估模式对高职教师职称评审理念或导向造成的影响，以及教育行政化对职称评审公平合理性的掣肘；在研究对象的问题层之三，在制度有效性理论、教师评价理论和治理理论的基础上，提出建设高职教师职称评审制度的对策。

第三章
高职教师职称评审制度的历史变迁

任何制度变迁都是特定背景下国家意志的体现，是上层建筑与社会实践相结合的产物。审视高职教师职称评审制度的历史变迁，借用历史的视角对问题的来龙去脉进行纵深的辨识和解读，有助于规避对问题的片段式、非整体性认识，从而得出较为系统、全面的解释与判断。

新中国成立后，高校职称评审制度先后经历了任命期（新中国成立至"文革"前）、评定期（1977~1983年）、聘任期（1986年至今）等发展阶段，现行职称评审制度是在专业技术职务聘任制基础上的发展与完善。① 我国高职教师职称评审制度伴随着我国高等职业教育的发展而产生和演进，总体而言分为"套用本科"时期、"三足鼎立"时期和评审权下放后的"自主评审"时期（见图3-1）。

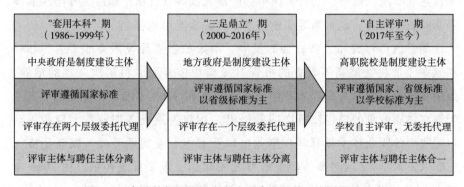

图 3-1　高职教师职称评审制度历史变迁的三个时期及特点

---

① 尹蔚民：《全面深化职称制度改革充分发挥人才评价指挥棒作用》，《求是》2017年第10期，第8~10页。

第一节　高职教师职称评审制度的"套用本科"期（1986～1999年）

一　"套用本科"的背景：高职"姓高不姓职"的身世

影响高职教师职称评审制度"套用本科"的一个决定性因素是当时高职教育的管理归属问题。相对于普通本科教育，我国高职教育发展较晚，直到 20 世纪 80 年代才陆续出现一些具有高等职业教育性质的院校。这些高职院校被视为高等教育家族的新成员，姓"高"而不姓"职"，并归高等教育行政部门管理。这种"出身"成为高职教师职称评审制度套用学术类普通本科院校标准（简称"套用本科"）的重要缘由。

（一）高职成为高等教育家族中的新成员

我国高等院校发端于 20 世纪 80 年代初期，并从诞生之日起就被视为"高等教育家族的新成员"，具有高等教育的"身份"。1980 年金陵职业大学的创办开了中国当代高等职业教育的先河。教育部先后在 1980 年、1983 年和 1984～1985 年批准建立了 13 所、33 所和 22 所具有高职教育性质的职业大学。[①] 与此同时，具有高职教育性质的高等专科学校截止到 1986 年也累计达 336 所。此外，当时我国举办的成人高等教育属于职后大专层次的高等职业技术教育，也是高等职业技术教育的重要组成部分。[②]

随着改革开放和经济社会的发展，国家积极倡导发展高职教育。1983 年《关于加快发展高等教育的报告》提出积极开展专科层次人才的培养，鼓励在全国设置具有高职教育性质的高等专科学校。1985 年《中共中央关于教育体制改革的决定》首次明确提出"积极发展高等职业技术院校，对口招收中等职业技术教育学校毕业生以及有本专业实践经验、成绩合格的在职人员入学"。这对高等职业教育发展起到了重要推进作用。由 1986 年 12 月国务院颁布的《普通高等学校设置暂行条例》（国发〔1986〕108 号）可知，在当时的高等教育家族中，除了作为主体的全日制本科教育机构外，

---

① 罗军强、方林佑等：《高等职业教育历史研究》，光明日报出版社，2011，第 198 页。
② 吕鑫祥：《高等职业技术教育研究》，上海教育出版社，1988，第 111 页。

专科层次的高等教育机构成为高等教育家族的新成员，主要有职业大学、高等专科学校和成人高等学校三类。

（二）高职是高等教育家族中的"丑小鸭"

高职院校虽然具有高等教育的"出身"，却是高等教育家族中的"丑小鸭"。究其原因：一是高职起步较晚，规模较小。在20世纪80年代，我国高等职业教育虽然有一定的发展，但是由于起步较晚，办学规模较小，当时高职院校的规模和体量难以与传统的四年制普通本科院校相提并论。

二是学历层次低，社会地位不高。高职院校长期以来被定格为学制3年的专科层次教育。相对于普通本科院校，这类院校的学历层次较低。在传统观念中，高职院校的社会地位、社会影响力都远不及普通本科院校。

三是强调高职教育的层次属性，而对其类型属性的认知和关注不够。学界关于高等职业教育的研究相对滞后，并对政策设计层面的影响力不足，导致人们对高职院校的办学定位、人才培养目标与模式、教师职业素养与工作特点等重要问题的认识不清楚，严重影响到相关政策的设计与执行。当时由于对高职教育研究不足，人们在高职教育办学定位方面的认识出现较大摇摆，并且一直持续到20世纪90年代末。早在1986年全国职业技术教育工作会议上，高等职业学校、部分广播电视大学、高等专科学校被视为属于"职业性的高等教育，应该划入高等职业技术教育这个层次"。但是，1991年国家教委颁布的《关于加强普通高等专科教育工作的意见》（教高〔1991〕3号）指出"普通高等专科教育是在普通高中教育基础上进行的比本科修业年限稍短的专门教育，它同本科教育、研究生教育一样，都是我国普通高等教育体系中不可缺少的重要组成部分"，但并未强调其类型属性。在1995年全国高等职业技术教育讨论会上，对高等职业技术教育的发展定位才基本形成初步共识，即将其定位为"职业技术教育体系中的高层次，培养目标是在生产、服务第一线工作的高层次实用人才"。据此可见，相关研究滞后或对顶层设计的影响力不足，往往导致人们对高职教育的认识比较含糊，反过来也造成相关政策安排摇摆不定。

基于上述因素影响，当时社会对高职院校的认识尚不够深入和理性，并在管理上将其纳入高等教育的序列，成为高等教育家族的附属或附庸，缺乏应有的地位和一定的话语权，成为"丑小鸭"式的存在。"丑小鸭"身份在很大程度上制约和影响了高职院校的发展路向与实践探索，造成很多高职院校盲目模仿和照搬普通本科院校甚至研究型大学的办学模式和管理模式，引发高职教师职称评审制度的"套用本科"现象。

二　"套用本科"的特征：中央政府主导的制度变迁

高职教师职称评审制度"套用本科"的现象是中央政府主导的强制性制度变迁。依据中央政府出台的相关政策法规，"套用本科"是一种整体性的评审体系套用，包括资格评审的组织机构、职责及实施办法、职称评审与聘任基本流程等。在此，主要从"套用本科"的生发、内容两方面进行分析。

（一）"套用本科"的生发：顶层设计导致的制度惯性

1. "套用本科"的缘起：顶层设计的偏差引发蝴蝶效应

20 世纪八九十年代，高职教育基本上模仿普通本科院校的办学模式，在人才培养目标、培养规格和培养方式上也沿用学科化培养方式，高等职业的特点与类型属性并不明显。[①] 在此背景下，高职教师职称评审制度采取"套用本科"的路径似乎顺理成章。

1986 年出台的《高等学校教师职务试行条例》（职改字〔1986〕11 号）是"套用本科"的滥觞。该条例是我国国家层面上颁布的关于我国高校职称评审制度的最高法规，它规定了高校教师职称评审制度的主要内容、实施办法以及组织章程，标志着我国高校教师职称评审制度的基本建立。特别需要指出的是，该规定主要是根据我国当时本科院校的发展需要及教师工作的基本特点进行设计的。"当时在制定高校教师职称评审制度时，对高职教师专业素质与发展方向的特殊性认识不够客观全面，简单地将其等同于普通本科院校教师，要求高职院校教师在职称评审时基本按照普通本科院校的标准与要求。"[②] 该条例第六章第二十三条规定："本条例适用于普通高等学校。原则上也适用于其他类型的高等学校。"自此形成了"制度套

---

① 陈英杰：《中国高等职业教育发展史研究》，中州古籍出版社，2007，第 55 页。
② 王为民：《高职教师专业发展制度有效性研究》，科学出版社，2017，第 138 页。

用"的历史问题。该规定要求其他类型的高校（含高职院校）在教师职称评审与聘任过程中，须按照普通本科院校要求进行。被访专家02E02-FZ2认为："以前，高职院校在进行教师科研评价时，基本上是套用本科的职称评审标准，国家层面的本科和高职的是同一个要求，都没有分开。这样就影响到高职院校本身定位和教师专业发展问题。"显然，这种规定忽视了高职院校与普通本科院校在办学定位、人才培养目标方面的根本性差异。

"套用本科"背后的理念是高职院校教师与普通本科高校教师基本等同或完全相同。当时对高职院校的类型特征认知不够，造成政策设计的逻辑假设存在偏差，误以为"高职院校与普通本科院校属于一种类型的高等教育，没有质的差别"，主观臆断高职院校教师的职务内容、工作与业绩特点与普通本科院校教师基本相同，简单地认为两类教师同属高校教师系列，两者在工作范围、内容、任务、职责与能力等诸多方面没有质的差异。简言之，这种理念与逻辑假设不够客观与辩证，仅仅考虑到高职院校的高等教育属性，而忽视了其类型属性。

"套用本科"问题是国家在政策顶层设计方面的偏差引发的蝴蝶效应。如果在顶层设计方面出现偏差或失误，往往会造成国家政策在自上而下执行过程中产生不断扩大的蝴蝶效应。我国采取集权性质的教育管理体制，一旦国家层面教育政策设计出现细微偏差或疏忽，这种偏差往往就会随着国家政策自上而下的执行，在地方各级政府的政策贯彻中不断放大和增强，由点及面地在某省乃至全国范围内推进和展开，迅速形成波及较大范围的"蝴蝶效应"。高职教师职称评审制度设计过程中出现了两方面情况：一方面，地方政府及其教育行政部门在制定本省高职教师职称评审制度时，会严格遵照上级政策的规定，将"套用本科"逐步推广和应用到省内所有高职院校，亦即，均套用或参照普通本科院校教师的职称评审制度，而对高职教育的类型属性以及高职教师工作特点与专业发展诉求考虑甚少；另一方面，出于降低管理成本的考量，地方教育行政部门在管理中往往将高职教师等同于普通高校教师，让高职教师与普通高校教师遵循完全相同的职称系列，参照同样的评审标准，①简单地套用普通本科院校的职称评审标准

---

① 林宇：《围绕提高质量强化高职教师队伍建设》，《中国高等教育》2010年第8期，第47页。

来对高职教师实施评审。

2. "套用本科"的存续：长期的制度惯性产生路径依赖

首先，"套用本科"的制度惯性产生了路径依赖。"套用本科"问题是特定背景下顶层设计的偏差引起的强制性制度变迁。这种制度变迁是在国家政策强力推动下产生的变化，具有较强的合法性、强制性、持续性、稳定性，因此在执行与实践的过程中容易被接受，比较顺畅，能较好地促进政策落地，进而产生路径依赖。具体而言，包括两方面。

一方面，"套用本科"政策推进的过程中具有很强的合法性与权威性，从中央政府到地方政府，都出台了相应政策以保障该政策的有力执行与有效实施。为了保障《高等学校教师职务试行条例》的实施，同年国务院先后发布《关于〈高等学校教师职务试行条例〉的实施意见》和《高等学校教师职务评审组织章程》，形成我国高校教师职称评审制度建设的"三驾马车"，它们是早期有关高校教师职称评审制度改革的最高法规，是全国各省（区、市）高校教师职称评审制度建设的指导性行政法规，具有较强的法律效力。作为国家在地方的触角，"地方政府是执行国家政策、落实上级指令的具体机构"。[①] 如果地方政府在执行的过程中有悖于该规定，则属于违法行为。这是因为当时人们对高职院校与普通本科院校的类型差异的认知比较模糊，国家层面的制度建设也大多处于尝试探索期，而且该规定的潜在问题并未凸显。例如，《中华人民共和国高等教育法》（1998年）第六十八条指出："本法所称高等学校是指大学、独立设置的学院和高等专科学校，其中包括高等职业学校和成人高等学校。"但并未强调高职教育作为类型教育的特殊性。可见，高职院校"套用本科"的问题并未引起社会与学界的关注和重视。

另一方面，"套用本科"的政策一旦落地，相关制度一旦定型，在高职教师职称评审的道路上"碾出了第一道辙印"，后续每年度的职称评审就会在制度惯性下不断重复、不断强化该评审制度。特别是随着法治化的进程不断加快，为了维护职称评审的严肃性、规范性、公平性和合理性，从国家、地方到学校都陆续出台了一系列配套的规定、办法，并且在发展中不

[①] 陶郁、刘明兴、侯麟科：《地方治理实践：结构与效能》，社会科学文献出版社，2020，第2页。

断健全和完善。例如，为了在职称评审中较客观地衡量教师学术论文的质量，一系列期刊评选制度建立，开始实施"以刊评文"。在此基础上，又将论文收录率、引用率、转载率都纳入相关的论文评价体系。同理，评价学术专著、项目课题的办法及系统也应运而生，并且在运行中不断完善。这种制度惯性形成的路径依赖很难被打破。访谈中，高职院校人事处负责人14M01-FZ1表示："当前'套用本科'问题短时间内难以彻底改变。一方面，原有的职称评审规定尽管导向有问题，过分强调科研成果，但是这一套评价体系相对客观、公平，如果不按照这种办法来，还有更好的办法吗？更科学合理的评价体系还没有出现和形成。另一方面，我们的教师长期以来也都是按照原有的评价标准来努力准备的，习惯了这种评价办法，如果突然按照新的办法来评审，他们未必就能达到要求，这必然会损害他们的利益，激化职称评审方面的矛盾。"

其次，相关政策法规建设的滞后固化了路径依赖。路径依赖一旦形成，如果没有特定外力的影响，该项政策或制度就会不断重复该路径，导致后来者很难改弦易辙，除非产生一种强有力的"外力"。研究发现，自1986年"套用本科"出现后的很长一段时间内，有关职业教育的政策法规较少，相关法律政策文本并没有提出改革高职教师职称评审制度的明确规定。正是相关政策法规建设的滞后，固化了"套用本科"的路径依赖。例如20世纪末，有关高校教师职称评审的政策法规基本上未对高校教师进行分类，而是将高职院校与普通本科院校的教师职称评审制度作为同一种类型对待。《中华人民共和国职业教育法》（1996年）要求"职业学校的设立必须有合格的教师"，"保证职业教育教师队伍适应职业教育发展的需要"。该法并未对"合格的职业教育教师"进行界定，也未提及高职教师职称评审制度改革问题。之后，1998年《关于实施〈职业教育法〉加快发展职业教育的若干意见》（教职〔1998〕2号）规定，各级政府和劳动、人事、财政等有关部门要"根据职业教育教师工作任务和特点制定优惠政策，重视解决教师的工资福利、职务评聘中的问题"，"职业学校的专业课教师及实习指导教师可以评聘教师职务，学校可对具有双职务资格的教师在待遇上从优"。可见，当时已经关注到职业教育教师职称评聘中存在一些问题，并强调相关管理部门要去解决，但是并未从建章立制的角度去管理。《中华人民共和国高等教育法》（1998年）也未提及建立单列的高职教师职称评审制度等相关问题。① 在 1986 年到 1999 年间，我国各省（区、市）高职教师职称评审基本上都是"套用本科"。随着高职教育外延式发展与内涵式发展，人们逐渐发现"套用本科"现象严重误导高职院校教师的教育教学工作，诱发很多教师将主要精力投放在与高职人才培养质量提升无关、于高职内涵发展无益、于自身专业发展无助的科研方面，使偏重科研而忽视教学的问题比较严重，进而导致高职教育的普教化、高职教师的同质化问题。因此，改革"套用本科"的诉求越来越强烈，呼声越来越高，并开始在省级层面逐步试点改革。

自 2000 年起，个别试点省（区、市）相继开展高职教师职称评审制度改革，制定单列型或内分型高职教师职称评审制度，逐步打破了原有的"套用本科"模式。到 2013 年前后，全国范围内同时出现单列型、内分型与同一型三种类型的高职教师职称评审制度。其中有的"同一型"和"内分型"一直持续到 2016 年，即高校职称评审权下放之前。

（二）"套用本科"的内容：同样的要求条件与管理模式

1. "套用本科"的要求：相同的工作职责与任职条件

"套用本科"在实践层面的第一个特点就是，高职教师的工作职责和任职条件与本科院校教师的完全相同。按照《高等学校教师职务试行条例》等一系列政策法规的规定，地方政府及相关管理部门将高职教师职称评审工作纳入普通本科院校的职称评审工作之中，建立各省（区、市）的高校教师职称评审委员会，制定明确的职责与实施办法，规定职称评审的基本流程。关于教师工作职责与任职条件的要求包括以下内容。

首先，与本科院校教师相同的教师工作职责。按照普通本科院校的标准，高职院校教师同样设助教、讲师、副教授、教授四级职务，承担的工作职责与本科院校教师保持一致。依据大学的主要功能，高职教师的职责内容主要包括教学、科研、管理和服务社会等。无论是助教、讲师、副教授还是教授一般都必须承担一定的课程讲授、学术研究（包括学科研究与

---

① 　注：1998 年后，有关教师职称评审的文件一般使用"职务"或"专业技术职务"的称谓，但在平时交流中人们习惯用"职称"。2017 年后，大多数政策文本开始使用"职称"，2019 年发布的《职称评审管理暂行规定》（中华人民共和国人力资源和社会保障部令 第 40 号）规定，将此前的其他称谓统一为职称。

教学研究等）、教学与科研管理及指导研究生等方面工作。对此，受访者02E02-FZ1表示："以前的职称评审办法，就是跟本科学校差不多。只要科研论文、课题项目或专著够条件，教学工作量达到，就按照跟本科差不多的形式来评。大部分是套用本科的形式。"助教、讲师、副教授和教授的职责各不相同（见表3-1）。

表3-1　"套用本科"的高职院校教师工作职责

职务	教学	科研	管理	服务社会
助教	①承担辅助性教学工作，协助指导学生；②参加实验室建设与生产实习	①参与教学法研究或科学研究、技术开发；②参与科研管理工作	承担学生思想或教学管理工作	参与社会服务调查
讲师	①系统地承担课程讲授工作；②承担实验室建设工作；③参与编写、审议教材和教学参考书；④协助指导研究生	参与科学研究、技术开发及其他科学技术工作，参与教学法研究	承担学生的思想政治工作或教学、科学研究等方面的管理工作	参与社会服务
副教授	①承担一门主干基础课或两门以上课程的讲授工作；②指导实验室建设等；③指导硕士研究生	①具有较强的学术能力；②从事学科教学研究，如主持或参与编写、审议新教材和教学参考书，主持或参与教学法研究	同上	同上
教授	①除上述方面外，领导本学科教学工作；②指导博士研究生	除上述方面外，领导科学研究工作	同上	同上

其次，与本科院校相同的教师任职条件。在某种程度上，高校教师职称评审制度具有任职资格的属性，往往会规定教师的任职（资格）条件。1986年国务院出台的《关于实行专业技术职务聘任制度的规定》规定："职称是根据实际需要设置的工作岗位，是学术、技术、专业职务的统称，是需要具备一定程度的、系统的专门知识才能担负的职务。"与普通高校教师任职条件一样，高职院校教师任职条件除具备一定的政治思想与道德品质和学历、资历外，还须具备一定的学科知识与能力、教学成绩、科研成果

及管理能力等方面。其中，工作业绩主要包括显著的教育教学成绩和一定水平或价值的科研成果，如论文、著作及技术贡献等（见表3-2）。

表3-2 "套用本科"的高职院校教师任职条件

职务	学科知识与能力	教学成绩	科研成果	管理能力
助教	获学士学位且有一年见习期，或获得硕士学位等	能胜任工作和履行助教职责	无要求	无要求
讲师	获得硕士学位且承担两年左右助教职务工作，或获得博士学位等	能胜任工作和履行讲师职责	无要求	无要求
副教授	担任五年以上讲师或获得博士学位且承担两年以上讲师工作；具有本学科坚实的理论基础和比较丰富的实践经验	教学成绩显著，能较好地对学生进行启发式教学，培养其分析问题、解决问题的能力	发表高水平的科学论文或有价值的著作；在教学研究方面有较高造诣；在实验及其他科学技术工作上有较大贡献	无要求
教授	承担五年以上副教授职务工作	教学成绩卓著	发表、出版过有创见性的科学论文、著作或教科书，有重大创造发明	在教学管理、科学研究管理方面有组织领导能力

2. "套用本科"的管理："央地两级领导"与评聘分离

首先，实施"央地两级领导"的管理模式是该时期高职教师职称评审的重要特征之一。当时，高职院校教师职称评审接受中央政府与地方政府的双重领导。《关于改革职称评定、实行专业技术职务聘任制度的报告》（中发〔1986〕3号）规定：一方面，中央政府通过中央职称改革领导小组和国家教委，对职称评审事宜进行管理与指导；另一方面，省级政府通过地方职称改革领导小组具体负责与管理该项工作。同年出台的《国务院关于〈实行专业技术职务聘任制度的规定〉的通知》（国发〔1986〕27号）进一步明确"央地分工"，要求地方政府成立的高等学校教师职务评审委员会负责审定本地区教授、副教授任职资格，并将审定的教授名单报国家教育委员会备案，接受中央政府的监管。1988年中共中央办公厅、国务院办公厅颁布的《关于撤销中央职称改革工作领导小组的通知》（厅字〔1988〕

9号）规定，人事部门在国务院领导下开展全国职称改革工作，负责职称工作的组织、指导、协调和实施。为了加强党管人才，《关于加强职称改革工作统一指导的通知》（人职发〔1988〕2号）和《关于加强职称改革工作统一管理的通知》（国办发〔1995〕1号）均强调，党中央和国务院领导全国的职称改革工作，人事部门负责指导、组织和协调。凡有关职称改革的重大政策问题，必须由人事部门报请党中央和国务院批准。地方政府在负责具体职称评审工作的同时，对中央政府负责。"央地两级领导"的管理模式基本形成并确立。

其次，采取评审与聘任分离的管理机制是该时期高职教师职称评审的又一重要特征。一般而言，申报人在职称评审过程中需要参加职称评审与聘任两个环节，即先参加职称评审，在获得一定的职务职称认定后，才能获得相应的职称（职务）；然后，需要参加校内的教师职务聘任。但这并非所谓的评聘分离。评聘分离指的是评审权和聘任权是分开的，分属于两个不同的主体。当时，省级高等学校教师职务评审委员会具有教师职称审定权，学校拥有教师聘任权。从1991年开始实施"评聘分离"试点工作，即专业技术人员通过上级行政管理部门组织的职称评审并获得相应的职称（专业技术职务任职资格），然后学校依据专业技术岗位需要，自主聘任具有相应任职条件的教师。[1] 这种评聘分离的管理办法强调，教师的职称（任职资格）评审或考核不受岗位和职务限制，旨在打破职称终身制，激发教师持久的工作热情与积极性。评聘分离在试行中遇到很大阻力，2009年又采取评聘结合的评审办法。现实中，大多数院校并未采取评聘分离的办法，[2] 而是采取评聘结合的办法，即申报人一旦通过某级别的职称评审，就自然被学校聘任为相应职务，享受相应的职务待遇。这是因为依据相关规定，职称与工资、待遇直接挂钩，学校实施以职务为基础的结构工资制。[3]

---

[1] 谢晶：《职称制度的历史与发展》，中国社会科学出版社，2019，第25~26页。

[2] 宋延军：《基于公平理论的高校教师薪酬制度设计研究》，西南大学博士学位论文，2011，第141页。

[3] 注：从1985年7月1日开始，我国事业单位专业技术人员开始改行以职务工资为主要内容的结构工资制，一般包括基础工资、职务工资、工龄津贴、奖励工资等。高等学校教师按照其实际担任的职务确定职务工资。参见庄启东、袁伦渠、李建立《新中国工资史稿》，中国财政经济出版社，1986，第195~197页。

客观而论，"套用本科"的政策逻辑在当时也具有一定积极作用，至少推进了高职教师职称评审的制度化、法治化进程。当然，在高职教育蓬勃发展特别是内涵式发展的过程中，"套用本科"的问题日益凸显，职称评审制度迎来新的挑战。

第二节　高职教师职称评审制度的"三足鼎立"期（2000～2016年）

20世纪90年代末以来，高等职业教育蓬勃发展，并逐步从外延式发展向内涵式发展转变。与之相伴，高职教师职称评审制度"套用本科"问题的负面影响愈加凸显，最集中的表征就是"套用本科"的职称评审制度并不符合高职教育教学工作对"双师型"教师的职业能力需求，有悖于技术技能型人才培养对以工作过程为导向的课程实施的基本诉求，背离高职教师专业发展需要，导致高职教育难以摆脱普通本科教育的窠臼，偏离其人才培养目标，以及高职教师专业发展异化的系统性问题。经过一段时间的实践应用，这种由设计不合理导致的"制度病"对高职教育内涵发展的制约越来越受到人们的关注与诟病。

对此，我国相继出台一系列政策，鼓励地方政府试点高职院校教师聘任改革（即职称评审制度改革）。21世纪伊始，我国东部一些省（区、市）率先进行高职院校的职称评审制度改革，之后，其他省（区、市）相继进行试点改革。2010～2014年，全国各省（区、市）高职教师职称评审制度出现"单列型"、"内分型"和"同一型"并存的"三足鼎立"局面。具体而言，"单列型"高职教师职称评审制度就是一部分省（区、市）专门出台的针对高职院校教师的、单列的职称评审制度。"内分型"高职教师职称评审制度是指，在省级部门制定的高校教师职称评审制度中同时包括高职教师职称评审标准和普通本科院校教师职称评审标准，将两种情况放在同一个政策文件中，既有一些共同的条件要求，也有一些针对性的要求。还有一部分省（区、市）采取相对保守或审慎的态度，继续套用或沿用普通本科院校的教师职称评审制度，即"同一型"高职教师职称评审制度。

一　"三足鼎立"的背景：高职勃兴与评审政策的叠加

（一）高职的勃兴：从"丑小鸭"发展到半壁江山

2000~2016 年是我国经济社会发生深刻变化的转折期，也是高职教育蓬勃发展时期。[①] 一方面，我国社会体制经历着从计划经济到市场经济的转型过渡。2002 年党的十六大为我国走"新型工业化道路"指明方向，坚持"以信息化带动工业化、以工业化促进信息化，走出一条科技含量高、经济效益好、资源消耗低、环境污染少、人力资源优势得到充分发挥"的工业化道路，逐步实现从工业化初期向工业化中期过渡。这对我国高职教育内涵发展提出紧迫要求。另一方面，从 2000 年到 2016 年，是我国高等职业教育快速发展的 16 年，取得了令人瞩目的成就，并逐步使高职成为高等教育大众化的主阵地。[②] 高职教育的规模迅速扩大，高职院校数量从 2000 年的442 所增长到 2016 年的 1359 所，[③] 增长倍数为 2.07，增长速度超过同期的普通本科院校（见表 3-3）。

表 3-3　2000 年、2016 年高职院校与普通本科院校的数量

单位：所

类别	2000 年	2016 年	增长倍数
高职院校	442	1359	2.07
普通本科院校	599	1237	1.07

资料来源：中华人民共和国教育部，《2016 年教育统计数据》，2017 年 8 月 22 日，http://www.moe.gov.cn/s78/A03/moe_560/jytjsj_2016/。

从高职院校与普遍本科院校的增长趋势上看，高职院校从 2001 年开始异军突起，并在学校数量上超过普通本科院校。2002~2007 年，高职院校的数量较大幅度地领先于普通本科院校。2008 年之后，由于大量新建本科院

[①]　注：1999 年全国教育工作会议提出"大力发展高等职业教育"后，我国高等职业教育进入蓬勃发展阶段。

[②]　石伟平编《时代特征与职业教育创新》，上海教育出版社，2006，第 102 页。

[③]　中华人民共和国教育部：《2016 年教育统计数据》，2017 年 8 月 22 日，http://www.moe.gov.cn/s78/A03/moe_560/jytjsj_2016/。

校（含专升本等）的出现，尽管高职院校在数量上仍占优势，但是两类院校的差距不大（见图3-2）。

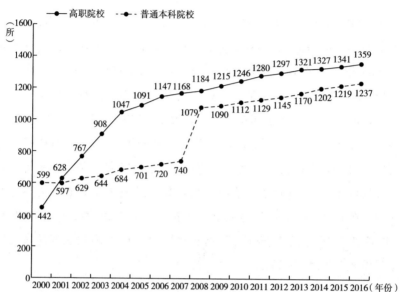

图 3-2　2000～2016 年高职院校与普通本科院校的数量增长情况

资料来源：中华人民共和国教育部，《2016 年教育统计数据》，2017 年 8 月 22 日，http://www.moe.gov.cn/s78/A03/moe_560/jytjsj_2016/。

从两类学校的专任教师数量看，高职院校专任教师从 2000 年的 8.66 万人增长到 2016 年的 46.69 万人，增长倍数为 4.39，远远超过同期普通本科院校的增长倍数 2.06。由于普通本科院校学制较长，生师比较小，专任教师数量仍然远远超过高职院校（见表3-4）。

表 3-4　2000 年、2016 年高职院校与普通本科院校专任教师数量

单位：万人

类别	2000 年	2016 年	增长倍数
高职院校	8.66	46.69	4.39
普通本科院校	37.08	113.40	2.06

资料来源：中华人民共和国教育部：《2016 年教育统计数据》，2017 年 8 月 22 日，http://www.moe.gov.cn。

从两类学校专任教师数量增长趋势看，2000 年高职院校教师数量不到普通本科院校的 1/4，之后，两类院校教师数量均较快增长。2008 年之后，高职院校教师的增长幅度相对较小（见图 3-3）。

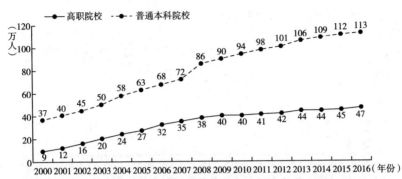

图 3-3 2000~2016 年高职院校与普通本科院校专任教师数量增长情况

资料来源：中华人民共和国教育部，《2016 年教育统计数据》，2017 年 8 月 22 日，http：//www.moe.gov.cn/s78/A03/moe_560/jytjsj_2016/。

高职教育为我国经济社会发展做出了巨大贡献。一是为我国经济社会发展培养了数以千万计的高素质技术技能型人才。二是高职教育规模快速发展对我国高等教育大众化发挥了重要促进作用。三是高职教育的蓬勃发展形成了高职教育体系框架，丰富了我国高等教育体系。

2016 年，高职毕业生数约为 329.81 万人，接近普通本科毕业生数；招生数达到 343.21 万人，在校生达 1082.89 万人。与 2000 年相比，2016 年高职院校毕业生数增长 17 倍多，招生数增长 6 倍多，在校生数增长 9 倍多（见表 3-5）。由此可知，高职教育整体上已经占据高等教育的半壁江山。

表 3-5 2000 年、2016 年高职院校与普通本科院校学生人数

单位：万人

	高职毕业生数	普通本科毕业生数	高职招生数	普通本科招生数	高职在校生数	普通本科在校生数
2000 年	17.85	68.70	48.69	150.82	100.87	414.24
2016 年	329.81	374.37	343.21	405.40	1082.89	1612.95
增长倍数	17.48	4.45	6.05	1.69	9.74	2.89

资料来源：中华人民共和国教育部，《2016 年教育统计数据》，2017 年 8 月 22 日，http：//www.moe.gov.cn/s78/A03/moe_560/jytjsj_2016/。

从高职院校与普通本科院校毕业生数量变化趋势看，2003 年、2004 年两类院校的毕业生人数大体相同。2005~2012 年，高职院校毕业生人数超过普通本科院校。2013 年之后，高职院校毕业生数有所回落（见图 3-4）。

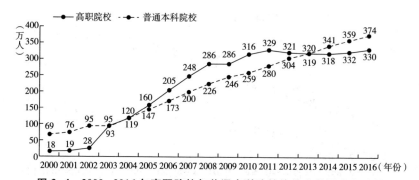

图 3-4　2000~2016 年高职院校与普通本科院校毕业生数量变化趋势

资料来源：中华人民共和国教育部，《2016 年教育统计数据》，2017 年 8 月 22 日，http：//www. moe. gov. cn/s78/A03/moe_560/jytjsj_2016/。

从两类高校的招生人数变化趋势看，2003~2008 年，高职院校招生人数超过普通本科院校。2009 年之后，普通本科院校招生人数超过高职院校（见图 3-5）。

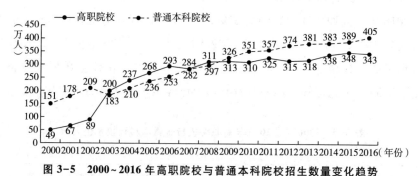

图 3-5　2000~2016 年高职院校与普通本科院校招生数量变化趋势

资料来源：中华人民共和国教育部，《2016 年教育统计数据》，2017 年 8 月 22 日，http：//www. moe. gov. cn/s78/A03/moe_560/jytjsj_2016/。

从两类高校在校生数量看，高职院校由于学制短，在校生人数一直较少。2003~2009 年，高职院校与普通本科院校在校生数量差距不大，2010 年之后，差距逐渐变大（见图 3-6）。

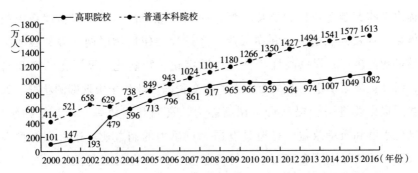

图 3-6　2000~2016 年高职院校与普通本科院校在校生数量变化趋势

资料来源：中华人民共和国教育部，《2016 年教育统计数据》，2017 年 8 月 22 日，http：//www.moe.gov.cn/s78/A03/moe_560/jytjsj_2016/。

　　总体而言，截至 2016 年，除了专任教师数、在校生数有较大区别外，高职院校与普通本科院校在学校数量、毕业生数、招生数方面均大体相当。高职院校占据我国高等教育的半壁江山。

（二）渐进式的政策："政策叠加"推进制度建设

　　我国高职教师职称评审制度建设与改革存在一种"政策叠加"现象。为了破解高职教师职称评审制度"套用本科"问题，国家相继出台的一系列相关政策都会提及和关注该问题，并提出解决问题的指导性意见，提供相关的政策支持，要求相关部门探索和执行相关规定，不断丰富和优化政策的内容，一步一步地推进相关制度建设，直到问题得到破解。"政策叠加"有以下特点：一是相关政策内容有连续性。二是相关政策推进的渐进性。三是相关政策落地的缓慢性。一般情况下，较难破解的问题往往是一种系统性问题、复杂性问题，在问题解决的过程中必然涉及很多利益相关者，往往会受到其他相关问题掣肘，也是多种利益主体反复博弈的过程，在政策推进、执行与落地的过程中需不断打破制度惯性，完善、健全新制度，因此耗时较长。四是相关政策内容在后续政策中逐步健全与完善。我国高职教师职称评审制度改革，从试点改革到在全国范围内建立独立、单列的高职教师职称评审制度历经 10 余年，十多项相关政策叠加推进高职教师职称评审制度建设。

　　1. 高职发展的诉求：亟须打破"普教化"的窠臼

　　技术更新换代、产业升级转型倒逼高职教育必须从外延式发展转向内涵式发展，也亟须打破职业教育"普教化"的窠臼。2013年，"工业4.0"的提出意味着制造业向智能化转型，即把"虚拟网络—实体物理系统技术一体化"应用到制造业，并在工业生产过程中使用物联网和服务技术，以此推进智能生产，提供高度个性化、数字化、智能化、灵活化的产品与服务，引领世界第四次工业革命。为了改变我国产业处于中低端的状况，2014年我国提出要进一步提高自主创新能力、资源利用效率、产业结构水平、信息化程度和质量效益，打造具有国际竞争力的制造业。这对技能型人才的数量、规格提出了更高要求，对高职教育发展提出了新挑战。因为"很多高等职业院校习惯于按照传统学科模式进行教学，它们认为只有学术性教育的传授才是正宗的大学教育"，① 高等职业教育迟迟走不出"普教化"的办学模式，这严重影响了高技能型人才的培养质量。

如何进一步提升技术技能型人才培养质量？如何打破高职教育发展中的"普教化"桎梏？以教师职称评审制度改革为抓手，改变高职教师的评价模式，进一步提升高职院校人才培养质量，成为高职教育发展亟待解决的重要问题。概言之，只有抓住高职教师职称评审制度改革这一"牛鼻子"，才能有效解决高职教育"普教化"导致的一系列问题，包括高职教育教学的学科化、教师的学术化、高职院校的同质化等情况，才能凸显高职教育人才培养的职业性、实践性。

2. 系列政策的推进：从"点式"到"链式"的叠加

从全国层面看，该时期的高职教师职称评审制度建设是一个渐进式的制度变迁。高职教育在内涵建设中受到来自"套用本科"问题的掣肘，因而相关政策安排逐渐提出健全与完善该制度。但是这种政策安排并非专门性、系统性、强制性的变迁，而是从"点式突破"到"链式突破"的过程，并且相关政策的推进也并非一蹴而就的，而是循序渐进、不断叠加的过程。点式突破是指，相关政策安排针对职称评审中的某一点问题进行强调，引导和要求改革突破。链式突破是指，在相关政策安排中，针对职称评审中某一系统性问题提出建议、要求、倡议和规定。政策叠加包括两方面含义，一方面是指以时间为轴的前后政策叠加，即从2002年首次提出，到2016年出台相关政策，前后发布、强调或重申了10多次，是15年政策效应的叠

---

① 马树超、郭扬等：《中国高等职业教育历史的抉择》，高等教育出版社，2009，第15~22页。

加。另一方面是指横向跨部门政策的叠加，指有关政策的出台部门不仅包括教育部门、劳动部门、财政部门等，还包括国务院等，是多个相关部门联合发力、共同治理的结果。

从点式到链式的政策叠加，促使高职教师职称评审制度形成"三足鼎立"的局面。从相关政策安排的时间顺序看，基本规律是先出现点式政策突破，再逐步出现链式政策突破，然后这些政策不断纵向积累、横向叠加，产生政策叠加效应，促使地方政府在相关制度建设中不断推进职称评审制度改革。有关点式突破的政策安排主要如下。《国务院关于大力推进职业教育改革与发展的决定》（国发〔2002〕16 号）第十条规定："职业学校教师职务资格评审要突出职业教育特点，改进评审办法。"这是最早提出改进职业学校教师职称评审办法的政府文件，强调评审办法应突出职业教育特点。同年，《教育部办公厅关于加强高等职业（高专）院校师资队伍建设的意见》（教高厅〔2002〕5 号）规定：学校在职务晋升方面，对具有"双师素质"的教师应予以倾斜。该文件的针对点是向"双师素质"教师倾斜。2010 年 11 月《教育部 财政部关于确定"国家示范性高等职业院校建设计划"骨干高职院校立项建设单位的通知》（教高函〔2010〕27 号）规定："将企业经历和实践锻炼要求纳入专任教师评聘、使用和激励政策，新进教师一般应具有 2 年以上企业工作经历。"该政策强调的突破点是高职教师的企业工作经历。

有关"链式突破"的政策安排主要如下。《教育部关于以就业为导向深化高等职业教育改革的若干意见》（教高〔2004〕1 号）要求："各地教育行政部门要根据高等职业教育的特点，在职称评定、教师聘任等方面单独制定适合'双师型'教师发展的评聘制度，为'双师型'教师队伍建设提供政策支持。"这是我国官方首次正式提出单独制定高职教师职称评审制度的政策，属于链式政策突破，强调的是系统性、整体性的"双师型"教师职称评审制度。2006 年发布的《教育部 财政部关于实施国家示范性高等职业院校建设计划加快高等职业教育改革与发展的意见》（教高〔2006〕14 号）要求"在示范院校开展教师专业技术职务评聘改革试点"，强调在示范院校进行高职教师职称评审制度试点改革，实现明显的链式政策突破。2015 年出台的《高等职业教育创新发展行动计划（2015—2018 年）》（教职成〔2015〕9 号）规定："完善教师职称评聘办法，将师德表现、教学水平、应用技术研发成果与社会服务成效等作为高等职业院校教师职称评聘和工作绩效考核的重要内容。"《教育部关于深化高校教师考核评价制度改革的指导意见》（教师〔2016〕7号）提出，要健全和完善教师职称评审制度，包括"将师德表现作为教师绩效考核、职称（职务）评聘、岗位聘用和奖惩的首要内容""提高教师教学业绩在校内绩效分配、职称（职务）评聘、岗位晋级考核中的比重""扭转将科研项目与经费数量过分指标化、目标化的倾向，改变在教师职称（职务）评聘中过度依赖和不合理使用论文、专利、项目和经费等方面的量化评价指标的做法"等。这些都是典型的链式政策突破，是引领高职教师职称评审制度建设的指导性文件（见表3-6）。

表3-6　有关高职教师职称评审制度建设的政策法规（2002~2016年）

政策法规	发布部门	内容	突破方式
《国务院关于大力推进职业教育改革与发展的决定》（国发〔2002〕16号）	国务院	职称评审要突出职业教育特点，改进评审办法	点式突破
《教育部办公厅关于加强高等职业（高专）院校师资队伍建设的意见》（教高厅〔2002〕5号）	教育部办公厅	职务晋升应对具有"双师素质"的教师予以倾斜	点式突破
《教育部关于以就业为导向深化高等职业教育改革的若干意见》（教高〔2004〕1号）	教育部	根据高等职业教育特点，在职称评定等方面单独制定适合"双师型"教师发展的评聘制度	链式突破
《教育部 财政部关于实施国家示范性高等职业院校建设计划加快高等职业教育改革与发展的意见》（教高〔2006〕14号）	教育部财政部	在示范院校开展教师专业技术职务评聘改革试点	链式突破
《国家中长期教育改革和发展规划纲要（2010—2020年）》	国务院	完善符合职业教育特点的教师专业技术职务（职称）评聘办法	点式突破
《教育部 财政部关于确定"国家示范性高等职业院校建设计划"骨干高职院校立项建设单位的通知》（教高函〔2010〕27号）	教育部财政部	要将企业经历和实践锻炼要求纳入专任教师评聘	点式突破
《教育部关于进一步完善职业教育教师培养培训制度的意见》（教职成〔2011〕16号）	教育部	完善职业教育教师资格、编制、职务制度	点式突破
《国务院关于加强教师队伍建设的意见》（国发〔2012〕41号）	国务院	分类推进教师职称制度改革，完善符合各类教师职业特点的职称评价标准	链式突破

政策法规	发布部门	内容	突破方式
《国务院关于加快发展现代职业教育的决定》（国发〔2014〕19号）	国务院	健全教师专业技术职务（职称）评聘办法	点式突破
《现代职业教育体系建设规划（2014—2020年）》（教发〔2014〕6号）	教育部等七部委	完善教师职称评聘办法，将师德表现、教学水平、应用技术研发成果与社会服务成效等作为职称评聘的重要内容	链式突破
《高等职业教育创新发展行动计划（2015—2018年）》（教职成〔2015〕9号）	教育部	完善职称评聘办法，将师德表现、教学水平、应用技术研发成果与社会服务成效等作为评聘和工作绩效考核的重要内容	链式突破
《教育部关于深化高校教师考核评价制度改革的指导意见》（教师〔2016〕7号）	教育部	系统提出健全和完善教师职称评审制度	链式突破

据此可知，推进高职教师职称评审制度建设的政策具有较强的连续性和继承性，在问题尚未破解之前，后续政策会持续不断地对前期政策进行补充、完善或强调，形成政策的叠加效应。

二　"三足鼎立"的特征：地方政府主导的制度变迁

从制度变迁的主体看，"三足鼎立"时期的主要特征是地方政府主导制度变迁。我国高校教授、副教授职称评审权最初归属中央政府。随着我国从计划经济向市场经济转型，中央政府的教育管理部门不断向地方政府放权，其中重要的一项内容就是，将教师职称评审权逐步下放给地方政府，由地方政府在一定权限范围内制定本地区高校教师职称评审制度，组织和实施教师职称评审。职称评审权实现从中央政府到地方政府的下移，以地方政府为主导进行职称评审制度建设。《国家教育委员会人事部关于进一步做好授予高等学校教授、副教授任职资格评审权工作的通知》（教人〔1994〕19号）和2004年《国务院对确需保留的行政审批项目设定行政许可的决定》（国务院令第412号）规定，省级政府部门负责和组织高校的职称评审，因而也是高职教师职称评审制度建设的主体。

（一）"三足鼎立"的样态：单列型、内分型、同一型

2000 年前后，国务院将设立高职院校的权力下放到省级人民政府，开始了高职院校数量与规模的大发展时期。① 大多数省（区、市）陆续试点改革高职教师职称评审制度，由于各地方政府在主导改革过程中的理念、策略、方式不同，以及考虑到地区高职院校的实际情况，会采取各异的改革路径，渐渐形成"同一型"、"内分型"和"单列型"三种类型的高职教师职称评审制度（见表 3-7）。②

表 3-7　我国各省（区、市）高职教师职称评审制度类型（2014 年）

类型名称	概念界定	采用省（区、市）
"同一型"职称评审制度	高职教师职称评审制度继续采取"套用本科"的方式，与普通本科高校职称评审制度规定基本相同	青海、甘肃、西藏、四川、贵州、云南、海南、河北、湖南、吉林
"内分型"职称评审制度	制定一套高校教师职称评审制度，其中一部分是针对普通本科院校的评审规定，另一部分是针对高职院校的职称评审规定	北京、天津、河南、宁夏、陕西、内蒙古、山西
"单列型"职称评审制度	针对高职院校及其教师工作特点而单独制定的职称评审规定，不再套用普通本科院校的制度	广东、上海、辽宁、江西、重庆、安徽、江苏、广西、福建、黑龙江、浙江、新疆、湖北和山东

注：未搜集到台湾、香港、澳门等地区的相关资料。

所谓"同一型"，即高职教师职称评审制度继续采取"套用本科"的方式，与普通本科高校职称评审制度规定与要求一样或基本相同。"同一型"主要有以下特点：一是未制定单列的高职教师职称评审制度，而是省（区、市）内所有普通本科院校、高职院校共用一套高校教师职称评审制度。"同一型"制度主要根据普通本科院校的情况而设计，较少考虑高职院校的情况，因此在某种程度上是"套用本科"的延续。二是这类职称评审标准基本上属于学术导向的评审模式，偏重对教师科研方面的考察，科研业绩赋

---

① 俞启定：《高等职业教育的性质定位及高职教师队伍建设问题探讨》，《当代教师教育》2020 年第 4 期，第 4 页。

② 王为民：《高职教师专业发展制度有效性研究》，科学出版社，2017，第 141 页。

分占比最大，而教学业绩的分值与权重较小。根据 2014 年 3 月底统计数据，属于"同一型"的省（区、市）有海南、河北、青海、湖南、贵州、甘肃、吉林、云南、西藏、四川（见表 3-8）。

表 3-8　采用"同一型"高职教师职称评审制度的省（区、市）

省（区、市）	相关文件	文号及发布日期	应用范围
海南	《海南省高等学校教师专业技术资格条件（暂行）》	琼人劳保专〔2006〕36号，2006-05-12	省内普通高等学校、成人高等学校、高等职业技术学院在职在岗教师
河北	《河北省高等学校教师资格申报评审条件》（2008 年执行）《河北省高等学校教师系列任职资格申报评审条件》（2016 年执行）	冀职改办字〔2007〕69号，2007-6-22；冀职改办字〔2015〕271号，2015-12-30	省内高等学校从事教育教学工作的教师（未对高职院校、普通本科院校做区分）
青海	《青海省高等学校教师中、高级职务资格评审条件（试行）》	青教人字〔2008〕43号，2008-8-6	省内各类普通高等院校、成人高等院校教师
湖南	《湖南省高校教师系列专业技术职务评审细则（试行）》《湖南省高校教师系列高级专业技术职务评审细则（试行）》等	送审稿，2011-12-26；湘教发〔2013〕5号，2013-2-22	省内普通高等学校、成人高校教师
贵州	《贵州省高校教师系列专业技术职务任职资格申报评审条件（试行）》	黔人社厅通〔2014〕756号，2015-4	省内各类高等学校从事教育、教学工作的专业技术人员
甘肃	《甘肃省高等学校教师高级职务任职资格评审条件》	甘人职〔2015〕78号，2015-12-17	省内各类普通高校（独立学院、民办院校）、高职高专等院校教师
吉林	《吉林省高等院校教师系列中、高级专业技术资格评审条件》	吉人联字〔2004〕25号	普通高等院校、高等职业技术学院、成人高等院校从事教育教学工作，评审讲师、副教授、教授等专业技术资格的教师
四川	《关于报送 2009 年度高等学校教师高级职务评审材料的通知》《关于报送 2013 年度高等学校教师高、中级专业技术职务评审材料的通知》	川教职改办〔2009〕72号川教职改办〔2013〕40号	各本科院校、高等职业技术学院申请教授职务任职资格者

续表

省（区、市）	相关文件	文号及发布日期	应用范围
云南	《云南省高等学校教师职务经常性评聘工作实施意见的通知》《云南省人事厅关于修订高教系列破格评聘高级专业技术职务（职称）有关条件的通知》	云教人字〔1992〕043 号云人专〔2003〕13 号	省内所有高等学校从事教育教学工作的在职专任教师（包括夜大、函大、电大、自学考试点的专任教师）
西藏	《西藏自治区高等学校高级教师职务任职资格申报评审条件》	藏教师〔2009〕9 号	高等学校从事教育教学工作的教师及从事高等教育教学研究人员中申报和评审副教授、教授专业技术职务资格者

　　"内分型"即在同一个政策文件或制度文本内，一部分是针对普通本科院校的评审规定，另一部分是针对高职院校的职称评审规定。"内分型"的主要特点如下。首先，这种制度的部分条件往往是通用的，既适用于普通本科院校教师也适用于高职院校教师。其次，有些条件是根据普通本科院校与高职院校的情况而制定的。大多数"内分型"制度按照高职院校与普通本科院校进行分类，少数则按照学科分类。"内分型"既有通用性的基本性条件，也有一些针对性的评审条件。属于"内分型"的省（区、市）有北京、天津、河南、宁夏、陕西、内蒙古、山西（见表 3-9）。

表 3-9　采用"内分型"高职教师职称评审制度的省（区、市）

省（区、市）	相关文件	文号及发布日期	分类情况
北京	《北京市属市管高等学校教师职务聘任制实施意见（试行）》	京教人〔2005〕32 号，2005-09-08	按照科研教学岗位分为教学科研型、教学型、科研型、实验技术型四类教师
天津	《天津市高等学校教师职务评审条件（试行）》	津人专〔2001〕31 号，2001-10-16	按照学科分为理工农医、文史财经、公共（基础）课三类教师
河南	《河南省高等学校教师（实验人员）中、高级专业技术职务任职资格申报、评审条件》	豫人社〔2009〕273 号，2009-08-28	副高职称分为普通高校教师，高职高专教师和艺术、体育学科教师三类（申报教授的条件一样）

续表

省（区、市）	相关文件	文号及发布日期	分类情况
宁夏	《宁夏回族自治区高等学校教师中高级专业技术职务任职资格评审条件（试行）》	宁人社发〔2010〕283号，2010-08-10	申报讲师、副教授时分为普通本科院校、高等职业技术学院两类（申报教授时并未分开）
陕西	《关于印发〈陕西省高等学校教师职务评审工作实施办法（试行）〉和〈陕西省高等学校教师破格晋升副教授、教授职务评审办法（试行）〉的通知》	陕人社发〔2011〕86号，2011-06-14	按照教学科研任务分为教学科研型高校、以教学为主的高校、高职高专成人高校三类
内蒙古	《内蒙古自治区普通高等院校教师高级专业技术资格评审条件（修订）》	内人社发〔2012〕17号，2012-02-07	分为本科院校、高职高专两类，对艺术类、体育类学科教师另有规定
山西	《关于做好2013年度全省高等学校专业技术职称工作的通知》	晋人社职字〔2013〕49号，2013-06-06	按照教学科研分为教学型、教学科研型、科研教学型和专职班主任四类，另有高职学院"双师型"教师补充条件

  "单列型"是指职称评审管理部门针对高职院校及其教师工作特点而单独制定的职称评审规定，不再套用普通本科院校的制度。其主要特点有两个：一是具有较强的针对性，即该制度是专门为高职院校教师职称评审而设计；二是具有较强的适切性，比较符合高职教师"双师型"特点，合理性、科学性、有效性较高。2014年3月的统计结果显示，属于"单列型"的省（区、市）主要是沿海省（区、市）以及部分内地省（区、市），分别是广东、上海、辽宁、江西、重庆、安徽、江苏、广西、福建、黑龙江、浙江、新疆、湖北和山东（见表3-10）。

表3-10 采用"单列型"高职教师职称评审制度的省（区、市）

省（区、市）	相关文件	文号	备注
广东	《广东省高等职业技术学校教师高、中级专业技术资格条件（试行）》	粤人职〔2000〕38号	2000年4月3日颁布
上海	《上海市高职高专院校教师高级职务学术水平与技术能力评议的若干意见（试行）》	—	2003年9月25日颁布

续表

省（区、市）	相关文件	文号	备注
辽宁	《辽宁省高等职业技术院校教师职务任职条件的补充要求（试行）》	辽教发〔2003〕48号	2003年起执行
江西	《江西省高等职业技术院校教授、副教授等资格条件（试行）》	赣人发〔2005〕10号	2006年1月1日起执行
重庆	《重庆市高职高专院校教师高级职务任职资格申报评审条件（试行）》	渝职改办〔2009〕167号	2009年7月16日颁发
安徽	《安徽省高职高专院校教师专业技术资格条件（试行）》	教人〔2009〕2号	2009年4月17日颁发
江苏	《江苏省高等职业院校教师专业技术资格条件》	苏职称〔2009〕15号	2009年12月16日颁发
广西	《2010年度广西壮族自治区高等学校教师系列高等职业学校专业技术资格评审条件》	桂职办〔2010〕131号	2010年9月14日颁布
福建	《福建省高等职业学校教师专业技术资格条件（试行）》	闽教职改办〔2010〕7号	2010年10月15日颁布
黑龙江	《黑龙江省高等学校教师系列中高级专业技术职务任职资格评审标准（高职高专与成人高校）》	黑人保发〔2010〕111号	2010年12月30日颁布
浙江	《浙江省高等职业技术学院教师中高级专业技术资格申报基本条件（指导意见）》	—	2011年征求意见稿
新疆	《新疆维吾尔自治区高等职业院校教师系列专业技术职务任职资格评审条件（试行）》	新人社发〔2012〕117号	2012年8月8日颁布
湖北	《湖北省高职高专院校教师专业技术职务任职资格申报评审条件（修订试行）》	鄂职改办〔2013〕120号	2013年8月30日颁布
山东	《山东省高等职业学校教师水平评价基本标准条件（试行）》	鲁人社发〔2013〕45号	2013年12月27日颁发

值得注意的是，上述的"三足鼎立"情况是动态变化的。例如，天津市在2011~2014年属于"内分型"，该市2015年8月11发布《天津市高等职业院校教师职务评审标准》后，变为"单列型"。

（二）"三足鼎立"的实质：地方政府制度创新的分野

1. 地方政府的"第二行动集团"角色

该时期，地方政府的相关管理部门不仅具有高职院校教师职称评审权，而且是高职院校职称评审制度建设的主体。地方政府获得上级政府授权，获得职称评审制度建设的合法性是推动制度创新的重要前提。众所周知，在改革中必然存在一定的风险与困难，这是影响地方政府是否愿意积极改革的重要因素。如果没有被赋予一定权力，建立保护改革者的容错机制，那么地方政府擅自进行改革就缺乏合法性，往往会给自身带来较大的风险。相反，如果授予地方政府一定的权力和发布必要的容错政策，打消地方政府进行制度创新的顾虑，使其不再担心因创新失败而可能遭受的惩处，地方政府就会成为制度创新的重要力量。例如，作为当时高职教师职称评审制度改革的试点省（区、市），广东、上海较早获得这方面的政策优势，改革步伐较快。2000 年、2003 年，广东省、上海市相继制定"单列型"高职教师职称评审制度。事实证明，当国家政策对高职教师职称评审制度改革的支持态度越明确，授予权力越大时，地方政府进行改革的合法性与安全感越强，推进力度也越大。2010 年《国家中长期教育改革和发展规划纲要（2010—2020 年）》颁布后，很多省（区、市）在这方面的改革步伐明显加快，陆续出台了这方面的改革政策，相关省（区、市）包括宁夏（2010 年）、广西（2010 年）、福建（2010 年）、黑龙江（2010 年）、陕西（2011 年）、浙江（2011 年）、内蒙古（2012 年）、新疆（2012 年）、山西（2013 年）湖北（2013 年）、山东（2013 年）等。

在推进高职教师职称评审制度建设时，地方政府扮演着"第二行动集团"的重要角色。按照新制度经济学的制度变迁理论和我国体制机制改革的实际情况，中央政府常常是改革的"第一行动集团"，主要负责改革的政策设计和指导性工作，而将政策的执行与实施权力下放到作为"第二行动集团"的地方政府。具体到高职教师职称评审制度改革，随着高校职称评审权下放至省级政府的主管部门，并由其负责省内高职教师职称评审制度建设，省级政府已经扮演"第二行动集团"的角色，并成为该制度建设的主体。可以看到，此时期各个省（区、市）相继出台关于高职教师职称评审制度改革的政策。

2. 地方政府利益博弈中的三种选择路径

地方政府在创新职称评审制度过程中存在利益博弈。一方面，在地方政府建设高职教师职称评审制度过程中，"政绩锦标赛"的评价模式会促使其具有一定的动力和积极性。按照压力型体制的行动模式，地方政府官员需要一定的政绩来证明自身的能力并获得更好的发展空间。因此，在政绩利益的驱动下，地方政府具有积极进行职称评审制度改革的动力。同时，这种制度创新往往会给地方高职院校带来利益，因此能够获得省内高职院校的支持。在经济较发达、产教融合比较深入的省（区、市），产业界与高职院校的利益相关性较强，产业界对高职院校内涵发展具有强烈诉求，往往和高职院校一道成为相关制度建设的重要力量，即"第三行动集团"。

另一方面，地方政府会考虑到改革给自身带来的风险。毋庸讳言，改革高职教师职称评审制度会增加制度建设成本、执行成本和管理成本，也可能会遭到部分职能部门、个别高职院校中一些安于现状的领导或教师的抵触。调研发现，部分高职院校的一些领导和教师意识到职称评审制度改革带来的是一系列与切实利益相关的配套改革，涉及学校教师、教学、科研等诸多问题。倘若缺乏一定的激励性政策保障，缺少地方政府相关职能部门领导、大多数高职院校领导与教师的积极支持，或缺少高职教师职称评审方面研究成果或成功经验作为后盾，地方政府在职称评审制度改革过程中可能遭遇较大风险、较多困难。对其而言，这种改革或许是一个"烫手山芋"。

各个省（区、市）的改革环境、资源有较大差别，这往往会影响地方政府在高职教师职称评审制度改革方面的态度，选择创新型、稳健型、保守型等不同策略。其中，部分地方政府具有相对多的改革优势资源和较强的开拓与创新理念，在制度改革中表现为胆子大、步伐快，往往选择创新型策略，采用"单列型"职称评审制度改革模式。相反，有的地方政府思想比较保守，改革的条件、资源或时机不足、不成熟，往往会选择保守型策略，采用"同一型"模式。有的介于上述两者之间，往往采取稳健型策略，采用"内分型"模式。由上可知，该时期的制度变迁是地方政府主导的一种强制性制度变迁。

概言之，"三足鼎立"时期的职称评审制度建设逐渐呈现一些新变化，开始重视高职教育的特点与教师工作特点。但也存在一些问题，主要是

"高职院校的评审针对性、具体性明显不足，无法突出高职高专院校工作中的特点，评价体系也无法构建完善，职业教育特色难以凸显"。① 作为某高职院校人事处负责人，被访谈人 04E04-FZ1 认为："我们省普通本科与高职分开评也有多年了，总的来讲，高职这块儿跟本科还是大同小异。我们一直强调有高职特色，这么多年下来，特别鲜明的特色也不是太多，但还是有一些区别。一是跟普通本科院校相比，高职院校教学的比重可能就会更高一些。但是，教学比较难量化，很难找到大多数老师都比较认可的考核指标。二是我们高职比较强调教师的动手能力，就是我们说的双师技能这一块儿。"

第三节　高职教师职称评审制度的"自主评审"期（2017 年至今）

2017 年 3 月教育部等五部门联合出台《关于深化高等教育领域简政放权放管结合优化服务改革的若干意见》（教政法〔2017〕7 号），要求管理部门将教师职称的评审权直接下放到高校，由高校按照上级部门的相关法规、政策、规定和意见，自主制定职称评审规定或办法，自主组织或联合组建职称评审委员会，对申报者进行职称评审。此后，高职院校获得完全自主的职称评审权，校内教师申报教授、副教授等职称都可以通过本校组织或联合组建的高、中级职称评审委员会进行评审，揭橥高职教师职称评审制度建设进入"自主评审"时期。在该时期，高职院校逐步成为职称评审制度建设的主导力量。

一　"自主评审"的背景：高职"改姓为职"与评审权完全下放

评审权下放至高校是在一定权力范围内提高高职院校治理能力的举措。高职院校获得自主评审权开启了高职教师职称评审制度建设的新局面，意味着职称评审不再采取以往的行政审批方式，政府对此更多的将是监管而非"直管"。可以说，"放管服"改革是理念层面的顶层设计，评审权下放

---

① 潘永波：《基于职称评定现状分析教师职称改革的紧迫性》，《人才资源开发》2016 年第 2 期，第 40 页。

是实践层面的政策安排，高职教育身份发生重要变化——"改姓为职"，这是高职教师职称评审制度建设在目标层面的理性诉求。

（一）高职"改姓为职"的寓意：回归职教身份与隶属职教体系

高职教育的蓬勃发展与内涵建设常常遭遇"姓高或姓职"的身份拷问。对本体性的追问是任何事物发展的理性表现。我国高职教育历经多年的发展，特别是经过 2000~2010 年的蓬勃发展期后，已经步入内涵式发展阶段，无论是职教理论创新与发展，还是实践探索与经验总结，都使得人们对高职教育本质属性的认识越来越清晰，对高职教育的办学定位、人才培养模式、教师职业素养与工作特点等基本问题的思考越来越深刻。高职教育"姓高或姓职"的困惑也逐步化解，即高职教育具有"职"与"高"的双重身份。从类型属性看，高职教育是职业教育中的重要组成部分；从层次属性看，高职教育具有高等教育的特性，但从本质上看，高职教育的第一属性应该为类型属性。也就是说，无论从学理角度还是高职教育发展的实际情况看，"都应当把高职定位在类型而不是层次"。[①]

高职教育"改姓为职"不是一种形式上的改头换面，而是人们对高职教育认知的重新判断，是对高职教育管理的重新调整，是对高职教育发展方向的重新定位。高职"改姓为职"，回归职教身份，先后经历高职教育确定个体的属性身份、明确自身所属体系两个过程。2011 年，我国教育部将高职教育从此前的高教司划归职成司管理，[②] 这是高职教育从管理层面不再作为高等教育"家族"一员的重要标志，揭橥高职教育明确了个体身份属性，这是其回归职教身份的第一步。2014 年《国务院关于加快发展现代职业教育的决定》（国发〔2014〕19 号）重点指出，我国职业教育发展的目标是："到 2020 年，形成适应发展需求、产教深度融合、中职高职衔接、职业教育与普通教育相互沟通，体现终身教育理念，具有中国特色、世界水平的现代职业教育体系。"《现代职业教育体系建设规划（2014—2020

---

① 徐国庆：《职业教育原理》，上海教育出版社，2007，第 161 页。

② 注：2011 年 2 月 25 日后，教育部发布有关高职教育的政策或通知的发文字号不再用"教高厅函"，开始用"教职成函"。由此可知，高等职业教育从此划归职成司管理。例如，2011 年 2 月 25 日《教育部关于公布 2011 年普通高等教育高职高专专业设置备案结果的通知》的文号是"教职成函〔2011〕1 号"。

年）》（教发〔2014〕6 号）特别强调："现代职业教育是服务经济社会发展需要，面向经济社会发展和生产服务一线，培养高素质劳动者和技术技能人才并促进全体劳动者可持续职业发展的教育类型。"两大政策的整体指向就是建设符合职业教育类型特点、具有中国特色和世界水平的现代职业教育体系。上述政策的颁布与落实，不仅标志着现代职业教育体系框架基本形成，而且进一步明确了高职教育的隶属体系，是高职教育回归职教身份、巩固其类型身份的第二步，是对高职教育规律及其类型身份的尊重。被访人 04E04-FZ1 表示："我们省这边之前本科和高职评职称是放在一起的。对此，高职院校意见也比较大，第一，因为跟本科院校竞争，对高职不利。第二是觉着本科和高职区别比较大。"19M06-FZ1 表示："评审权下放的一个重要特点，就是不同类型高校制定不同的评审标准，实行分类评审。以前我们在职称评审时，没有注意到类别差距，不同类型的尺度是一样的。"

高职教育具有独立的类型身份，为此后高职院校建立符合高职教育特点的职称评审制度提供了学理基础和政策保障，也为高职院校根据自身职称评审制度实施"自主评审"提供了理据与合法性。受访人 33O07-FZ1 表示："从今以后，学校会有评审权，实际上自主办学就是高校的权利，但是以前都被收上去了。现在为什么要下放评审权？实际上就是不同类型的学校要制定自己的评审指标体系、标准，应该有自己的导向。像研究型大学和应用型大学类型不一样，导向也不一样，对教师科研方面，特别是理论研究方面要求较高。我们高职院校与这类大学有区别，因此职称评审办法应该适合我们的发展目标与方向，应该突出高职学校的特点。而现在，职业院校也是按照本科院校那样搞课题、搞研究，实际上在专业发展导向上是有问题的。"

（二）评审权下放的社会动因："放管服"改革释放活力和动力

高职教师职称评审权下放是国家积极倡导与推进教育领域"放管服"改革的产物。

1. 国家层面的"放管服"改革：政府放权并增效

"放管服"是"简政放权、放管结合、优化服务"的简称。"放"即简政放权，中央政府要下放行政权，减少没有法律依据和法律授权的行政权。

"管"即创新监管机制，政府部门应充分利用新技术、新体制加强监管体制创新，进一步加强监管职能。"服"即高效服务，政府减少对市场主体过多的行政审批等干预行为，提升服务市场主体的能力。其中，简政放权是推进改革的前提，放管结合是深化改革的方法，优化服务是改革达成的目的。"放管服"改革是提升政府治理能力与治理体系现代化的重要举措。一方面，它要求改革传统的行政管理体制，提升政府治理水平；另一方面，要求提升行政便利化程度。衡量"放管服"改革是否落实到位的重要依据是：改革是否减少了管理中的信息不对称问题、降低了市场运行和行政成本、减少了管理环节与成本等，在多大程度上提升了整个社会体制机制的运行效率、水平与质量。

按照深入推进行政审批制度改革工作的部署和行政审批制度改革的要求，国务院出台《关于第六批取消和调整行政审批项目的决定》（国发〔2012〕52号）。该政策强调："凡公民、法人或者其他组织能够自主决定，市场竞争机制能够有效调节，行业组织或者中介机构能够自律管理的事项，政府都要退出。凡可以采用事后监管和间接管理方式的事项，一律不设前置审批。"同时，为了加快推进事业单位改革，该决定要求："把适合事业单位和社会组织承担的事务性工作和管理服务事项，通过委托、招标、合同外包等方式交给事业单位或社会组织承担。"可见，政府治理理念主导的政策是促使中央政府逐步向地方政府、高校下放职称评审权的重要动因。2015年《政府工作报告》较早提出"放管服"改革，要求"加大简政放权、放管结合改革力度，进一步取消和下放行政审批事项"。其核心内容是政府放权，一是政府应当放给市场和社会的权力，二是实行清单管理，即公布省级政府权力清单，遵守"法无授权不可为、法定职责必须为"的规则，促进政府治理能力现代化。

简言之，国家层面的"放管服"改革旨在促进政府放权增效，提高管理的公平性、效率性、便捷性，有效释放市场活力，激发社会创造力。

2. 教育领域的"放管服"改革：职称评审权下放

教育领域"放管服"改革的重点内容之一是向高校下放职称评审权。职称评审权下放的主要目的是扩大高校自主权，深化职称评审制度改革，打破长期以来困扰高校教师的"紧箍咒"，充分激发教师教书育人的主动性和创造力。根据《关于第六批取消和调整行政审批项目的决定》（国发

〔2012〕52 号），高校副教授评审权的审批工作由教育部下放到省级人民政府教育行政部门实施，多数省（区、市）逐步将评审权下放到高校，由高校自主评聘，不具备评审权的高校参加省级政府部门组织的职称评审。2014年 8 月，国家教育体制改革领导小组办公室发布的《关于进一步落实和扩大高校办学自主权完善高校内部治理结构的意见》（国家教改办〔2014〕2号）提出："教授、副教授评审权逐步下放到高校。"2016 年 3 月中共中央印发的《关于深化人才发展体制机制改革的意见》指出："突出用人主体在职称评审中的主导作用，合理界定和下放职称评审权限，推动高校、科研院所和国有企业自主评审。"2016 年之前，福建、湖南、浙江、上海、四川、吉林、北京等已经将高职教师职称评审权下放给高职院校，① 但是这仅是部分省（区、市）的试点，并非全国范围的政策安排。

2017 年 3 月发布的《关于深化高等教育领域简政放权放管结合优化服务改革的若干意见》（教政法〔2017〕7 号）明确要求："破除束缚高等教育改革发展的体制机制障碍，进一步向地方和高校放权，让学校拥有更大办学自主权。"该意见对教育职称评审制度建设的指导内容主要是"改进高校教师职称评审机制"，强调两方面改革，一方面是"下放高校教师职称评审权"，包括：①高校自主制定本校教师职称评审办法和操作方案，并将其报送教育部门、人力资源和社会保障部门及高校主管部门备案；②职称评审权直接下放至高校，由高校自主组织职称评审、自主评价和按岗聘用；③条件不具备的高校可以进行联合评审；④相关部门要对此加强监管和抽查等。另一方面是"改进教师职称评审方法和内容"，主要包括：①将师德表现作为评聘的首要条件；②提高教学业绩比重；③依据不同教育类型、不同层次、不同学科领域、不同研究类型等建设教师分类评价标准；④完善同行专家评价机制；⑤推行以"代表性成果"和实际贡献为主要内容的评价方式。2017 年 10 月出台的《高校教师职称评审监管暂行办法》（教师〔2017〕12 号）第七条规定："高校根据国家有关规定制订岗位设置方案和管理办法，在岗位结构比例内自主组织职称评审、按岗聘用。"

---

① 雷家彬：《高职教师职称评价标准的比较研究》，《高校教育管理》2016 年第 4 期，第 91 页。

2019年全国教育领域"放管服"改革推进会强调,"以教师职称评审权下放为重点,推动已出台政策落地见效"。2020年发布的《关于深化高等学校教师职称制度改革的指导意见》强调,在改革与完善高职教师职称评审制度时,应着重从六个方面入手,见表3-11。

表3-11　改革高职教师职称评审制度的六个方面

主要方面	关键内容
健全制度体系	创新岗位类型
完善评价标准	①严把思想政治和师德师风考核;②突出教育教学能力和业绩;③克服唯论文、唯"帽子"、唯学历、唯奖项、唯项目等倾向;④推行代表性成果评价
创新评价机制	①分类分层评价;②创新评价方式;③建立重点人才绿色通道;④完善信用和惩戒机制;⑤健全聘期考核机制
落实自主评审	①下放职称评审权;②加强监管服务
实行评聘结合	①自主设岗,评聘结合;②妥善处理待聘人员
组织实施原则	①严格程序,确保公正

由上可知,教育领域"放管服"改革不仅重点强调职称评审权下放,而且从管理流程、内容规定、方法要求等方面做出了比较明确和具体的政策安排。

二　"自主评审"的特征:高职院校主导的制度变迁

"自主评审"的重要特征是高职院校获得评审权,成为高职教师职称评审制度建设的主要力量,并作为"第三行动集团"开始主导制度变迁。该制度变迁的特征表现可以分为"自主评审"的价值追求和管理诉求两个方面。

(一)"自主评审"的价值追求:建设符合高职特点的评审制度

高职院校主导职称评审制度建设的价值追求,是通过"自主评审"方式建立符合高职特点的评审制度。对此,可以从"自主评审"的目的论、主体论、本体论和方法论四个层面来分析。

首先，从目的论看，"自主评审"应坚持师德为先、教书育人的理念。师德主要包括两方面，一是教师的道德修养、行为品质，二是教师的思想政治素养。为了"克服重科研轻教学、重教书轻育人等现象"，2020年10月13日发布的《深化新时代教育评价改革总体方案》规定："把师德表现作为教师业绩考核、职称评聘、评优奖励首要要求，强化教师思想政治素质考察，推动师德师风建设常态化、长效化。"高职院校在职称评审中应重视教师的基本职业道德，并将其作为申报职称的最基本条件。①

其次，从主体论看，评审权下放后，高职院校拥有完全自主的评审权，成为"自主评审"的主体。回顾我国高校职称评审权的历史，不难发现，普通本科院校职称评审权历经两次较大规模放权（中央政府→地方政府→高校）。在放权过程中，存在三种情况。第一种情况是"中央政府→地方政府"，即中央政府从1978年开始逐步将评审权下放到地方政府。② 第二种情况是"中央政府→普通本科院校"，即教育部、人社部先后将高级职称评审权直接下放给少数普通本科院校。截至2012年底，全国具有教授、副教授职称评审权的高校分别有175所和123所，其余高校的教师高级职称评审权仍在省级教育行政主管部门。③ 可见，我国职称评审制度实际上采取了"双轨制"办法，一是少数普通本科院校的自主评审，二是省级教育行政部门组织的评审。第三种情况是"地方政府→高校"，即按照2017年中央政府要求，地方政府把评审权完全下放到高职院校。2018年7月3日颁布的《关于深化项目评审、人才评价、机构评估改革的意见》重申，依照"谁使用、谁评价"原则下放职称评审权，确立用人单位或社会组织的主体地位，推动职称评审向协会、学会等社会组织有序转移。④

在职称评审权下放的过程中，高职院校以"第三行动集团"的身份开

① 李兴旺、杨彩凤：《"放管服"改革背景下高职院校教师职称改革现状调查研究》，《科教文汇》（上旬刊）2020年第4期，第1~2页。
② 注：1978年2月13日发布的《国务院批转教育部关于高等学校恢复和提升教师职务问题的请示报告》（国发〔1978〕32号）在附件一中规定在"高等学校教师提升职务的批准权限"中，"教授的提升，由教育部批准，现改为由省、市、自治区批准，报教育部备案"。
③ 中华人民共和国教育部：《具有教授或者副教授评审权的高等学校名单（截至2012年12月）》，2012年12月28日，http://www.moe.gov.cn/s78/A04/s8343/moe_686/201012/t20101228_113172.html。
④ 谢晶：《职称制度的历史与发展》，中国社会科学出版社，2019，第27页。

始主导学校职称评审制度建设。随着教育领域治理体系建设和"放管服"改革，我国教育集权管理体制逐步转向教育分权管理，一些权力从中央政府向地方政府或从地方政府向高职院校下放，基本形成"中央政府—地方政府—高职院校"三级管理模式。与此相应，在体制机制建设与改革中，中央政府属于"第一行动集团"，地方政府属于"第二行动集团"，高职院校扮演"第三行动集团"角色。其中，第一行动集团作为改革与制度建设的最大权力主体，主要负责相关政策的顶层设计，并以委托代理的方式将一些事务委托给第二行动集团。第二行动集团一方面必须执行第一行动集团制定的相关政策，另一方面保留一些必要的权力，同时将一些事务委托给第三行动集团。具体而言，在该时期，省级政府相关部门作为第二行动集团，也会出台相应的新政策以指导省（区、市）内高职院校进行职称评审制度建设，供高职院校参考（见表3-12）。可以说，在高职教师职称评审制度建设中，中央政府与地方政府合作，共同推动高职院校进一步健全与完善职称评审制度。

表3-12　省级政府颁布的高职教师职称评审文件（部分）

序号	省（区、市）	文件名	文号	执行时间
1	云南	《云南省高等学校教师职称评审条件》（含高职）	云人社发〔2017〕127号	2017-10-11
2	湖南	《湖南省深化高等学校教师系列专业技术职称（职务）评审制度改革工作实施方案（试行）》（含高职）	湘教发〔2018〕2号	2018-03-01
3	福建	《福建省高校教师职称评审监管实施细则的通知》（含高职）	闽教师〔2018〕36号	2018-09-15
4	北京	《北京市高等学校教师职务聘任管理办法》（含高职）	京人社专技发〔2019〕7号	2019-01-31
5	新疆	《新疆维吾尔自治区高等职业院校教师系列专业技术职务任职资格评审条件（试行）》	无	2019-07-05
6	广西	《广西壮族自治区高等学校教师系列高等职业学校教师高、中专业技术资格评审基本条件（试行）》	桂职办〔2019〕53号	2019-08-19

续表

序号	省（区、市）	文件名	文号	执行时间
7	山西	《2019年度全省高等学校教师系列高级职称评审工作安排意见》（含高职）	晋人社厅函〔2019〕1241号	2019-10-15
8	宁夏	《宁夏回族自治区高等职业院校教师专业技术职称评审条件（试行）》	宁人社规字〔2021〕3号	2021-04-18

高职院校在获得高职教师职称评审权后，开始建设新一轮的职称评审制度。调研发现，"自主评审"大大激发了高职院校自主办学的内生动力，高职院校积极行使评审权，一方面依据校内情况制定职称评审方案、办法或细则（见表3-13），另一方面建立评审组织机构，设定评审机制，组织职称评审工作。例如，获得自主评审权后，番禺职业技术学院废止原来的《职称申报与聘任管理办法（试行）》（番职院人〔2014〕7号），在2018年出台《职称评审办法（2018年试行）》。

表3-13　高职院校制定的教师职称评审文件（部分）

序号	学校名称	文件名称	发布日期
1	上海工商职业技术学院	《上海工商职业技术学院教师职务和其他专业技术职务评聘办法及实施细则》	2019-10-21
2	惠州城市职业学院	《惠州城市职业学院教师职称评审办法（试行）》	2018-08-02
3	广东交通职业技术学院	《广东交通职业技术学院专业技术职称评审办法》	2018-10-11
4	广东机电职业技术学院	《广东机电职业技术学院职称评审办法》（院人〔2018〕8号）	2018-04-13
5	四川职业技术学院	《四川职业技术学院专业技术职务任职资格评审管理办法（试行）》（川职院院字〔2019〕78号）	2019-12-06

再次，从本体论看，高职教师职称评审制度设计的理念应该符合高职教育特点。2017年颁布的《国务院办公厅关于深化产教融合的若干意见》（国办发〔2017〕95号）指出，积极探索符合职业教育特点的教师职称评审办法。2019年人力资源和社会保障部颁布《职称评审管理暂行规

定》，规定职称评审是对专业技术人才品德、能力、业绩的综合性评议和认定，进一步确定职称评审属于一种综合性业绩评价。为了凸显高职院校职称评审的特点，在评审制度建设中应至少强调两个方面。一是强调教育教学方面的要求，突出教学工作的核心地位。教育教学工作的考核指标主要包括教育教学管理、教学工作、教学资源建设、教育教学改革等方面，应参考专业建设、课程开发、教学改革、担任班主任（辅导员）、参与其他教育教学管理工作的经历等。二是重视对专业实践能力的考核，包括教师到企业实践、指导学生参加技能大赛、参与实训室建设、服务企业技术研发、促进科研成果转化等。被访专家 07E07-FZ2 认为："高职院校教师职称评审的理念要顺应学校的发展。因为高职院校最新提出来要建设'双高校'嘛，所以我们提出一些服务'双高校'建设的要求。从长远看，我们学校想往应用型本科高校的方向发展，总体思路就是要顺应时代发展。"

最后，从方法论看，在职称评审制度建设中应依据治理思想，充分发挥民主参与的作用。在向市场经济转型过程中，治理理念潜移默化地影响着各个领域的改革，亦即"评审权"下放必须采用民主、合理、科学的制度设计流程，来提升制度设计的质量。某高职院校的人事处负责人 07E07-FZ2 讲述，其学校评审方案的设计过程较充分地考虑到利益相关者的知情权、参与权与决策权，旨在制定符合其学校特点的职称评审制度。"目前，我们正在做这个方案的修订工作，它分好几个阶段。第一个阶段是拿出一个初步方案，然后进行修改。人事处参与审核，教务处、社科处、科产处、学生处等参与审核的成员讨论制定第一版方案。第二阶段是领导进行讨论，并提出意见。然后，第三个阶段就是小范围的征集意见。比如说找一些特定的人群，包括一些评了多年职称没有评上的人来了解一下原因，是条件把他卡了还是他自身的一些原因。还有，找一些一次就评上的（教师），了解一下现行条件对他来说是不是很宽松，对一些博士而言这些条件是不是太低了，然后去讨论，他们也会提很多意见。第四阶段是大范围征集意见。每个学院开会讨论，并形成一个意见反馈到我们这儿，然后再去修订，形成一个意见征集稿。第五阶段，完稿之后要征求教代会的意见，要上党委会，基本上走这样一个正规流程。"

（二）"自主评审"的管理诉求：通过制度优化释放活力与动力

"自主评审"在管理方面的诉求是，充分发挥高职院校作为制度建设主体的作用，通过高职教师职称评审制度优化，释放职称评审的活力与动力，促进高职教育内涵发展。制度优化的主要抓手包括：提升职称评审的规范化与高效化，实现职称评审制度的平稳过渡，加强政府对职称评审制度建设的监管，推进和实行科研成果"代表作"制等。

首先，提升职称评审的规范化与高效化。"自主评审"促使职称评审规范化与高效化，主要体现在以下几个方面。①从评审主体看，由此前的评聘主体分离演进为评聘主体合一，高职院校由此获得更大的人事权和教师管理权。②从评审标准看，遵循职称评审的"三级标准"，即国家标准、地区标准和单位标准。国家标准是导向性、基础性和底线性标准。地区标准是地方政府依据地区实际情况制定的区域性标准，是指导地区职称评审改革的参照性标准。单位标准是用人单位根据单位实际情况与发展需要制定的专门性标准。其中地区标准、单位标准不得低于国家标准。高职院校主导的高职教师职称评审改革，就是实现由以省级标准为主转变为以学校标准为主，处理好"政府放权"和"高职院校接权"的关系，[1] 实现职称评审的规范管理，优化管理规定与程序，包括"落实评审权、完善评聘办法、建设评聘机构"等方面。③从制度性质看，逐步由此前的外生性制度转变为内生性制度（评审权由 D 点移动到 E 点，最后移动到 B 点，促使 B 点与 A 点、C 点在同一直线上）（见图 3-7），从设计模式逐步过渡到高职教育自我发展所需的内生模式。[2] 这有助于规避制度建设出现价值导向与标准设置不符合相关组织或市场主体发展需求的情况，提高制度建设的合目的性，充分发挥制度的激励功能。[3] ④从交易成本看，评审权下放前交易链较长、交

① 黄英婉：《"放管服"背景下高校教师职称评审改革研究——以沈阳大学为例》，《沈阳大学学报》（社会科学版）2020 年第 6 期，第 753 页。
② 徐国庆：《职业教育原理》，上海教育出版社，2007，第 90 页。
③ 注：外生性制度主要是指制度制定主体并非制度实施主体，亦即某项制度并非由制度实施主体根据自身发展需要而制定，而是由其他部门制定并外加在制度实施主体身上的，因此，常常导致制度的价值导向与标准设置不符合相关组织或市场主体发展需求；内生性制度是指，制度是由某市场主体或组织自己依据自身发展需求而制定的，在价值导向和标准规定方面能够促进市场主体或组织发展。

易成本较大，评审权下放后交易链缩短、交易成本变小（线段 ADC 长度＞线段 AEC 长度＞直线 ABC 长度）。换言之，自主评审能够缩小初始委托人与最终代理人之间的距离，进而变得更加有效率。[①] ⑤从信息对称情况看，职称评审权下放之前，职称评审主体与高职院校申报者、聘用主体之间的信息对称性较差。职称评审权下放后，随着评审主体与聘用主体的合一，信息对称性递增，职称评审效率整体提高（见表 3-14）。

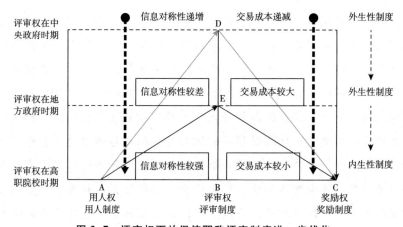

图 3-7 评审权下放促使职称评审制度进一步优化

表 3-14 评审权下放前后高职教师职称评审的情况

维度	评审权下放前	评审权下放后
评审主体	评聘主体分离	评聘主体合一
评审标准	国家、地区两级标准，以地方标准为主	国家、地区和单位三级标准，以单位标准为主
制度性质	外生性制度	内生性制度
交易成本	交易链较长、成本较大	交易链较短、成本较小
信息对称性	信息对称性较差	信息对称性较强

其次，实现职称评审制度的平稳过渡，即采取循序渐进的办法，实现职称评审的平稳过渡。职称评审制度建设关涉基本条件、资历、教学、科

---

① 张维迎：《公有制经济中的委托-代理人关系》，载盛洪主编《现代制度经济学》（下卷），北京大学出版社，2004，第 102 页。

研、获奖等很多评价标准的删减、调整、增加等，关涉很多按照此前标准正在申报或准备申报的教师的切身利益，因而应该采取渐进式的职称评审制度建设思路，兼顾各类教师的情况与利益，避免出现突进式制度变迁。作为职业教育改革试点省，浙江省下放高职院校评审权较早，为了平稳过渡，采取渐进式的推进办法。被访谈人 04E04-FZ1 讲述了当时的情况："浙江省从 2014 年开始下放评审权，省里当时比较重视这个事情，教育厅出了一个比较细的征求意见稿，对各方面业绩有不同的要求。我们学校最初用了教育厅提供的文件，作为基本评审条件。我们当时考虑的就是平稳过渡，因为职称评审老师都是准备了好几年的，学校如果突然变化老师也无所适从。2014~2016 年这三年，我们基本上根据的是教育厅的要求，没有什么大的变化。其间，我们人事处渐渐地形成了一套适合本校的新方案，并开始征求教务处、科研处、学工部等相关职能部门的意见。之后，学校成立了专门的职称评审领导小组，针对该方案向教职工征求意见，并提交校教代会和学术委员会审议，最后制定了本学院的方案。"另外一所高职院校的人事处负责人 32O06-FZ1 表示："职称评审制度的建设应该谨慎地小步走。今年（2017 年）才把评审权下放，各个学校都在探索，都是根据自己的条件在研讨、调研、摸索，明年一些学校可能会颁布职称评审标准。我们学校对此还没有研究透彻，如果匆忙出台标准可能会降低教授的含金量，将会产生一系列的社会问题。"

再次，加强政府对职称评审制度建设的监管。也就是说，放权过程中不能完全放弃政府的监管权。2017 年出台的《高校教师职称评审监管暂行办法》第六条规定，评审办法、方案和校级评审委员会组建情况报主管部门及省级教育部门、人力资源和社会保障部门备案。政府管理部门应创新监管理念和方式，包括健全"双随机、一公开"① 等监管手段，确保监管公平和秩序，避免出现"管理真空"和一放就乱的情况。职称评审制度建设的监管包括中央政府和地方政府两个层面。中央政府进行宏观引领与调控性监管，例如，中央政府出台这方面的指导性政策，作为职称改革的重要

---

① 注："双随机、一公开"，即在监管过程中随机抽取检查对象，随机选派执法检查人员抽查情况，将查处结果及时向社会公开。"双随机、一公开"是国务院办公厅 2015 年 8 月发布的《关于推广随机抽查规范事中事后监管的通知》中要求在全国全面推行的一种监管模式。

指引。地方政府主要是进行具体指导与督导，出台指导性职称评审意见，作为高职院校进行该方面制度建设的重要参考和依据。受访专家 19M06-FZ1 认为，这种监管十分必要，也很重要，他说："今年（2017 年）是高校职称评审权下放的第一年。放权给我们，我们非常高兴，但是要考虑我们能否接住，因为接这个评审权是要有实力的。高校职称评审权下放，会带来另外的问题，就是我们高校职称的公平问题、标准与质量问题，含金量可能会下降，因此需要上级管理部门的有效监管。"

最后，推进和实行科研成果"代表作"制。代表作是指能够体现和衡量科研人员学术水平的代表性成果。代表作评价制度是指"对一至几个可以代表评价对象最高水平或最能体现评价对象风格和行为风范的成果进行评价的相关规则"。[①] 为了扭转"重数量轻质量、重形式轻内容的评价方法"，有效遏制"重人情拉关系、本位主义、门户之见等不良现象"，2011年发布的《教育部关于进一步改进高等学校哲学社会科学研究评价的意见》（教社科〔2011〕4 号）就明确规定"确立质量第一的评价导向"，首次提出"大力推进优秀成果和代表作评价"。2016 年出台的《教育部关于深化高校教师考核评价制度改革的指导意见》（教师〔2016〕7 号）要求，为了消除重数量轻质量的科研评价弊端，应"积极探索建立以'代表性成果'和实际贡献为主要内容的评价方式"。2018 年中共中央办公厅、国务院办公厅印发《关于分类推进人才评价机制改革的指导意见》，重申应注重考察履责绩效、创新成果、实际贡献，要求"实行代表性成果评价"。可见，为了破解科研评价中重数量轻质量的沉疴宿疾，政府已经通过一系列政策"组合拳"积极推行"代表作"制，这是当前职称评审制度建设必须重点关注的问题。

---

① 叶继元：《有益遏制学术评价形式化数量化》，《中国教育报》2012 年 3 月 28 日，第 3 版。

第四章
高职教师职称评审制度的总体状况

为了深入了解当前我国高职院校职称评审制度的总体状况，本研究依据问卷调查数据、有关高职院校职称评审的制度文本，以及对高职院校领导、职能部门负责人、专家型教师、参与校企合作的企业负责人、高职院校毕业生的访谈资料等，探寻评审权下放后高职教师职称评审制度建设的基本特征，并总结出其主要亮点，以便了解和掌握这方面的最新进展。

第一节　高职院校样本校教师队伍基本情况

根据本研究的整体设计，第一部分为样本教师的基本情况，主要包括性别、年龄、教龄、学历、职称、是否"双师型"教师、来源和所教专业等。

一　性别结构

调查显示，样本校填写问卷的被访谈教师共 1363 人，其中男教师 710 人，占被访谈教师总数的 52.1%；女教师 653 人，占被访谈教师总数的 47.9%。总体来看，男女教师占比基本持平（见图 4-1）。

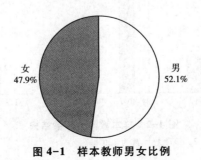

图 4-1　样本教师男女比例

据统计，我国 2019 年全国高职专任教师总数为 514436 人，其中男教师为 226840 人，占 44.1%，女教师为 287596 人，占 55.9%。样本教师中男教师占比为 52.1%，比全国高职专任教师中的男教师比例高 8 个百分点（见表 4-1）。这是问卷发放过程中优先考虑向工程类专业或院系教师发放的缘故。若排除该因素，本研究的样本教师性别比例与全国高职专任教师性别比例应更接近。

表 4-1　样本教师与全国高职专任教师男女人数及比例

	男教师		女教师	
	人数	百分比	人数	百分比
样本教师	710	52.1	653	47.9
全国高职专任教师	226840	44.1	287596	55.9

二　年龄结构

调查显示，年龄为 30 岁及以下者有 236 人，占 17.3%；年龄为 31~40 岁者有 704 人，占 51.7%；年龄为 41~50 岁者有 301 人，占比为 22.1%；年龄为 51 岁及以上者有 120 人，占比为 8.8%。总体而言，数据呈正态分布，其中，31~40 岁的教师占比超过一半，41~50 岁的教师占比超过 1/5，其他两个年龄段教师占比较小（见图 4-2）。可以说，该样本反映出当前高职教师年龄结构呈橄榄形，比较合理。

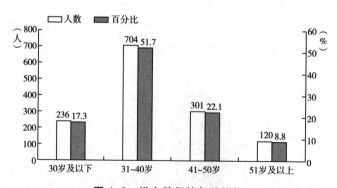

图 4-2　样本教师的年龄结构

注：数据缺失值为 2，该项统计数为 1361。

三　教龄结构

教龄结构涉及教师从教时间长短，在某种程度上能说明教师的入职时间、教学经验等。数据显示，教龄为 4 年以下者占比为 23.8%；教龄为 5～10 年者占比为 29.9%；教龄为 11～15 年者占比为 23.4%；教龄为 16～20 年者占比为 11.9%；21 年以上教龄者占比为 11.0%（见图 4-3）。大体而言，各个教龄段的教师数量分布比较均衡，样本的年龄段代表性较强。

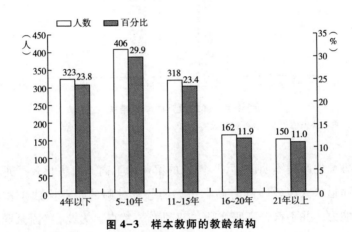

图 4-3　样本教师的教龄结构

注：数据缺失值为 4，该项统计数为 1359。

四　学历结构

学历结构是显示教师受教育程度及其分布状况的重要指标。数据显示，大专及以下人数为 20 人，占比为 1.5%；本科层次为 434 人，占比为 32.0%；硕士层次为 826 人，占比为 60.9%；博士层次为 77 人，占比为 5.7%。由上可知，当前近 2/3 高职教师学历为硕士，近 1/3 为本科，博士层次的教师占比很小（见图 4-4）。

学历是高职院校招聘教师的一个重要参考条件。2005 年以来，大多数高职院校教师的入职学历条件基本上是硕士及以上，发达地区的高职院校对学历要求更高，甚至必须是博士学位获得者。近年来，很多高职院校在招聘教师的过程中都有追求高学历的倾向，试图多招聘一些博士研究生，导致了一些问题。一方面，由于高职院校发展环境、空间等有限，学校在

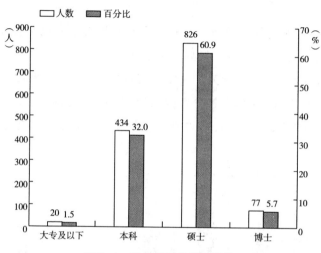

图 4-4　样本教师的学历结构

注：数据缺失值为 6，该项统计数为 1357。

人才建设方面的政策不明朗等，[①] 博士的留用率不高，流失比较严重。另一方面，片面追求入职教师具有高学历，而忽视教师的企业实践工作经历或专业实践能力，并不符合高职教师"双师型"特点。为此，《国家职业教育改革实施方案》明确规定，自 2020 年以后新入职的职教教师学历要求为大专以上学历，但必须具有 3 年以上企业工作经历。这对今后高职院校教师学历结构可能会带来一定的影响。

五　职称结构

职称结构是了解学校师资队伍各类职称分布情况，衡量师资队伍整体实力的一个重要参考。调查数据显示，获得助教职称者有 259 人，占 19.0%；讲师有 651 人，占 47.8%；副教授有 349 人，占 25.6%；教授有 50 人，占 3.7%；其他有 54 人，占 4.0%。整体而言，职称结构不够合理，高级职称教师比例偏小，特别是教授职称拥有者占比不到 4.0%，讲师占比较大，将近一半（见图 4-5）。

---

① 赵淑琪：《高职院校教师教科研能力现状调研及提升策略》，《教育与职业》2019 年第 21 期，第 87 页。

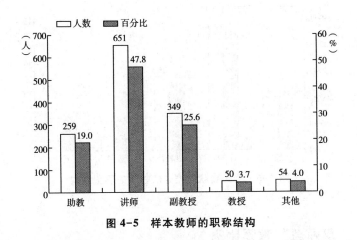

图 4-5　样本教师的职称结构

由此推断，当前高职院校绝大多数教师处于职称晋升期和晋升竞争期，近 50% 的教师需要从讲师晋升为副教授，有 1/4 的教师需要从副教授晋升为教授。但从调研情况看，大部分教师职称晋升遭遇较大困难。很多高职院校职称评审仍然以论文发表、项目申报等科研成果为最主要、最硬核的考核条件或指标，这给申报人带来较大压力。

从全国高职院校专任教师的职称结构看，助教、讲师、副教授、教授的占比分别为 18.3%、39.9%、25.5% 和 4.7%（见表 4-2、图 4-6）。与样本教师的职称结构相比，二者大致相当，其中助教、副教授、教授的比重特别接近。这从另一个侧面佐证，样本具有较强代表性。

表 4-2　样本教师与全国高职院校专任教师的职称结构

职称	样本教师		全国高职院校专任教师	
	人数	百分比	人数	百分比
助教	259	19.0	94355	18.3
讲师	651	47.8	205414	39.9
副教授	349	25.6	131051	25.5
教授	50	3.7	24065	4.7
其他	54	4.0	59551	11.6

注：全国数据来自中华人民共和国教育部网站 2019 年教育统计数据。

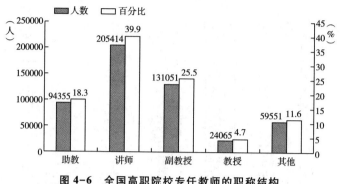

图 4-6　全国高职院校专任教师的职称结构

六　"双师型"教师比例

"双师型"是高职教师的显著特点。数据显示，"双师型"教师有 932 人，占比为 68.6%；非"双师型"教师有 427 人，占 31.4%（见图 4-7）。《国家中长期教育改革和发展规划纲要（2010—2020 年）》规定，到 2020 年高职院校"双师型"教师比例应该在 60% 以上。据统计，2018 年全国高职院校专任教师中"双师型"教师比例的平均水平为 40.5%，最高水平省份浙江高达 55.0%。[①] 样本校大多为东部和中西部综合实力较强的高职院校，因而"双师型"教师比例较高也属合理。据此可知，样本在"双师型"教师比例方面具有较强代表性。

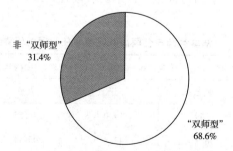

图 4-7　"双师型"样本教师的比例

注：数据缺失值为 4，该项统计数为 1359。

---

① 石伟平主编《中国职业教育发展报告（2018～2019）》，华东师范大学出版社，2021，第 34 页。

七 来源结构

教师来源结构是了解高职教师入职情况（是否具有一定的行业企业或事业单位工作背景）及该职业是否具有较大吸引力的重要指标。数据显示，毕业后直接入职者有 837 人，占 61.8%；从其他院校调入者有 145 人，占 10.7%；从企业调入者有 332 人，占 24.5%；由事业单位调入者有 41 人，占 3.0%（见图 4-8）。可见，当前高职院校新入职教师的主体依然是高校毕业生，占比约为 3/5。从企业调入者占比近 1/4，表明随着高职院校对"双师型"教师需求量的增加，以及招收教师相关政策的调整，从企业调入高职院校的教师比例明显增加。

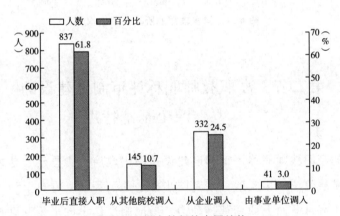

图 4-8 样本教师的来源结构

注：数据缺失值为 8，该项统计数为 1355。

八 所教专业结构

教师所教专业结构能够反映被访谈群体专业分布的大致情况。数据显示，专业为工程类的教师有 933 人，占比为 75.5%；管理类教师有 53 人，占比为 4.3%；财经类教师有 47 人，占比为 3.8%；文教类有 115 人，占比为 9.3%；其他有 87 人，占比为 7.0%（见图 4-9）。可以看出，当前高职院校教师队伍中，工程类教师占大多数，占比为 3/4 左右。为了使样本教师更富有代表性，本研究调查团队在发放问卷时一方面以工程类专业教师为主，另一方面兼顾其他专业教师。

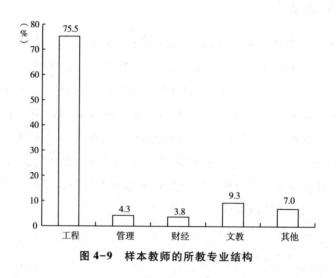

图 4-9　样本教师的所教专业结构

第二节　高职教师职称评审制度建设的四个基本特点

新一轮高职教师职称评审制度建设是中央政府大力推动、地方政府指导监管、基层院校大胆实践，三者同步推进的过程，既有自上而下的政策牵引力，也有自下而上的变革推动力，形成制度建设的上下互动机制。在这种上下双向互动的信息交流、利益协调、力量协同中，高职教师职称评审制度逐步发展，并呈现一些新特点，包括职称评审组织流程、目标与内容设计等方面。

一　基本建成"四层级、六部门"的评审组织流程

评审权下放后，政府对高职院校的职称管理由原来的"审批式"过渡到"监管式"，高职院校获得完全自主的职称评审权，并开始实施自主评审。为了尽快"接好权、用好权"，大多数高职院校基本建成"四层级、六部门"的评审组织结构（见图 4-10）。这是新一轮高职教师职称评审制度建设较为显著的特点。

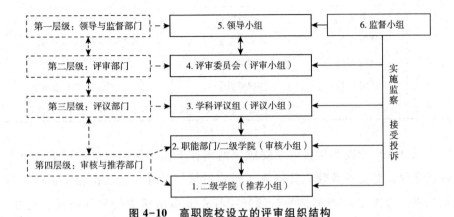

图 4-10　高职院校设立的评审组织结构

（一）建成四层级的组织构架

当前大多数高职院校已经建成专门的职称评审领导与监督部门、评审部门、评议部门、审核与推荐部门四个层级的组织机构。作为第一层级组织机构，职称评审领导与监督部门包括领导小组和监督小组，并且在不同高职院校称谓不同。同时，也有少数高职院校尚未建立单独的领导部门，而是由此前的评审（评聘）委员会负责职称评审的领导工作（见表 4-3）。职称评审领导小组的组长一般由校长或书记兼任，副组长由分管人事工作的副校长担任，成员由相关校领导或职能部门负责人组成。监督小组组长一般由学校的纪委书记兼任，专门负责对职称评审工作的规范开展情况进行监督，对评审期间出现的重大违纪违规事件进行调查处理。很多学校的职称评审监督部门有不同称谓，或由相关机构负责，例如职称评审监督委员会、监察处、纪律检查部门等。

表 4-3　职称评审领导部门、监督部门的设置情况

序号	学院	领导部门	监督部门
1	06E06 学院	职称工作领导小组	职称评审工作监督小组
2	07E07 学院	职称评审领导小组	职称评审监督委员会
3	16M03 学院	职称评审工作领导小组	监察处
4	28O02 学院	评聘领导小组	纪律检查部门

序号	学院	领导部门	监督部门
5	01E01 学院	评审委员会	学校教职工申诉委员会
6	02E02 学院	评聘委员会	人事争议调解委员会
7	04E04 学院	评聘委员会	岗位（职务）聘任委员会
8	10E10 学院	岗位（职务）聘任委员会	校劳动人事争议协调委员会

以 06E06 学院为例，该学院成立的职称工作领导小组具有职称评审工作领导权，对全校教师职称评审工作实行统一领导。组长由校长担任，副组长由分管人才人事工作的校领导担任，成员由相关校领导组成。此外，该学院设有职称评审工作监督小组，主要职责是贯彻公平、公开、公正原则，对职称评审全过程进行监督，包括来信来访、提出调查意见等。该校的一位被访者所言也佐证了上述情况。06E06-FZ2 表示："放权前，原来学校只有推荐权，没有评审权，那个时候有学科组、推荐委员会，但是专业性不够。也就是说，评一个专业的教授，找不到三位同行专家来评他。现在权力下放后，我校已经成立专门的职称评审工作领导小组，负责全校教师职称评审工作，包括每年组建评审委员会，从专家库中抽选专家，请同行专家进行评价，全权负责职称评审各项工作。"

职称评审委员会是职称评审的责任主体。职称评审委员会作为第二级组织机构，是评审部门的责任主体，具体负责全校的职称评审工作，拥有职称评审的决定权。评委会须严格按照有关规定开展评审工作，自觉遵守评审纪律，保守评审秘密，不得泄露评审活动中的有关情况。从样本学校职称评审的相关规定获知，职称评审委员会还有其他一些称谓，包括评聘委员会、岗位（职务）聘任委员会等（见表4-4）。从成员构成看，职称评审委员会一般由评委会主任、副主任和评委会委员组成。高职院校一般分别组建高、中级教师职称评审委员会，作为高、中级职称的评审机构。

表4-4　第二层级的职称评审组织机构评审部门的基本情况

序号	学院	评审部门
1	06E06 学院	评审委员会（21人，校外专家占1/3）
2	07E07 学院	职称评审委员会（13~25人，校领导等）

续表

序号	学院	评审部门
3	16M03 学院	评审委员会（25 人，校领导等）
4	28O02 学院	评聘委员会（教授占 2/3，有校外专家）
5	01E01 学院	评审委员会（15 人，校外专家占 40%）
6	02E02 学院	评聘委员会（15 人，校外专家占 1/3）
7	04E04 学院	评聘委员会（25 人，教授占 2/3，有校外专家）
8	10E10 学院	岗位（职务）聘任委员会（7 人以上）

现以部分样本院校的高级职称评审委员会为例，呈现当前高职院校评审部门的情况。高职院校每年度评委会人数基本为 15 人以上或 25 人以上。评委会设主任委员 1 人、副主任委员 2~3 人，原则上由学校相关领导担任，主任委员即评委会常任委员，出席每年的评委会会议。评委会委员一般从职称评审委员会专家库中根据拟定学科和人数随机抽取。每年出席评审会的委员人数一般不少于评委会委员人数的 2/3，并且每年评委进行一定比例的替换（见表 4-5）。

表 4-5　高职院校高级职称评审委员会设置的具体要求

单位：人

学院	评委会人数	主任+副主任委员人数	出席评审会委员的比例	评委每年替换比例	外部专家比例
01E01 学院	>15	1+2；3	>2/3	适当调整	>40%
18M05 学院	>25	1+2	>2/3	>1/3	无
02E02 学院	>15	1+2	>2/3	一定比例	>1/3
04E04 学院	>25	1+2	>2/3	一定比例	1/3
16M03 学院	>25	1+2	>2/3	无	无

此外，有的高职院校会邀请 2~3 位教育局和人社局的人员作为评委会委员。被访谈人 04E04-FZ1 表示："我们教育厅对如何组建评审委员会有规定，有学校领导、学术委员会负责人、校外专家、职能部门负责人、教学单位负责人及一线教师和一些专业代表，人数规定就是 25 个人左右，校长

是主任，成员以教授为主，校内专家约占 2/3，校外专家约占 1/3。"被访谈人 04E04-FZ2 认为："每年在评职称时，有一部分专家是我们学校的老师，一部分是请外校专家，还有一部分是请教育局和人社局的人员，我们就是相互请一两个或者两三个。不管是学科组评也好，还是大评委评也好，基本上是这样一个结构。"

为了保证评审委员会的专家储备质量，高职院校已经初步建成评委库或专家库。组建评委库须遵循一定的要求或原则，一般包括入库专家条件、专家遴选程序和评委职责等。例如，01E01 学院《职称评审办法》（2018 年试行）规定了评委库人数、结构与管理，评委库由校内外同行专家组成，各学科专家人数不少于抽取评审专家人数的 3 倍，其中校外专家一般不少于40%。评委库实行动态管理，每年评审工作开展前进行调整。校内专家由本人申请、所在二级学院（或职能部门）推荐，人事处审核后统一入库管理；校外专家由学校组织遴选，经人事处审核后统一入库管理。另外，有的高职院校条件不够成熟，因而使用省教育厅的评委库或专家库。被访者07E07-FZ2 是一位人事处负责人，他说："我们在组建高级职称评委会和学科组时，从省教育厅拿了一个专家库。我们的专家基本上是从应用型本科和同类的高职院校选的专家。为了更公平公正，我们请的校外专家较多，而校内（专家）就是会受很多因素的影响，尤其是在学科组的时候。我们通知校外专家时，是严格保密的，基本上全都是匿名，只有我和人事处的领导知道哪个专家要来。"

第三层级评审组织机构是评委会下设的评议会或学科组。从样本院校职称评审规定获知，院校的评议部门分为三种情况：一是专门组建的学科评议组，二是将学术委员会作为学科评议组，三是由学科组成员和学术委员会成员共同组成（见表 4-6）。评议会负责对申报人员在师德师风、教学、科研教研、专业建设、社会实践、公共服务等方面的表现进行综合评审，评议结果将会反馈给评委会，并作为评委会审议的参考依据。

表 4-6　第三层级的职称评审组织机构评议部门的情况

序号	学院	评议部门
1	06E06 学院	学科评议组（7~9 人，校外专家 2 人以上）
2	07E07 学院	学科评议组（5~9 人）

续表

序号	学院	评议部门
3	16M03 学院	学科评议组（不少于 3 人）
4	28O02 学院	学科评议组（5~7 人）
5	01E01 学院	学科组（5 人，校外专家占 40%）；学术委员会
6	02E02 学院	学科评议组（7 人，校外专家占 1/2）
7	04E04 学院	学科评议组
8	10E10 学院	学术委员会

每组评议会人员数一般为 3~9 人，多为 3、5、7、9 等奇数，基本上都是从学校评委库中随机抽取，并且有一定比例或数量的校外专家（见表 4-7）。

表 4-7　高职院校评议会（学科组）组建情况

学院	每组评议会人数	遴选方式	连任限制	校外专家
01E01 学院	>5 人	学校评委库中随机抽取，组长由主任指定	连续参加评审工作不得超过两年	不少于 40%
02E02 学院	>7 人	评委库中随机抽取	无明确要求	1/2
04E04 学院	5~7 人	评委库中随机抽取	无明确要求	>1/2
06E06 学院	7~9 人	评委库中随机抽取	无明确要求	2 人以上
16M03 学院	>3 人	评审工作领导小组确定	无明确要求	无

此外，有的高职院校实行申报高级职称答辩制，旨在考察申报人的综合素质，检验申报人的学术能力。07E07-FZ2 表示："一般由学科组组长来主持本学科组的评审，学科组先看看材料，然后讨论讨论，再答辩。2019 年开始，所有高级以上都是要答辩。答辩就是先抽签，再答辩，之后就是投票。实行答辩，主要是基于以下考虑：一是让老师自己表现一下，给老师一个自我展示的机会；二是专家问一些问题，了解一下老师的学术能力、学术成果；三是与评委交流的过程，对申报教师而言，也是一个促进。"

教学单位是重要的基层推荐或审核部门。教学单位通常会成立职称评审推荐小组和审核小组，对申报人进行推荐或某方面审核。按照国家相关规定，高职院校职称评审权一般不能下放到二级学院（教学单位），必须在学校层面进行整体评审。调查发现，很多高职院校教学单位在教师职称评审中发挥重要的推荐或审核作用。例如，有的二级学院在评审领导小组领导下成立教学质量或思想政治考核小组，具有重要的推荐权或审核权。事实上，大多数教学单位（二级学院）的教师在申报评审前都要接受单位初审（见表4-8）。如果申报人存在师德、政治思想等方面问题，或有较大教学事故，就会在审核过程中一票否决。这样做的优点是，教学单位审核或推荐小组对申报人的情况相对比较熟悉，因而能够较好地规避信息不对称问题，可能存在的弊端是推荐或审核过程容易受人情关系影响。一般而言，职能部门是最重要的审核部门，往往代表学校进行初审或复审。

表4-8　第四层级的职称评审组织机构情况

序号	学院	审核部门（职责）	推荐部门（职责）
1	06E06学院	二级部门、职能部门（初审）；资格条件审核小组（复审）	党支部（思想政治考核）、二级部门（教学质量考核）
2	07E07学院	教学单位、职能部门（职称评审资格审核工作组）	各二级学院党总支（系审核小组测评）
3	16M03学院	教学单位、职能部门（复审）	推荐小组（教学单位初审）
4	28O02学院	各二级学院之间（初审互审），职能部门（资格审核）	教学单位（考核推荐）
5	01E01学院	二级学院、职能部门（评前审核、初审）	二级学院（职称推荐）
6	02E02学院	二级单位（工作质量与职业道德评估）	二级单位（资格和业绩审核）
7	04E04学院	二级学院、职能部门（考核推荐组初审、评聘工作小组复核）	教学单位（考核推荐）
8	10E10学院	二级学院、职能部门（初复审）；职能部门（思想品德、教育教学考察）	二级单位（全面资格初审）

相关访谈进一步佐证了教学单位在基层推荐或审核中承担重要的职责，具有一定的审核权与推荐权（见表4-9）。04E04-FZ4表示："我们

分院（二级学院）的任务是每年统计申报职称的人数，并进行推荐，就是对教师的师德师风进行评价，对老师提交的原始材料的真实性进行审核。我们有个规定，凡是出现违反师德师风、出现重大问题的就实行一票否决，这样的情况是比较少的。我们分院组建了一个 15 人组成的小组，小组中各种代表都有，有专任老师、专业负责人，还有分院管理部门的负责人、分院的管理人员。然后，根据申报人评审表中的情况进行投票。投票就是同不同意老师参加职称评审，有时会对申报人进行排名，有时将推荐结果分为强烈推荐、一般推荐两个档次。"由上可知，在职称评审过程中，高职院校赋予教学单位（二级学院）一定的推荐权、审核权，能够充分发挥基层单位的积极性与信息优势，有利于提升职称评审中的基层监督作用。

表 4-9　高职院校教学单位在职称评审中的责任

学院	小组	主要责任	负责人或成员
02E02 学院	工作质量与职业道德评估小组	负责对本单位申报人员进行工作质量业绩、师德审查，并向评委会提出审查意见	教学单位领导
04E04 学院	考核推荐组	负责对申报人员的思想政治、师德师风、教学工作、专业建设、基地建设、学生管理等方面进行考核，并根据考核结果，向学科评议组和学校评聘委员会择优推荐	教学单位负责人、专家及教师代表
06E06 学院	思想政治考核小组	对申报人员的思想政治素质、职业道德、团结协作精神、集体观念等进行考核	各二级学院党总支（直属党支部）
	教学质量考核小组	对申报人员的教学态度、教学内容、教学方法、教学效果等进行考核，提出教学质量综合考核意见	二级学院负责人

（二）形成六部门

首先，"六部门"具有各自明确的分工与职责。高职教师职称评审已经基本形成以"推荐部门、审核部门、评议部门、评审部门、监督部门、领导部门"为六大主体的组织框架。六大主体分别对应职称评审组织机构中的六个工作小组，即推荐小组、审核小组、评议小组、评审小组、监督小组、领导小组（见表4-10）。

表4-10 职称评审组织的"六部门"及其分工与职责

四层级	六部门	工作小组	主要分工或职责
第一层级	领导部门	领导小组	全面负责职称评审工作
	监督部门	监督小组	对职称评审过程、人员的违纪违规行为进行监察，接受相关的投诉或进行调查
第二层级	评审部门	评审小组	在其他部门推荐、考核、评议基础上行使评审决议权或聘任权
第三层级	评议部门	评议小组	评议申报人的教育教学业绩成果，也包括思想品德、各种资格条件等
第四层级	审核部门	审核小组	对申报人教育教学质量、思想政治、师德等进行初步考核、推荐、初审或复审等
	推荐部门	推荐小组	

其一，领导部门是职称评审工作领导小组或职称评审委员会。按照2017年发布的《高校教师职称评审监管暂行办法》，职称评审工作领导小组或校级评审委员会要认真履行评审的主体责任，全面负责职称评审工作，包括制定职称评审相关办法、方案、条件等规定，明确职称评审责任、评审标准、评审程序，设定每年度职称评审的岗位数，协调和处理职称评审中的争议或问题等。其二，监督部门是专门成立的职称评审工作监督小组，或纪律检查部门，主要负责对职称评审过程、人员的违纪违规行为进行监察，接受相关的投诉或进行调查。其三，评审部门是学校的高、中级评审委员会，有的学校实行评聘结合或聘任制，因此称为评聘委员会或聘任委员会。评审委员会在其他部门推荐、考核、评议基础上行使评审决议权或聘任权。评审委员会一般由学校领导、职能部门负责人、二级学院负责人、学术委员会负责人、校外专家或教师代表组成。大多数评委会成员从专家库随机抽取，并定期调换。其四，评议部门是学校成立的评议小组（或学科评议组），专门负责评议，不仅评议申报人的教育教学业绩成果，而且评议其思想品德、各种资格条件等情况。有的由学院学术委员会负责。其五，审核部门一般由学校相关职能部门（人事处、教务处、科研处、学工处等）

或教学单位组成。有的学校为了加强思想品德方面的要求，会成立专项考察组对申报人的师德进行考察。其六，推荐部门是由二级学院（又称二级单位、教学单位或分院）成立的职称推荐小组，或称院系审核小组、教学质量考核小组等。《高校教师职称评审监管暂行办法》规定，院（系）应按规定将符合职称评审条件的教师推荐至校级评审委员会。鉴于申报人在二级学院从事教育教学工作，因而由二级学院负责对其教育教学质量、思想政治、师德等进行初步考核、推荐。针对二级学院和职能部门同时具有审核权的情况，某高职院校人事处负责人07E07-FZ2说："二级学院先审核一遍，审核完了之后集中交到我们职称材料审核小组。在这里，教务处、社科处、科技产业处、学生处负责各个部分的审核。审核分两步，第一，初审，就是审查资格，看其有没有达到基本的条件，不符合的直接把材料退回去。审完之后，把符合条件但是缺少材料的进行汇总，反馈到各个院校。第二，在这些材料补齐后，再进行复审。"可见，二级学院一般负责初审，而职称部门主要负责复审。

其次，"六部门"被赋予相应的部分职称评审权。在职称评审中，高职院校将评审权进一步分解，并赋予"六部门"相应的六项权力，形成多部门分工明确、权责明晰、共同参与的实然状态。高职院校为了更好地"接好权、用好权"，充分发挥二级学院和各个职能部门的积极性、主动性、创造性，将评审权进行合理地分解并授权给相关二级单位和职能部门，基本形成六部门共同参与管理的局面。具体而言，教学单位（二级学院）具有初审权与推荐权，职能部门具有审核权，学科评议组具有评议权，评委会具有决议权，纪检或监察等部门具有监督权，职称评审领导小组或评委会具有职称评审的领导权。

现以01E01学院为例，分析职称评审中各部门的评审权情况。该学院将职称评审权进一步分解，赋予职称评审"六大主体"如下权力。

一是二级学院具有基层推荐权。各二级学院成立本部门职称推荐小组，负责本单位职称申报人员的推荐工作。职称推荐小组"原则上由7~11人组成，组长可由院长担任，学院党总支（副）书记、副院长可为推荐小组的成员，其余成员应覆盖本部门所有学科专业"，主要对申报者的师德师风、教学科研业绩及其对学院建设的贡献进行评议，严格执行师德表现"一票否决制"。作为人事处负责人的被访者01E01-FZ1表示："二级单位进行内部审核，就是审核材料的真实度，然后看是否符合职称评审的基本条件，每个部门要成立职称评审推荐小组。比如，机电系要成立的职称推荐小组主要是由该二级学院的领导和一些具有正高职称的教授组成，负责二级单位内部的职称评审选拔和推荐。"调研发现，二级学院（教学单位）在行使推荐权时，对申报者职称评审的影响程度不同，有的较大，有的较小。如果学校将晋升职称的名额分到二级学院名下，二级学院会将本院申报人业绩进行量化、排名后向学校推荐，学校评议组、评委会一般比较重视二级学院的推荐排序。在上述情况中，二级学院对申报人职称评审的影响较大。在其他情况下，二级学院对申报人职称评审的影响较小。

针对"院系考核或推荐占的比重"问题的统计结果显示，近40%的教师认为院校考核或推荐所占比重为20%~50%。30%多的教师认为所占比重较大（超过50%甚至70%）。30.0%的教师认为所占比重较小，在20%及以下（见图4-11）。总体而言，院系考核或推荐对申报人的职称评审影响较大，不同学校的情况差异也较大。

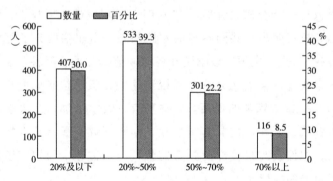

图4-11　院校考核或推荐占的比重

注：数据缺失值为6，该项统计数为1357。

二是各职能部门具有评前审核权。人事处、教务处、科技处、评估督导办等相关职能部门对申报人的申报材料进行全面审核，防止出现基层单位推荐中的疏漏、违规或内部人控制现象。受访人01E01-FZ1指出："学校有一个职称评审评前审核工作小组，由学校的职能部门抽调人员组成，对二级学院推上来的人再次进行审核，审核他们的材料是否符合学校的基本条件。没问题了，我们就对材料进行公示，公示没有问题的材料就上学校的学术委员会。"

三是校学术委员会具有评议推荐权。校学术委员会会议"按照评审条件对评前审核通过人员进行综合评议",然后对申报人员进行无记名投票表决。此外,代表作鉴定权交给省外同行专家匿名评审。学校人事处统一组织代表作鉴定工作,将申报高级职称者的代表作统一送省外两位同行专家匿名评审。

四是学科组具有评审权,含主持答辩权。学科组组长主持学科组会议,学科组在对申报人的申报材料进行充分评议的基础上,通过无记名投票方式进行表决,同意者超过应出席学科组会议成员人数二分之一,方为通过学科组评审。申报高级职称者需在学科组进行答辩,以使学科组全面了解申报人员的学术水平、科研能力、工作能力和发展潜力。

五是学校评委会具有最终评审权。在充分评议的基础上,学校评委会根据各学科组评议结果和学校现有专业技术岗位的情况,进行独立投票,差额评审。经学校评委会评审后,对申报人进行评后公示。

六是学校评审领导部门与监督部门分别行使职称评审工作的领导权与监督权。

此外,有的高职院校制定了职能部门在职称评审中的职权清单。为了规避职称部门之间出现权责的交叉、重叠或模糊不清等问题,20W07 学院制定了职称评审职能部门审核职权清单(见表 4-11)。该清单将职称评审申报材料审核职权按照业务归口情况进行划分,并要求"职能部门以学校职评办法和审核职权清单为基本依据,结合本部门业务发展需要和工作实际,提出相关业绩成果具体审核要求,并负责相应板块的解释工作",同时"严格按照各自确定的归口业务政策口径实施审核,出现审核失误失实的,由部门承担相应责任",即实行"谁主管,谁负责;谁实施,谁负责"的原则,促使相关职能部门明确分工、各司其职,避免出现多头管理、重复管理等问题。

表 4-11　20W07 学院职称评审职能部门审核职权清单

相关部门	职权	职权的具体范围
所在工作部门	推荐权	①根据申报人日常工作表现决定是否同意其申报职称。②审核确定申报人填报的工作岗位基本业绩是否属实等

续表

相关部门	职权	职权的具体范围
二级学院、教学部	推荐权	①审核确定"教研室实验室建设的贡献"等是否属实。②出具"教研室对申报人的评价"及"院（部）审查推荐意见"
教务部门	教改业绩审核权	①审核确定申报人申报材料涉及的授课工作量。②审核确定申报人教研教改项目是否符合规范等
科研处	科研业绩审核权	①审核确定申报人论文论著专利成果各要素是否属实无误。②审核确定申报人科学研究和社会服务项目是否合规等
质量管理办公室	教学质量审核权	审核确定申报人教学质量考核情况
人事处	资质与获奖审核权	①审核申报人基本资质条件。②审核确定申报人荣誉类奖励成果是否符合学校立项管理规定等

另外，有的高职院校赋予学生管理部门学生工作业绩审核权。例如，为了鼓励教师积极承担学生管理工作，05E05ZJH 学院规定学生管理部门对教师的班主任和辅导员工作经历、指导学生社会实践活动等方面业绩做最终审核，并将其作为职称评审的重要条件。

（三）形成基于"自下而上"闯关模式的评审及监督流程

首先，高职院校的评审流程基本上采用申报人"自下而上"的闯关模式。一般而言，申报人要从基层教学单位开始闯关，一直到顺利通过校评委会评审，先后要"过五关"，最后才能成功晋升。如果在闯关过程中，某一环节出现问题或不符合条件，即暂停闯关或被取消资格。07E07 学院的职称评审流程具有较强代表性，申报人须"过五关"。第一关，民主评议。由各二级学院党总支成立测评小组，通过听取申报人汇报、考察其工作业绩等，对申报人做出客观、全面的评价，参加人数一般不少于 15 人，赞成人数超过半数方可申报。第二关，资格审核。由资格审核小组按相关文件政策要求，对申报人员的申报条件进行资格审核，并对申报人员的业绩成果进行公示。第三关，代表作送同行专家鉴定。对代表作采取盲审办法，同行专家评议意见作为各级评审组织开展评审、推荐工作的重要依据。第四关，学科组评议。学科组对申报人的业绩、成果及其他材料进行评议，在学校规定的岗位限额内，确定向学校任职资格评审委员会推荐的人选。推荐人选的赞成票须超过出席学科组会议评委数的 1/2。评议结果公开。第五关，评审委员会评审。按照专业技术资格评审条件、岗位要求，参考学科组评议的意见，对申报人员的教学科研能力、工作业绩等进行全面审议，在核定的岗位指标内，采取无记名投票方式表决，评审人员的赞成票须超过出席会议评委数的 2/3。申报人通过上述最重要的"五关"后，评委会公示评审结果并履行其他程序。在整个评审流程中，每位成功的申报人要先后经历 5 次公示、2 次民主投票和 1 次专家评议（见图 4-12）。

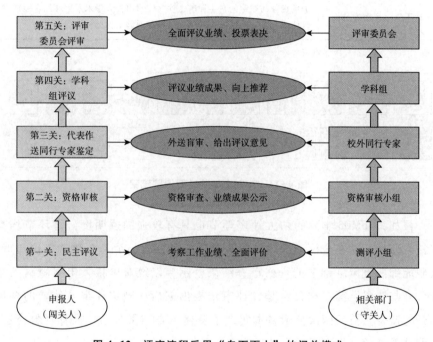

图 4-12　评审流程采用"自下而上"的闯关模式

　　其次，职称评审环节比较透明，每个大环节均有审核、监督、公示等规定。以 28002 学院为例，该学院的职称评审环节主要包括推荐审核环节、学科评议环节、评聘环节（见表 4-12）。一方面，在三个环节都实行审查、考核和评定的办法，减少评审中的疏漏、失误或违规可能性。另一方面，在每个评审环节均进行公示，共计公示三次，亦即评前、评中与评后全过程公示，提高了评审的透明性、公平性与公正性（见图 4-13）。

表 4-12　28O02 学院评审环节及其相关规定

主要环节	责任主体	评审环节及其相关要求
推荐审核环节	考核推荐组、资格审核组	①考核推荐组对师德师风和业绩进行考核，向评议组和评聘委员会按总排名顺序进行推荐。②资格审核组审核申报材料真实性，判断其是否符合标准。教务处负责审核教学工作、教改项目；质量评估与管理办负责审核教学业绩等；科技处负责审核科研类成果；学工部负责审核班主任经历等；人事处负责审核基本信息等
学科评议环节	学科评议组	①根据评聘标准及二级教学单位的推荐意见，进行评议。②采取实名投票方式对申报人进行表决和排名推荐。③将考核评议意见提交学校评聘委员会
评聘环节	评聘委员会	①负责教师职称的自主评聘工作。②对申报人学术水平和综合表现进行评议，确定聘任人选。③处理职称评审工作的重要问题

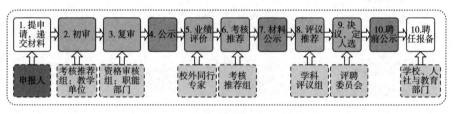

图 4-13　28O02 学院教师评聘流程

再如，16M03 学院的两大评审环节也具有较强的透明度，每环节均有审核与监督，并在全校公示（见图 4-14）。第一次公示是在教学单位初审、校职能部门复审基础上的资格审查结果公示，以及对申报人申报材料的全校公开与监督。第二次公示是在评审结果出来后，确定评审人选前的全校公开与监督。前后两次公示基本实现了资格审查结果公示、推荐材料公示、推荐结果公示，提高了评审的透明度。

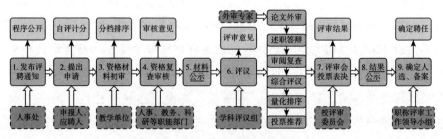

图 4-14　16M03 学院评聘基本程序

科学合理的评审流程有助于消除职称评审过程中的信息不对称和不公平情况，提高职称评审的透明度与公平性。访谈发现，很多高职院校教师认为，学校制定的职称评审制度比较科学、合理，"打招呼现象"得到有效遏制。某高职院校人事处负责人 01E01-FZ1 在接受访谈时说："我们评审权下放之后几乎没有再遇到打招呼的情况。因为评审权下放到学校内部，大多数评审环节都在学校进行，比较透明，都需要审核、公示，你的竞争对手全是你身边的人，这谁还不知道谁嘛。以前是材料送到省里，面对全省不同高校教师之间的竞争，评审流程不是很合理、科学，评审的很多环节我们都不清楚，也很难接受有效监督，这时候可能会有熟人提前打招呼的现象。"

最后，出台处理评审问题的申诉规定。许多高职院校按照相关规定已经制定了职称评审申诉办法，并责成相关部门负责，为教师正常申诉和维权提供了合法渠道（见表4-13）。

表4-13　职称评审制度中有关教师申诉的规定

学院	文件	内容
01E01 学院	《职称评审办法》	学校职称申报与评审过程中的申诉、投诉等事项由学校教职工申诉委员会受理
02E02 学院	《专业技术职务评聘办法》	对申报资格、评聘程序有异议者，可向学校人事争议调解委员会提出书面申诉或举报
16M03 学院	《专业技术职务任职资格评审实施方案》	监察处要加强对评审工作的监督、检查，及时受理群众反映的问题，建立健全举报监督、投诉受理防范体系，确保评审工作的客观、公正
28O02 学院	《教师专业技术职务评聘实施方案》	申报人对专业技术职务评聘结果有异议的，可在公示期内向学校教师申诉委员会提出申诉

针对"对教师提出的评审质疑，学校应做出合理的解释"的赞同度调查结果显示，60.5%的教师非常赞同，29.9%的持比较赞同的态度，表明教师的维权意识较强（见图4-15）。

总之，当前高职院校教师职称评审流程比较合理，并有以下特点。一是评审流程采用"自下而上"的闯关模式，申报人一般要通过民主评议和推荐、资格审核、代表作同行专家鉴定、学科组评议、评审委员会评审等

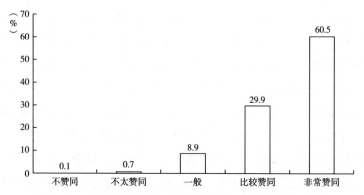

图 4-15　对学校回应教师质疑并做出合理解释的赞同情况

环节。二是每个大环节均有审核、监督和公示等要求，部分院校有职称评审申诉办法。三是采用"工作业绩校内量化+外审专家鉴定代表作"相结合的办法。四是采取中央政策引领指导、地方政策指导监督、学校依规自评的自主评审格局。

二　职称评审目标与内容设计呈现高职教育特点

获得自主评审权后，基于自身发展需求，许多高职院校积极健全教师职称评审制度，制度建设的目标导向回归高职教育的合目的性，制度建设的内容设计逐渐加强对教育教学的考核等。

（一）　制度建设的目标导向回归高职教育的合目的性

制度的合目的性是制度价值属性中的第一属性。评审权下放后，高职院校职称评审制度建设比较强调遵循高职教育的特点与规律，逐步强调回归高职教育的合目的性。这种合目的性体现在两个方面，一是制度建设的原则强调遵循高职教育的特点；二是制度建设内容逐渐符合高职教师"双师型"特点。

首先，高职教师职称评审制度建设原则强调遵循高职教育特点，呈现合目的性的导向。通过对高职院校职称评审制度的文本分析发现，当前高职院校在职称评审制度建设方面遵循以下原则。第一，强调服务高职教育的根本任务，即坚持高职教师职称评审"以师德为先、教育为要、科研为基、发展为本"。第二，强调遵循高职教育及教师的评价规律，包括"科学评价""分类评价""遵循人才成长规律""实施分类管理，完善评价标准和程序""创新评价方式"等。第三，强调职称评审的价值原则，即"公开、公平、竞争和择优"。第四，强调高职教师职称评审"突出质量优先导向，注重工作实绩和影响力"，"以师德、能力、业绩、贡献为导向"，"突出工作业绩、工作能力、工作贡献在职称评审中的作用"，"克服唯学历、唯资历、唯论文等倾向"。第五，强调高职教师职称评审的目的是"切实提高师德水平和业务能力"，"构建有利于调动各类专业技术人员积极性和创造性，有利于学术发展的人才队伍评价体系，不断提升教师队伍总体质量"。简言之，很多高职教师职称评审制度建设在导向、目的、方法、内容等方面进一步追求服务高职教育的人才培养目标，服务高职教师的专业发展等目标属性（见表4-14）。

表4-14　样本校职称评审制度建设遵循的原则

样本校职称评审文本	关于职称评审制度建设原则的表述
04E04学院职务评聘方案（2017年）	①职称评审遵循高职教育规律，遵循高职教师工作特点，遵循技术技能型人才的成长规律；②以品德、能力、业绩为导向，完善评价标准，创新评价方式。坚持问题导向、分类推进，把握不同类型、不同层次教师特点，分类评价
06E06学院评审工作办法（2018年）	①职称评审应围绕立德树人根本任务，以师德为先、教育为要、科研为基、发展为本；②突出质量优先导向，注重工作实绩和影响力，克服唯学历、唯资历、唯论文等倾向，切实提高师德水平和业务能力
10E10学院职务聘任办法（2019年）	①职称评审应以师德为先、教学为要、科研为基、发展为本为基本要求，坚持公开、公平、竞争和择优的原则；②实施分类管理，完善评价标准和程序，构建有利于调动各类专业技术人员积极性和创造性，有利于学术发展的人才队伍评价体系，不断提升教师队伍总体质量
17M04学院职务申报推荐办法（2020年）	①职称评审应深入贯彻落实国家、省深化职称评审制度改革精神，积极探索人才分类评价办法，坚持公开、公平、公正的原则；②以师德、能力、业绩、贡献为导向，鼓励广大教师积极参加学校教学改革等工作，突出工作业绩、工作能力、工作贡献在职称评审中的作用

其次，高职教师职称评审制度建设内容逐渐符合高职教师"双师型"特点，呈现合目的性的趋势。评审权下放后，许多高职院校在职称评审制度内容设计中逐步凸显服务技术技能型人才培养的旨归，以及"双师型"

教师工作特点。高职院校获得自主评审权后，首要任务是自行建立符合高职教育特点与学校内涵发展所需的职称评审制度，贯彻并落实相关政策要求，开展自主的职称评审实践。从对样本校职称评审相关文本的分析中发现，其在表达制度建设的合目的性方面具有以下特点。一是强调制度建设的逻辑依据是"高等职业院校教育教学工作特点、人才培养和社会服务要求"。二是强调制度建设的直接目的是"逐步形成符合高职特色和本校特点的评聘标准"；间接目的是"促进产学研结合，提高'双师素质'"，"促进产教融合、校企合作，全面提高职业院校教师质量，建设一支高素质双师型的教师队伍"；终极目的是"引导教师积极投身于学校内涵建设和教学改革，不仅要提高科研水平而且要在教书育人、专业建设和服务人才培养上作出贡献"。三是强调制度建设的重点是"坚持重师德、重业绩、重能力、重社会服务的导向，体现对专业发展、对学校发展贡献优先的评聘导向"（见表4-15）。

表 4-15　样本校职称评审制度中的合目的性表述

样本校职称评审文本	关于职称评审制度建设的合目的性表述
04E04 学院职务晋升申报条件	逐步形成符合高职特色和本校特点的评聘标准
06E06 学院资格条件	①根据高等职业院校教育教学工作特点、人才培养和社会服务要求；②加强课程教学和专业实践，促进产学研结合，提高"双师素质"
07E07 学院资格条件	①根据高等职业院校教育教学工作特点、人才培养和社会服务要求；②加强课程教学和专业实践，促进产教融合、校企合作，全面提高职业院校教师质量，建设一支高素质双师型的教师队伍
28O02 学院评聘实施方案	①以岗位工作实绩为重，坚持重师德、重业绩、重能力、重社会服务的导向，体现对专业发展、对学校发展贡献优先的评聘导向；②引导教师积极投身于学校内涵建设和教学改革，不仅要提高科研水平而且要在教书育人、专业建设和服务人才培养上作出贡献

（二）制度建设的内容设计逐渐加强对教育教学的考核

高职教师职称评审制度建设必须满足高职教育发展诉求，亦即，必须服务于技术技能型人才的培养目标、"双师型"教师的发展需求。随着评审权下放，地方政府与高职院校在制定职称评审指导意见或规定时，都在积极探索和制定符合高职教育内涵发展所需的评审条件或标准。

首先，地方政府在制定职称评审指导意见时，比较重视高职教师在专业基本素养、到企业实践等方面的特点。这对扭转"套用本科"现象，回归高职教育本真具有重要指导作用。《天津市高等职业院校教师职务评审标准》明确了职称评审的基本条件、学历条件、资历条件（含业绩成果、论文著作等）、申报教授和副教授职务的具体条件、突出贡献与破格申报情况、课时量要求等。这些基本要求与条件比较符合高职院校教师工作特点与需求。譬如，该标准十分强调申报人应具备一定的专业实践经验、专业技能、职业教育基本理论与实践能力、实践教学经验，并且要求教师定期到企业实践，熟练掌握企业生产情况，熟悉校企合作人才培养等（见表4-16）。不难发现，该规定的职教特点比较鲜明，对促进"双师型"教师队伍建设具有重要引领和导向作用。

表4-16 天津市高职院校教授职务评审的基本要求

主要方面	具体规定
专业基本素养	①具有丰富的专业实践经验和高水平的专业技能；②系统掌握高等教育、职业教育等理论知识，坚持校企合作、工学结合，推进人才培养模式创新；③专业课教师须讲授一门实践教学课程
到企业实践	①完成到企业生产、服务一线实践，到校内工厂实践或参加社会实践、社会调查，平均每年不少于一个月；②或具备在企事业单位工作两年以上的相关经历，熟练掌握企业生产、服务流程，熟悉企事业单位对人才培养的要求；③按照学校要求指导学生参加过课外科技和创新创业活动，成效显著

其次，高职院校制定的职称评审制度逐步重视教学方面的业绩考核。一方面，在教师教学业绩考核中比较重视教学工作质量，而不是此前的教学工作量（课时数）。针对"在教学评价方面，_____所占比重最大"的问卷统计结果显示，51.5%的教师认为是教学工作质量，17.4%的教师认为是教学课时数，28.1%的教师认为是教学教改研究。可以发现，高职院校对教师教学的评价，主要是依据教师的教学工作质量，指导学生所占比重较小（见图4-16）。

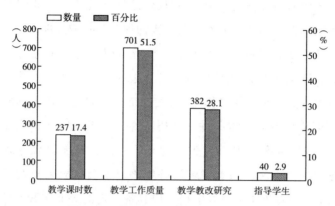

图4-16　教学评价中各因素的选择情况

注：数据缺失值为3，该项统计数为1360。

另一方面，高职院校当前都比较重视理论教学与实践教学，逐步改变了此前对实践教学重视不足的情况。针对"职称评审规定对理论教学、实践教学的重视情况"的问卷统计结果显示，当前高职院校职称评审规定对理论教学、实践教学都比较重视，62.8%的教师认为学校对这两方面都比较重视，仅13.1%的教师认为学校偏重理论教学，14.9%的教师认为偏重实践教学。上述数据表明，在新一轮职称评审中，高职院校逐步重视理论教学与实践教学，特别是以往"偏重理论教学"的问题已经得到有效控制和较大改善（见图4-17）。

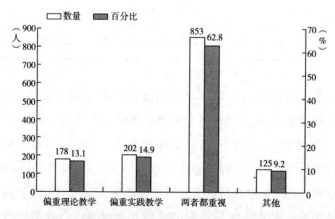

图4-17　职称评审规定对理论教学、实践教学的重视情况

注：数据缺失值为5，该项统计数为1358。

再如，17M04 学院的职称评审推荐办法具有较强的代表性，其量化指标特别强调工作业绩、课堂教学的中心地位。在该学院工作业绩分值（总分 25 分）中，教学业绩为 20 分。其中，线场①课堂占比增至 42%，包括专业建设、人才培养、教学及管理、线场思政、线场课程、线场科研等，将线场科研占比降至 6%，并且强调这种科研是围绕教学进行的科研，而不是基础性科研等。可以说，这种制度设计能较好地扭转"科研至上"的不良现象（见表 4-17）。

表 4-17　17M04 学院职称评审量化指标的占比情况

序号	一级指标及其占比	二级指标及其占比	出具证明的部门
1	师德师风 5%	无	推荐小组
2	工作业绩 25%	民主评议 5%、教学业绩 20%	人事处（考核）
3	线场课堂 42%	专业建设 3%、人才培养 3%、线场教学及管理 12%、线场思政 3%、线场课程 15%、线场科研 6%	二级学院（参与专业建设、人才培养方案制定及课程开发情况）
4	集体荣誉 3%	无	学科组
5	答辩环节 25%	无	学科组

对该学院工作业绩和线场课堂的二级、三级指标进行进一步分析发现，其具有四个较为显著的特点。一是重视服务对象（学生、企业等）在民主评议中的作用，引导教师的教育教学必须以服务对象为中心。二是强调"以教学为中心"，将服务课堂教学发展、促进课堂教学质量提升作为主要评价内容。工作考核以实际工作业绩为主。教学业绩在工作业绩中的占比为 80%，包括的内容是教师最基本的教学工作，如教学任务、教学质量、辅导学生等。三是重视实践教学，线场课堂占比最大（42%）。调研发现，由于该校最近几年一直在打造高职教育线场课堂，试图以线场教学为载体，通过推进线场教学实现基于工作过程导向的理实一体化课程或项目课程建设。因此，二级指标是围绕线场课堂来设置，其中线场教学及管理、线场课程占比较大，凸显了"课堂是教学的主阵地"理念。四是线场科研占比

———
① 线场即把专业建在生产线上，把专业教学搬迁至生产车间，打造真实的技能学习场景。

为 6%，强调科研是服务教学的科研，遵循为企业技术服务的学术导向，而不是脱离教学、脱离人才培养的科研（见表 4-18）。

表 4-18　17M04 学院工作业绩、线场课堂方面的加分标准

一级指标	二级指标	量化标准
工作业绩 25%	民主评议 5%	领导测评 30%、同行测评 20%、服务对象测评 50%
	教学业绩 20%	（1）任现职以来，能够出色完成学年教学任务。（2）年度考核为合格及以上等次，考核优秀每次加 1 分。每多任满一年且考核合格加 1 分，非合格受惩处。（3）参加或辅导教学技能竞赛或专业技能竞赛，获奖加分。（4）任期内担任辅导员，每多任一年且考核合格加 1 分
线场课堂 42%	专业建设 3%	积极参与学校专业建设，省级专业加 3 分（参与人数不少于 5 人，按参与人数平均计算分值）等
	人才培养 3%	根据线场课堂需求，制定满足线场课堂需求的人才培养方案，每门专业负责人加 1 分，参与人加 0.5 分
	线场教学及管理 12%	（1）积极参与学院线场课堂（校本部以外）建设和管理工作，累计在线场课堂工作 30 天加 0.1 分。（2）积极参与学院线场课堂（校本部以外）教学工作任务，每 20 课时加 0.1 分。（3）任现职以来，积极承担培训课程，每 30 学时加 0.2 分
	线场思政 3%	参与线场思政课程及线场思政实践课程比赛获奖加分，参与课程思政建设项目获奖加分等
	线场课程 15%	（1）积极参与线场课程开发，已完成课程开发全部内容且投入使用，每门负责人加 3 分，参与人加 1 分。（2）开发投入使用并正式出版的课程教材每门负责人加 4 分，参与人加 2 分
	线场科研 6%	积极参与线场科研，为企业提供技术服务，完成企业技术服务或横向线场科研项目和纵向项目，累计到学校账上项目、课题经费加 0.3 分/1 万元，分值分配由项目负责人、主持人出具分配意见证明，各分项分值之和不得大于总分值

　　问卷调查中，针对"在科研评价中，对应用型科研的重视程度"的统计显示，应用型科研逐步受到重视。41.0% 的教师认为学校"较重视"应用型科研，表示"一般"的比例为 38.2%，"非常重视"者占 9.0%。换言之，50.0% 的教师认为学校"较重视"或"非常重视"应用型科研（见图 4-18）。这也是评审权下放后的一个较为显著的变化。

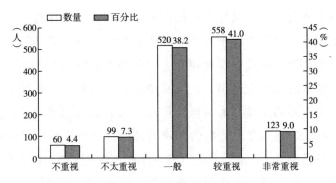

图 4-18　学校对应用型科研的重视程度

注：数据缺失值为 3，该项统计数为 1360。

在其他一些高职院校的职称评审制度文本中，同样具有上述特性。可见，这种评审制度内容设计导向的转变意味着高职院校"套用本科""科研至上"的情况正在逐步改善，高职教师职称评审制度正在回归合目的性。

三　评聘结合成为教师职称评审制度的重要原则

评聘结合有两种理解。第一种理解是"评聘主体的合一"，即评审权与聘任权两者的主体合一。也就是说，从评审权下放前的教育管理部门拥有教师职称评审权、高职院校拥有教师职务聘任权的情况，转向评审权下放后的高职院校同时拥有教师职称评审权与教师职务聘任权。其相对概念是评聘主体分离、评聘分开。第二种理解是"评聘流程的结合"，是指申报人在通过职称评审环节后，无须再经过专门或单独的聘任程序，而是直接地被聘任为高一级职称，同时获得相应的待遇、薪酬等。有时也称为评聘合一、评聘一体，相对概念是评聘（流程）分离、评聘分开。

因此，需要对比评审权下放之前与评审权下放之后的情况来分析评聘主体结合、评聘流程合一的问题。本研究中主要是指，评审权下放后，在高职院校拥有评审权与聘任权的情况下，实施评聘流程的合一，即评聘结合。

（一）　评审权与聘任权的"主体合一"促使评聘有效衔接

评审权下放使得高职院校的评审权与聘任权实现"主体合一"，促使评审环节与聘任环节有效衔接，为实行评聘结合（评审环节与聘任环节一体化）提供了重要条件。

评审权下放前，在高职教师职称评审中存在评审主体与聘用主体不一致或分离的情况。即职称评审和教师聘用分别由教育主管部门、高职院校两个不同机构实施和完成。在此情况下，高职院校缺乏必要的评审权，相应的聘任权也不能充分发挥出来，容易诱发以下问题。一是评审主体与聘用主体是两个不同的主体，影响评聘信息在两者之间的流动，产生较大的信息不对称性。二是教育主管部门评审的结果往往与高职院校的需求不一致，出现"评聘结合""评聘分离"都不合理的双重困境。如果实施评聘结合，容易产生"评上的，不能用；想用的，评不上"的现象。相反，如果不采用评审的结果，则需要用人单位在聘用前对评审通过者进行再考核。这样势必会大大增加评审与聘用的成本，造成人力、物力的浪费，而且也会影响教师职称评审以及工作的积极性。三是严重削弱用人单位的人事管理权和用人权及其效能。评审权主要集中在教育主管部门手中，且评审权大于推荐权、聘任权，教师对教育主管部门负责的意识与程度更高，而对高职院校负责的程度较低，这在一定程度上造成管理难度大、较被动的局面。四是学校的聘任权低于评审权，导致高职院校及其教师普遍"重评审、轻聘任"，岗位聘用与管理大多流于形式（见图4-19）。

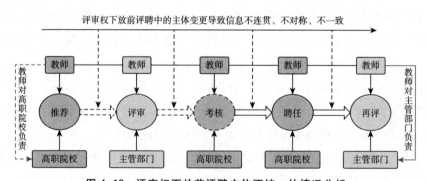

图4-19　评审权下放前评聘主体不统一的情况分析

评审权下放后，评审权与聘任权实现"主体合一"或"主体一致性"，促使"评"与"聘"能够有效衔接。高职院校同时拥有"评审权"与"聘任权"，实现了"学校评、学校聘、学校做主、学校负责"的权责对等，有助于教师职称评审与岗位聘用的有机结合，有利于职称评审制度与用人制度的有效衔接。具体而言，高职院校评审权与聘任权的"主体合一"，有以下合理性。一是能够实现评聘中的信息连贯、对称和一致。二是从实际情况看，高职院校对申报者进行的职称评审，相当于对教师聘用前的考核，因而无须再进行聘前考核。这样能够减少评聘分离所造成的重复性考核，促使"评"与"聘"两个环节有效衔接，"评"与"聘"的功能基本打通，即评聘一体化。三是有利于提高高职院校的人事管理效能。四是高职院校自主评审必然形成不同的学校标准，便于改变"职称身份固化"问题。由于不同学校的职称身份不能在校际通用，教师在向其他学校流动时必然需要重新评聘，原有的职称身份固化问题也随之打破。概言之，高职院校评审权与聘任权的"主体合一"，不仅有助于提升教师对高职院校的归属感与责任感，强化高职院校的人事管理权，而且提升了评聘结合的合理性、合法性和有效性（见图4-20）。

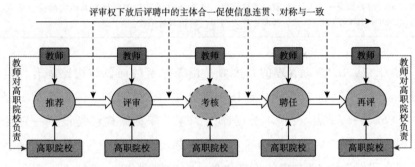

图4-20 评审权下放后评聘主体合一的情况分析

（二）学校自主评审受上级职称岗位结构比例严格控制

评审权下放并非意味着高职院校在职称评审过程中不受主管部门的任何限制，可以任意调整或扩大学校在编教师的岗位结构比例。实际上，学校自主评审受上级职称岗位结构比例严格控制。对此，可以从以下几个方面分析。

首先，国家政策对此有明确规定（见表4-19）。在从计划经济向市场经济过渡的过程中，国家对事业单位的人事管理基本上沿用计划经济思维下的管理模式，一般对用人单位的职称岗位结构比例有严格控制。高职院校在进行职称自主评审时必须在一定的岗位结构比例内进行。某职业学院人事处负责人 14M01-FZ1 表示："当年有多少空岗数，上级管理部门就在这个数额里批（指标），不会让你随便用的。若是随便用，没有那么多空岗，超出空岗的那些人，就无法兑现工资，会造成新的矛盾。也就是说，现在不允许评聘分离。"

表 4-19　关于按照岗位结构比例进行职称评审的政策

相关政策	有关按照岗位结构比例进行职称评审的规定
《关于深化职称制度改革的意见》（中办发〔2016〕77 号）	全面实行岗位管理、专业技术人才学术技术水平与岗位职责密切相关的事业单位，一般应在岗位结构比例内开展职称评审
《高校教师职称评审监管暂行办法》（教师〔2017〕12 号）	高校根据国家有关规定制订岗位设置方案和管理办法，在岗位结构比例内自主组织职称评审、按岗聘用
《关于深化高等学校教师职称制度改革的指导意见》（人社部发〔2020〕100 号）	高校根据国家有关规定自主设置岗位，结合岗位空缺情况开展教师职称评审，并将通过评审的教师聘用到相应岗位，实现教师职称评审与岗位聘用有效衔接

其次，从人力资源管理的角度看，遵循一定的岗位结构比例有一定的合理性。在一个专业技术人才群体中，最佳的人才结构一般而言都是金字塔形。06E06-FZ2 表示："不管是哪个国家，职称结构都是设置一定比例的。因为人才评价肯定是个金字塔形，越往上越少，而不可能是倒金字塔形。现在我们学校 8% 左右的正高比例，你能放到 20% ~ 30% 吗？多了可能就不值钱了、贬值了。同时，我们省的高校是评聘结合的，不允许评聘分开，就是在有岗位的情况下才进行评审，评审通过就聘用。"04E04-FZ1 表示："我们按照事业单位岗位设置是有规定的，正高、副高、中级都是有比例的。尽管有时评聘指标较少，那也是按照指标来的，就比如今年评正高有 5 个指标，那今年评的正高肯定不会超过 5 个，这是有指标限制的。"

当然，严格控制岗位结构比例，也会存在一些问题，譬如某些高职院校评副高、正高职称过程中出现较为严重的"扎堆"现象。02E02-FZ1 表示："按照职称评审的文件标准，我们的职称比例结构已经满了，结果是还有部分达到条件的优秀老师职称上不去。因为指标数已经达到，没办法。我们现在采取有空位才让你聘，所以就把那个标准抬得很高。"

（三）职称评审与岗位聘用有机结合成为重要制度安排

职称评审的终极目的不仅是"评"，还包括"用"，即通过职称评审工作不断促使人力资本及其管理水平提升，提高人力资本的使用效率。改革开放以来，我国就如何处理好"评审""聘用"关系，进行了不懈探索。计划经济时期实行职称终身制，向市场经济过渡时期倡导先评后聘、评聘分离，现在实行按岗设职、评聘结合。

从 2012 年开始，我国教师系列职称评审逐步实施评聘结合。针对当时职称改革中存在的问题和我国教师人事管理的实际情况，《国务院关于加强教师队伍建设的意见》（国发〔2012〕41 号）规定："根据分类推进事业单位改革的总体部署，按照按需设岗、竞聘上岗、按岗聘用、合同管理的原则，完善以合同管理为基础的用人制度，实现教师职务（职称）评审与岗位聘用的有机结合。"之后，《关于深化职称制度改革的意见》（中办发〔2016〕77 号）强调："促进职称制度与用人制度的有效衔接。用人单位结合用人需求，根据职称评价结果合理使用专业技术人才，实现职称评价结果与各类专业技术人才聘用、考核、晋升等用人制度的衔接。"2020 年 12 月出台的《关于深化高等学校教师职称制度改革的指导意见》（人社部发〔2020〕100 号）明确规定："高校实行评聘结合。高校根据国家有关规定自主设置岗位，结合岗位空缺情况开展教师职称评审，并将通过评审的教师聘用到相应岗位，实现教师职称评审与岗位聘用有效衔接。对此次改革前本高校评审通过、已经取得高校教师职称但未被聘用到相应岗位的人员，有关地方和高校要结合实际研究具体办法，妥善做好这部分人员择优聘用等相关工作。"（见表 4-20）

表 4-20　21 世纪以来有关高职院校评聘结合的主要政策

国家相关政策	有关高职院校职称评审中的评审与聘任的规定	备注
《国务院关于大力推进职业教育改革与发展的决定》（国发〔2002〕16 号）	深化职业学校人事制度改革，在职业学校推行教师全员聘任制和管理人员公开选拔、竞争上岗和职务聘任制度。职业学校教师职务资格评审要突出职业教育特点，改进评审办法	职校推进教师全员聘任制
《国务院关于加强教师队伍建设的意见》（国发〔2012〕41 号）	根据分类推进事业单位改革的总体部署，按照按需设岗、竞聘上岗、按岗聘用、合同管理的原则，完善以合同管理为基础的用人制度，实现教师职务（职称）评审与岗位聘用的有机结合	提出职称评审与聘用结合

续表

国家相关政策	有关高职院校职称评审中的评审与聘任的规定	备注
《关于深化职称制度改革的意见》（中办发〔2016〕77号）	促进职称制度与用人制度的有效衔接。用人单位结合用人需求，根据职称评价结果合理使用专业技术人才，实现职称评价结果与各类专业技术人才聘用、考核、晋升等用人制度的衔接。坚持以用为本，深入分析职业属性、单位性质和岗位特点，合理确定评价与聘用的衔接关系，评以适用、以用促评。加强聘后管理，在岗位聘用中实现人员能上能下	2022年基本形成评价科学、管理规范的职称制度
《关于深化高等学校教师职称制度改革的指导意见》（人社部发〔2020〕100号）	高校实行评聘结合。高校根据国家有关规定自主设置岗位，结合岗位空缺情况开展教师职称评审，并将通过评审的教师聘用到相应岗位，实现教师职称评审与岗位聘用有效衔接。对此次改革前本高校评审通过、已经取得高校教师职称但未被聘用到相应岗位的人员，有关地方和高校要结合实际研究具体办法，妥善做好这部分人员择优聘用等相关工作	进一步完善教师评价机制

　　获得职称自主评审权后，高职院校在职称评审制度制定和实施过程中基本都遵循评聘结合原则。高职院校制定的职称评审制度一般都明确表示遵循评聘结合的原则。01E01 学院在其职称评审办法中指出，在评审权下放后坚持评聘结合，即根据国家和省有关政策的规定，按需设岗，按岗评聘，努力实现职称评审制度与岗位管理制度的有效衔接。06E06 学院要求在"专业技术资格评审与职务聘任时，实行按岗申报、评聘结合的原则"。

　　概言之，评审权下放后的评聘结合具有较大合理性。一是评审与聘任的主体一致、评审与聘任过程的信息对称，使评审与聘任的功能打通，实现有效衔接，形成评聘一体化的客观条件。从动态、连续的评聘过程看，"评"的结果成为"聘"的重要依据，"聘"的过程中同样存在一种聘期内的"评"，这又为下一轮的"聘"提供了重要参考。如此形成"评"与"聘"的有机衔接。二是规避"评聘分离"带来的重复考核问题，降低了评聘的成本。三是调动教师参与职称评审的积极性，激发教师工作的主动性与创造性。当然，许多高职院校没有实行岗位管理，因而职称评聘缺乏有效衔接，存在人才评价和使用"两张皮"的现象。①

---

　　①　邵建东、韦清：《高职教师职称评聘须彰显职教特色》，《中国教育报》2020年12月15日，https：//www.tech.net.cn/news/show-92728.html。

　　值得注意的是，评聘结合并非"评聘一体""职称终身制"，而是在评审的基础上进行聘任，评审与聘任应该为两个考核环节。一个聘期结束后应依据聘任合同进行下一轮的聘任，一定聘期内的业绩为晋升更高职称提供基础。也就是说，在今后的职称评审制度建设中，既要完善"评"的办法，更要健全"聘"的规定，而不是实行"一评定终身"的职称称号终身制。对此的教师问卷统计显示，37.8%的教师非常赞同评聘分开，34.8%的教师比较赞同，20.1%的教师选择"一般"，换言之，共计近93%的教师赞同（见图4-21）。可以说，打破职称终身制，追求更加公平、合理、高效的职称评审制度是高职教师的共同愿景。

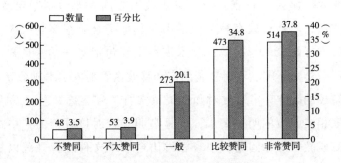

图 4-21　教师对评聘分开的赞同情况

注：数据缺失值为2，该项统计数为1361。

　　对此的专家问卷显示，51.9%的专家表示非常赞同，28.8%的专家表示比较赞同，两者合计比例超过80%（见图4-22）。可见，大多数专家与教师赞同评聘分开，两者的意见比较一致。

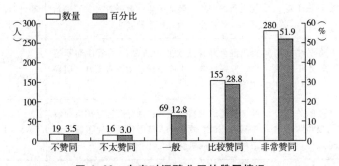

图 4-22　专家对评聘分开的赞同情况

注：数据缺失值为1，该项统计数为539。

四　职称评审对败德与违规现象的惩戒越来越严厉

职称评审对教师败德和职称评审工作人员违规现象的惩戒越来越严厉。这种惩戒一方面是针对申报人的师德师风、学术道德的要求与惩戒，另一方面是对组织和参与评审的工作人员工作纪律的要求与惩戒。

（一）职称评审规定中对师德失范有严厉惩戒

高职院校的师德一般包括教师个人的师德师风、教师思想政治方面的素养、教师学术道德等三方面。其中，师德师风主要包括潜心教书育人、关心爱护学生、坚持言行雅正等；思想政治方面主要包括坚定政治方向、自觉爱国守法，不得在教育教学活动中及其他场合有损害党中央权威、违背党的路线方针政策的言行等；学术道德主要包括坚守学术良知、遵守学术规范、反对学术不端、不得抄袭剽窃和篡改侵吞他人学术成果等。

高职院校的职称评审制度对师德失范实行"零容忍"与"一票否决"。这既是国家相关政策的明确要求，也是高职院校对该政策的严格执行与落实。关于高职教师师德问题，国家相继出台多个文件进行规范以加强师德建设。从文件内容看，这些政策不仅包括教师职业道德规范、关于建立健全师德建设长效机制的意见，而且包括明确师德失范行为及其处理的意见，以及规定教师职业行为的一些准则（见表4-21）。

表4-21　有关高校师德建设的重要文件及其内容

文件名称	主要内容	出台日期与文号
《高等学校教师职业道德规范》	规定爱国守法、敬业爱生、教书育人、严谨治学、服务社会、为人师表等要求	2011-12-23，教人〔2011〕11号
《教育部关于建立健全高校师德建设长效机制的意见》	提出健全师德建设长效机制的重要性和紧迫性、原则要求、主要举措、激发自觉性、明确主体责任等	2014-09-29，教师〔2014〕10号
《中共中央 国务院关于全面深化新时代教师队伍建设改革的意见》	健全师德建设长效机制；推行师德考核负面清单制度，建立教师个人信用记录，完善诚信承诺和失信惩戒机制	2018-01-20
《新时代高校教师职业行为十项准则》	以有力措施坚决查处师德违规行为，包括坚定政治方向等十项规定	2018-11-08，教师〔2018〕16号

文件名称	主要内容	出台日期与文号
《教育部关于高校教师师德失范行为处理的指导意见》	落实主体责任、加强师德修养、对师德失范行为实行"一票否决"、健全师德失范行为受理与调查机制	2018-11-08，教师〔2018〕17号

　　这些政策文件对高职院校教师职称评审制度建设有重要影响，成为高职院校职称评审中对申报人进行师德考核的重要参考。调研发现，当前，高职院校制定的职称评审规定对师德失范行为的惩戒包括两类情况。

　　首先，高职院校对思想政治表现差、违背教师职业道德、申报材料弄虚作假、学术不端等行为，实行"零容忍"和"一票否决"。例如，04E04学院、17M04学院、16M03学院、18M05学院、28O02学院等很多高职院校均强调，坚持把师德师风放在职称评审的首位，对思想政治表现差、违背教师职业道德且造成不良影响者和学术不端者，实行"零容忍"和"一票否决"，并进行一定惩戒。调查发现，高职院校对"弄虚作假、学术不端"类的惩戒措施一般为"取消当年申报资格，从下年度起3年内不得申报"等，不同学校之间存在较强一致性（见表4-22）。

表4-22　高职院校对"弄虚作假、学术不端"类的惩戒措施

高职院校	惩戒措施
02E02学院	弄虚作假、剽窃他人成果及其他违反学术道德的，取消当年申报资格，从下年度起3年内不得申报
04E04学院	查实有弄虚作假行为的人员，其申报材料予以退回，从次年起3年内不受理申报高一级专业技术职务，已参加评聘的取消其评聘结果
05E05学院	违反学术纪律，执行一票否决制。取消当年评聘资格或已取得的专业技术资格，并从次年起3年内不得参加专业技术职务评聘
06E06学院	如发现弄虚作假行为，将取消申报人员连续3年的申报资格，对申报人和相关责任人进行相应处理
07E07学院	有谎报学历、资历、业绩或剽窃他人成果等弄虚作假行为的，延迟3年以上申报

　　调研发现，教师对实施师德考核"一票否决"的认同度很高。针对"在高职教师职称评审中，应实施师德考核一票否决"的问卷统计显示，

56.2%的教师非常赞同，26.5%的教师比较赞同，选择"一般"者占12.9%，三者合计占95.6%。可见，该规定不仅十分必要，而且受到教师的普遍赞同（见图4-23）。

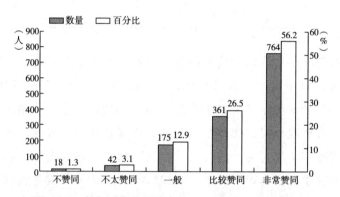

图4-23 教师对实施师德考核"一票否决"的认同度

注：数据缺失值为3，该项统计数为1360。

专家问卷显示，专家对该问题的认同度也很高，66.3%的专家非常赞同，21.5%的专家比较赞同，两者合计占87.8%，略高于教师中两者的比例（见图4-24）。

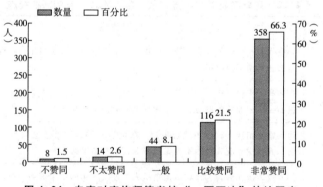

图4-24 专家对实施师德考核"一票否决"的认同度

其次，高职院校对"违反教学纪律，敷衍教学"类的行为也有比较详细和严格的惩戒。该类失范行为一般包括出现较大、严重或重大教学事故情况，以及年度考核基本合格与不合格的情况。分析发现，在这方面的惩戒有以下特点：一是条款的涵盖内容不同，有的包括教学事故和年度考核情况，有的仅涉及其中　类。二是对出现较大教学事故的惩戒大致相同，基本是取消当年申报资格，并从下年度起延迟一年申报。三是对年度考核不合格情况的惩戒轻重差异较大。有的学校规定比较周详，有的比较简单；有的惩戒力度比较大，有的较小。例如对年度考核"基本合格"的情况，有的要求延迟1年申报，有的要求延迟2年等（见表4-23）。

表4-23　对"违反教学纪律，敷衍教学"类行为的惩戒

高职院校	惩戒措施
01E01学院	①出现重大教学事故者，取消当年资格并从下年度起延迟一年申报。②年度考核不合格者，该年度不计资历，取消当年申报资格，并从下年度起延迟两年申报
02E02学院	①任职期间如果出现履职考核不合格、发生较大教学事故等，将受严惩。②年度考核基本合格及以下，该年度不计算资历，下一年度不得申报
05E05学院	①出现严重教学事故者或受警告处分者，推迟1年及以上评聘；受记过及以上处分者，推迟2年及以上评聘。②近3年内出现年度考核不称职者，不得参加专业技术职务评聘
07E07学院	①受警告处分或年度考核"基本合格"者延迟1年以上申报。②受记过以上处分或年度考核"不合格"者，延迟2年以上申报
10E10学院	①出现一次"基本合格"，相应资历要求增加2年。②出现一次"不合格"，相应资历要求增加4年；出现两次"不合格"永久取消申报高一级职务资格。③出现"基本合格"及以下，不得破格申报
17M04学院	①年度考核中有基本合格或未确定考核等次的，扣除该年份，任职年限累计计算。②年度考核不合格的，从考核不合格年份的次年起重新计算任职年限
18M05学院	近五年教学有事故：一般教学事故-20分/次，严重教学事故-40分/次，重大教学事故-60分/次

最后，为了防范申报人的道德失范与教学违规行为，高职院校大都采取申报诚信承诺制和学术成果检索制两种办法。

第一种办法是实行申报诚信承诺制。为了提高申报人的自觉意识与自律能力，一些高职院校要求申报人在整理和递交职称申报材料时，必须如实填报并提供相关材料，不得弄虚作假，确保所提供的个人信息和各类申报材料真实准确。如果申报材料有不实或者隐瞒，以及存在其他违反职称

政策规定的情形，均属违反诚信承诺制。17M04 学院规定，违反诚信承诺制的教师，按有关规定取消申报资格、撤销已取得的职称，同时对申报者通报批评，追究责任，并记入职称评审诚信建设档案库。16M03 学院要求申报人员在申报职称时须做出诚信承诺。学院对违纪违规者进行严惩，包括取消其申报资格、撤销已取得的任职资格，解聘已被聘任的专业技术职务等。

第二种办法是实行学术成果检索制。为了避免弄虚作假、学术不端等行为，很多学校都要求申报人做指定的学术成果检测。17M04 学院、19M06 学院等规定，递交的所有论文须附有在清华同方、中国知网、万方数据资源系统或重庆维普中文科技期刊数据库等国内主流数据库网站上检索的页面，或经国家新闻出版署批准的期刊出版单位的网站上进行检索并打印的检索页。著作、教材须附有在国家新闻出版署网站"CIP 数据核字号验证"的检索页。未按要求检索、验证的论文和著作等仅作为业绩参考条件。复查部门将严格对论文、著作等进行网上复核。28O02 学院规定，申报高级专业技术职务的教师，提交的所有论文须附上学校科技处提供的学术不端检测报告，不同作者复制比≥30%，或同一作者复制比≥50%的不能作为申报材料。

（二）采用多种措施防范评审中的违章违规行为

高职教师职称评审制度对评审工作人员（含评委、专家和职能部门负责人等）有严格的纪律要求，同时也对违规人员进行较为严厉的惩处。对此，高职院校一般采取"黑名单"制、责任追究制和回避制等办法。

首先，执行"黑名单"制。对评审委员会成员违反评审纪律者，一般取消其评审专家资格，列入"黑名单"，并按照有关规定予以处理。例如，16M03 学院规定，评审委员会委员要对申报人员做出客观公正的评价，不得对弄虚作假材料知情不报，不得私自更改申报人员材料，不得为申报人员游说、拉票，不得接受申报人员的宴请和礼品、礼金，不得利用职权徇私舞弊或打击压制申报人员。评审期间，未经批准不得对外联系，严禁和评审对象联系，严禁私自接受未经审查批准的评审材料。此外，参与评审工作的所有人员应遵守评审纪律，保守工作秘密，严禁传播和泄漏评委名单、评议结果及评审过程中的个人发言、争议问题、评议意见和表决情况。

　　其次，落实责任追究制。即在职称申报、推荐、审核、评审、聘任等环节中实行"谁审核，谁签名；谁签名，谁负责"的办法。2017 年发布的《高校教师职称评审监管暂行办法》（教师〔2017〕12 号）规定，职称评审过程中有关材料档案应妥善留存至少 10 年，保证评审全程可追溯，并实施责任追究。01E01 学院提出严肃评审纪律，对在申报、推荐、评审等环节出现违纪违规问题的人员，要按管理权限逐级追究相关责任者的责任。评委存在徇私舞弊行为的，按有关程序撤销其评委资格，禁止其再参加任何教师职称评审工作，并视情节严重情况按照有关规定给予严肃处理。参与推荐和评审工作的有关人员，如有违规行为，按照规定从严从重处理。16M03 学院、19M06 学院都实行"谁审核，谁签名；谁签名，谁负责"的办法，对"未履行核查责任、未按程序和要求进行推荐公示、徇私舞弊、暗箱操作等违规违纪行为，按有关规定处理"。

　　最后，采取回避制。为了保证工作人员在职称评审工作中能够客观公正、不徇私情、不许愿、不搞小动作、不犯自由主义，高职院校职称评审一般都会采取回避制度，以减少工作人员的违纪可能性。其中包括本人回避和亲属关系回避两类。28O02 学院在本人回避方面的规定是"申报人员不能担任当年度考核推荐组、学科评议组或评聘委员会成员"。该学院在亲属关系回避方面的规定是"考核推荐组、学科评议组或评聘委员会在评聘过程中涉及夫妻关系、直系血亲关系、三代以内旁系血亲关系、姻亲关系的，应当回避"。06E06 学院、17M04 学院规定，申报推荐委员会成员及其他有关人员应坚持回避制度。申报专业技术职务任职资格的人员，本人及直系亲属不得参加申报推荐委员会及从事其他推荐工作。此外，整个推荐工作接受纪检部门及全体教职工的监督。01E01 学院、02E02 学院在"评委回避制度"方面的要求是"评委与当年申报晋升职称的人员有直系亲属、姻亲关系、配偶关系等亲属关系的，应当回避"。

第三节　高职教师职称评审制度建设呈现四个主要亮点

　　实施"自主评审"后，高职院校主导的职称评审制度建设渐渐呈现回归自身价值导向的趋势。目前，高职教师职称评审制度建设呈现以下亮点。

一　职称评审新设基本条件符合教师工作实际诉求

在职称评审基本条件中，高职院校普遍新设"教师到企业实践""担任辅导员（班主任）等学生工作经历"两项要求。这种新举措完全符合高职教师工作的实际诉求，对促进教师专业成长、促进高职教育内涵建设、服务教书育人总目标，具有重要作用，是职称评审制度建设的显著亮点。

（一）强调申报者须具备一定的企业实践经历

目前，高职院校职称评审制度普遍将"教师到企业实践"或属于"双师型"教师（或具备特定"双师素质"）视为职称申报的基本条件之一。高职教师到企业实践"旨在保持和拓展教师的专业技能，帮助教师满足教学的现实需求，以及完成学校的教育任务"。[①] 高职院校教师最大的特点是具备"双师型"素质，能够胜任项目教学、理实一体化教学，亦即具有实施理论课程教学、实践课程教学的能力。可见，新一轮的职称评审制度建设已经将国家相关政策要求，包括高职教师必须具备一定的专业实践能力、具有一定的企业实践经历、"每5年到企业实践的累计时间不少于6个月"等，纳入制度文本之中，作为申报职称评审的"硬杠杠"。针对"贵校职称评审规定对教师到企业实践的重视程度"的问卷调查结果显示，54.4%的教师认为学校对此"较重视"或"非常重视"，有32.9%的教师认为"一般"，认为"不太重视"或"不重视"者共占12.7%（见图4-25）。可见，大多数高职院校重视教师到企业实践。

高职教师职称评审制度有三种情形的规定或要求。第一种情形是，高职院校将"教师到企业实践"作为职称晋升的必要条件。很多高职院校不仅能够在职称评审基本条件中将"教师到企业实践"作为申报职称的必要条件，而且为了增强教师到企业实践的效果，还附加一些规定。例如，17M04学院规定，申报晋升中级职称的专业课教师，在任现职期间，根据学校安排和专业特点，需具有一定企业或生产服务一线实践经历。"申报晋升副高级专业技术任职资格的人员，专业课教师每5年累计不少于6个月到企业或生产服务一线实践，并形成较高水平的专业实践报告。"又如，18M05学院规定，在教授

---

① 〔德〕菲利普·葛洛曼、〔德〕菲利克斯·劳耐尔：《国际视野下的职业教育师资培养》，石伟平译，外语教学与研究出版社，2011，第141页。

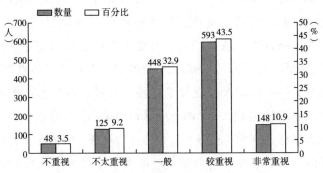

图 4-25 学校对教师到企业实践的重视程度

注：数据缺失值为 1，该项统计数为 1362。

任职资格评审条件中，去企业实践学习是一个重要内容（赋分 1 分），"专业课教师每 5 年累计不少于 6 个月到企业或生产服务一线实践，并形成附有企业鉴定、系部考核意见和不少于 4000 字的专业调研报告等材料"。某职业学院院长 10E10-FZ1 就学院相关情况做了说明："教师在晋升高一级专业技术职务前，一般须有累计半年以上在校外实际部门工作、实践经历，其中 35 周岁及以下青年教师在晋升高级职务前，必须有累计 1 年及以上的践习经历。践习经历也可以说成专业发展要求，国内外访学、产学研践习都可以。"

问卷调查中，针对"在'双师素质'提升方面，学校提供的最主要渠道"的统计结果显示，58.0% 的教师认为是"到企业实践"，34.5% 的教师认为是"参加培训"。目前，高职院校教师采用"访学"方式的比例很低，这与普通本科院校有明显差异（见图 4-26）。

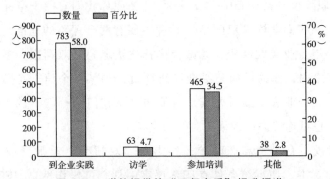

图 4-26 学校提供的"双师素质"提升渠道

注：数据缺失值为 14，该项统计数为 1349。

　　第二种情形是，高职院校将具备"双师素质"作为职称晋升的必要条件。教师定期到企业实践是促使高职教师获得"双师素质"的重要途径。在职称评审基本条件中设置该规定，有助于教师通过到企业实践，不断提升自身专业实践能力，进而具备高职教育教学所需的"双师素质"。

　　调研发现，一些高职院校直接把具备"双师素质"作为申报基本条件之一。教师问卷统计发现，34.4%的教师反映所在学校已经将"双师型"教师资格作为职称评审的必要条件，44.7%的教师反映所在学校将其作为参考条件。同时，有20%左右的教师反映所在学校仅将"双师素质"作为可替代条件或未做要求（见图4-27）。

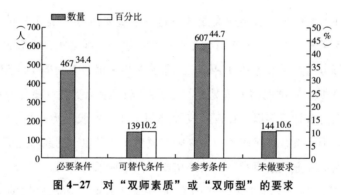

图4-27　对"双师素质"或"双师型"的要求

注：数据缺失值为6，该项统计数为1357。

　　01E01学院规定，"双师"条件是申报基本条件之一，"除公共课教师和距退休不满6年的教师外，专任教师须为经学校认定的'双师型'教师"。某高职院校专家01E01-FZ2认为："评职称我们有一个指标叫'双师型'教师，在我们学校'双师型'教师主要有两个评判的标准。第一个就是教师有半年企业实践经历，考试合格就被认定为'双师型'教师。第二个就是五年之内，你的横向和纵向科研项目达到某一个值。我们要求青年教师能够下到企业去实践，尤其是对那些'从校门到校门'的老师们，可以分段去，也可连续去，效果相对好一点。"

　　调研发现，有个别高职院校已经出台"双师型"教师（或"双师素质"）认定标准，使得该条件在职称评审中具有可操作性。04E04学院在2013年9月已经出台《"双师素质"教师资格认定办法》，为学校在职称评审中落实该基本条件提供配套制度支持。当前，该校使用 2017 年制定的《04E04 学院教师系列专业技术职务晋升（转评）申报条件》，其明确规定专任教师在职称评审前必须具备"双师素质"（见表 4-24）。由于该校配套制度建设能够及时跟进，且对"双师素质"的要求有较强的可操作性，该规定执行效果较好。可以说，这就是一种基层首创的制度。

表 4-24 04E04 学院对教师到企业实践或"双师素质"的要求

学院文件	"双师素质"或教师到企业实践的条件
《04E04 学院教师系列专业技术职务晋升（转评）申报条件》	申报教授、副教授职务的专业课教师和公共课教师须具备"双师素质"
	全体专业课教师每学年至少有 15 天时间带课题带任务到企业进行与专业授课相关的工作研修，近五学年累计有 6 个月（其中专任教师要求连续脱产下企业不少于 2 个月）到企业挂职，承担与专业相关的工作
	2017 年后引进的专业课教师，来自企业且从事相关专业一线工作满 2 年的，进校五年内可免下企业锻炼；其余人员须下企业锻炼满 1 年，其中连续脱产在企业锻炼时间不少于 6 个月

第三种情形是，有的学校将教师到企业实践和"双师素质"都作为职称晋升的必要条件。譬如，05E05 学院、28O02 学院等要求申报人不仅具备"双师素质"，还应有近年来的企业实践经历（见表 4-25）。

表 4-25 对"双师素质"或教师到企业实践的要求

学院文件	"双师素质"或教师到企业实践的条件
《05E05 学院专业技术职务评聘申报条件》	应具备"双师素质"，近 5 年至少有 6 个月的相对集中时间脱产到企业锻炼，承担与专业和岗位发展相关的工作
	博士研究生参加副教授职务评聘的实践时间累计在 3 个月以上
	对于行业企业引进的教师申报教师系列专业技术职务的，5 年内可免企业经历的考核要求
《28O02 学院教师专业技术职务评聘申报标准》	专业课教师须具备"双师素质"，专业课教师任现职以来累计有 6 个月到企业挂职，每学年要求至少有 15 天时间带课题带任务到企业进行与专业授课相关的工作研修
	对于从行业企业引进到我校的教师晋升教师专业技术职务的，5 年内可免企业经历的考核要求

（二）强调申报者须具有学生管理工作经历

自主评审的最大优势是能根据学院发展的实际情况与工作需要设定评审条件。在职称评审基本条件中设置"担任辅导员等学生工作经历"，同样是高职院校基层首创的办法，并最后上升为国家相关政策规定。

评审权下放前，相关政策或规定很少关注"教师担任辅导员等学生工作经历"这种细枝末节的问题。高职院校最具备及时了解自身发展需求与困境的条件和环境，这是上级主管部门所不及的。当时，高职院校在实践过程中遭遇的现实困境是，由于高职院校生师比较大，学生自律能力较弱，生活与学习习惯相对较差，学生管理与服务工作量特别大，急缺辅导员或急需专任教师参与学生工作。但是，由于教师评价制度，特别是职称评审制度存在一定的导向性偏差，事实上，大多数专任教师一般不愿意担任辅导员或班主任，严重影响了高职院校学生管理与服务等育人工作的深入开展。受访的职能部门负责人 17M04-FZ1 表示："专业课教师主要想把精力放在科研和教学方面，这方面容易出成绩，职称评审有加分项。而担任辅导员或班主任虽然有一定补贴，但不高，工作特别辛苦，现在的学生比较难管，以前的职称考核对这方面重视不够。辅导员工作又很重要，因此我校将承担学生工作作为必要条件，大家都要参与。"某学院的业务院长 07E07-FZ2 说："这里面是有故事的。随着学校快速发展，规模不断扩大，学校普遍缺辅导员，于是招了一些兼职班主任。学校最初强调，这样做的目的是锻炼一下老师教育教学方面的能力。现在学生都是 00 后，思维很活跃，老师当班主任多和学生接触接触很有好处，有助于帮老师和学生建立一个良好的师生关系。但是，后来学校发现做这样的思想工作效果不明显，大多数专业教师还是不积极申报兼职辅导员。实在没有办法，学校就将'担任辅导员等学生工作'设定为申报职称的必备条件。这样一来，教师们的积极性一下提高了。"

此外，从教师专业成长角度看，教师适当承担学生管理工作对自身发展也有积极的帮助。某学院院长 10E10-FZ1 表示："教师晋升高一级专业技术职务前，须有累计一年学生工作经历。这其实是出于全员育人的一个考虑，老师要参与学生教育的整个过程。不是说，老师仅仅来上上课就可以了，你也要负责学生平时的思想政治教育。每一个年级都必须配备一个班导师，班导师就是对每个班级的学业进行管理，主要是由专任老师来做的。

其实，这对我们教师成长而言，也是有益的、必要的。"

　　针对"教师担任辅导员、指导学生等工作应计入教学工作量"的问卷统计结果显示，46.2%的教师对此"非常赞同"，35.3%的教师"比较赞同"，共81.5%的教师比较赞同或十分赞同该观点。对此持反对观点的教师比例很少，不足5%。可见，"教师担任辅导员、指导学生等工作应计入教学工作量"合乎教师的诉求，得到教师的高度赞同（见图4-28）。

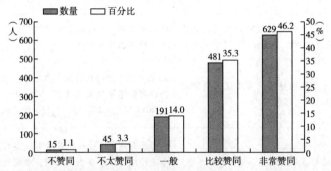

图4-28　教师对"教师担任辅导员、指导学生等工作应计入教学工作量"的态度
注：数据缺失值为2，该项统计数为1361。

　　专家对该问题的态度与教师对该问题的态度高度一致，45.6%的专家非常赞同，33.6%的专家比较赞同，14.5%的专家选择"一般"（见图4-29）。

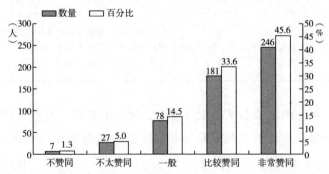

图4-29　专家对"教师担任辅导员、指导学生等工作应计入教学工作量"的态度
注：数据缺失值为1，该项统计数为539。

　　评审权下放后，很多高职院校职称评审制度文本将学生管理工作经历作为基本或重要条件之一，纳入教师职称申报条件之中（见表4-26）。

表 4-26　学生管理工作经历被纳入职称申报条件的情况

学院	相关文件	具体要求
05E05 学院	《专业技术职务评聘申报条件》（2017 年）	申报中级及以上职称的，须具有任现职以来 3 年以上担任班主任（或辅导员）工作经历并考核合格（引进的硕、博士首次申报要求 1 年以上）
28O02 学院	《教师专业技术职务评聘申报标准》（2017 年）	教师的育人经历要求是，任现职以来至少有 2 年担任班主任（辅导员）或具有培养指导 1 名及以上青年教师的经历，管理人员不作要求
15M02 学院	《教师中高级专业技术职务任职资格业绩测评办法（试行）》（2018 年）	任现职以来，担任辅导员或班主任，且考核合格者，每年加 0.5 分
19M06 学院	《关于兼职辅导员（班主任）管理办法的通知》（2018 年）	40 周岁以下教师晋升高一级职称，须有至少一年担任兼职辅导员或班主任工作经历并考核合格。自 2019 年起开始实施，实行一票否决
10E10 学院	《专业技术职务聘任办法》（2019 年）	教师晋升高级专业技术职务前，须有至少一年学生工作经历。45 岁及以下青年教师晋升高一级职务须有辅导员或班导师工作经历并考核合格
27O01 学院	《副高级及以下专业技术职务申报工作的通知》（2020 年）	申报高一级职务应具有本校 3 年（6 个学期）的辅导员或班主任工作经历并考核合格
17M04 学院	《教师专业技术职务申报推荐工作安排的通知》（2020 年）	新进教师须兼任辅导员不少于三年，35 岁及以下的青年教师晋升高一级职称，须有至少一年担任辅导员经历并考核合格
20W07 学院	《职称晋升量化积分规定》（2020 年）	兼职辅导员、班主任岗位工作超过 1 年后的经历，按照所带班级学生人数每满 10 人/年加 0.3 分予以职称业绩成果积分奖励

　　此外，有的学院依据学校工作需要，将学生管理工作经历的内涵适当扩大，不仅包括担任班主任或辅导员，而且包括担任学生社团指导教师、兼任党政管理人员，或担任专业负责人等情况。例如，04E04 学院在2017~2019 年度"学生工作要求"中规定，1974 年 9 月 1 日后出生的专任教师申报中级及以上专业技术职务，需要达到表 4-27 所列条件之一。调研发现，很多高职院校将教师负责学生管理工作经历作为申报职称的必备条件之一，甚至实行"一票否决制"。也有学校将其视为奖励性或加分

条件。简言之，这种基于学校教学工作实际需要而新增的申报条件，不仅十分必要，而且特别有效，对破解以前教师不愿意担任兼职辅导员的困境有积极作用。

表 4-27　对申报者负责学生工作经历的要求

学生工作种类	负责学生工作的具体要求
担任班主任或辅导员	在任职期内担任班主任三年及以上或辅导员二年及以上，且考核合格
担任学生社团指导教师	近五年担任学生社团指导教师三年及以上，且被评为校级优秀社团指导教师两次或市级（及以上）优秀社团指导教师一次
兼任党政管理人员	兼任党政管理人员的须每年指导一项及以上校级学生工作项目〔具体由学工部（团委）认定〕
专任教师兼任班主任或辅导员	调入学校不满三年的专任教师，但已担任班主任或辅导员一年以上且考核合格的可视作满足学生工作要求
担任专业负责人	在任职期内担任专业负责人三年及以上并考核合格，且担任学生社团指导教师一年，可视作满足学生工作要求

二　职称评审内容要求比较切合高职教育教学特点

职称评审制度建设的第二个亮点是，职称评审内容要求比较切合高职教育教学特点与需求。主要表征包括两个方面：一是高职院校将教学工作质量与业绩作为申报的必要条件，二是在评审指标中大幅提升教学业绩的分值比重。

（一）对教学工作课时量与教学质量均有一定要求

评审权下放后，高职院校职称评审制度建设更加重视对教师教学工作质量与教学业绩方面的考核，并将其作为申报的重要条件。

首先，对教师的教学工作数量与质量提出更高要求，将具有一定的教学工作质量与业绩作为申报的必要条件。在高职院校的职称评审制度设计中，一方面比较重视申报人必须完成一定的教学工作量，如课时量、学生管理工作量等；另一方面逐步强调对教学工作质量的要求和业绩贡献的要求，这种设计理念体现在高职院校的职称评审制度中。调研发现，一般分为以下几种情况。

第一种情况是，对教师教学工作量有一个基本的底线要求和上限要求。也就是说，教学考核不仅应强调教学工作的基本量，还应避免走向另一个极端，应该设定一个上限。对此，由于不同学院的实际情况不同，相应的规定也有一定差异。09E09-FZ2 表示："教师必须完成基本课时，超工作量我们适当地给教师加一些分值，但是有封顶的上限。如果教学工作量太大，教学质量就无法保证。我们这边要求教师每学期要满 180 的课时量，这是一个底线，必须达标，否则是没有资格参评的。最多不能超过 300，超过 300 也没有什么奖励了，也不加分。一般而言，超过 300 以后，教学质量就没法保证了。"06E06-FZ1 表示："我们有一个基本工作量，但是，也难免会超课时，我们就规定上限。原来我们定的原则是一般不能超过 50%。对于个别专业，老师比较少，如果规定教师（课时数）不能超过 50%，就会出现有些课程没人上，所以，我们后来又调整到原则上不超过 80%。但是，一般情况下，我们不鼓励老师过度超课时。"

第二种情况是，对申报人的教学工作量及教学业绩有一定的要求。例如，28O02 学院在关于三种类型教师的申报条件中，均有教学工作量及教学业绩方面的要求（见表 4-28），这对激发教师教学工作热情，促使教师重视并加大教学方面投入，提升教学质量具有重要引导作用。

表 4-28　28O02 学院教授岗位要求

	教学为主型教师	教学科研型教师	社会服务与推广型教师
教学工作量	近 5 年承担 2 门以上课程，每年教学量明显高于核定教学量（累计超出 15%）	近 5 年承担 1 门及以上课程	完成学校规定的教学工作量
教学业绩	累计 3 年为 A 等，累计 4 学期学生评价位于所在单位前 20%	2 年为 A 等，或 1 年为 A 等、2 年为 B 等，或 4 年为 B 等。累计 3 学期学生评价在本单位前 50%	近 5 年教学业绩 1 年为 A 等或 2 年为 B 等

再如，28O02 学院、04E04 学院和 01E01 学院对教学工作量（课时量等）、教学业绩（督导听课、学生评教等）两个方面都有明确的规定，并作

为职称评审的必要条件（见表4-29）。此外，为了提高课题教学质量，04E04学院大胆探索和实施教师有效课堂认证，要求所有专业课教师都必须参加，并在一定期限内达标。该校教授04E04-FZ1表示："目前教学能力测试方面就只有这么一项。不是教务处，而是质量评估监督处负责有效课堂认证。它是独立的一个处，我们简称职评处，它跟其他职能部门是平级的。"

表4-29　高职院校对教师教学工作量与业绩的要求

学院	要求对象	对教学工作的具体要求
28O02 学院	各类申报者	①高质量完成学校规定的教学工作量，以及参加职教能力培训或有效课堂认证培训。②近5年（或任现职起）教师教学业绩考核为C等及以上、年度考核为合格及以上
04E04 学院	各类申报者	①完成各类型教师所要求的教学工作量，校内兼课人员不少于136课时/学年。②申报讲师者近两年学校督导听课结果均为中等以上，申报教授、副教授者，近两年听课结果均为中等以上且至少有一次良
01E01 学院	申报教授者	①系统讲授2门以上专业人才培养方案中所对应的课程，其中1门应为实训等实践性的课程或理实一体化课程，年均课时数180学时以上。②教学效果好，有4个以上的学期学生评教排名在学院的前50%

第三种情况是，破格申报基本条件也能折射出很多高职院校的职称评审愈加重视教学质量和业绩。评审权下放前，高职院校的破格条件主要是对科研成果的要求。目前，一些高职院校的破格条件已经把突出的教学业绩作为必备条件，在此前提下再具备一些其他任选条件，凸显出新一轮职称评审制度建设的新变化、新特点。04E04学院规定，副教授破格申报教授职务的条件是"2必备条件+2任选条件"，即具备两项教学方面的必备条件。然后，具备三类任选条件中的两类条件各一条即可（见表4-30）。05E05学院规定："教学成果奖项、教研教改项目、精品课程等在专业技术职务评聘中与科研成果、科研项目一视同仁。"同时鼓励教师积极承担实践性教学任务，教师指导学生实验、实训、实习，或指导毕业设计（论文），以及指导学生参加各类学科竞赛、技能竞赛和社会实践活动等，这些方面取得的成果均可作为教师的教学成果。

表 4-30　04E04 学院副教授破格申报教授职务条件

条件	方面	具体要求
必备条件 1	年度考核	近三年年度考核必须有两年为"优秀"
必备条件 2	教学业绩	近三年（学年）教学工作业绩考核必须有两年为 A
任选条件（三类中符合两类中各一条）	A：荣誉、带头人	①省级各类荣誉等；②省级专业带头人或负责人、省级示范性实训基地负责人、省级教学团队负责人等
	B：项目、教学成果、专利、论文专著类	①省级教改项目或省级以上精品课程的负责人等；②省级教学成果奖一等奖负责人；③获得国家发明专利两项；④在一级期刊发表三篇学术论文；⑤出版学术专著两本等
	C：指导学生或本人参加竞赛类	①指导学生参加竞赛、挑战杯或技能比武，并获得省级一等奖以上奖励等；②本人参加各类竞赛，并获得省级一等奖以上奖励

第四种情况是，对教学工作业绩不合格者进行惩处或实行"一票否决"。04E04 学院对教学工作业绩考核不合格的惩处情况是，在督导听课活动中不达标，或教师教学工作业绩考核和年度考核出现不合格的，三年内不能申报专业技术职务认定、晋升、转评。16M03 学院为加强教学中心地位，实施教学考核不合格否决制度，"未参加听课评价、教学能力竞赛和教学信息化能力考核以及听课评价等级为 C 档、教学能力竞赛参赛作品不合格和教学信息化能力考核不合格者，不得参加申报"。

其次，职称评审中的教学工作及其业绩内涵与范围逐步扩大，不断增设一些新的考核点或要求。调研发现，除了常规的教学工作外，在新一轮职称评审中很多高职院校依据学校教育教学工作的需要，及时新设或补充一些反映高职教学特点的考核条件，诸如指导学生参加技能大赛、承担职业教育专业建设或课程开发项目、参加教学技能竞赛获奖等。

现以 10E10 学院为例对此进行分析。10E10 学院规定申报人应聘正高级专业技术职务时，教学工作必须同时满足表 4-31 中第 1~4 款条件，且满足第 5~12 款中的任意一款，集体项目中的排名应在前三位。据此可知，对教师教学方面的要求也增多了，除了教学工作量、教学效果（评教）外，还增设了教学安全这一必备条件，以及精品课程、特色课程、优秀教学团队、指导学生参加大赛等任选条件。

表 4-31　10E10 学院在教学业绩方面的考核点

序号	方面	具体要求	条件
1	课程、教学工作量	近三年内平均每年完整担任 1 门及以上专科生课程教师，且完成基本教学工作量	必备
2	校级评教	三年内评教〔含督导、校、院（部）领导评价〕分数在良及以上	必备
3	学生评教	学生评教近三年平均分在 80 分及以上	必备
4	教学安全	三年内无三级及以上教学事故者	必备
5	教学成果奖	近五年内获得校级及以上教学成果奖（排名前三位）	任选（符合其中 1 项）
6	精品课程	近五年授课课程获得校级及以上精品课程称号（排名前三位）	
7	特色课程	近五年承担新课程、双语课程、全英语课程建设项目（排名前三位）	
8	优秀教学团队	近五年获得校级及以上优秀教学团队称号（排名前三位）	
9	指导学生参加大赛	近五年指导学生参加市级及以上学科竞赛、职业技能大赛获奖	
10	教学技能	近五年内获得校级及以上教学技能比赛奖项	
11	课堂教学获奖	近五年获得学校课堂优秀教学成果三等奖及以上	
12	学生评教	学生评教近三年平均分在 90 分及以上	

　　再以 07E07 学院申报教授资格的教育教学工作要求为例。除了课程教学工作质量外，还包括获得教学类荣誉、承担教学项目、指导青年教师等方面（见表 4-32）。

表 4-32　07E07 学院申报教授资格的教育教学工作要求

序号	类别	具体要求
条件一	课程教学工作质量	①近 5 年来系统承担过 2 门课程全部教学工作，完成学校规定教学工作量；②教学水平高，教学效果好，近 5 年学校年度教学质量考核均在"合格"以上，其中至少 2 次为"优秀"
条件二	获得教学类荣誉	获得校级以上教学名师、市（厅）级以上专业带头人、省"XX 工程"优秀青年骨干教师等称号，获得校级优秀教学成果一等奖 1 项以上或获得省级以上优秀教学成果奖 1 项以上
条件三	承担教学项目	担任省级以上团队建设、专业建设、课程建设、教材建设、实验实训基地建设等 1 项以上项目主要成员
条件四	指导青年教师	在指导青年教师或教师发展中心建设方面承担重要工作，起到示范带动作用，成绩突出

（二）教学业绩在评审指标中的分值比重逐渐加大

提升教学业绩在评审指标中的分值比重，这既是对高职教育"以教学为中心""高质量发展"的积极回应，也是对高职教师评价遵循"重实绩、重贡献"原则的具体贯彻与表征。对此可以从两种情况来分析。

第一种情况，从教学业绩在整个评审指标中的分值、比重来分析。大幅提升教学业绩在评审指标中的分值比重，是新一轮职称评审制度建设的一个亮点，有助于逐渐改变"学术导向"的高职教师职称评审模式。18M05学院在这方面的制度建设具有较强的代表性。该学院 2020 年制定的《专业技术职务评审实施方案（修订）》在分值结构、赋分标准方面，能够凸显重视教学、强调教学业绩的理念。一方面，有关教育教学的分值较大（共65 分），占 65%。具体包括辅导员任职（10 分），专业理论知识和工作经历、能力（3 分），教学业绩（25 分），教学质量工程（19 分），师德师风（8 分）等。另一方面，科研方面的项目与分值被限制为不到 25 分（即占比不到 25%）。并且，不局限于论文、课题等，尤其强调教研成果，如教研论文等。简言之，教育教学方面的占比为 65%，科研成果占比为 25%（见表 4-33）。该变化是职称评审制度回归"以教育教学为中心"的一个很大标志与体现。

表 4-33　18M05 学院职称评审规定中的分值结构

类别	各小项	赋分标准
学历、工作年限（10 分）	学历（6 分）	本科、硕士、博士分别为 4 分、5 分、6 分
	专业工作年限（4 分）	每超规定资历一年加 0.4 分，年度考核不合格、离职培训、进修学习及病休连续一年以上的不计专业工作年限
辅导员任职（10 分）	辅导员（班主任）获奖奖励分可叠加（10 分）；师德失范，一票否决	担任三年以上辅导员（班主任），班级人数原则上需满 50 人，积 5 分；获奖有相应加分
评审条件及标准（53 分）	专业理论知识和工作经历、能力（3 分）	具备一定理论基础与工作能力 1 分；完成一定课程教学任务及要求 1 分；完成企业实践规定任务 1 分等
	教学业绩（25 分）	授课课时 15 分，教学质量考核 10 分

续表

类别	各小项	赋分标准
评审条件及标准 （53分）	科研成果（25分）：基本分 （3~15分）+加分项（不等）	讲师3分，副教授中教学为主型8分、教学科研型9分、科研开发服务为主型11分，教授中三种类型分别为9分、11分、15分（含教研论文）
教学质量工程 （19分）	教学建设项目（9分）	教学质量工程9分、教学团队建设9分、教材9分、精品在线课程9分、教学成果奖9分、教改项目9分、名师分等
	教师或指导学生参加各类竞赛获奖（10分）	本人参加国家级政府性比赛获一等奖10分、指导学生参加国家级政府性学生技能大赛10分等
师德师风 （8分）	获先进个人等（8分）	国家表彰先进个人8分/次；省级表彰先进个人6分/次等。
	教学事故扣分（-60分）	近五年教学事故：一般教学事故-20分/次、严重教学事故-40分/次、重大教学事故-60分/次
	师德失范、学术不端问题（零容忍）	对师德失范实行"零容忍"，对弄虚作假、学术不端实行"一票否决"

资料来源：本表根据18M05学院《专业技术职务评审实施方案（修订）》（2020年）相关内容整理而成。

　　第二种情况，从同一学校不同类型教师教学业绩赋分情况来分析。目前，很多高职院校在职称评审中对不同类型的教师进行分类评价。以18M05学院为例。该学院申报教授职称者分为三种类型，现将三者在教学业绩方面的条件进行横向比较（见表4-34）。

表4-34　18M05学院申报教授职称教学业绩赋分

教师类型	授课课时（15分）	教学质量（10分）
教学为主型教师	年均课时不少于260学时。完成以上工作量得7分。近五年年均课时每超20节加1分，15分封顶	获校教学质量考评优秀3次，或厅级教学技能竞赛一等以上奖，可得6分。每增加1次加2分，10分封顶
教学科研型教师	年均课时不少于160学时。完成工作量即得7分。近五年年均课时每超20节加1分，10分封顶	获校教学质量考评优秀2次，或厅级教学技能竞赛二等以上奖，可得6分。每增加1次可加2分，10分封顶
科研开发服务为主型教师	年均课时不少于80学时，完成工作量得10分。近五年年均课时每超20节加1分，15分封顶	获校教学质量考评优秀2次，或厅级教学技能竞赛二等以上奖，可得6分。每增加1次可加2分，10分封顶

由表 4-34 可知，该教学业绩评审指标设计突出以下理念。一是重视教学质量原则，不仅重视教学中的授课课时量，而且重视教学质量。二是教学考核公平原则。在教学方面的赋分上，三类教师的分值均为 25 分，其中授课课时 15 分，教学质量为 15 分。三是发挥优势的原则。对教学为主型教师的授课课时数、教学质量考评优秀次数要求较多，对其他类教师要求较少，体现差异性公平。四是超课时加分封顶的办法。这有助于遏制那些只片面追求课时量而忽视教学质量的情况，能较好地规避某些教师在教学方面形成"优势垄断"导致的不利于年轻教师发展的情形，或教学过度竞争带来的不注重合作的倾向。

三　职称评审方式、方法具有诸多基层首创特色

获得评审权后，许多高职院校在职称评审制度建设中较好地发挥了主动性、积极性与创造性，在评审方式、方法等方面也有一些值得借鉴的基层创新，主要包括以下方面。

(一) 采用"教师分类评审法"以发挥各类教师优势

采用"教师分类评审法"是高职院校"自主评审"时期评审方法的一大亮点。所谓"教师分类评审法"，即高职院校根据专任教师在教育教学工作中的分工、工作岗位情况、自身优势等方面的特点与差异性，在职称评审时让教师自主选报或分为若干类型，然后依据不同教师类型特点制定较有针对性的评审标准，旨在发挥各类教师优势，避免"一刀切式"评审的一种办法。

目前，很多高职院校都采用"教师分类评审法"。这种分类评审包括显性分类评审，也包括隐性分类评审。前者是在职称评审文件中对若干教师类型进行明确的界定，并在设计职称评审标准或指标时，针对不同类型教师的情况制定相应的标准。后者是在职称评审规定中并未对教师类型进行明确规定或强制要求，但是在制定评审标准时同样会考虑到不同类型教师的情况，然后利用评审标准的任选性、可替代性，为申报人提供"菜单化"选择。

1. 高职教师分类评审主要存在三种情形

"教师分类评审法"是基于高职教师内部出现第二次社会分工的现实。社会分工是提升社会生产率、促使人类社会进步的重要形式。21 世纪初，高职院校教师职称评审时教师系列内部出现第一次社会分工。当时，职称评审将

教师系列分为专业课教师、公共课教师、思政课教师等不同子系列，并采用不同的标准。21 世纪第一个十年前后，随着高职院校在发展过程中功能定位趋向综合化，专业设置持续增加，高职院校内部的专业教师所从事的工作分工与特点也进一步细化和分工。高职院校教师系列内部出现第二次分工，即将专业教师系列分为教学为主型、教学科研并重型、技术技能服务型等类型。基于此，高职院校在职称评审制度建设过程中要与时俱进、因地制宜，根据教师工作分工与特点设计针对不同类型教师特点的职称评审标准或条件。可见，"教师分类评审法"具有较强的人文性、合理性和科学性。

调研发现，高职院校的教师分类尽管各有差异，但也有特点。第一个特点是，高职教师申报初级、中级阶段的标准一般都相同，并未进行分类评审，主要是在进行副高级、高级职称的申报时才进行二次分类，各个高职院校针对不同类型教师情况分别制定相应的评审标准。这种分类是基于高职教师专业发展到一定阶段后的客观事实。对此，某高职院校职能部门负责人 04E04-FZ1 的理解是："我们认为，新教师从入校到讲师的时间也就三四年，因此，我们要求年轻的新老师全面发展，对讲师没有分类的要求。在此基础上，我们鼓励教师发挥各自优势，分类发展、错位发展。"

第二个特点是，分类主要包括二分法、三分法、四分法三种情况。亦即有的高职院校将教师分为教学为主型和教学研发型两种类型，或分为教学为主型、教学科研并重型、技术技能服务型三种类型，或教学为主型、科研为主型、教学科研并重型、社会服务与推广型等四种类型（见表 4-35）。

表 4-35 教师系列内部进行分类评审的主要情况

分类法	教师分类具体情况
二分法	教学为主型、教学研发型（该情况较少）
三分法	教学为主型、教学科研并重型、技术技能服务型（该情况较多）
四分法	教学为主型、科研为主型、教学科研并重型、社会服务与推广型（该情况较多，不同院校的称谓不尽相同）

第一种情形，即将教师系列分为教学为主型和教学研发型两种类型教师，目前较少。02E02 学院出台的《专业技术职务评聘办法》（2018 年）规定教师职称分为教师、研究人员、专职辅导员、实验技术人员和图书资料

专业人员等若干大类，其中，"教师专业技术职务按教学为主型和教学研发型两类实行分类评聘"。

第二种情形，即将教师系列分为教学为主型、教学科研并重型、技术技能服务型三种类型教师，目前较多。04E04 学院在 2014 年制定的《教师系列专业技术职务评聘标准》规定，高级职称（专业技术职务）晋升时按教学为主型、科研为主型、教学科研并重型、社会服务与推广型四种类型进行申报。之后，2017 年该院出台的《04E04 学院教师系列专业技术职务晋升（转评）申报条件》规定，在教师系列高级职称晋升时实行分类评聘（思政课教师评聘标准单列），将此前的"四分法"改为"三分法"，即教师系列岗位分为教学为主型、教学科研并重型、技术技能服务型三种类型（见表 4-36）。

表 4-36　04E04 学院三种教师类型

教师类型	对教师类型的界定
教学为主型	较长时间从事教学工作，特别是从事基础课、公共课教学的教师，其承担的教学工作量在学校同类教师平均水平以上，同时承担一定的科研工作，注重教学改革与研究，教学效果好，学生评价高
教学科研并重型	长期从事教学与科研一线工作的教师，其教学工作量处于学校同类教师平均水平，同时承担一定的科学研究工作，具有较高的科研水平
技术技能服务型	具备较强的实践技能和社会服务能力，主要承担实践技能教学、技术咨询与推广、公共政策支持、艺术创作与推广等社会服务工作，并完成基本教学任务的教师

为何要将"四分法"改为"三分法"？当前分类评审的实际情况如何？作为这种分类评审的见证者，该高职院校人事处负责人 04E04-FZ1 表示："教育厅最初要求将教师分为四类的，即教学为主型、教学科研并重型、科研为主型，还有一个社会服务与推广型。后来，随着评审权下放，我们制定方案的时候考虑到高职院校完全以科研为主的这类教师数量很少，至少在我们学校几乎是没有的，最后在我们学校没有再放这个类型。同时，考虑到高职院校对技术技能要求比较高，就是把社会服务与推广型改成'技术技能服务型'，就是把技术技能社会服务以及指导学生技能大赛获奖等放在一起，作为一个类型。"

第三种情形，即将教师系列分为教学为主型、科研为主型、教学科研并重型、社会服务与推广型四种类型，目前很多学校采用该分类方式。

05E05 学院 2017 年出台的《专业技术职务评聘申报条件》规定，教师可根据岗位工作的实际情况，在申报高级职称时按教学为主型、科研为主型、教学科研并重型、社会服务与推广型四种类型申报（见表 4-37）。

表 4-37　05E05 学院四种教师类型

教师类型	对教师类型的界定
教学为主型	较长时间从事教学工作，特别是从事基础课、公共课教学的教师，其承担的教学工作量在学校同类教师平均水平以上，注重教学改革与研究，同时承担一定科研工作
科研为主型	具有较为稳定的研究方向（领域），在完成基本教学任务外，主要承担科学研究或企业技术服务工作的教师
教学科研并重型	介于教学为主型与科研为主型之间的教师，其教学工作量处于学校同类教师平均水平，同时承担一定科研工作
社会服务与推广型	主要承担技术咨询与推广、公共政策支持、医疗服务与教育培训、艺术创作与推广等社会服务工作，并完成基本教学任务的教师

2. 教师分类评审便于激励教师扬其所长

采用"教师分类评审法"就须根据各类教师工作内容，分析其共性与个性特点，制定分类评审的标准和要求，实施因人而异的比较精准的评审，能有效规避此前"一把尺子评所有"的弊端。

现以 04E04 学院三类教师晋升教师职称的条件为例进行分析。该学院将教师分为教学为主型、教学科研并重型、技术技能服务型三类，并制定了每类教师晋升的具体标准。通过对比三类教师申报教授职称的不同业绩要求可知：①对教学为主型教师在教学方面的要求较多、较高，包括课时量较大，教学效果很好；必须发表一定数量和级别的教研、教改论文；主持一定级别教改项目；从事专业建设与人才培养的相关活动并获得一定成效等。②对教学科研并重型教师的教学工作量要求相对较少，教学效果要求较高；要求发表一定级别专业论文；主持一定级别研究或教改项目等。教师必须从事理实一体化课程教学，因而强调校企合作成效。③技术技能服务型教师必须承担一定教学工作，特别强调技术技能水平（见表 4-38）。基于上述分类评审标准与要求的分析，将"教师分类评审法"的优点总结如下：第一，充分考虑到不同类型教师工作岗位的特点，避免职称评审"一刀切"问题，凸显

"因人而异、发挥优势"的设计理念。04E04-FZ1 表示："现在情况是，很多人选了教学科研并重型，极少有老师选择教学为主型，一年最多一个吧，有的时候一个都没有。我们学校老师在评职称的时候可以自由选择教师类型，学校在评的时候一般要求老师教学也要做、科研也要做，所以大多数老师比较倾向于选择教学科研型。老师选择适合自己的类型与方向，对教师成长有利，也能发挥教师自身的优势，如果比较擅长教学就可以往教学方面发展，如果擅长科研就可以往科研方面发展。"第二，能够保持不同类型教师业绩总量的大体均衡，体现出"总量平衡、相对公平"的价值理性。

表 4-38　04E04 学院三类教师申报教授职称的不同标准

具体要求	教学为主型	教学科研并重型	技术技能服务型
教学工作量	教学工作量饱满，不低于 320 课时/学年	教学工作量不低于 240 课时/学年	教学工作量不低于 200 课时/学年
教学效果	教学效果突出，得到同行广泛认可，是学生公认的优秀教师；教学业绩考核累计两年为 A 等	近五年内教学工作业绩考核累计两年为 B 等，受学生欢迎，教学效果好	无要求
高职教学研究与教改	独立或作为第一作者发表至少 2 篇专业或高职教学研究论文，1 篇在一级期刊	独立或作为第一作者发表的专业论文中至少有 1 篇在一级期刊	无要求
主持项目	主持 1 项省部级教改项目	主持市厅级以上科研、教改项目各 1 项	无要求
人才培养、教育教学改革/服务产业行业	在专业、课程、各类基地建设，青年教师培养、指导学生实习、竞赛等方面成绩优异。教育教学改革效果显著	注重高职教育工学结合、产学合作的实践与研究，校企合作成果显著	本人或指导学生获技能类国家一等奖，横向课题到款额 30 万~60 万元，成果在企业运用效益好等
技能水平	无要求	无要求	获全国技术能手、省首席技师等资质

再以 05E05 学院为例，其分为四类教师申报教授职称的不同标准，主要特点是能发挥各类教师不同的优势。该制度设计鼓励教学为主型教师在课程教学、主持教学改革项目、发表高职教学改革与研究论文等方面扬其所长；鼓励教学科研并重型教师既要做教学能手，也要做科研方面的佼佼

者，要求其成长为教学与科研兼优的"双师型"教师；鼓励科研为主型教师在主持高级别项目、发表专业论文、授权发明专利和转化推广科技成果等方面展现优势；鼓励社会服务与推广型教师在产学合作项目、知识产权转让等方面大显身手（见表4-39）。对33O07-FZ1教授的访谈佐证了上述观点，他说："有的老师可能不太善于教学，但是特别善于钻研技术，研发很厉害。因此，让他们做研究就比较合适，也可以让他们带着学生搞项目。实际上，这可以算一定的教学工作量。有的老师可能特别擅长教学，课教得特别好，专业水平并不低，但是不太重视研究，或者不太善于发表成果，那就因势利导，鼓励他把教学做精。对老师可以'因才评职称'，但是这种分类不宜太多太细。"

表4-39　05E05学院四类教师申报教授职称的不同标准

具体要求	教学为主型	教学科研并重型	科研为主型	社会服务与推广型
教学量	不低于360学时/年	不低于270学时/年	不低于180学时/年	不低于180学时/年
教学业绩	考核都在C级及以上，其中累计两年不低于A级	考核累计两年不低于B级	考核不低于C级	考核不低于C级
主持项目	省部级及以上教学改革与研究项目1项；或与教学相关的科研项目1项	省部级及以上教学或科研项目1项	国家级项目1项；或省部级重大项目1项	省科技转化奖1项；或产学合作项目、知识产权转让到校一定经费
论文著作	高职教学改革与研究论文3篇；至少2篇在一级期刊，或被SCI、EI、SSCI收录	专业论文3篇；至少2篇在一级期刊，或被SCI、EI、SSCI收录	专业论文3篇且在一级期刊或被SCI、EI等收录，在一级出版社出版专著1部	专业论文3篇，专著、技术报告或主编教材1部相当于论文1篇
业绩成果	参与国家、省级教学质量工程，或获国家、省教学成果奖，或教师教学类竞赛奖等规定名次	教学或科研成果奖1项；或论文奖一等奖以上；或发明、实用专利1件；或转化推广科技成果1项	科研成果奖1项；或发明专利2件；或转化推广科技成果1项且创造经济效益100万元	不作要求
指导学生	指导学生获得国家一类竞赛二等奖及以上奖项，或获得省级一等奖及以上奖项	指导学生获得国家一类竞赛二等奖及以上奖项的可等同项目或成果一项	不作要求	不作要求

（二）利用"成果抵用法"消解"唯论文项目"倾向

"五唯"倾向在高职教师职称评审中由来已久、根深蒂固，成为掣肘高职教育内涵发展的沉疴痼疾。令人欣喜的是，当前高职院校基层创新的一些评审方式、办法能在一定程度上遏制"五唯"现象。这些办法主要是利用"成果抵用法"消解"唯论文项目"倾向，具体措施有以下两种。

1. 以"相应成果抵用论文"消解"唯论文"倾向

为了破除"唯论文"倾向，高职院校在职称评审制度中创造性地设置一种"成果抵用法"，即在设计职称评审条件时，规定可以用相应等级或贡献的教育教学成果来抵用或替代一定数量的论文，打破"唯论文"的常规，凸显高职教育及高职教师业绩特点的一种设计理念与评审方式。

"成果抵用法"的合理性与有效性在于其在理念与方式方面的突破。一方面，该机制的理念强调高职教育中教育教学业绩成果的多样性、独特性、重要性，同时肯定、接受、认可传统论文形式的成果价值，而不是简单地否认或排斥；另一方面，该机制通过"成果抵用法"来实现对两类成果的互认、抵用或替代，进而将高职院校教育评价转型期、职称评审过渡期等不同历史背景下存在的不同形式、不同类别的成果进行认可与转换，以富有兼容性、互通性、有效性的职称评审方式，消解以前职称评审中只看论文级别与数量的"唯论文"现象，提高了职称评审制度的兼容性。

调研发现，"成果抵用法"运行步骤如下。第一，将"学术性科研成果"与"应用性科研成果"依据一定标准分成不同等级或级别，并且两类成果之间同级别的贡献度大体相当；第二，依据"同等级科研成果可以互相抵用"的原则，制定两类科研成果相互替代的条件，打通相互抵用的通道。简言之，采用可替代性的评审条件，实现两类科研的兼容，完成两者之间的相互抵用。第三，就高职院校科研抵用情况而言，基本情况属于用"应用性科研成果"替代"学术性科研成果"，用教学类成果抵用学术类成果。例如，04E04学院在尝试"成果抵用法"时主要是实现"成果替代论文"。该学院这样规定："经教务处审核、教学工作委员会审定，具备以下成果之一的可相当于一篇相应等级的论文要求，每人只能抵用1篇，每个成果只能使用1次。"（见表4-40）

表 4-40 04E04 学院"成果替代论文"的抵用要求

论文类别	相当成果要求
一级教改论文	获国家级教师教学竞赛一等奖
核心论文	撰写正式出版的本专业专著或主编省级以上规划教材 8 万字以上;或艺术教学类教师出版高水平的作品集(由学校组织专家鉴定是否为高水平)
	获省级及以上教师教学竞赛或技能竞赛一等奖
	指导学生获国家三等奖及以上累计 2 次或省级科技、技能、文化艺术等竞赛一等奖(挑战杯须特等奖,若不分等级的取前三名)累计 3 次(要求排名第一,若排名第二则计 0.5 次)
	参照《某省高等学校"体育学科"公共体育教师高级职称评审指标体系及评分标准》,指导四年一届的省大学生运动会获团体第一名,或省级比赛团体第一(个人前三)累计 3 次
一般论文	与专业相关的调研报告(与本人的在研课题无关)获市级以上领导批示

"成果抵用法"一般包括直接式抵用、替代式抵用两种方式。

第一种是直接式抵用。也就是,在实施"成果抵用法"时,往往有一些限制性条件,以避免出现有失原则的抵用或替代,影响科研成果评审的严肃性、客观性、公平性。这种抵用往往会对成果抵用数量进行限制,规定申报人在某种情况下能抵用多少篇论文等。例如《28002 学院教师专业技术职务评聘申报标准》(2017 年)规定,论文可依据一些条款进行替代,每人只能替换 1 篇。例如,"获国家级教师教学竞赛一等奖,可视同一级核心教改论文 1 篇。指导学生获省级及以上科技或技能竞赛一等奖(前三)累计 3 次,或获省级及以上教师教学竞赛一等奖,或获省级及以上技能竞赛一等奖,可视同二级核心教改论文 1 篇"。

第二种是替代式抵用,或称间接式抵用。即在职称评审的诸多同等级的可替代性条件之中,既包括学术类科研成果条件(论文类),也有应用类科研成果条件(教学类),申报人可以根据自己情况从中进行自由选择,只要具备或符合规定的若干项条件,就视为达到这类成果的要求。譬如,《01E01 学院教师系列职称申报业绩条件》(2018 年)规定,申报教授者应该在任现职以来取得相应成果,须具备下列 11 条中的两条:①或增加第一作者公开发表学术论文(著作、教材)2 篇(部)或艺术作品 2 件等;②在一定级别教学比赛获特定等次奖;③被评为一定级别的优秀教师、教学名师或劳动模范；④或国家级教学成果奖、全国教育科学研究优秀成果奖（一定名次）；⑤或获一定级别自然科学奖、科学技术进步奖、技术发明奖或专利/外观设计金奖、哲学社会科学成果奖或国家专利/外观设计优秀奖（一定名次）；⑥或本人获技术能手或岗位能手或专业比赛奖等（有名次）；⑦获国家发明专利授权 2 项（本人排名第一）；⑧或主编一定级别的高职高专规划教材等；⑨或作为主要参与者参与 1 项以上国际或国家标准，或 2 项以上行业标准或地方标准的制（修）定工作等；⑩或在科研开发、生产、推广实践中，有较大的技术性突破，解决重大关键技术难题或填补国内同行业某一技术领域空白等；⑪或主持、参与一定级别科研（教改）项目 1~2 项。

访谈发现，有的高职院校就是利用在职称评审标准中设置较多任选项来增强其兼容性，实现替代式抵用。受访者 01E01-FZ1 认为："我们在职称评审中没有对教师科研成果表现形式进行特别细化的分类，我们把这种思想嵌入职称评审的标准里面去了。比如说，对于正高的评审，我们会设四个大类条件，其中第二个条件是科研方面的，就是说，在其下面有十条标准，只要你满足其中一条就可以。这十条就包含了多个方面，如果你在教学方面有专长，你有一个选择；你有技能方面的专长，那么你也有一个选择，我们是通过这种'多选一'的方式来尊重教师科研成果的差异性，实现科研成果与教学成果之间的可替代性。比如一个老师擅长带学生参加比赛，能够拿到比赛金奖，这个就和有的老师发一篇高质量论文是同等的。"由上可知，第一，该学院设计的业绩成果条件有较强的兼容性。第二，该学院设计的成果抵用或替代不仅局限于学术论文，而且可以扩展到很多形式和类型。第三，这种可替代性、可自主选择性的条件基本上能覆盖或符合多类教师的情况。

2. 以"相应成果抵用课题"弱化"唯项目"倾向

以"相应成果抵用课题"打破"唯项目"倾向，同样属于"成果抵用法"的一种具体运作方法。这种抵用法一般具有形式上的"多对一"、实质上的"多元性"两个特点。

"相应成果抵用课题"的第一个特点是形式上的"多对一"。即对于特定的某一等级课题，往往要用多种相应成果抵用，也就是用多种成果形式化解"唯课题"的倾向，从唯一标准过渡到多项标准，从唯一的学术性课题标准转为兼容性、可选性标准。04E04学院在"相应成果抵用课题"方面的实践尝试比较具有代表性。为了打破"唯课题"的常规，凸显高职教师工作特点，调动教师工作积极性，《04E04学院教师系列专业技术职务晋升（转评）申报条件》规定："经科研处审核、学术委员会审定，具备以下成果之一的可相当于一个相应等级的课题要求，每人只能抵用1次，每个成果只能使用1次。"在此以国家级课题为例。按照该校规定，有四种相当的成果能够替代相应的国家课题，只要符合可替代的四项条件之一，就等同于申报人主持一项国家级课题。这四项可替代性条件主要包括获得技术发明奖、教学成果奖等，或省部级政府奖项一等奖，或中国专利金奖，或一定的人才称号等（见表4-41）。

表4-41 04E04学院"成果替代课题"的抵用规定

课题	相当成果要求
国家级课题	获得国家自然科学奖、技术发明奖、科技进步奖、教学成果奖一等奖（个人排名前三）或二等奖（个人排名前二），或其他自然科学和社会科学领域国家级奖项一等奖（个人排名前二）或二等奖
	获与专业、岗位相关的省部级政府奖项一等奖
	获得中国专利金奖
	获评省有突出贡献中青年专家、省新世纪"151"人才工程重点资助人员

"相应成果抵用课题"的第二个特点是实质上的"多元性"。从实质上看，"相应成果抵用课题"背后的价值追求是对高职院校不同类型教师的平等对待，对不同类型科研的一视同仁，对不同科研成果个性化、差异性的尊重，使得评审标准具有一定灵活性和兼容性，也有助于打破"唯项目"的常规。例如，01E01学院在设定评审标准时充分考虑到不同类型教师的情况，设置多种可替代的标准，只需符合其中一项条件即可。其中，第一项比较适合"研究型"教师。相关条件是"主持一定级别的科研（教改）项目1项，或主持横向课题或为企业提供技术服务累计实到经费40万元以上（自然科学类），或主持横向课题或为企业提供咨询服务累计实到经费20万元以上（人文社会科学类）"。第二、三项比较适合擅长"指导学生大赛"的教师。相关条件是"作为第一指导教师指导学生参加由政府部门主办的全国职业院校技能大赛、挑战杯等国家级比赛获得一等奖"或"作为第一

指导教师指导学生在由政府部门主办的国家级创新创业类大赛中获得一等奖等"。第四项比较适合"团队领军人"。相关条件是"作为省级以上实训基地、科技平台、协同育人平台、工程中心、大学生校外实践教学基地等建设项目第一负责人；或担任省级以上教学团队的带头人；或担任省级以上专业建设和课程建设等项目主持人"。第五项比较适合"技术研发推广型"教师。相关条件是"作为第一主持（责任）人研发具有市场发展前景和应用价值的高新技术并成功实现转化和产业化，单个技术转让项目技术交易额累计达到20万元或3年内多个技术转让项目技术交易额累计达到40万元"。

此外，"成果抵用法"应该遵循一些原则。①呈现某类型教师核心能力和核心业绩的成果不可抵用或替代，应作为必备条件。②倡导不同类型教师在本领域应具有代表性业绩，不可抵用或替代，即代表性业绩应作为必备条件。例如，教学为主型教师应具备1项比较突出的教研业绩，不可用其他成果抵用。③在一定条件下，每种类型业绩之内的条件可相互替代或抵用，例如"1项国家级教研项目＝2项省部级教研项目"。④在一定条件下，非核心性、非代表性的业绩可以放在"同一菜单"中，彼此之间可以选择、抵用，可以作为"多选一"或"多选二"等任选条件。

基于上述分析，本研究发现"成果抵用法"的可行性、合理性、科学性在于以下三方面。一是为了保证抵用成果符合高职教育特点，必须归纳、总结高职教师教育教学业绩的具体表现形式与特征，并对其进行归并和分类，而不能简单套用普通本科院校教师业绩或成果的表现方式。二是为保证抵用的客观性、合理性、公平性，必须通过一定的专家团队对各类高职教育业绩成果的价值影响力、实际贡献力、推广应用度等情况进行一个客观、综合的评判，确定成果的对应等级或层次。三是为了保证抵用的公平性、可比性，必须制定和明确相应成果判断标准与可抵用等级。

（三）创设"评审专业系数法"与"标准课时系数法"

在限定的职称岗位结构比例下，如何在不同教学单位（二级学院）之间合理分配职称评审名额？如何合理地计算教师教学工作量？这些都是比较棘手的问题。调研发现，一些高职院校大胆探索，创设了一些解决职称评审中教学单位名额分配、教师教学业绩计算的好方法。

1. 创设具有专业调控功效的"评审专业系数法"

为了合理调控高职院校内部不同教学单位（二级学院）之间或不同专业之间的岗位结构比例，高职院校创设了一种"评审专业系数法"。从其设计理念上看，该方法一方面能保证各个教学单位或专业之间在职称岗位名额方面的相对平衡，另一方面，能优先支持学院重点建设的二级学院或特色专业。

本研究发现，18M05学院创设的"评审专业系数法"具有较强的代表性和借鉴性。该学院《专业技术职务评审实施方案（修订）》（2020年）规定："职称领导小组根据当年岗位聘任情况，公布各系列各专业的专业系数。量化赋分（此项总分100分）乘以专业系数得出综合成绩，排出先后顺序，经网络评审后报党委会研究确定评审通过人员。"该方法有助于重点发展和打造机械（汽修）、土木建筑等教学系部中具有特色、能体现职业类院校特点的专业，适当压缩一些夕阳专业。

为此，该校首先根据市人社部门核定的层级结构比和该校专业技术人员各专业聘任情况确定核准数，实际聘任人员和核准数的比例为占岗比，占岗比为100%的基数为"1"。然后，根据学校专业发展需要，规定如下：一是对占岗比高于基数的专业，下调其专业系数。所申报专业占岗比高于基数20%及以下，专业系数为0.98；高于基数21~50%，专业系数为0.95；高于基数51%以上，系数为0.90。二是对占岗比低于基数的重点专业，上调其专业系数。占岗比低于基数20%及以下，系数为1.05；低于基数21~50%，系数为1.08；低于基数51%及以上，则系数为1.10。对占岗比低于基数的非重点专业，则不再增加其专业系数。

从职称评审管理的角度看，"评审专业系数"虽是职称评审中的技术性问题，但对调控高职院校不同教学单位、不同专业的职称数量占比情况具有重要作用，同时关涉教师职称评审的公平问题、均衡问题。

2. 创设核算教学工作量的"标准课时系数法"

高职院校为了解决职称评审中如何合理、高效统计教学工作量问题，各自都有一套比较有效的方法。其中，代表性和实效性较强的是19M06学院创设的一种统计教师课程教学课时量的方法——"标准课时系数法"。

首先，"标准课时系数法"主要用于统计和折算教师承担课程教学任务所产生的课时量。为了体现按劳分配、多劳多得及公平公正的分配原则，提高教师工作积极性和工作效率，19M06 学院制定《教师教学工作量计算及教学津贴发放办法》，利用"标准课时系数法"创新教师教学工作量计算办法，促使教学工作量计算更加精细化、科学化（见表 4-42）。课程教学课时量是指教师承担课程教学任务所产生的课时量，"标准课时系数法"计算方法为：

$$课程标准课时(A) = \sum (A_1 \times A_2 \times A_3 \times A_4 \times A_5 \times A_6)$$

其中，A_1 为实际完成课时数，A_2 为学生系数，A_3 为教学质量系数，A_4 为多头课系数，A_5 为重复课系数，A_6 为课程改革系数。

表 4-42 "标准课时系数法"中各系数含义或算法

各类系数	含义或算法
实际完成课时数（A_1）	指根据专业人才培养方案，按照教务处下达的教学任务，实际完成的课时数
学生系数（A_2）	根据授课学生人数确定，40 人及以下为 1.0，41~70 人为 1.1，71~100 人为 1.2，101~150 人为 1.3，151 人及以上为 1.4
教学质量系数（A_3）	由评教得分确定。评教得分由学生评教得分和教师评教得分两部分综合评定获得。学生评教得分占 70%，教师评教得分占 30%
多头课系数（A_4）	多头课是指教师承担两门及以上课程。多头课系数标准为 1.2，课时最多的一门课为基准课时，多头课系数从第二门课程起计算
重复课系数（A_5）	承担一门课程，为不同班级（专业）重复授课的系数，标准为 0.9
课程改革系数（A_6）	凡符合课改要求，成效显著的课程，经个人申请，所在院部和专家组验收通过，教务处审核，主管校长批准后提高相应的课程系数

其次，"标准课时系数法"也用于统计和折算实践教学课时量。基于"标准课时系数法"的设计理念，该学院创设了一种统计实践教学课时量的办法。该学院制定的实践教学课时量计算办法能考虑到实践教学各个环节情况，并且都有相应的计算方法，提升了方法的周全性、合理性、科学性与精细性。实践教学课时量（B）包括四类情况，分别是专业实习、实训及课程设计（B_1），毕业论文（毕业设计）指导（B_2），毕业论文（毕业设计）答辩（B_3）和顶岗实习与毕业实习（B_4），课时数均为标准课时数（见表 4-43）。

表4 43　19M06学院实践教学课时量计算办法

实践教学类型	实践教学课时量计算办法
专业实习、实训及课程设计（B_1）	原则上每40人为一个标准班，每周20个标准课时。每增加或减少一个人，每周增加或减少0.25个标准课时。最低为每班10个标准课时。计算办法及标准如下： B_1 =（20±0.25×增加人数）×实习周数/教师数
毕业论文（毕业设计）指导（B_2）	原则上每位教师指导毕业论文（毕业设计）的学生数不超过40人。计算办法及标准如下： B_2 =1×学生人数/指导教师数
毕业论文（毕业设计）答辩（B_3）	答辩采取答辩教师组集体评议制，原则上每个答辩教师组由3~4人组成。计算办法及标准如下： B_3 =0.5×学生人数/答辩教师数
顶岗实习与毕业实习（B_4）	该项教学工作量计算按照《学院顶岗实习管理办法》中的相关规定执行

　　最后，"标准课时系数法"还用于统计和折算考试工作课时量。考试工作课时量（C）包括学校规定范围内的命题（C_1），监考（C_2），评卷、登分（C_3）等工作产生的课时量（见表4-44）。采用该办法能较精细、较全面、较合理地计算出教师的考试工作课时量。

表4-44　19M06学院考试工作课时量计算办法

考试工作类型	考试工作课时量计算办法
命题（C_1）	人才培养方案规定的考试课程，需出2份试题并附评分标准答案，按每门课程6个标准课时计算。新生入学复试、补考命题按每份试卷2个标准课时计算
监考（C_2）	新生入学复试、军事理论考试、补考监考按每场1.5个标准课时计算
评卷、登分（C_3）	新生入学复试、军事理论考试、补考的评卷、登分工作量计算办法如下： C_3 =0.1×学生人数/评卷、登分教师数

　　这些源于基层创新的职称评审方法，经过高职院校多年的实践运行后逐步成熟和完善。这些基层创新如若被发掘、提炼、总结和推介，对提升高职教师职称评审效率和质量具有重要意义。

四　职称评审分值结构具有较强的合理性与公平性

　　调研发现，许多高职院校职称评审分值结构具有较强的合理性与公平性。"科学务实的高职教师职称评审标准，能够引导高职教师走上正确的专业发展道路，激发教师工作的积极性和创造性。"[1] 为了追求职称评审的客观性、公平性、可比性，高职教师职称评审大多采用量化指标的办法，即制定一系列量化指标并给予不同内容、条件或指标一定分值和权重，最终以量化出来的总分对高职教师的业绩贡献进行综合考量、排序和评判。

（一）量化指标的分值结构具有较强合理性

调研发现，很多高职院校职称评审量化指标的分值结构比较合理。量化指标分值结构合理与否，是判断该评审标准合理与否的重要参考。依据制度有效性理论，分值结构合理与否主要表现在其是否具有合目的性，包括以下四个维度，即是否合乎高职教育发展的规律、满足高职教学的需求、符合高职教师工作的特点、服务高职的人才培养目标。14M01 学院在分值结构方面的设计比较有代表性，现以该学院为例进行分析。该学院《专业技术职务推荐量化测评办法》[2] 规定，专业技术职务评审量化指标分为"师德师风""工作实绩""教科研业绩"三个一级指标，每个一级指标分为若干二级指标。该校针对不同教师类别、不同职称级别，确定各项量化指标所占的分值（见表 4-45）。

表 4-45　14M01 学院专业技术职务量化指标分值结构

单位：分

量化指标	正高级			副高级			中级
	教学为主型	教学科研型	科研开发服务型	教学为主型	教学科研型	科研开发服务型	
师德师风	20			20			20
工作实绩	45	35	25	50	40	30	50
教科研业绩	35	45	55	30	40	50	30
合计	100	100	100	100	100	100	100

首先，一级量化指标分值结构的合理性较强。该学院量化指标分值结构的合理性表现在以下方面：①"师德师风""工作实绩""教科研业绩"

---

[1]　汪长明：《高职院校教师职称评审的新思路探析》，《职教通讯》2016 年第 11 期，第 57 页。
[2]　该学院目前采用委托评审，故为推荐量化测评办法。

三个一级指标设计比较合理，抓住了高职教师教育教学的主要内容，并且从其二级指标内容看，相关指标设计比较周全。②三个一级指标的赋分较合理。譬如"师德师风"在申报中级、副高级、正高级指标中分值均为20分，体现了较强的公平性。③不同职称级别、不同类型教师之间的赋分存在合理性差异，与其级别特点、类型特点相一致。例如，从纵向上看，"工作实绩"分值在中级、副高级、正高级之间有一定差异性，比较符合教师职业不同发展阶段的实际情况与要求，属于合理性差异。从横向上看，也存在不同类型教师之间的合理性差异。再如"教科研业绩"在中级、副高级、正高级三个职称级别之间也存在合理性差异，这种合理性是基于教师职业发展不同阶段的职业能力的差异。又如，从横向上看，同样存在合理性差异，正高级教学为主型、教学科研型、科研开发服务型三类教师的教科研业绩赋分依次为35、45、55分，也符合高职教师随着职业发展其科研能力越来越强的特点与规律。

其次，二级量化指标的分值结构也具有较强合理性。从二级量化指标"师德师风"项目测评内容及标准看，其合理性表现为：①从指标内容看，具有完整性，比较全面地涵盖了师德师风的诸多方面，其子项有"思想政治表现""荣誉奖励""年度考核""辅导员、教务员"。从逻辑关系看，后三者是第一个的具体表现或工作内化形式。②从赋分情况看，权重比较合理，基本能突出重点内容的重要程度，也能兼顾其他。③从赋分导向看，重视育人之本，将辅导员（班主任）工作经历、教学质量考核等都纳入其中，比较符合当前学校发展的需要，体现了学校发展的意志——重视教学、重视育人工作等（见表4-46）。

表 4-46　14M01 学院"师德师风"项目测评内容及标准

类别	测评内容及标准	分值
思想政治表现	拥护党的领导，忠诚于党的教育事业，认真贯彻党的教育方针；具有良好的思想政治素养和职业道德，遵纪守法，严谨治学，为人师表，教书育人，管理育人，服务育人，实践育人；勇于探索，开拓进取，积极承担工作任务，不断改进工作方法，努力提高工作质量	最高 9 分
荣誉奖励	获得各级各类荣誉称号，国家级 6 分、省部级 4 分、市厅级 2 分、校级 1 分	最高 6 分

续表

类别	测评内容及标准	分值
年度考核	年度考核优秀 1 次加 1 分。教学质量考评优秀 1 次加 0.5 分	最高 3 分
辅导员、教务员	聘期内任专职辅导员（班主任）考核合格满一届加 1 分，未满一届按每年 0.3 分计，最高 2 分。任教务员满 3 年及以上加 1 分，1 年加 0.3 分	最高 2 分

该学院科研量化的赋分设计中遵循以下原则。①合理性差异原则。即对科研开发服务型教师研发基础分要求较高，对教学为主型教师要求较低，教学科研型教师居中。对正高级的科研基础分要求高于副高级。②总量限制原则。为了避免科研在整体分值结构中占比过高，对其进行上限限制（规定封顶分数），便于引导教师不忘初心，牢记教师的主要工作、核心任务是教书育人。

（二）量化指标的分值结构蕴含较强公平性

调研发现，很多高职院校职称评审量化指标的分值结构蕴含较强的公平性。这种公平性体现在纵向和横向两个维度。其中，纵向上的公平性主要是指申报讲师、副教授、教授的条件应该体现差异性公平，即不同申报级别的条件之间应该有一个合理的差异和区分度，差异既不能过大也不能过小。同理，横向上的公平性主要是指，申报不同类型教师的条件也应该体现差异性公平，即不同申报类型的条件之间应该有一个合理的差异和区分度，防止出现过大或过小的情况。

1. 分值结构呈现纵向差异性公平

研究发现，高职院校职称评审指标的分值设置存在纵向差异性公平，其主要表现在对不同职称、同一类型教师之间的赋分情况。以 18M05 学院为例，针对不同级别职称、不同类型教师，制定科研量化的基本分和封顶分。由该院科研量化分构成与要求可知，其设计理念体现了以下公平性。

首先，基础分设置的差异性凸显纵向差异性公平。根据讲师、副教授、教授的专业发展规律与科研能力的基本特点分别给予其 3、8（9/11）、9（11/15）等不同的分值（见表 4-47）。一般而言，教授的科研能力相对强于副教授，副教授的科研能力相对强于讲师。这是比较符合三类不同级别职称教师的基本特点的，也是学界的一个基本共识，因此属于差异性公平。其中，副教授中的三类教师与教授中的三类教师在基础分方面也存在纵向差异性公平，分别是 8∶9、9∶11、11∶15。

表 4-47　18M05 学院科研量化分构成与要求

单位：分

科研量化分	讲师	副教授			教授		
		教学为主型	教学科研型	科研开发服务为主型	教学为主型	教学科研型	科研开发服务为主型
基础分（必备）	3	8	9	11	9	11	15
加分项（上限）	22	17	16	14	16	14	10
合计	25封顶	25封顶	25封顶	25封顶	25封顶	25封顶	25封顶

注：只有在满足申报基本条件、获得基础分的基础上，加分项方可成立。加分项分值是基础分之外的分值，两者相加，25 分封顶。

其次，满分设置的一致性体现了可能性或发展性公平。申报人的个体情况不同，存在一定的差异性和特殊性，有各自的偏好和特长，因此在设计制度时，要考虑到这种现实可能性，不能限制不同申报人在科研方面的发展空间。据此可知，满分设置或预留的一致性（封顶分均为 25 分）具有公平性。

2. 分值结构体现横向差异性公平

分值结构体现横向差异性公平，是很多高职院校职称评审分值结构的一个重要特点。亦即，同一学校相同职称级别、不同类型教师在某方面的分值结构存在横向差异性公平。

以 18M05 学院为例，该院申报教授职称者分为三种类型，将三者在教学业绩方面的条件进行横向比照，发现其分值结构设计蕴藏以下公平理念。首先，从教学业绩两方面的总分值看，存在整体分值结构的公平，三类教师在两个方面的赋分上限均相同（授课课时 15 分、教学质量 10 分）。其中，从年均课时量下限与基本分看，存在"同分不同量"的差异。例如，教学为主型教师年均课时量（260 学时）远远高于教学科研型教师（160

学时）和科研开发服务为主型教师（80学时）（见表4-48）。但是，结合科研成果的要求可知，这种差异是局部的、个性化的差异。因为，在科研成果方面，对科研开发服务为主型教师的要求超过教学为主型教师。例如，在论文条件中，对科研开发服务为主型教师的要求是5篇核心论文或5篇CSSCI论文，而对教学为主型教师的要求则较低，是4篇核心论文或3篇CSSCI论文。在项目方面的条件中，也同样存在横向差异性公平（见表4-49）。

表4-48　18M05学院申报教授职称的教学业绩赋分

教学业绩	教学为主型教师	教学科研型教师	科研开发服务为主型教师
授课课时（15分）	①年均课时不少于260学时。完成以上工作量得7分。②近五年年均课时每超20节加1分，15分封顶	①年均课时不少于160学时，兼职教师年均教学课时不少于110学时。完成工作量即得7分。②近五年年均课时每超20节加1分，10分封顶	①年均课时不少于80学时，完成工作量得10分。②近五年年均课时每超20节加1分，15分封顶
教学质量（10分）	①获校教学质量考评优秀3次，或厅级教学技能竞赛一等以上奖，可得6分。②每增加1次加2分，10分封顶	①获校教学质量考评优秀2次，或厅级教学技能竞赛二等以上奖，可得6分。②每增加1次可加2分，10分封顶	①获校教学质量考评优秀2次，或厅级教学技能竞赛二等以上奖，可得6分。②每增加1次可加2分，10分封顶

其次，从教学质量看，将教学为主型教师与教学科研型教师对比，同样发现两者存在"赋分相同但标准不同"的差异性问题。

再次，能体现出一种"增量性公平"，即教师在授课课时量增加或教学获奖次数增加方面，无论哪类教师，都获得相同的分值，体现了一种"增量相等、得分相等"的公平理念。例如，"近五年年均课时每超20节加1分"适合于三种类型教师。

最后，从18M05学院的科研量化分构成与要求可知，该校教授级别内三类教师之间的赋分存在横向的差异性公平，三类教师（教学为主型、教学科研型、科研开发服务为主型）在科研方面的基本分依次为：9分、11分、15分；与此类似，副教授级别内三类教师之间的赋分也存在差异性公平，分别为：8分、9分、11分。这种理念的导向其实是发挥各类教师的优势。对教学为主型教师的授课课时数、教学质量考评优秀次数要求较高，而对其他类教师要求相对较低。另外，超课时加分封顶的办法，有助于遏制那些只片面追求课时量而忽视教学质量的情况，能较好地规避某些教师在教学方面形成"优势垄断"，导致不利于年轻教师发展的情形，以及由教学过度竞争带来的不注重合作的倾向，同样蕴含着促进公平的理念。

表 4-49　18M05 学院申报教授职称的科研成果赋分

成果	教学为主型教师	教学科研型教师	科研开发服务为主型教师
论文	在国内核心期刊上发表教研或学术论文 4 篇（至少 1 篇发表在本专业核心学术期刊），或 CSSCI 论文 3 篇，计 6 分	在国内核心学术期刊上发表教研或学术论文 5 篇（至少 2 篇发表在本专业核心学术期刊），或 CSSCI 论文 4 篇，计 8 分	在国内核心学术期刊上发表学术论文 5 篇（至少 2 篇发表在国家权威学术刊物），或 CSSCI 论文 5 篇，计 10 分
项目	主持完成省部级科研项目 1 项，计 3 分	主持完成 1 项国家级或 2 项省部级科研项目，合计 3 分	主持完成 1 项国家级科研项目，计 5 分

值得一提的是，本章总结的基本特征与主要亮点并不意味着每所高职院校都是如此。客观而论，高职教师职称评审制度建设依然存在一定的地域之间、学校之间的差异。上述特征与亮点只能说明在当前新一轮职称评审制度建设中呈现出来的整体趋势。此外，高职教师职称评审制度还存在很多问题，亟须我们进一步发现和破解。

第五章
高职教师职称评审制度存在的主要问题

职称评审权下放给高职院校职称评审制度建设带来重要契机和深刻变化，许多高职院校对职称评审制度进行富有成效的建设，融入一些符合高职教育特点的元素，但也并非"一放就灵，万事大吉"，同样存在一些亟待解决的问题。

第一节　学术导向的评审模式依然占据主导地位

当前高职教师职称评审制度依然存在一些沉疴宿疾。其中，最为突出的问题是学术导向的评审模式依然占据主导地位，职称评审中盲目追求论文、项目，轻视教学实绩的现象依然比较明显和普遍，禁锢了高职教育内涵的发展。

一　科研业绩是职称评审最重要的"硬条件"

当前科研条件依然是高职教师职称评审中最重要的条件，主要表现是：一方面，科研指标往往是必备的、关键性的"硬条件"；另一方面，科研业绩在职称评审分值结构中的占比过大。

（一）科研指标是职称评审的必备与核心条件

首先，科研指标是教师职称正常晋升的必备与核心指标。在很多高职院校的教师职称正常晋升中，"由于追求具有显示度的可量化指标"①，科研指标成为一种必备的、关键的"硬杠杠"。科研指标主要包括具备一定级别

---

① 王亚鹏：《高职教育"四个评价"体系的价值意蕴与实践逻辑》，《教育与职业》2021 年第 10 期，第 6~7 页。

与数量的科研论文、课题项目等。

其一，论文、课题等科研指标是晋升不同职称级别的必备条件。数据显示，在高职院校教师科研业绩评价中，所占分值最大的是论文和课题项目。针对"贵校对教师科研评价中，所占分值最大的指标"的调查结果显示，选择"课题项目"的占比为 45.6%，选择"论文"的占 40.0%，选择"专著""技术专利"的占比分别为 9.4%、5.0%。亦即，有 85.6% 的教师认为论文、课题项目是学校科研业绩的核心指标，分值占比应较高（见图 5-1）。

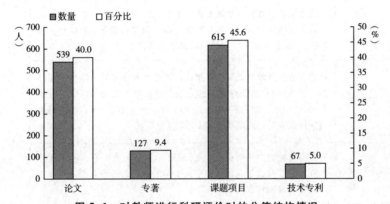

图 5-1　对教师进行科研评价时的分值结构情况

注：数据缺失值为 15，该项统计数为 1348。

并且，论文、课题项目等指标往往是一种硬指标或必备条件。06E06 学院在不同级别的职称评审条件中，都把论文等作为教师晋升的必备与核心条件。以申报教授职称为例，《06E06 学院教师专业技术资格条件》对申报教授职称者的科研业绩要求是"任现职以来，须具备下列条件中第 1 条和第 2~4 条中的一条"。其中，第 1 条强调"在本学科核心期刊发表高水平的教育教学研究论文或本专业学术论文 5 篇以上，其中至少 3 篇为本专业学术论文"。尽管该条件有项可替代性条件，但分析便知，第 1 项可替代性条件是"本专业高水平的学术专著"，同样属于学术类科研成果，第 2 项是"省级以上规划教材、精品教材"，虽然属于教研方面成果，但是仅仅能替代一篇论文，仍然需要 4 篇核心论文。课题类、获奖类两个任选条件，并未强调应用研究或教学研究的导向性，纯学术性的科研课题、获奖依然是其中重要的部分（见表 5-1）。不难发现，该校职称晋升的必备条件是论文，课题项目是其重要条件之一，实属学术导向的职称评审指标。

表 5-1　06E06 学院教授资格条件中的科研业绩要求

序号	类型	科研业绩要求	分析
1	论文类	在本学科核心期刊发表高水平的教育教学研究论文或本专业学术论文 5 篇以上，其中至少 3 篇为本专业学术论文。下列成果可视同核心论文，限 2 篇：（1）本专业高水平的学术专著 20 万字以上，可视同核心论文 2 篇；（2）省级以上规划教材、精品教材且本人编写 10 万字以上，可视同核心论文 1 篇	必备条件
2	课题类	主持省级以上教育教学改革课题 1 项以上或市级以上教育教学改革课题 2 项以上；或主要参与省（部）级科研课题 1 项以上（前 3 名）；或主持市（厅）级科研课题 2 项以上	3 选 1 条件
3	获奖类	获得省级优秀教学成果二等奖或市级优秀教学成果一等奖 1 项以上（前 3 名）；或获得省（部）级科研成果三等奖 1 项以上；或获得市（厅）级科研成果二等奖 2 项以上（前 3 名）；或获得被国家授权并转化的发明专利 1 项以上	
4	称号类	有突出贡献的中青年专家、省"333"工程培养人选、省"青蓝工程"科技创新团队和中青年学术带头人培养人选、省"六大人才"高峰培养人选	

注："核心期刊"指北京大学编撰的《中文核心期刊要目总览》所列的期刊。

其二，论文、课题等科研指标是不同类型教师职称晋升的必备条件。制定分类或具有分类性质的评审指标，对教师进行分类评价，是学界与实践界的一种共识，旨在通过因人而异地进行评审，规避"一刀切"的不足，扬长避短，发挥各自优势。但是，调研发现，分类评价中依然存在论文等学术导向的现象。以 28O02 学院对教授岗位三种教师类型的业绩要求为例，在评审必备条件中，教学为主型、教学科研型、社会服务与推广型教师都必须完成 6 篇论文，并有一定的级别要求（见表 5-2）。再如，《01E01 学院教师系列职称申报业绩条件》（2018 年）规定，无论属于何种教师类型，凡是申报教授职称的人员都必须具有一定数量的高质量学术研究成果，包括"以第一作者身份公开发表或主编出版与专业技术工作相关的学术论文（著作、教材）不少于 6 篇（部），其中高水平期刊学术论文不少于 3 篇"。由此可知，论文成为各级职称申报者、各种教师类型申报者的"硬通货"。

表5-2　28O02学院申报教授岗位时的论文必备条件

类别	教学为主型	教学科研型	社会服务与推广型
论文量	发表论文6篇（本学科论文至少2篇）	发表论文6篇	发表论文6篇
论文级别	以第一作者或通讯作者身份发表在一级核心期刊的论文1篇或二级核心期刊的论文2篇	以第一作者或通讯作者身份发表在一级和二级核心期刊的本学科论文各1篇	以第一作者或通讯作者身份发表在二级核心期刊的本学科论文3篇，技术报告可减论文1篇

　　上述制度文本中的规定在调研访谈中得到了证实。在对高职院校一些教授、专家进行访谈时发现，在现实的职称评审中，论文、课题项目仍然是最重要的条件。针对这种情况，被访专家04E04-FZ4坦言："我们学校职称评审主要还是以论文、课题为标杆的评审模式。从我自身参加评审的情况看，如果老师的省级论文、课题数量不够或者没有，基本上是没有希望了，其他的做得再好也不行。"该校的另一位被访专家04E04-FZ2畅言："我们学校评职称就是教师课上得再好，科研没有就一票否决。实际上一些硬条件，比如一个省部级课题、一篇某大学规定的一级论文，没有这两个硬条件没人给你评。评副高需要两个厅级课题、两篇北大核心论文，这东西完全是套本科院校的。评正高教授要有一级的文章，这个一级的话我们是按照XX大学（国内某著名大学）来的，这个东西在职称评审权下放前后是没有变的。这个一级文章比C刊还难，教授要送审三篇文章，副教授送两到三篇。这么多年，国家职称评审改革这一块基本上是跟着本科走，没有一点高职特色，这个是目前高职院校评职称上最大的一个问题。因此，在评职称的时候，这个条件实际上是不合理的，这个我觉得是没有自己的特色。"受访者09E09-FZ2直言："我们学校在职称评审中还是以学术论文为主要标准。从副高到正高需要满足5篇核心期刊，这是一个硬性条件；同时，还有一个基本条件，必须有一个省部级课题且资金达到多少万元，这些是基本条件。"

　　其次，科研指标也是破格申报最重要的决定性条件。在破格申请的条件中，科研指标或条件更是"硬杠杠"，是决定性条件。有的高职院校的破格条件是"多选一"设计，但是在"多项条件"中，科研指标占据主导地位，其他方面的指标相对较少或者不够凸显。例如，《02E02学院教师专业技术职务申报条件》（2018年）在破格申报教授职务时，有5项可选条件，分别是：①国家级科研成果类、教学成果类的奖励；②国家级科研团队项目负责人；③申请 1 项国家级重点以上教研/科研项目；④主持单项研究类课题到账经费达到一定金额；⑤作为第一作者或唯一通讯作者在 *Nature*、*Science*、*Cell* 或所在专业领域影响因子在 30 以上的著名科技期刊发表论文等。不难发现，其中也有教学、教研方面的业绩，但是主要条件是科研业绩，包括科研成果、科研项目、科研经费、科研论文等，属于一种比较典型的学术导向的条件设计。再如，《01E01 学院教师系列职称申报业绩条件》（2018 年）规定，破格申报正高级职称的条件基本上都是对科研方面的要求，包括：①获得国家自然科学奖、科学技术进步奖、技术发明奖、专利奖金奖、哲学社会科学成果奖（排名前三）；②或获得省（部）级自然科学奖、科学技术进步奖或哲学社会科学成果奖一等奖（排名前二）或二等奖（排名第一）等。

有的高职院校的破格条件是"1+X"设计，即同时满足"1"和"X"两个条件。"1"属于必备条件之一，主要是学术论文；"X"即从多项条件中任选其一，属于第二个必备条件。以 10E10 学院为例，该院《专业技术职务聘任办法》（2019 年修订版）规定："破格申报教授者必须在副教授任职期间取得下列成果，其中第一条为必备条件，同时符合其他成果之一。"显然，第一条必备条件是 6 篇以上（含）学术论文（见表 5-3）。诚然，其他五项条件有国家级项目奖励、国家级教育项目奖励、国家级项目、学术论文和称号等，能较好地观照到不同类型教师的特点，但是不过第一关便无缘晋升。

表 5-3　10E10 学院破格申报教授职称者需具备的重要条件

序号	类型	性质	具体要求	条件
1	学术论文	学术	作为第一作者在重要学术刊物上发表（收录）学术论文 6 篇以上（含）	必备
2	国家级（科技、社科）项目奖励	学术	作为项目主要完成人获国家级（科技、社科）奖励（一等奖前 6 名、二等奖前 5 名、三等奖前 4 名）；或获省部级（科技、社科）奖励（一等奖前 5 名、二等奖前 4 名、三等奖前 3 名）	任选（符合其中之一）
3	国家级教育（教学）项目奖励	学术或教学	作为项目主要完成人获国家级教育（教学）成果奖（一等奖前 4 名、二等奖前 3 名、三等奖前 2 名）；或获省部级教育（教学）成果奖（一等奖前 4 名、二等奖前 3 名、三等奖前 2 名）	

续表

序号	类型	性质	具体要求	条件
4	国家级项目	学术	作为项目主要完成人（前2名）承担国家级项目，并取得具有国内外先进水平的研究成果	任选（符合其中之一）
5	学术论文	学术	以第一作者身份在重要学术刊物上再发表学术论文4篇以上（含）	
6	称号	教学或学术	获省部级以上（含）优秀教师称号、教育名师称号、有突出贡献中青年专家称号、科技先进工作者称号	

　　有的高职院校的破格条件是"2+X"设计，即同时满足"2"和"X"三个条件。"2"属于两个必备条件，其中之一是学术论文；"X"即从其他多项条件中任选其一，属于第三个必备条件。在06E06学院破格申报教授职称条件中，必备条件包括学术论文、专著等。可见，以论文、课题项目等为核心内容的科研指标是破格申请的重要条件，"科研不行，破格无门"（见表5-4）。

表5-4　06E06学院破格申报教授职称条件

序号	类型	科研业绩要求	要求
1	教学类	获得省级教学名师奖，或获得国家级优秀教学成果奖或省级优秀教学成果特等奖1项以上，或主持国家级教改课题1项以上，并通过鉴定	必备条件
2	论文类	在本学科核心期刊发表高水平的本专业教育教学研究论文或学术论文8篇以上，其中至少6篇为本专业学术论文、2篇在本学科权威刊物发表。撰写正式出版的本专业高水平的专著20万字以上，可视同在本学科核心期刊发表论文2篇（仅限视同2篇）	必备条件
3	课题类	主持省（部）级科研课题1项以上，并通过鉴定；或获得省（部）级科研成果二等奖或市（厅）级科研成果一等奖1项以上奖励（前3名）	
4	指导类	直接指导的学生在主管部门举办的专业技能大赛中获一等奖，本人获指导教师奖	4选1条件
5	技能类	在全国专业大赛中获一等奖或获得国家有关部门授予的大师级人才称号，在同行业领域内有较高的知名度	
6	获奖类	获得国家级优秀教师等综合性表彰1项以上	

　　简言之，现行高职院校教师职称评审中依然存在较为严重的以论文、课题为核心指标的现象，科研指标是其中的必要条件和核心要件。

（二）科研业绩在职称评审中的赋分较高

首先，科研成果成为职称评审的重要加分项。学术导向的评审模式的特点之一是在职称评审赋分中往往得分较高，成为重要的加分项。现行职称评审制度的分值结构仍存在较为普遍的"学术导向"问题。在职称评审规定的分值结构中，权重最大的是科研业绩。问卷调查中，针对"在贵校职称评审规定的分值结构中，权重最大的是对_____方面的考察"的统计结果显示，62.5%的样本校教师认为，科研业绩（学术水平）在学校职称评审中占比最大，以"教学水平"为最大权重的比例相对较低，仅为24.6%（见图5-2）。

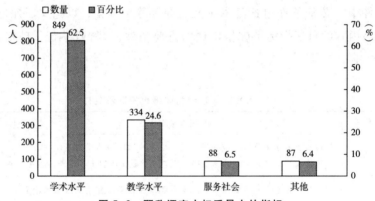

图5-2　职称评审中权重最大的指标

注：数据缺失值为5，该项统计数为1358。

该问题在专家访谈中得到证实，19M06-FZ1 表示："现在，我校考核内容主要包括教学工作量、教学质量、科研业绩和获奖等方面。教师的科研业绩还是要占主导，占 60% 以上，教学占 40% 以下。目前教学比重不够大的主要原因是，教学的观测点没有找准，手段不够。"在 18M05 学院科研成果加分项计分标准中，加分项分值是基础分之外的分值，两者相加，25 分封顶，但是不难发现，论文、著作、项目等是重要的加分项，不仅是必备条件，且分值较高。例如，论文被 SCI、EI、SSCI 等收录，或被《新华文摘》等全文转载，则计分 6 分/篇；正式出版学术著作、译著 3 分/部等（见表5-5）。

表 5-5　18M05 学院科研成果加分项计分标准

成果	不同级别、类别成果的计分情况	备注
论文	（1）被 SCI、EI、SSCI 或 A&HCI 收录，或被《新华文摘》《中国社会科学文摘》《高等学校文科学术文摘》全文转载的论文 6 分/篇；（2）在 CSSCI 和 CSCD 来源期刊（均不含扩展版）发表学术论文 5 分/篇；（3）中文核心期刊 3 分/篇，省级期刊中的本科学报 0.5 分、专科学报 0.3 分，其他一般省级期刊 0.2 分/篇	核心以上论文不限报
著作	（1）著作字数：申报正高级学术著作 10 万字及以上/部，译著 12 万字及以上/部；申报副高级学术著作 6 万字及以上/部，译著 10 万字及以上/部；申报中级 2 万字及以上/部；（2）著作计分：正式出版学术著作、译著 3 分/部，第一主编 0.8 分/部，第二、第三主编 0.6 分/部，副主编 0.4 分/部，编委（编者）0.2 分/部。著作中没有注明本人编写字数的，按参编人数平均计算	参编著作限 2 部，专著不限
项目	（1）完成科研项目，并通过鉴定或结项验收。（2）无资助项目：国家级 8 分/项，省部级 5 分/项，厅级 1 分/项，地市级 0.5 分/项，校级 0.3 分/项；资助项目按无资助项目的 120% 计。（3）省部级以上同级别项目，重点按非重点分值的 120% 计。（4）如同一课题在结项基础上获同批次的奖励，按奖励等级基数的 1.2、1.1、1.05 倍计算	省部级以上项目不限报
科研成果奖励	（1）国家级一等奖 8 分/项，二等奖 6 分/项，三等奖 5 分/项；（2）省部级一等奖 5 分/项，二等奖 4 分/项，三等奖 3 分/项；（3）厅级一等奖 1 分/项，二等奖 0.6 分/项，三等奖 0.3 分/项；（4）地市级一等奖 0.5 分/项，二等奖 0.3 分/项，三等奖 0.2 分/项；（5）校级一等奖 0.3 分/项，二等奖 0.1 分/项	省部级以上成果奖不限报
专利	中国发明专利授权 3 分/项，中国实用新型专利授权 0.5 分/项，外观设计专利授权 0.2 分/项	不限报

其次，科研成果在职称评审中占据较大分值。由于制度惯性、科研成果评价的体系相对成熟等，该情况在高职教师职称评审制度中比较普遍。以 18M05 学院制定的申报教授职称的三类教师的规定为例，该学院申报教授职称的教师分为教学为主型教师、教学科研型教师、科研开发服务为主型教师。由表 5-6 可知，无论对于哪一类型教师，论文、著作、项目等科研成果都是职称晋升的必备条件，并且占有较大的分值或比重。不难发现：①高职院校教师的科研成果条件与普通本科院校或研究型大学的规定基本雷同，"SCI、EI、SSCI 或 A&HCI 收录"等规定会引导教师向这方面努力；②发表的论文级别越高，赋分越高，"在 CSSCI 来源期刊（不含扩展版）

发表学术论文 4 篇，计 8 分"等同于"在国内核心学术期刊上发表教研或学术论文 5 篇，计 8 分"；③强调学术性研究的成果，在"国家权威学术刊物"发表，并且在三类教师之间的规定比较趋同；④对科研成果的总体占比或单项没有上限规定。有学院规定，"在国内核心学术期刊上发表教研或学术论文，每篇独著或第一作者加 5 分，第二作者加 2 分"，没有上限要求。

表 5-6　18M05 学院申报教授职称科研成果方面赋分

序号	成果	教学为主型教师	教学科研型教师	科研开发服务为主型教师
1	顶级期刊论文	发表的期刊论文被 SCI、EI、SSCI 或 A&HCI 收录，或被《新华文摘》《中国社会科学文摘》《高等学校文科学术文摘》全文转载 2 篇，计 6 分	发表的期刊论文被 SCI、EI、SSCI 或 A&HCI 收录，或被《新华文摘》《中国社会科学文摘》《高等学校文科学术文摘》全文转载 3 篇，计 8 分	发表的期刊论文被 SCI、EI、SSCI 或 A&HCI 收录，或被《新华文摘》《中国社会科学文摘》《高等学校文科学术文摘》全文转载 4 篇，计 10 分
2	核心、权威期刊论文	①在国内核心学术期刊上发表教研或学术论文 4 篇（其中至少 1 篇发表在本专业核心学术期刊或国家权威学术刊物上，或被上述检索收录或刊物全文转载）；②或在 CSSCI 来源期刊（不含扩展版）发表学术论文 3 篇，计 6 分	①在国内核心学术期刊上发表教研或学术论文 5 篇（其中至少 2 篇发表在本专业核心学术期刊上，或至少 1 篇发表在国家权威学术刊物上或被上述检索收录或刊物全文转载）；②或在 CSSCI 来源期刊（不含扩展版）发表学术论文 4 篇，计 8 分	①在国内核心学术期刊上发表学术论文 5 篇（其中至少 2 篇发表在国家权威学术刊物上或被上述检索收录或刊物全文转载）；②或在 CSSCI 来源期刊（不含扩展版）发表学术论文 5 篇，计 10 分
3	著作+核心期刊论文	正式出版学术著作、译著（本人撰写 10 万字及以上/部、翻译 12 万字及以上/部）；①同时在国内核心学术期刊上发表学术或教研论文 3 篇（其中至少 1 篇发表在本专业核心学术期刊或国家权威学术刊物上，或被上述检索收录或刊物全文转载）；②或在 CSSCI 来源期刊（不含扩展版）发表学术论文 2 篇，计 6 分	独立出版学术著作、译著 1 部（12 万字以上）；①同时在国内核心学术期刊上发表教研或学术论文 4 篇（其中至少 2 篇发表在本专业核心学术期刊上，或至少 1 篇发表在国家权威学术刊物上或被上述检索收录或刊物全文转载）；②或在 CSSCI 来源期刊（不含扩展版）发表学术论文 3 篇，计 8 分	独立出版学术著作 1 部（15 万字及以上）；①同时在国内核心学术期刊上发表学术论文 4 篇（其中至少 2 篇发表在国家权威学术刊物上或被上述检索收录或刊物全文转载）；②或在 CSSCI 来源期刊（不含扩展版）发表学术论文 4 篇，计 10 分

续表

序号	成果	教学为主型教师	教学科研型教师	科研开发服务为主型教师
4	成果获奖	省部级二等及以上科技奖（二等奖限前5名）、社会科学成果奖（二等奖限前3名）的主要完成人，计3分	省部级二等及以上科技奖（二等奖限前5名）、社会科学成果奖（二等奖限第1名）的主要完成人，计3分	①国家自然科学奖、技术发明奖、科学技术进步奖二等奖及以上的主要完成人；②或省科学技术进步奖一等奖的前5名、二等奖的前3名；③或省社会科学优秀成果奖一等奖的前3名，计5分
5	主持项目	主持完成省部级科研项目1项，计3分	主持完成1项国家级或2项省部级科研项目，合计3分	主持完成1项国家级科研项目，计5分
6	专利+项目等	无要求	获得国家发明专利授权1项（限第一发明人），同时主持完成省部级科研项目1项，合计3分	获得国家发明专利授权1项（限第一发明人）及以上，为本校实现技术收入累计到账经费30万元及以上，计5分
7	横向项目或决策报告等	无要求	无要求	①主持完成横向科研项目1项以上，为本校收入累计到账经费50万元以上，项目已通过验收；②或撰写的决策咨询研究报告被省委、省政府采纳应用2项以上，效益显著，计5分

注：申报教授职称者需具备条件1至3中的1条，同时具备4至7中的1条。

通过调研和文本分析发现，高职院校在健全与完善职称评审制度时虽然有较大进步，但是依然存在"学术导向"的评审惯性，评审指标中学术成果（包括论文、著作、课题等）依然占比最大。

二　教学业绩依然是职称评审的"软条件"

研究发现，高职院校职称评审中的教学业绩依然是"软条件"，主要体现在两方面，一是教学业绩方面缺乏科学合理的评价指标，二是教学业绩受重视不够，并且指标赋分偏低，也并非职称评审的"硬杠杠"。一般而言，教学业绩包括教学工作量、教学质量，以及指导学生参加大赛获奖、教师参加大赛获奖等教学成果。其中，教学工作量、教学成果等比较容易量化。但是，对教学质量的评价始终没有找到比较科学合理的指标。教学质量是教学业绩的核心内容，因此本研究以教学质量为例分析教学业绩在职称评审指标设计中存在的问题。

（一）教学业绩方面缺乏科学合理的评价指标

在高职教师职称评审中，教学业绩方面缺乏比较科学合理的评价指标，特别是对教学态度、教学方法、教学质量等要素缺乏必要的科学考察和评价。[①] 缺乏教学业绩方面评价指标的主要原因是教学质量指标开发存在一定难度。从传统的对教师教学质量评价的方式看，学生评价、同行评价、督导评价等都有各自的优势和特点。但是，由于种种因素影响，这些关于教师教学业绩评价的方式都存在较大的局限性，影响评价的客观性和可行性。对此，某高职院校人事处负责人 04E04-FZ1 认为："目前，大家都强调教学中心地位，但是在职称评审指标设计中怎么体现教学的水平和能力是个难点。"

首先，学生评价的客观性不足。学生评价在一定程度上能反映出教师的教学态度、教学水平、教学效果。在教学质量方面，高职院校一般采用学生评价、同行专家评价、教学督导评价以及领导评价等，其中学生评价、教学督导评价使用较多。针对"在对教学工作质量进行评价时，最重要的依据是_____"的统计结果显示，选择"学生评价"者最多，42.3% 的教师认为学生评价是最重要的依据，也有 31.6% 的教师认为教学督导评价是这方面最重要的依据。此外，也有少数教师认为，同行专家评价或领导评价是最重要的依据（见图 5-3）。可见，评审权下放后，学生评价、教学督导评价是评价教师工作质量的重要方式。相对而言，同行专家评价、领导评价由于参与度较低、客观性不足等，在实践中运用较少。

但是由于学生评价本身存在的局限性以及学生评价管理不规范等问题，评价的客观性不足。究其原因，一是高职学生评价具有一定的离散性，影

---

① 邵建东、韦清：《高职教师职称评聘须彰显职教特色》，《中国教育报》2020 年 12 月 15 日，https://www.tech.net.cn/news/show-92728.html。

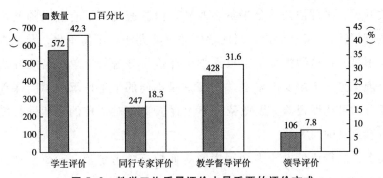

图 5-3　教学工作质量评价中最重要的评价方式

注：数据缺失值为 10，该项统计数为 1353。

响了评价的客观性。02E02-FZ2 认为："高职学生的打分客观性不强。从教学对象的学情与教学组织看，高职学生和本科学生的根本差别在哪里呢？根本差别不在于分数低，而是离散性比较大，也就是高职学生分数差距太大，不好组织教学和管理，因而评教的客观性不强。"二是学生不认真对待评价的情况比较普遍，这也影响了评价的客观性。对此，02E02-FZ1 发现："学生评教质量受班风影响，有的班级认真的话就是还可以。有的班不认真打分，或者嫌麻烦，就找几个学生代打分。"05E05-FZ2 也反映："尽管学校要求学生都要参与评教，否则学生查不到自己的成绩。但是很多学生不太重视这个事情，大部分学生是为了看到那个成绩，而快速地进行评教。"三是一些高职学生往往不够理性，也影响了评价的客观性。针对该问题，04E04-FZ4 指出："学生评教不是很理性，不是非常客观。很多学生可能不会给要求很严的老师一个高分。之前有这样的情况，就是学生可能会给管他比较严的老师打出很低的分数，而给管他比较松的老师高分。我就觉得光靠学生的评教也是不可取的，只能做一个参考。"17M04-FZ1 认为："学生评教主要反映的满意度，以及是否受欢迎的问题。因此，与考试分数高低一样，并不代表质量一定好。"四是学生评价缺乏必要的程序规范、合理引导和相关培训，同样影响评价的客观性。02E02-FZ1 指出，学生评价中的问题是："班级与班级之间的起评分也不一样，有的班是 70 分，有的是80 分，还有的是 90 分，所以，人们对学生评教有争论。"04E04-FZ4 反映："学生在评价的时候班主任也会诱导一下，这样的情况都是有的。"14M01-

FZ1 指出，学生评价中存在的问题是："教学质量应该由谁来评判？完全让学生放开评，按理说是最公平最客观的，但这避免不了有些老师利用学生给学生打招呼。"客观而论，当前学生评价的办法过于简单化，合理性与科学性尚不足。在这种情况下，根据学生评价得分进行简单排名的办法本身就不合理。另一个重要因素是"由于这是不同的学生评承担不同课程的教师，评分的可比性很差，因此依据学生评教得分对全校的教师进行简单排名是没有意义的"。①

其次，同行评价囿于人情因素影响而缺乏参考价值。调研发现，很多被访谈专家认为，同行评价受人情关系影响较大，客观性不足。07E07-FZ1认为："同行评价不是很客观，因为同行之间碍于面子都不会打得很低。同行进行听课之后就有一个互评，之后取一个平均分。有的关系好的老师会相对给高分，关系差一点就是会给低分，这个毕竟有人情关系的因素。"有教授认为，职称评审中的同行评价意义不大。01E01-FZ2 洞悉其弊，说："一般来说，同行评价都是比较'水'的。认真的话，可能会听够几节课，也有的听几分钟签字就走的，一般给讲课老师的分数不会很低的，相对比较'水'吧。"对此 06E06-FZ1 解释道："同行评价都打的是满分，都是一样的。说到底我们还是一个人情社会，同行评价还是不够客观。我觉得同行评价这一块是没有必要的。"

最后，督导评价虽然比较客观，但往往落实不到位。访谈发现，一些专家比较认可督导评价。02E02-FZ2 表示："相对来说，我觉得督导的评价比较客观。我们学校的督导老师都是来自校外的老师，能站在比较公正的立场之上评课。此外，一般而言督导都是相关领域专家，具有评价、鉴别的能力。这样的话，督导就能对所有教师情况做一个横向比较，所以，督导给出的分数是比较客观的、令人信服的。"当然，当前的督导评价也存在一些问题。对此 01E01-FZ2 表示："我们一个督导管好几个学院，就是到课堂去看看情况，听课的一般少一点。仅仅一两次听课评教，存在较大偶然性。总体感觉，督导的实效性还不够。"由此可见，一些高职院校的督导评价落实不到位，客观性也受到影响。

---

① 刘霞玲：《高职院校教师职业能力评价与能力建设研究》，《宁波大学学报》（教育科学版）2011 年第 1 期，第 110 页。

除了上述一些传统的评价方式，高职教学质量评价方面的评审指标尚未开发出来。一方面，这是因为体现在学生身上的教学效果是诸多教师共同教学劳动的体现，并且还有其他影响因素的叠加，不仅由于时滞等难以测量，而且教学效果与质量不易量化和归因到某一位教师。另一方面，此前在高职教师职称评审中对教学不够重视，缺乏这方面的指标创新投入，导致新的、更多的、更好的评价点、评价维度或评价内容尚未开发出来。相对而言，科研成果主要与研究者个体的能力、努力直接相关，更易于归功或量化到教师个体，并且由于长期科研评价的研究与实践积累，目前已经形成一套比较成熟的办法，包括期刊级别、影响因子、文章引用率和转摘情况等。从应然层面看，根据学生职业能力提升程度、就业质量以及职业发展情况对教师教学质量进行评价是比较有说服力的，但是可操作性并不高。

上述种种情况都掣肘教学质量以及教学业绩方面评价指标的客观性、合理性与可行性，也是造成教学业绩缺乏被广泛认可的评价指标的重要原因。

（二）教学业绩赋分偏低并且不是"硬杠杠"

首先，教学业绩的赋分相对较低。与科学研究相比，教学研究的地位不高，受重视程度不够，因而教学业绩在职称评审中的赋分较低，主要体现如下。

一是与高职教育教学相关的一些实际工作并未纳入评审指标，包括开发项目课程、建设校内外实训基地、解决企业技术难题、参与企业培训、提升就业质量等。[①] 可见，这种导向的职称评审制度并未凸显高职院校教师教学工作的实践性与技术性等重要特点。[②]

二是与科研业绩相比，教学业绩方面的赋分相对较低。例如，15M02学院在设计科研业绩与教学业绩分值时，同样级别的教学项目（含科研项目、教改项目或教学工程项目）的赋分标准不同，存在不公平问题。同为

① 汪长明：《高职院校教师职称评审的新思路探析》，《职教通讯》2016年第11期，第57页。
② 付淑琼、姜蕾：《基于"双师型"教师队伍建设的高职院校教师职称评审标准研究》，《职业教育》（下旬刊）2019年第7期，第25页。

国家级项目，科研项目的赋分较高（20 分），教改项目、教学工程项目的赋分较低（16 分）（见表 5-7）。

表 5-7　15M02 学院中高级职称任职资格业绩赋分情况

单位：分

级别	科研项目	教改项目	教学工程项目
国家级	20	16	16
省部级	10	8	8
市厅级	5	4	4
校级	2	2	2

　　针对"职称评审计分中，教学分值所占比例"的统计结果显示，当前在高职教师职称评审计分中，教学分值所占比例一般很少超过 50%。79.1%的教师认为学校职称评审中教学业绩赋分占比在 50% 及以下。相对而言，仅 17.5% 的教师认为学校教学分值占比为 50%~75%，可见教学分值占比并未形成主导优势（见图 5-4）。

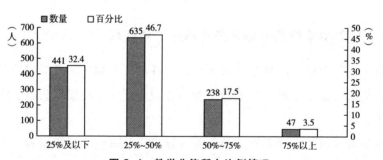

图 5-4　教学分值所占比例情况

注：数据缺失值为 2，该项统计数为 1361。

　　三是随着高职教师职级越高科研业绩及其占比越大，而教学工作量一般不会增加，特别是在破格条件中，科研业绩更是关键考核条件。问卷调查中，针对"职称评审计分中，科研分值所占比例"的统计结果显示，在高职教师职称评审业绩计分中，科研分值所占比例最高，往往超过 50%，甚至超过 75%。55.6% 的教师认为科研分值占比为超过 50%，其中 14.0% 的教师认为超过 75%。有 37.5% 的教师认为所在学校科研分值占比为 25%~50%（见图 5-5）。可见，科研业绩在职称评审分值中的占比有明显优势。

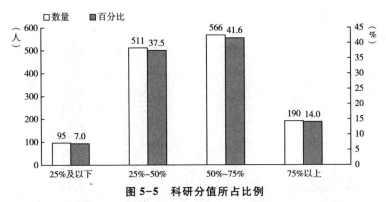

图 5-5　科研分值所占比例

注：数据缺失值为 1，该项统计数为 1362。

其次，教学业绩并非职称评审的"硬杠杠"。很多高职院校的职称评审中并未实行教学质量一票否决。数据显示，68.6%的教师比较赞同或非常赞同"在高职教师职称评审中，应实施教学质量考核一票否决"，换言之，除 8.2%的教师不赞同或不太赞同外，91.8%的教师基本认同该观点。由此可知，教师普遍认为应加强对教学质量的考核，并将之作为必要条件（见图 5-6）。

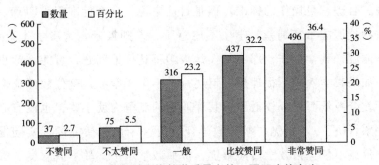

图 5-6　教师对实施教学质量考核一票否决的态度

注：数据缺失值为 2，该项统计数为 1361。

专家问卷显示，对该问题 50.7%的专家非常赞同，33.1%的专家比较赞同，两者合计为 83.8%。可见专家对此的赞同程度更高，而仅 6.1%的专家表示不赞同或不太赞同（见图 5-7）。

实行教学质量一票否决须有一个相应的教学质量不达标的标准。当前，许多高职院校在教师教学水平评价、上课质量评价方面，没有可操作

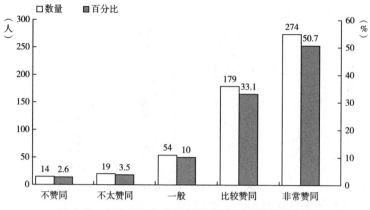

图 5-7　专家对实施教学质量考核一票否决的态度

的评判标准。对此，05E05-FZ1 表示："要考察老师上课质量或者老师的教学水平，目前我们还没有具体的规则和细则。就是说，这个老师课上得好不好就是没有一个评判的标准，没有可操作的评判标准。"事实上，缺乏教学质量评判的适切标准或规定，导致教学质量方面的衡量成为一种"软约束"。33O07-FZ1 指出："如果实施教学质量一票否决，需要一个比较客观、合理、可操作的标准。但是目前来说，这个标准很难明确。除非一位教师授课质量特别差，学生不愿意听，老师被赶走或者学生抗议了，老师不能胜任教学工作，那不仅仅是教学不达标的问题，可能教师也需要转岗。如果教学效果不很理想，但还行，不至于很差，这位教师就会因为学生评教分数低而得分较低了，其评职称的竞争力就小些，也没有必要再进行一票否决了。"可见，教师教学评价是一个值得研究的现实问题，设置的评价点不仅包括教学横向维度，例如教学水平、教学满意度、教学态度；而且应考虑教学纵向维度的几个过程，包括教学量、教学业绩以及就业情况等。

　　有的高职院校试行教学质量一票否决，但是对其教学质量的衡量主要是参考该教师在全校评价排名中的位次，符合条件就有资格申报职称评审。有的学校规定只要教师不出现较大的教学事故，没有学生投诉教师的课堂教学情况，就默认教师教学质量达标。上述情况，在不同程度上成为教学业绩评审条件"不够硬"的原因。

三　服务企业并未成为职称评审的实质性条件

调研发现，很多高职院校并未将高职教师服务企业情况作为职称评审的实质性条件。在此，实质性条件包括两方面内涵，一是相关政策制度并未将服务企业作为职称评审的必要条件或重要条件；二是有的政策制度文本尽管有服务企业的相关规定，但是执行不力或落实不到位，并未发挥应有的作用，流于形式而失去实质性意义。从高职教育功能上来说，高职院校具有服务社会，主要是服务企业方面的功能，与之相应，整体意义上的高职教师应有服务企业的职责与义务，具备相应的职业能力，[1] 并做出一定的贡献。因而，服务企业理应纳入高职教师职称评审制度之中，作为重要的评审内容。但是，从实际情况看，高职教师服务企业的能力普遍较弱，这方面的制度设计也不足。

（一）服务企业是高职教师职责的应有之义

就高职教育功能而言，服务企业是高职教师职责的应有之义。[2] 一方面，从教师职业素养看，高职教师都应该具备"双师素质"或成为"双师型"教师。但是，由于我国缺乏相应的高职教师培养制度、高职教师资格证书制度的保障等，高职教师入职后普遍缺乏较强的专业实践能力和服务企业的能力，需要在服务企业的过程中提升自身的专业实践能力。另一方面，从教师工作职责看，高职教师具有服务企业的义务和职责，这也是职业教育产教融合、校企合作对教师的诉求。但是调研发现，当前这种情况并未得到有效缓解，教师服务企业的能力和行动都远远不够。对此，17M04-FZ1 表示："现在对职业院校来说，社会服务是弱项。我们认为，社会服务主要是要具有为企业解决问题的能力，能通过承接项目获得收入，这方面是应该加分的。"在校企合作方面做得很成功的服装学院院长04E04-FZ3，特别强调教师服务企业的能力，他认为："如果一个老师能服务企业了，那这个老师教的学生就比较好。但是，就目前来讲社会服务这一块还是比较弱的。现在职业院校能力偏弱，这个弱主要是指职业能

---

[1]　徐国庆：《职业教育原理》，上海教育出版社，2007，第 238 页。

[2]　林润惠：《高职院校校企合作——方法、策略与实践》，清华大学出版社，2012，第 140 页。

力、服务社会能力比较弱。但是，如果想提升教师的专业实践能力或服务企业的能力，一味靠让教师到大学里面去读书、读博士也不行。相反，必须要到企业去实践学习，反复去学习，归根结底老师是在企业锤炼出来的。我们的老师之前只能做一部分面料，后来企业大部分的面料都是我们做的。我们也是经历了十年的时间，我们现在能够年年拿奖，全国大赛我们连续四年拿奖，我们凭什么？那不就是老师平常跟企业做项目锻炼出来的？"

为了鼓励高职教师提升服务企业的能力，我国发布了很多政策法规（见表5-8）。其中包括两类，一类是有关教师到企业实践的规定，另一类是鼓励和引导教师服务企业技术研发、产业升级等方面的要求。

表5-8　有关高职教师到企业实践的重要政策法规

政策法规名称	关于教师到企业实践的规定
《教育部办公厅关于加强高等职业（高专）院校师资队伍建设的意见》（教高厅〔2002〕5号）	①高职教师应有较高教学水平和较强实践能力或技术应用能力；②高职院校支持教师参与产学研结合、专业实践能力培训，提高教师"双师素质"
《国务院关于大力推进职业教育改革与发展的决定》（国发〔2002〕16号）	安排教师到企事业单位进行专业实践和考察，提高教师实践能力和教学水平
《教育部关于以就业为导向深化高等职业教育改革的若干意见》（教高〔2004〕1号）	高职院校让教师定期到企业学习和培训
《国务院关于大力发展职业教育的决定》（国发〔2005〕35号）	建立职教教师企业实践制度，专业教师每两年有两个月到企业一线实践
《教育部关于全面提高高等职业教育教学质量的若干意见》（教高〔2006〕16号）	①安排教师企业实践，提高实践教学能力；②教师参与企业实践比例、形式要求更高，对教师参与企业实践的强制性更强
《国家中长期教育改革和发展规划纲要（2010—2020年）》	①依托高校和企业，建"双师型"教师培养培训基地，发挥企业作用；②完善教师定期到企业实践制度
《教育部 财政部关于进一步推进"国家示范性高等职业院校建设计划"实施工作的通知》（教高〔2010〕8号）	①高职院校将企业经历和实践锻炼纳入评聘等，新进教师有2年以上企业工作经历；②与企业联合培养专业教师
《教育部 财政部关于确定"国家示范性高等职业院校建设计划"骨干高职院校立项建设单位的通知》（教高函〔2010〕27号）	①高职院校将企业经历和实践锻炼纳入评聘等，新进教师有2年以上企业工作经历；②保证教师企业实践锻炼校企合作开支；③保证教师参与行业企业技术创新等

续表

政策法规名称	关于教师到企业实践的规定
《教育部关于进一步完善职业教育教师培养培训制度的意见》（教职成〔2011〕16号）	①完善教师定期到企业实践制度；②建设"双师型"教师培养培训基地和教师企业实践单位
《教育部关于推进高等职业教育改革创新引领职业教育科学发展的若干意见》（教职成〔2011〕12号）	要在优秀企事业单位建立专业教师实践基地，完善专业教师到对口企事业单位定期实践制度
《国务院关于加强教师队伍建设的意见》（国发〔2012〕41号）	①省政府负责完善"双师型"教师培养培训体系；②完善以企业实践为重点的教师培训制度
《国务院关于加快发展现代职业教育的决定》（国发〔2014〕19号）	①落实教师企业实践制度；②推进高水平学校和大中型企业共建"双师型"教师培养培训基地
《现代职业教育体系建设规划（2014—2020年）》（教发〔2014〕6号）	建立一批职业教育教师实践企业基地，实行新任教师先实践、后上岗和教师定期实践制度，专业教师每两年专业实践的时间累计不少于两个月
《高等职业教育创新发展行动计划（2015—2018年）》（教职成〔2015〕9号）	专业教师每五年企业实践时间累计不少于6个月
《教育部关于深化高校教师考核评价制度改革的指导意见》（教师〔2016〕7号）	职业院校专业课教师每5年到企业顶岗实践不少于6个月
《关于实施职业院校教师素质提高计划（2017—2020年）的意见》（教师〔2016〕10号）	组织职业院校专业课教师进行为期不少于4周的企业实践
《国务院办公厅关于深化产教融合的若干意见》（国办发〔2017〕95号）	完善职业学校和高等学校教师实践假期制度，支持在职教师定期到企业实践锻炼
《职业学校校企合作促进办法》（教职成〔2018〕1号）	①将参与校企合作作为教师业绩考核的内容；②具有相关企业或生产经营管理一线工作经历的专业教师在评聘和晋升职务（职称）等方面优先对待
《国务院关于印发国家职业教育改革实施方案的通知》（国发〔2019〕4号）	实施职业院校教师素质提高计划，建立100个"双师型"教师培养培训基地，职业院校教师每年至少1个月在企业或实训基地实训
《深化新时代职业教育"双师型"教师队伍建设改革实施方案》（教师〔2019〕6号）	①探索建立新教师为期1年的教育见习与为期3年的企业实践制度；②联合行业组织，遴选、建设教师企业实践基地；③完善教师定期到企业实践制度，推进职业院校专业课教师每年至少累计1个月以多种形式参与企业实践或实训基地实训
《职业教育提质培优行动计划（2020—2023年）》（教职成〔2020〕7号）	校企共建"双师型"教师（含技工院校"一体化"教师）培养培训基地和教师企业实践基地

有的政策为了引导和鼓励高职教师积极服务企业，要求将教师服务企业作为教师职称评审、工作绩效考核的内容之一（见表5-9）。《教育部关于推进高等职业教育改革创新引领职业教育科学发展的若干意见》（教职成〔2011〕12号）指出："将教师参与企业技术应用、新产品开发、社会服务等作为专业技术职务（职称）评聘和工作绩效考核的重要内容。"与此同时，国家出台的很多相关政策对职教教师去企业实践有明确的规定。例如教育部等七部门2016年5月发布的《职业学校教师企业实践规定》（教师〔2016〕3号）指出："教师定期到企业实践，是促进职业学校教师专业发展、提升教师实践教学能力的重要形式和有效举措。""职业学校专业课教师（含实习指导教师）要根据专业特点每5年必须累计不少于6个月到企业或生产服务一线实践。"教师企业实践的主要内容包括："①了解企业的生产组织方式、工艺流程、产业发展趋势等基本情况；②熟悉企业相关岗位职责、操作规范、技能要求、用人标准、管理制度、企业文化等；③学习所教专业在生产实践中应用的新知识、新技术、新工艺、新材料、新设备、新标准等。"同时，把教师企业实践学时（学分）纳入教师考核内容。

表5-9　有关高职教师服务企业的重要政策法规

政策法规名称	关于教师服务企业的规定
《教育部 财政部关于进一步推进"国家示范性高等职业院校建设计划"实施工作的通知》（教高〔2010〕8号）	教师有密切联系企业的责任，引导和激励教师主动为企业和社会服务
《教育部 财政部关于确定"国家示范性高等职业院校建设计划"骨干高职院校立项建设单位的通知》（教高函〔2010〕27号）	①高职院校将企业经历和实践锻炼纳入评聘等，新进教师有2年以上企业工作经历；②保证教师参与行业企业技术创新等
《教育部关于推进高等职业教育改革创新引领职业教育科学发展的若干意见》（教职成〔2011〕12号）	①建立专业教师密切联系企业的制度，引导和激励教师主动为企业和社会服务。②将教师参与企业技术应用、新产品开发、社会服务等作为专业技术职务（职称）评聘和工作绩效考核的重要内容
《职业学校校企合作促进办法》（教职成〔2018〕1号）	①将参与校企合作作为教师业绩考核的内容；②具有相关企业或生产经营管理一线工作经历的专业教师在评聘和晋升职务（职称）等方面优先对待

(二) 服务企业并未在职称评审中有效落实

　　首先，很多高职院校在职称评审中对"教师为企业服务"重视不够，势必影响教师服务企业的积极性、主动性和实际效果。在问卷调查中，针对"职称评审规定对教师社会服务方面的重视程度"的统计结果显示，47.0%的教师认为学校对此的重视程度为"一般"，有 16.3% 的教师认为不太重视或不重视，认为较重视、非常重视的教师占比为 36.8%（见图 5-8）。总体而言，当前高职院校对此方面的重视程度不够高。如果高职教师服务企业的能力较低，不仅不利于教师自身专业实践能力提升，而且也难以发挥教师在产教融合、校企合作中的"黏合剂"作用。

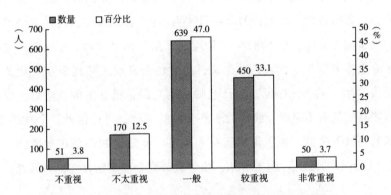

图 5-8　职称评审规定对教师服务社会方面的重视程度
注：数据缺失值为 3，该项统计数为 1360。

　　其次，有关高职教师到企业实践的管理存在重形式而轻实质的倾向，导致很多教师到企业实践流于形式，并未有效落实。从形式上看，许多高职院校对教师到企业实践的管理比较正规。被访谈人 09E09-FZ2 认为："教师到企业实践方面的管理还是比较正规的。它有一个册子，就是细化到每一天的登记，然后，对方有个签字，它有一个总的汇报，汇报是由二级学院来主持，在这方面的制度设计还是比较完整的。"但从实际效果看，大多数高职院校教师到企业实践流于形式，实际效果并不理想。一方面，当前关于教师专业实践能力的评判标准并不明确。专业实践能力是一个集合，它包括实践教学能力、科技开发能力、联系行业能力、专业建设能力、自身发展与反思能力、道德情感等，因而很难进行测评。[①] 另一方面，高职院校对教师到企业实践的考核注重形式而忽视实质。具体表征是：①偏重实践的累计时间，常常请求企业出具相关证明；②教师企业实践的形式大多是进企业"参观"，很少直接到企业的岗位工作，进行系统的学习与实践；③对教师专业实践能力或技能的考核基本上以"口头汇报"为主，结果导致教师去企业实践的效果并不理想。[②]

　　针对职称评审对教师到企业实践的考核要求难易程度的问卷统计显示，52.6%的教师认为难易程度一般，23.1%的教师认为较容易，共有79.1%的教师认为到企业实践不难，或缺乏挑战性。20.9%的教师认为较难或非常难（见图5-9）。该数据一方面表明教师到企业实践的难易程度，另一方面也反映出对教师到企业实践的管理可能存在较大的漏洞，导致教师到企业实践流于形式，而影响成效。对此，04E04-FZ4指出："客观来讲，现在老师的专业实践和动手能力实际上是不够的。'职教二十条'出来之后，要求新进老师都要在企业工作多少年。其实，这个文件隐含的是高职老师到企业实践的现状其实是很'水'的。比如说，会计老师，他上课是很好上的，但是，要他到企业做账其实是做不来的。我们做软件开发的老师，要让他做一个软件系统，那他真的是做不来的，他上课讲得头头是道，但是讲的都是花拳绣腿，能讲'皮儿'讲不了'瓤'。"由上可知，当前教师到企业实践存在很多问题。

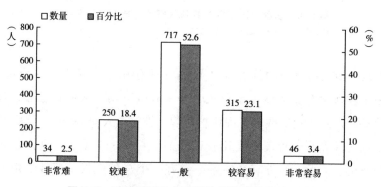

图5-9　对教师到企业实践的考核要求难易程度

---

① 雷家彬：《高职教师职称评价标准的比较研究》，《高校教育管理》2016年第4期，第93页。

② 李晓东：《基于岗位能力视角的高职"双师型"教师认定标准及培养路径研究》，《现代教育管理》2019年第8期，第72页。

再次，找到适合教师、愿意接收教师进行实践的企业比较困难。一方面，一些学校缺乏固定的合作企业或比较对口的企业，教师难以到合适的企业生产一线进行实践，导致教师到企业实践形式化较为普遍。有的院校也要求教师必须到企业实践，04E04-FZ2表示："我校曾提出'教师企业经历工程'，就是老师评正高、副高，五年内必须有累计半年的时间在企业，没有在企业也是一票否决的。但是，下企业的前提是要找合适的企业、合适的专业，专业要对口，合适的专业要找专业的师傅。客观上讲，这个在企业里面非常难找。我们在制定要求的时候，要求老师'带着项目下企业，带着成果回学校'，这个愿景是很好的，这是相对来说比较理想化的。"有研究表明："我国高职院校只有1/3左右专业教师能在企业岗位上实践锻炼，绝大多数教师难以将定期到企业参加生产实践的要求落到实处。"①

另一方面，当前教师服务企业的能力相对较弱。由于诸多原因，我国高职教师普遍比较缺乏专业实践能力。04E04-FZ1表示："很多被引进的硕士、博士属于学术类人才，是从校门到校门的理论型人才，本身就缺乏专业实践能力，他们的知识结构与高职学生实践知识的学习根本不对接。所以，我们希望博士引进来就直接放到企业里面，先去过企业实践这道关，并结合企业实践和产业发展来开展他的研究，最后，再反哺到教学中来。"针对"参与次数最多的社会服务工作"的问卷统计显示，50.3%的教师认为是社会培训，16.7%的教师认为是科技推广，11.3%的教师认为是政策咨询（见图5-10）。整体而言，教师在科技推广与服务社会（主要服务企业）方面仍有较大的提升空间。访谈发现，很多教师还缺乏服务企业的能力。05E05-FZ2表示："学校对教师到企业实践虽然有要求，但是真正落地的很少，就是100个人里面98个人都不能落地。我们很多教师不具备服务企业的能力，因此教师个体或单独地服务企业往往是比较困难的。"

最后，职称评审中的业绩评价导向不利于教师去企业实践。①缺乏相应的考核。有的高职院校职称评审制度缺少对教师到企业工作经历或工作绩效的考核，也就是说，没有对教师企业实践经历、技术服务能力等的硬

_____

① 王成福等：《高职教师专业实践能力的内涵及培养对策》，《高等工程教育研究》2015年第3期，第148页。

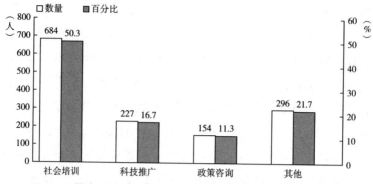

图 5-10　教师参与次数最多的社会服务工作

注：数据缺失值为 2，该项统计数为 1361。

性考核指标，造成教师不愿意下企业。[①] 究其原因，04E04-FZ4 认为："当前，我们缺乏一个好的评价体制。我们很多高职院校还是主要用科研业绩来评价老师，逼迫教师把大把的时间和精力都投入到写论文、搞项目上面，大家都在比谁发表的论文数量多、级别高，谁的课题大、资助多。其实，这些所谓的论文和项目对高职教育教学究竟有多大的价值和实际效果，不得而知。但可以确定的是，这个根本不是我们高职老师应该去做的事情，而是一些本科、研究型大学老师应该做的。在大家都在比拼科研的情况下，按照现在的'指挥棒'让老师到企业实践，那可能就是'水水'地去一下。相反，如果职称评审能够鼓励我们的计算机教师为企业做生产管理方面的系统，提供技术服务，那么老师们的动手能力会有所提升，那大国工匠也会出来一部分。当然，学校老师下企业这一块做得不实，还有一个原因，就是涉及企业技术核心的东西，企业一般不会让老师深入进去。"[②] 学校对教师去企业实践的考核要求很少，比重很小。04E04-FZ3 对此的看法是："职业类院校应该把社会服务作为考核类指标。职业技术学院主要是服务中小微企业，对教师从事社会服务这类的横向课题应该进行考核。我们当时在考核的时候也是有的，但是，比重不是很大。现在虽然喊得比较高，但是，实际上比重却不高。应该把社会服务的比重加大一点，因为这是龙头，这个拉起来的话，老师的能力就会变强。"

---

① 汪长明：《高职院校教师职称评审的新思路探析》，《职教通讯》2016 年第 11 期，第 58 页。

此外，教师服务企业的机会受时间、空间等其他条件限制，集中时间去企业实践或服务的机会相对较少。04E04-FZ2 对此的理解是："实际上，很少有老师集中时间下去，很大一部分都是在双休日、寒暑假这个时间下企业。企业问题需要马上进行解决时，就不等到双休日或寒暑假。"

四 学术导向的评审模式严重影响教育教学生态

缺乏科学的教育评价导向，教育工作的开展、教育改革的发展就会偏离方向，或与教育目标、方向背道而驰，甚至危害教育的改革发展。[1] 高职教师职称评审中，学术导向的评审模式已经严重影响教育教学生态，导致高职教师科研异化、教师同质化和学校普教化。

（一）科研异化并衍生大量"职称论文""职称项目"

在学术导向的职称评审模式中，教师在职称晋升中比拼的并非教学业绩，而是科研业绩。目前，高职教师的职称评审仍沿用普通大学的标准，重点考核教师的科研能力。[2] 在这种考核机制下，快速晋升的"终南捷径"就是发表论文、申报项目，导致教师对论文发表趋之若鹜，教师逐渐成为高产量、低效能的论文制造工具。很多教师将更多的时间与精力投放到撰写论文和申报项目等方面，并且很多教师采用"短平快"的方式生产一些廉价学术成果，[3] 生产大批量的脱离国家需求、于教育教学工作无益的"职称论文""职称项目"。在此情况下，必然会导致科研异化，科研异化主要表征为科研目的的异化、科研定位的异化和科研成果的异化。

首先，科研目的的异化。当前，高职院校的很多科研主要是为了评职称而生产的"应景之作"，并非服务于教育教学之目的。同时，学术评价的数量化导向对教师造成多出、快出研究成果的压力，不得不"为发表而科研"。[4] 显然，这背离了高职科研的旨归。毋庸讳言，当前高职教师大

---

[1] 翟博：《新时代深化教育评价改革的根本遵循》，《中国教育报》2020年10月29日，第6版。
[2] 徐华：《高职教师专业发展：困境与出路》，上海交通大学出版社，2017，第81页。
[3] 罗向阳、林瑞娟、支希哲：《高校教师职称评审制度的悖论解析》，《黑龙江高教研究》2014年第8期，第244页。
[4] 靳云全、王攀：《高校教师科研评价存在的问题及对策探析》，《科技与管理》2007年第4期，第126页。

都是"为了评职称而搞科研","为了评职称而撰写论文","为了评职称而申报项目"。有调查显示:"43%的教师认为,开展科研主要动力源于职称评审需要。"①

其次,科研定位的异化。多年来,"高职院校科研行为一直存在异化现象,主要表征为学术导向的'GDP主义'、科研定位的'学术漂移'"。②换言之,高职院校很多科研项目的定位存在严重偏差,不是服务于教育教学或行业企业的应用型科研,而是盲目沿用普通本科甚至是研究型大学的科研路径,从事很多对教育教学无所裨益或实际价值不大的研究,有的甚至是"无关、无助、无益"的"三无"研究。受访专家04E04-FZ4认为:"当前高职老师的科研定位,我觉得大环境不是很好。我们大都是按照本科的套路去走的。其实,我们教师科研应为中小企业提供技术或研发服务。但是,现在的评审都要求纵向或省级这样的项目、课题,我感觉这对我们高职来说意义不大。很多老师,包括我自己在做课题的过程中,感到课题质量不高,实际价值不大,很多都是虚的。"

最后,科研成果的异化。主要体现在科研成果对教育教学的帮助较小、科研成果的应用推广不足两个方面。一是调查发现,当前教师的科研成果对其教学的实际帮助并不理想。针对"当前教师的科研成果对其教学的实际帮助"的问卷统计显示,当前的科研成果对教师教学的实际帮助并不大,仅32.8%的教师认为帮助较大或非常大;其余的教师认为帮助效果一般、较小或非常小(见图5-11)。这从另一个侧面说明,教师科研存在较大水分,没有发挥其应有作用。

二是当前科研成果的应用与推广受重视程度不够,实际转化率也较低。针对"学校对教师科研成果的应用推广"的问卷统计显示,33.9%的教师认为较重视,认为非常重视的仅占6.5%,其余的教师认为一般、不太重视或不重视(见图5-12)。可见,科研成果的应用推广工作是学校的"软肋"。

当前高职院校科研成果转化率很低。科研成果转化率是衡量高职院校

① 赵丽:《高职教师科研工作现状与对策分析——基于高职院校科研评价的现状调查与分析》,《太原城市职业技术学院学报》2017年第4期,第9页。
② 郝天聪、石伟平:《高职院校的科研锦标赛:表现形式、形成机制及改革建议》,《高等教育研究》2020年第11期,第66页。

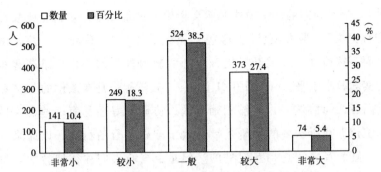

图 5-11 教师的科研成果对其教学的实际帮助程度

注：数据缺失值为 2，该项统计数为 1361。

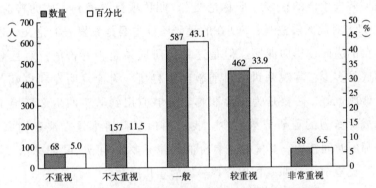

图 5-12 学校对教师科研成果应用推广的重视程度

注：数据缺失值为 1，该项统计数为 1362。

科研效益的重要指标，能较客观地反映高职院校科研成果的辐射应用与推广水平。有研究表明，随着高职院校科研成果数量的大幅增长，高职院校的科研成果转化率并未同步提升，特别是科研成果向市场的转化率较低。以专利转让数为例，"深圳职业技术学院的 218 项专利，只有 3 项实际转让成功；金华职业技术学院的 170 项专利，只有 17 项转让成功，转让率仅为 10%；相比经费的大量投入，高职院校应用研究的成效较低"。[①]

为何大量的科研成果难以推广和转化？除了推广与转化本身的原因外，本研究认为，主要的原因是很多所谓的科研成果、业绩并非真正的成果、

———————————
① 周瑛仪：《应用研究驱动的高水平高职学校建设》，《高等工程教育研究》2020 年第 1 期，第 160~164 页。

业绩。许多科研本身就不是真研究，而是"虚假科研"，必然产生很多"虚假成果"。学术导向的评审模式必然会衍生大量既无理论价值也无实践效益的"职称论文""职称项目"。这些"职称论文""职称项目"往往由于偏离初衷而不接地气，既无助于提升教师的教育教学水平，也不能客观反映教师的实际教学水平。06E06-FZ1 认为，"教学相长是有条件的"，"教学和科研这两者之间协调好，能够相辅相成；协调不好还是有一些冲突的。如果高职院校老师所从事的科研是针对教学问题进行的科研，以此来支撑教学实践，则两者之间是相互促进的。但是，当前人们往往把教学与科研割裂开来，因为我们做的很多科研不再是服务教学的研究，不是为了解决教学问题，也不是为了解决生产的问题，出现了科研与教学的脱离"。因此，当前高职院校生产的很多"职称论文""职称项目"遭到人们的普遍质疑。17M04-FZ1 对此的看法是："现在的科研评价主要是看发表的论文，发明专利，承接的纵向、横向课题。但是这些科研成果是否有价值？对社会的贡献度到底是多少？客观来讲，目前教师搞科研，无论发明专利也好，论文也好，课题也好，主要是为了评职称。能够应用到真实的生产环境中，能够转化成生产力的科研成果较少。我们的很多科研都是在浪费国家资源，浪费教师的时间精力，其实真正有价值的并不多。"可见，"职称论文""职称项目"已经成为高职院校比较普遍的内卷化问题。

由此可见，当前高职院校大多数科研业绩并没有发挥出应有的科研贡献。这些束之高阁、几乎毫无价值的科研成果就是一种异化表现。

（二）科研功利化对教师产生误导并形成逆淘汰

首先，扭曲高职教师的育人价值观，误导教师的精力投入方向，造成教学被边缘化。这种学术导向的评审模式容易误导高职教师偏重科研而轻视教学，使得很多高职教师将大部分精力用于申报项目和撰写论文方面，而对教育教学投入精力不够，对学院建设与发展关心不够，并对教育教学产生较大的负面影响。可以说，"高职职称评审中科研成果比重高于教学业绩是一种本末倒置的现象"。[①] 针对"在科研方面投入的时间与精力，对您教学方面造成的负面影响"的问卷统计结果显示，39.5%的教师认为科研对

---

① 阚阅：《当代英国高等教育绩效评估研究》，高等教育出版社，2011，第 54 页。

其教学产生较大或非常大的负面影响。相对而言，认为科研对其教学的负面影响较小或非常小的教师比例仅为 24.3（见图 5-13）。数据表明，当前"学术锦标赛"已经对教育教学产生比较普遍的负面影响。

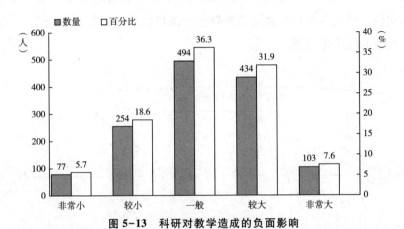

图 5-13　科研对教学造成的负面影响

注：数据缺失值为 1，该项统计数为 1362。

上述情况会导致两方面问题。一方面，造成教育教学被边缘化。教师对教育教学方面的重视与投入不够，不愿在提高教学能力或专业实践能力方面下功夫，"使很多教师企业实践难以落地、流于形式"，[①] 迫使他们将大量时间精力浪费在与职业教育人才培养、教育教学和教师专业发展无关的无效劳动上。另一方面，扭曲教师的职业观，逐渐使得一些教师形成"重科研、轻育人"的工作态度与工作选择路径。

其次，使教师专业发展方向产生偏斜，出现高职教师的同质化问题。对教师专业发展而言，现行的学术导向的评审模式偏离了"双师素质"定位，误导教师向"学术型、研究型"方向偏斜和发展。该评审模式对教学方面的规定基本属于达标性规定，而在科研方面则为竞争性规定。高职教师的教育教学工作与专业成长陷入两个评价导向不一致的困境。一方面，平时的教育教学要求教师按照"双师"方向发展，遵循"双师"导向的教师工作制度，产生 F_{A1}、F_{A2}、F_{A3} 等拉力；另一方面，职称评审却要求教师

---

① 李晓东：《基于岗位能力视角的高职"双师型"教师认定标准及培养路径研究》，《现代教育管理》2019 年第 8 期，第 76 页。

遵循学术导向的发展路径，即屈从学术导向的教师职称评审制度，这对教师专业发展和职业成长造成较大的"斜向拉力"，产生 F_{B1}、F_{B2}、F_{B3} 等拉力并使其方向偏离高职教师专业发展的"双师"导向，最后向学术导向偏斜（见图 5-14）。有研究发现，某省高职院校和本科院校教师晋升讲师的条件基本相同，两类高校晋升教授和副教授的条件虽有差别但并不明显，[①] 诱发高职教师的同质化问题。

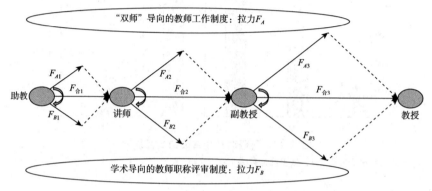

图 5-14　影响高职教师教育教学的两类拉力

最后，对教师形成逆淘汰。按照这种评审模式发展，那些"紧跟评审导向走"的教师一味追逐职称晋升，生产较多廉价的"职称论文""职称项目"等成果，更容易晋升到更高的职称。相反，一些真正有情怀、有担当、有责任感，将主要精力投放在精心备课、授课，提升教学水平与专业实践能力方面，专注于提升教育教学质量的教师，在科研方面投入的时间、精力不足，或恪守学术道德、治学严谨的教师，成果相对较少，缺少职称晋升的优势，常常被淘汰出局，形成职称评审中的"逆向淘汰"。对此 19M01-J1 感同身受，他说："有老师感到评高级职称比较困难或无望，就放弃评副高，那就专心做好教学，把课上好，对学生负责。但是他把职称给牺牲了，不仅待遇跟不上，而且很多隐性的东西也失去了，这对教师职业发展来说无疑是一种遗憾或悲哀。"

---

① 付淑琼、姜蕾：《基于"双师型"教师队伍建设的高职院校教师职称评审标准研究》，《职业教育》（下旬刊）2019 年第 7 期，第 25 页。

无疑，这种逆向淘汰会对高职教育教学产生严重的负面效应，并容易形成一种消极的教师教育教学生态，即"搞科研名利双收"，"搞教学劳而无功"，"劣币驱逐良币"现象。该现象不仅严重挫伤教师研究的热情与创造性，而且在破窗效应和从众心理的影响下必然会影响健康的学术生态，产生更多的甚至集体性的学术道德沦丧。[①]

基于上述情况可知，学术导向的评审模式不仅导致高职教师科研的异化，而且误导高职教师日趋功利化，将主要精力放在做科研上，追逐科研成果，而轻视了本职工作，严重影响高职教育教学生态，最终必然会影响人才培养质量。

第二节　评审指标的量化赋分方法不够公平合理

研究发现，部分高职院校评审指标的量化赋分存在不公平、不合理的问题，包括量化指标"因人赋分"现象不同程度地存在，一些指标的赋分或权重设置不合理、不公平等。"评价指标及量化赋分不科学，导致了职称评审的事实上的不公平，极大地伤害了教师的自尊，严重地挫伤了教师的工作积极性，影响了教师队伍的稳定和发展。"[②]

一　评审指标的量化赋分存在不公平性

有的评审指标看似比较全面、比较客观，相关的赋分方法也貌似科学合理，但是认真分析后就会发现，其中存在一些不够合理、不够公平的问题，也是值得商榷的问题。这类不公平、不合理的情况体现在论文、项目等诸多方面。

首先，不同级别论文的赋分标准存在不公平问题。不同级别论文的赋分标准虽然没有统一的规定或要求，不同高职院校可以自主设置，但是有的设置标准大大偏离了学界的共识，存在较为明显的不公平、不合理问题。以《20W07 学院职称晋升量化积分规定》为例，该学院在教研、科研及社

---

① 徐大成：《大学教师职称晋升中"劣币驱逐良币"现象审视》，《教育评论》2019 年第 5 期，第 115 页。

② 雷世平：《职称评审权下放高职院校并非"一放就灵"》，《大视野》2020 年第 1 期，第 1~2 页。

会服务相关业绩等方面的很多标准分值，明显违背学界共识，有失公允。
具体情况见表 5-10。

表 5-10　20W07 学院发表论文计分情况

不同级别论文	具体期刊论文的赋分
教研教改论文	发表于《中国大学教学》《高等工程教育研究》《高等教育研究》《中国高等教育》《教育发展研究》《现代大学教育》《高教探索》：6 分/篇
权威学术期刊论文	被 SCI、EI、ISTP、SSCI、A&HCI、《中国社会科学文摘》、《新华文摘》、人大复印报刊资料全文收录、转载，或在 CSSCI 核心库来源刊物、CSCD 核心库来源刊物、《中国社会科学》公开发表学术论文：10 分/篇
核心期刊论文	在《中文核心期刊要目总览》、中国社会科学院核心期刊来源刊物等公开发表学术及理论论文：5 分/篇
普通期刊论文	在高等学校或国有科研院所学报（普通期刊）上发表论文：1 分/篇

其一，存在比较离谱的"以数量换质量"倾向，简单地认为"N 篇较低级别期刊论文 = 1 篇很高级别或高质量论文"。尽管"以刊评文"存在一定不合理性，但是在没有更好标准的情况下，该方法也不失为一种相对客观的评判标准。退而言之，在一定情况下的"以数量换质量"也是无奈之举，但是也应该符合人们的普遍认知，而不能偏离很远。该学院核心期刊与权威学术期刊论文之间的分值设置不够合理。譬如，1 篇《新华文摘》论文（10 分），1 篇核心期刊论文（5 分），据此推断：2 篇核心期刊论文（10分）= 1 篇《新华文摘》论文（10 分）。

其二，同级别期刊的教研类论文赋分与学术类论文赋分相差很大。例如，1 篇《中国高等教育》上的教研教改论文赋分为 6 分，同样在该刊上的学术论文 1 篇为 10 分。质言之，这种赋分方法的背后就是一种"重学术成果，轻教研教改成果"的偏见。

其三，对业绩贡献的界定缺乏一个明确、可操作的描述，显得理据不充分，主观性太强。例如，有的赋分标准缺乏对相关成果真实贡献情况的规定，只是简单的、行政命令式的存在，例如"科研平台、研究基地建设：50 分""本校职务成果：发明类、标准、规范、被政府采用或采纳的决策咨询报告：10 分"等。如果不对两者的实际贡献进行界定，很难判断科研平台等建设的价值是职务成果的 5 倍。再如，被《新华文摘》全文转载的论文 10 分/篇，在国内中文核心学术期刊上发表的本专业学术论文等，也是 10 分/篇。如此规定有违学界的常识。针对当前科研业绩评价中普遍存在的不合理问题，某学院学术委员会成员有自己的理解，04E04-FZ1 认为："目前，职称评审中存在的最大困难，我认为，第一可能还是标准的合理性。例如，'以刊评文'问题，当前论文所谓的量化都是按级别来的，但是影响因子或者 SCI 几区就一定能代表论文的水平吗？还有'论文与工作相关性问题'，发表的论文内容与申报人真实所从事工作的相关性是否有问题？我们还是没有合适的方法来改变这些问题。"可见，当前"以刊评文"的办法也遭受质疑，需要进一步创新对论文质量、影响力和贡献的评价办法。

其次，在项目赋分和著作赋分方面存在不公平、不合理问题。一方面，项目赋分存在横向上的不公平问题。按照常理，同为一个级别的获奖项目，相关的赋分应该有一致性或相同。例如，《15M02 学院教师中高级专业技术职务任职资格业绩测评办法（试行）》（2018 年）对相同级别获奖的赋分有差异，即教师个人参加技能大赛获奖的赋分与指导学生获得技能大赛奖项的赋分差距太大：教师个人参加技能大赛若获得国家级一等奖，得 10 分；教师指导学生或团队参加技能大赛获国家级一等奖得 6 分（见表 5-11）。这是一种明显的不公平、不合理现象。

表 5-11　15M02 学院教师获奖业绩测评相关规定

单位：分

获奖级别	教师个人参加技能大赛获奖得分	教师指导学生或团队参加技能大赛获奖得分
国家级一等奖	10	6
国家级二等奖	8	5
国家级三等奖	6	4
省级一等奖	6	4
省级二等奖	5	3
省级三等奖	3	2

另一方面，某些业绩或成果赋分中存在较大技术漏洞，存在不合理、不公平问题。按照常理，对同样一篇论文、项目或专著，独著得分的总分

数应该与合著成果各个参著者的总得分相等。但是，有的课题项目计分存在这方面的漏洞，"在国内一级学术期刊上发表教研或学术论文，每篇独著或第一作者加 6 分，第二作者加 2 分"。换言之，对该类学术论文，独著总计赋分为 6 分，但是合著的总赋分为 8 分，两者总分不等（见表 5-12）。

表 5-12　某学院课题项目对独著、合著的计分

相关规定	合著（2 位作者）的总赋分	独著的总赋分
发表的期刊论文被 SCI、EI 等收录或被《新华文摘》等全文转载，每篇独著或第一作者加 8 分，第二作者加 3 分	每篇论文赋分：8+3 = 11 分	每篇论文赋分：8 分
在国内一级学术期刊上发表教研或学术论文，每篇独著或第一作者加 6 分，第二作者加 2 分	每篇论文赋分：6+2 = 8 分	每篇论文赋分：6 分
在国内核心学术期刊上发表教研或学术论文，每篇独著或第一作者加 5 分，第二作者加 2 分	每篇论文赋分：5+2 = 7 分	每篇论文赋分：5 分

二　评审指标的赋分方法存在不合理性

一些高职院校评审指标的赋分方法存在一定不合理、不公平性。有的从形式上看，指标赋分比较客观、比较公平，便于操作，但存在"只重形式，不看实际"、权重设计不合常理等问题。

（一）"变量系数计分法"存在较强主观性和误导性

如果创新步入"误区"，那么就是退步。在职称评审的指标量化方法探索中，有的评审标准为了强调操作的简易性、统一性，设计出一种"变量系数计分法"，将一些资格、业绩等情况统一设置为变量，然后评审委员会根据相关情况给每个变量研判一种分值，最后形成申报人的总得分（见表 5-13）。例如，《20W07 学院职称晋升量化积分规定》设计的职称量化积分计算公式为：

$$T = N \times C_1 \times C_2 \times C_3$$

其中 T 为量化计分总值，N 为突出业绩加分，C_1、C_2、C_3 分别代表申报资格评价系数、申报人综合表现研判系数、评审材料规范系数。

表 5-13　职称评审量化积分计算办法：$T = N \times C_1 \times C_2 \times C_3$

系数名称及取值	系数加减依据
C_1：申报资格评价系数（1；0）	申报人符合学校和上级主管部门对其申报职称要求的各项基本条件的符合程度。各项条件符合学校和上级主管部门规定的，$C_1 = 1$；任意一项条件未达到或不符合学校和上级主管部门规定的，$C_1 = 0$
C_2：申报人综合表现研判系数（0-1）	①由学校评委会依据申报人思想政治表现、职业道德情况、工作态度、岗位贡献及日常表现综合研判确定；②对学校各有关部门提供减分负面项目清单以及评委会专家掌握的其他应减分情况，评委会评议后将酌情降低系数取值；③在申报年度存在思想政治表现问题、发生教学或业务工作事故、师德师风或职业道德失范、学术不端、考勤问题、考核为基本合格以下等次情况的申报人，本系数取值为 0
C_3：评审材料规范系数（0-1）	①根据申报人全套评审材料规范性；②以及与上级主管部门及学校规定要求的符合程度酌情确定系数取值。材料规范、无错别字、表述准确、整洁、制作质量高的取值为 1.0；评委会发现存在 1~2 处错别字、内容缺失、表述不规范、涂改等缺陷的取值为 0.95 等
N：突出业绩加分	①按照业绩成果要素贡献度实行积分量化，具有多项加分业绩的实行算术相加；②属于申报资格条件范畴的业绩项目不再重复列入加分项

　　该"变量系数计分法"存在两方面问题，即全部评审指标被"主观化"，对教师职称申报具有较强的误导性。

　　首先，该设计将所有变量引入主观化太强的泥淖，即通过研判或评价系数将各个相对客观的变量都打上评审委员会主观判断的烙印。例如，对 C_1（申报资格评价系数）的审核应该是一种服务性工作。对于教师个体而言，职称评审往往是每隔若干年才申报一次，对一些评审规则与要求并非很熟悉，需要申报人与相关职能部门沟通，才能让申报者在材料等方面做好充分准备，而不是简单地研判"行"与"否"。再如，对 C_2（申报人综合表现研判系数）"由学校评委会依据申报人思想政治表现、职业道德情况、工作态度、岗位贡献及日常表现综合研判确定"，也失之偏颇。因为存在较强的信息不对称性，申报人的思想政治表现、职业道德情况、工作态度、岗位贡献等往往是二级单位（教学单位）更熟悉，而不是上级领导或评委会专家。如果这些项目都集中由评委会进行评判的话，势必存在主观性太强、系数调整的幅度大小难以把控、缺乏客观依据等问题。

其次，该设计中的"评审材料规范系数"（C_3）具有较强的误导性。该规定尽管能对评审材料规范有一定的促进作用，但是属于一种过犹不及的做法。这是因为，①不应当设置"评审材料规范系数"。规范评审材料是必要的，但只能是一种达标性条件，而不能作为竞争性条件。由于连续乘法运算中存在"乘积效应"，该算法中的 C_3 对积分影响太大（见表5-14）。该设计容易导致"形式大于实质、规范大于内容"的主次不分问题。教师递交的材料中难免出现一些非故意性的、不够规范性的瑕疵，也实属常态，可以通过明确填写规范与要求、适当进行线上线下培训、分享可供参考的模板、基层指导把关等方式进行规范，而不能将其列入评审指标，采取比较极端的方法。②该做法容易误导教师过度重视材料形式，引导评委过度关注申报材料的形式，譬如错别字、表述准确性、正解和制作质量，而不是实际内容，甚至诱导申报人评审前"跑关系""打招呼"的情况。③存在较强的主观判断性容易产生较大的不公正、不公平问题。④评审理念偏离了"服务宗旨"，陷入"整治教师"的嫌疑。职称评审工作本身是一种服务性工作，而不是纯粹的管理性工作。

表5-14   某学院职称评审规定中关于材料规范系数的规定

序号	规范系数的判断依据	规范系数取值
1	材料规范、无错别字、表述准确、整洁、制作质量高	1.0
2	存在1~2处错别字、内容缺失、表述不规范、涂改等缺陷	0.95
3	存在3~4处缺陷	0.9
4	存在5处及以上缺陷	0.5
5	材料制作质量低劣、内容混乱、错误严重、不符合评审要求	0.0

（二）"变量系数计分法"过于注重形式而忽视实质

研究发现，有的高职院校获得评审权后，在制定评审指标及其赋分过程中存在一些值得商榷的地方。以某学院"突出业绩加分"（N）中相关变量计分方法为例进行分析。该学院设计出一种变量系数法，即同一个统计公式和相应的变量系数，能把所有加分的因素都统合到一起的赋分办法（见表5-15）。

表 5-15　突出业绩加分（N）中相关变量含义及其计分方法

变量	变量含义及其计分方法
K_1：级别系数	按照发文、授予或立项机关（单位）文件、证书用印层级设定：①中共中央、国务院用印取值 1.5；②中共中央、国务院组成部门及直属机构或省委、省政府用印取值 1.0；③省委、省政府组成部门及直属机构或地市级党委及政府、国家级教学指导委员会/国家级学会/国家级行业协会用印取值 0.3；④本校级、省级学会用印取值 0.1 等
K_2：等次系数	第一奖等取值 1.0，第二奖等取值 0.5，第三奖等取值 0.1，第四奖等取值 0.05 等
K_3：完成人员排名系数	本校教职工系第一完成人取值 1.0，系第二完成人取值 0.5，系第三完成人取值 0.2，系第四完成人取值 0.1，系第五完成人取值 0.05 等
K_4：完成单位排名系数	本学院系第一完成单位取值 1.0，系第二完成单位取值 0.3，系第三完成单位取值 0.1，系第四完成单位取值 0.05，系第五完成单位取值 0.03，系第六完成单位取值 0.02
K_5：业绩类别系数	①教职工个人直接取得的突出成绩、奖项、业绩取值 1.0；②获奖文件、证书或立项文件载明的教职工作为指导教师（人员）身份取得的突出成绩、奖项、业绩取值 0.5
K_6：博士学位人员补贴系数	具有博士学位人员申报教师系列职称，补贴系数取值 1.2，其余人员申报职称时该系数代入 1.0 作无意义数学运算处理
S_2：突出业绩附加积分	①按照教职工主持完成政府部门纵向下达的各类平台建设或项目攻关经费实际划拨到学校对公账户金额除以 2000 计算附加积分值；②除另行规定外，各类横向合作项目经费以及发放到个人的奖金或劳务费用、项目咨询费用不列入计算
S_3：个人年度考核优秀等次奖励积分	申报人任现职以来年度考核获得优秀等次奖励加 2 分/次，本项最高不超过 10 分
S_4：专任教师教学超额授课工作量积分	专任教师申报职称评审须引入教学超额授课工作量积分。$S_4 =$（申报人任现职以来年均授课工作量-教师职称晋升基本教学工作量）/10
S_5：教学质量考核优秀奖励积分	①任职以来每获得 1 次教学质量考核优秀等次则奖励积分 1 分；②教学质量考核等次由授课班级所在二级学院教务部门、教学质量督导评价部门按学期评定，教师教学质量综合评价优秀等次比例控制在本部门评价期所聘用校内专兼任教师人数的 20% 以内
S_6：兼职辅导员班主任岗位工作奖励积分	青年教师任现职以来，经学校聘至兼职辅导员、班主任岗位工作超过 1 年后的经历，按照所带班级学生人数每满 10 人/年加 0.3 分予以职称业绩成果积分奖励，其中不足 10 人/年部分按 0.3 分计

突出业绩加分（N）计算公式如下：

$$N = 60 + \sum_{p=1}^{q} (S_{1p} \times K_{1p} \times K_{2p} \times K_{3p} \times K_{4p} \times K_{5p} \times K_{6p} + S_{2p}) + S_3 + S_4 + S_5 + S_6$$

这种突出业绩加分（N）计算办法能将很多加分因素进行统一化处理，看似简单，也比较客观，但是存在以下值得商榷之处。①采用系数乘积的算法是否合理、公平、科学？教师个体之间存在较大差异性，不可能在所有业绩（变量因素）方面都是完美无缺的，有的项目或变量属于一种可替代性的条件，而不是必备条件，因此各个变量之间未必全部存在乘积关系。②利用系数乘积法会形成较大的乘积效应，即造成一个变量的细微变化直接对其他变量产生一定影响，最终对整个变量系统产生很大影响。③该方法形式化太严重。譬如"K_1：级别系数""K_2：等次系数"等均过度关注形式上的东西而忽视其实际效果。再如，"K_6：博士学位人员补贴系数"，尽管重视博士等高级人才有一定道理，但是该变量本身并非业绩方面的因素，与业绩之间也未必存在正相关关系，并且对教师专业发展方向有一定误导。再如，"S_4：专任教师教学超额授课工作量积分"由于没有最高限制和工作质量要求，在很大程度上会诱导教师一味地多上课，而对教学质量、授课质量重视不够等。

此外，职称评审办法设计中还存在以下几个问题。一是有的评审指标存在明显的"五唯"倾向。一些高职院校职称评审指标中片面强调学术"帽子"，凡有职务者都加分。例如"兼任专业教学指导委员会（或行业指导委员会）、学会、行业协会职务：主任委员，20分；副主任委员，10分；成员，5分"等。二是职称评审指标体系设计合理性不够。譬如，对教师职业道德和思想品德的考核缺乏可操作的办法等。

第三节　评审流程不够周全严谨

当前高职教师职称评审制度的整体设计渐趋合理，但是在评审流程方面仍然存在不够周全、不够严谨的问题。设计层面的一些漏洞不仅容易滋生和助长职称评审中的不正之风与学术不端现象，影响职称评审的权威性与公平性，而且常常导致一些摩擦和冲突，成为职称评审中的顽疾。

一　部分院校职称评审流程合理性明显不足

(一) 评审流程缺少必要的公示及专家外审环节

当前部分高职院校在职称评审中缺乏规范性操作流程,[①] 有的评审流程缺乏必要的公示、代表作外审、全程监督等重要环节或规程。

第一种情形,缺乏三次必要的公示。依据职称评审原则,在评审环节至少有三次公示。第一次公示为资格审查结果公示。资格初审之后,将申报人的相关材料以及审查结果予以公示,主要是监督参评者的材料是否真实、齐全、合格、有效等,避免不合格、弄虚作假者蒙混过关。第二次公示是推荐结果出来之后的公示。该环节是对前面资格的复查,也是对推荐工作过程与结果的监督。第三次公示是评审结果出来之后的公示。该结果应向全校公示,并接受监督。调研发现,部分高职院校的评审程序仅仅有一次公示,在校学术委员会评价推荐结果出来之后缺少第二次公示,在审核确定结果出来之后缺少第三次公示(见图 5-15)。

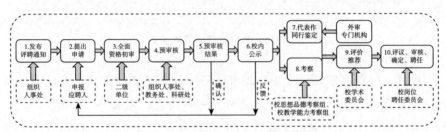

图 5-15　10E10 学院评聘基本程序

第二种情形是,缺乏必要的代表作校外专家鉴定环节。部分学校在职称评审流程设计中没有代表作外审环节,而是组织校内专家、专业(学科)评议组或同行评议组评审。这种非校外专家匿名评审的情况容易受到人为因素影响,会出现"人情关系干扰"等情形,容易产生一定程度的小团体主义、本位主义的问题。例如,有学院在职称评审流程设计中缺少代表作外审的重要环节(见图 5-16),申报高级职称者的代表作(2 篇论文)交由

---

① 黄亮:《内涵发展视域下高职教师职称评审改革路径研究——以江西财经职业学院为例》,《职教论坛》2019 年第 6 期,第 69 页。

校内学科组进行。作为评审专家，01E01-FZ2感叹道："校内评审比较麻烦，比较得罪人。"换言之，采取代表作校内专家鉴定方式的话，由于评审专家和申报人在同一个学校，可能比较熟悉，容易影响评审的权威性、公正性。如果评审专家囿于人情关系的困扰，投了"人情票"则违背评审规则；如果不投"人情票"，容易得罪人，不利于团结。因此，校内评审专家左右为难，未通过的申报人可能会对评审专家颇有微词。另外，尽管有的学院设置了外审专家鉴定环节，但是"部分外审专家由于时间、精力、重视程度等原因对外审的代表作评阅不够认真、负责，经常出现敷衍了事、应付取巧的情况"。[①]

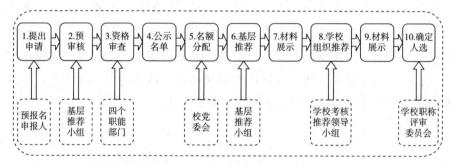

图 5-16 某学院职称评审流程

此外，一些高职院校在职称评审流程中缺乏必要的监督，或监察环节设计不够完整、周全，存在一定漏洞。一般而言，监督环节包括四部分：第一部分的监督为对资格审查（初审）过程的监督。第二部分的监督是在二级学院（教学单位、工作所在系部）初审后，学校相关职能部门（人事处、教务处、科研处、学生工作处等）进行复查后的监督。第三部分的监督在推荐环节，主要是在推荐委员会测评推荐、专业（学科）评议组综合评议投票环节的监督；第四部分的监督是在校职称评审委员会组织评议和投票表决时的监督，确保该环节的客观、公正、公平等。但是，由于诸多原因，部分高职院校职称评审流程中的监督环节存在漏洞。

---

① 蔡连玉、鲁虹：《高校教师绩效管理计件工资化及其治理路径研究》，《高校教育管理》2020年第2期，第97~104页。

（二）评审评议过程中的不记名投票存在一定弊端

首先，当前"不记名投票规则"存在一定的黑箱问题。调研发现，目前大多数高职院校的职称评审委员会在最终确定申报人是否通过评审时，一般都采用匿名投票。01E01-FZ2说："职称评审委员会主任一般会给大家制定一个规则，就是按选票高低进行排序。多数学校在最终确定申报人是否通过时，都会采取评委会匿名投票这种办法。"有位曾常年担任某高校教务处负责人的研究者发现，职称评审委员会评审过程中实行的"不记名投票规则"不够合理科学，存在一定的黑箱问题。从评委个体心理分析，大多数专家评委在主观上并不愿意受人情或行政权威干扰或误导，但客观上往往会受制于人性的弱点而出现倾向性，并产生行为上的偏差。这种偏差，"一为善意出偏，即受部门利益和同情心驱使而出现的评价偏差；二为恶意出偏，即由功利冲突或压制新生者而导致的评价偏差。根本原因还在于不记名投票"。① 从评委个体动机分析，匿名投票无须专家明确标注代表专家学术尊严和对评价结论负责的名字，因此，若有评委会成员投了违背学术评价准则的票，也会在"不记名投票规则"的庇护下不用接受必要的监督也不被追责。因而，某些评委投票往往失去原则，主观性被无限制扩大，公平性会在"集体负责"的条文下被扭曲。②

其次，很多高职院校评审委员会成员缺乏必要的投票规则培训，投票的规范性、严肃性、纪律性不足，影响投票的公正性、科学性和权威性。尽管在职称评审委员会中有一些比较有经验的专家，但是，总体而言，很多高职院校刚刚组建职称评审委员会及其专家库，吸纳了很多新的评委会专家，因此对于很多新入库的评审委员会成员而言，这种专业培训是十分必要的，也是特别重要的。培训内容基本包括两方面，一方面是了解和熟悉投票过程中的一些规范性、技术性要求，包括：①投票前评委会成员应进行充分讨论；②对实到会评委有一个最低人数规定，一般为三分之二；③采取匿名投票或实名投票的方法，投票后应进行回收与统计，以及规定有效票、无效票情况；④同意票数应在出席评委人数多少以上才视为通过；

---

① 张文凌：《职称评审应改变不记名投票制》，《中国青年报》2006年3月3日，第6版。

② 董云川：《职称评审公正论》，《高等教育研究》1999年第3期，第45页。

⑤如果出现得票数相等情况再进行对得票数相等人员的重新投票等；⑥设置监票人等。另一方面是明确并严格遵守投票过程中必须坚持的一些重要工作原则，包括公平、客观、理性、保密、回避等原则。有研究发现，有少数专家在投票时并未遵循公正原则，而是按照利益关系、个人情感等因素进行投票，因此存在徇私舞弊的可能与情况。[①]

此外，不同学校对职称评审委员会投票通过比例的要求不一。亦即在职称评审委员会组织的评审环节中，各个学校规定的投票通过比例有较大出入，有的要求超过 2/3 为通过，有的要求超过 1/2 为通过。显然，后者有违 2019 年《职称评审管理暂行规定》之规定——"同意票数达到出席评审会议的评审专家总数 2/3 以上的即为评审通过"。这些都成为影响职称评审合理性、公平性、权威性的重要因素。

二　科研评审未能有效预防和杜绝学术不端

（一）代表作外审难以鉴别"枪手代写"问题

调研发现，现行职称评审采用的代表作外审制度难以鉴别申报人的代表作是否造假，是否存在学术不端。按照我国 2019 年颁布的学术出版规范《期刊学术不端行为界定》，学术不端主要包括剽窃、伪造数据、篡改数据、不当署名、一稿多投、重复发表、违背研究伦理、伪造评审意见等方面。[②]当前，高职院校职称评审的代表作主要是论文形式。由于代表作外审流程与方法设计存在一定漏洞，难以鉴别申报人的代表作是否造假或存在学术不端，结果衍生的问题是论文、专著等科研成果的"枪手代写"或雇人代笔现象时有发生。

首先，"枪手代写"现象并非个案。有教师反映，个别老师为了在职称评审中得到较高积分，想方设法投机取巧，甚至弄虚作假，往往利用不法中介购买论文、专著或专利等。有的评委还在职称评审中发现一些令人匪夷所思的科研成果。例如一个连一篇论文都写不好的人，居然能出版专著。

---

① 孙艺方：《高职院校教师职称评审体系指标量化初探》，《宁波教育学院学报》2018 年第 1 期，第 10 页。

② 国家新闻出版署：《学术出版规范、期刊学术不端行为界定（CY/T 174—2019）》，2019，第 1~2 页。

一个不做研究的人竟然发表多篇核心期刊论文，一个对英文不太熟悉的人竟然能发表多篇英文期刊论文。被访专家04E04-FZ4指出："代写代发论文有一个比较大的市场和产业链，所以你就会发现很多人的文章是很'水'的，甚至是找枪手代写的。还有老师自己都不清楚英文论文中单词的意思。这其实是一个很糟糕的事情，但是目前的职称评审办法难以排查出来。尽管我们规定论文等科研成果要进行学术不端检测，但是，有时也会出现'道高一尺，魔高一丈'的情况，据说有些软件能自动降重（重复率），抄袭来的论文也就变成了所谓的原创。"

其次，"枪手代写"现象历时已久。有专家反映，该问题早在21世纪初就屡见不鲜，随着高职教育的大发展以及职称评审主要采用以论文等科研成果为主的评价体系，可以说，已经催生一条黑色产业链，甚至在邮箱、QQ、微信等通信平台上时常出现一些代发论文的广告。有一篇2011年刊发的研究指出："论文抄袭剽窃、雇人代笔十分盛行。"导致仅仅靠专家外审难以鉴定出申报人的科研能力。[1] 此后，很多研究也指出该问题，发现一些不具备研究能力的教师更易急功近利，更愿意通过中介发表论文，花钱购买专著出版等。[2] 毋庸讳言，雇人代笔现象由来已久，业已形成的"枪手代写"产业链估计至少有20年的历史。

最后，"枪手代写"现象未能根治。究其原因，一方面，客观上存在"枪手代写"或论文买卖的市场。其中，学术导向的职称评审模式是产生这种需求的原因，而评审流程设计中的漏洞是导致论文评审"难辨真假"的重要原因。客观而论，很多高职院校的职称评审制度不够健全完善，不能科学合理地对教师科研成果进行评价，难以甄别科研成果的真实性，或为了节省评审成本等而不愿意去鉴别，转而主要关注申报人论文发表的数量以及论文发表的期刊级别，实际上是强调数量、以刊评文，"导致有些教师为了晋升职称、完成年度绩效考核科研指标等投机取巧，学术造假"。[3]

---

① 刘霞玲：《高职院校教师职业能力评价与能力建设研究》，《宁波大学学报》（教育科学版）2011年第1期，第109页。

② 陈银飞：《道德推脱、旁观者沉默与学术不端》，《科学学研究》2013年第12期，第34页。

③ 赵淑琪：《高职院校教师教科研能力现状调研及提升策略》，《教育与职业》2019年第21期，第87页。

另一方面,"枪手代写"的现象难以通过技术手段发现。现有的一些学术不端检测技术,如论文查重等,难以发现枪手代写的情况。相对而言,这种情况更加隐蔽,难以取证。对此被访谈人 06E06-FZ2 表示:"买论文的这个情况,各个单位肯定或多或少都是存在的。但是,目前我们调查取证很难查出来。但通过平时情况能做出一个基本判断。例如,有的老师根本就不做那个实验,但是他能写出 SCI。有的老师英文水平一般,但是他发表出了专业性的英文论文。确实现实中有这样的现象,就是不太好去查。"04E04-FZ4 也反映了该现象:"我们每年也会收到人事部门的反映,请科技处去调查,但是也没查出什么太大的问题。如果真的存在,他们也是暗中购买论文,难以查证。"

(二)职称评审存在申报方"拉人陪跑"现象

职称评审中存在"拉人陪跑"现象。为了实现自身职称晋升和达到开评的申报人基数,高职院校或申报人就将"拉人陪跑"作为对策。某省规定,按参评对象的 40%比例晋升教授职务,且只能"四舍"不能"五入"。亦即一个学校在一轮评审中要评一个教授,至少应三个老师参与评审。为此,学校要老师们发扬"甘当绿叶衬红花"的精神,积极鼓励教师参与职称评审,通过"做大分母和基数"为"分子"做贡献。申报人为了确保自己能评上职称,想方设法邀请同事参与"陪跑"。这种现象不仅变相降低了职称评审标准,更为严重的是降低了教授职称的"含金量"。[①]

很多高校在处理学术不端行为时往往以道德处罚代替法纪处分,导致"很多教师抱定只要不被惩罚即为获益的心理,学术腐败行为进一步蔓延与扩散"。[②]

此外,大多数教师对造假者和违规者的做法熟视无睹、放任不管,相当于纵容了这种行为。[③]

---

① 雷世平:《职称评审权下放高职院校并非"一放就灵"》,《大视野》2020 年第 1 期,第 1~2 页。

② 徐大成:《大学教师职称晋升中"劣币驱逐良币"现象审视》,《教育评论》2019 年第 5 期,第 116~117 页。

③ 罗向阳、林瑞娟、支希哲:《高校教师职称评审制度的悖论解析》,《黑龙江高教研究》2014 年第 8 期,第 244 页。

上述学术不端现象个仅导致教师教育教学价值取向的异化，而且使原来就已经滋生的学术腐败现象愈演愈烈，严重破坏了学校的学术生态。

第四节　高职教师职称评审配套制度建设相对滞后

相关配套制度建设相对滞后在一定程度上掣肘高职教师职称评审制度建设。调研发现，大多数高职院校在师德考核负面清单、"双师型"教师认定标准、专家库建设方面的制度建设比较滞后，制约了高职教师职称评审制度的健全与完善。

一　师德考核的负面清单制度尚未普遍建立

当前，大多数高职院校的师德考核负面清单制度尚未普遍建立。尽管在职称评审制度建设中，高职院校对师德问题均表示采取"零容忍"和"一票否决"，但是调研发现，具体到师德哪些方面失范、达到何种程度、造成多大影响、受到何种惩处方面，符合高职教育特点的可操作性负面清单制度尚未普遍建立。

（一）职称评审评判师德问题时缺乏具体标准

高职院校在职称评审制度文本中都明确规定，对师德问题"零容忍"，实施师德失范"一票否决"。对师德问题"一票否决"，不仅是国家层面和地方政府相关政策的规定，而且在高职院校的职称评审制度建设中被高度认可和广泛接受。访谈发现，很多专家都支持关于师德问题"一票否决"的规定，认为这十分必要，也十分重要。17M04-FZ1 表示："师德是非常重要的，如果教师思想品德不好，那就不适合当老师，更不用说评职称了，因此'一票否决'很有必要。"32O06-FZ1 认为："立德树人是首要的，教师要有师德，医生要有医德，特别是教师这个行业。"

尽管许多高职院校制定了师德正面清单，即从正面规范与引导角度制定的师德师风规范，列明教师应遵守的职业道德规定与要求，但是缺乏相应的师德"负面清单"，即"何为师德失范""师德失范的程度""师德失范的相应惩处"等，导致教师师德考核缺乏可操作性。本研究认为，应该从严禁负面情况发生的角度来制定"师德负面清单"，明确高职教师师德失范的常见问题，包括界定师德失范的主要方面与各种败德行为，明确调查的方法与程序，规定达到何种程度给予何种相应惩处的细则，才能使"一票否决"具有较强的合理性、可操作性。否则，如果没有一个客观、公允的师德负面清单，将师德问题扩大化、简单化，就会使问题处理极端化、粗暴化。这样对师生既不尊重，也不负责任，甚至会对师生造成很大伤害。调查发现，当前高职院校针对教师师德失范行为的"负面清单"甚少，也未按照相关规定建立相应的"师德失范信息库"。因而，在职称评审时对申报人师德难以进行较为客观、全面、准确的判断。教师17M04-FZ1反映："对于师德考核目前还没有量化的标准。具体到师德到底指什么，如何评判，如何量化，却很难。对于我们来说，师德主要是在课堂上不能有教学事故，同行测评和学生测评超过一定比例。"即除了一些较为突出、负面影响较大的败德行为外，在实践中有很多似是而非、边界模糊、难以判断的情况存在。调研发现，很多高职院校进行职称评审时对教师师德的判断，基本上就是依靠院系领导的印象和感觉。32O06-FZ1表示："对师德进行考核不好做。当前，师德主要是靠学校领导和干部的印象，都是定性的，没有定量的标准。"也就是说，如果相关领导或评委会成员没有听到有关申报人的相关负面消息，一般就认为该教师不存在师德失范问题。对此01E01-FZ2表示："我个人认为，在师德师风方面，一是没有学生对教师上课方面的投诉，二是没有发生教学事故，三是没有学术方面的问题，就应该算是没有问题。相反，如果教师师德不好，再去评职称也是不合适的，也是不允许的。"可见，师德"负面清单"应包括具体的违禁细则、获得有关师德问题的渠道、如何进行调查与核实，以及给予何种程度的惩处等，这些当前都尚未明确化和制度化。

正因如此，当前高职院校职称评审过程中对师德考核的客观性、全面性、合理性不足，这往往导致一些问题。譬如，职称评审委员会难以通过有效渠道获得有关教师师德问题的客观、全面情况，对申报人是否存在师德问题容易产生误判或漏判等。

（二）国家有关师德规范的标准亟须校本化

当前，国家有关师德规范的标准亟须校本化，即各个高职院校根据国家师德建设的相关要求，结合高职教育的特殊性，制定更适合本校的师德

"负面清单"。近年来，相关部门在高校教师师德建设方面积极出台一系列文件，为高校师德建设提出重要的指导性意见。其中，《高等学校教师职业道德规范》（教人〔2011〕11号）是2010年以来推动高校师德建设的第一份指导性文件，提出"各校要据此要求制订或修订本地本校的师德规范实施细则"，"各校要将师德纳入教师考核评价体系，严格执行'一票否决制'"。2014年发布《教育部关于建立健全高校师德建设长效机制的意见》（教师〔2014〕10号），要求"建立健全高校师德建设长效机制的原则、要求和主要举措"，并责令"各校要根据实际制订具体的实施办法"。2018年1月20日颁布的《中共中央 国务院关于全面深化新时代教师队伍建设改革的意见》首次提出"推行师德考核负面清单制度，建立教师个人信用记录，完善诚信承诺和失信惩戒机制"。《新时代高校教师职业行为十项准则》（教师〔2018〕16号）不仅包括十个方面的规范要求，而且提出十条"不准"，为高职院校制定本校的师德规范实施细则或师德考核负面清单制度提供了重要框架与参考（见表5-16）。

表 5-16　2010 年迄今我国有关教师师德的重要文件

文件名称	主要内容或特点	相关要求
《高等学校教师职业道德规范》（教人〔2011〕11号）	①规定爱国守法、敬业爱生、教书育人、为人师表等六条师德规范（以正面要求为主）；②是推动高校师德建设的指导性文件	①各校要据此要求制订或修订本地本校的师德规范实施细则；②各校要将师德纳入教师考核评价体系，严格执行"一票否决制"；③提出建立师德建设长效机制
《教育部关于建立健全高校师德建设长效机制的意见》（教师〔2014〕10号）	①建立健全高校师德建设长效机制的原则、要求和主要举措；②充分激发教师加强师德建设的自觉性；③切实明确师德建设工作的责任主体；④建立健全教师违反师德行为的惩处机制，列举八条师德失范行为	①各校要根据实际制订具体的实施办法；②师德考核要采取个人自评、学生测评、同事互评、单位考评等多种形式进行；③师德考核不合格在教师职务（职称）评审等环节实行一票否决
《中共中央 国务院关于全面深化新时代教师队伍建设改革的意见》	①健全师德建设长效机制；②实施师德师风建设工程；③推行师德考核负面清单制度，建立教师个人信用记录，完善诚信承诺和失信惩戒机制，着力解决师德失范、学术不端等问题	①把提高教师思想政治素质和职业道德水平摆在首要位置；②把社会主义核心价值观贯穿教书育人全过程；③突出全员全方位全过程师德养成

续表

文件名称	主要内容或特点	相关要求
《新时代高校教师职业行为十项准则》（教师〔2018〕16号）	①主要包括坚定政治方向、自觉爱国守法、传播优秀文化、潜心教书育人、关心爱护学生、坚持言行雅正等十条；②既包括十个方面的规范要求，也有十条禁止规定	①在职称评聘等工作中进行师德考核，实行师德失范"一票否决"；②各地各校要依规坚决查处师德违规行为；③要严格落实学校主体责任，建立师德建设责任追究机制
《教育部关于高校教师师德失范行为处理的指导意见》（教师〔2018〕17号）	①从教育管理角度，对学校发生师德失范行为的处理提出十条指导意见；②主要包括，要严格落实师德建设主体责任，教师要自觉加强师德修养，对教师师德失范行为实行"一票否决"等；③师德师风建设要坚持权责对等、失责必问的原则	①要建立健全师德失范行为受理与调查处理机制；②在教师师德失范行为调查过程中，应听取教师本人的陈述和申辩；③各地各校应当依据本意见制定教师师德失范行为负面清单及处理办法，并报上级主管部门备案

毋庸讳言，国家层面有关师德建设的政策在近十年推进比较快，主要特点有二：一是从师德建设内容看，政策制定越来越充实、越精细、越便于操作。从较早的纲要式、指导性文件（"师德规范6条"），到明确师德失范8条，到推行师德考核负面清单制度，再到教师职业行为10项准则。二是重视关于师德问题的体制机制建设，主要包括建立健全师德建设长效机制、高校教师违反师德行为的惩处机制、师德建设责任追究机制、师德失范行为受理与调查处理机制。

尽管相关部门要求各地各高校制定相应的高校教师职业道德规范实施细则、高校师德建设长效机制实施办法、高校师德考核负面清单制度和教师个人信用记录制度，但由于诸多原因，一些要求并未得到很好的执行和落地。调研发现，大多数高职院校并未根据相关政策的规定，制定本校师德师风一系列制度，包括出台高职院校师德师风规范、师德失范行为及其惩戒办法，设立师德师风建设的组织机构等。概言之，符合高职院校特点的师德考核负面清单制度尚未普遍建立。

二　可操作性"双师型"教师评判标准未确定

随着第四次技术革命的到来，现代产业的技术迭代、结构升级，特别是现代设备的智能化使得对高职院校教师的技能水平（动作技能、智慧技能）要求越来越高。① 因而，从长远计，"双师型"教师资格必须作为职称评审必要条件。

（一）"双师型"教师资格尚未作为职称评审必要条件

从应然层面看，具备"双师型"教师资格应作为职称评审的重要前提条件。从职业能力与专业发展需求看，高职教育的教师是集理论与实践技能于一体的、既能讲授又能操作的"双师型"教师，② 即"双师型"是高职教师必备的职业素养，是承担、胜任和完成技术技能型人才培养工作的基本要求。在职称评审制度设计中，将具有"双师型"教师资格作为高职教师职称评审的基本条件，促使高职教师积极到企业实践，提升自身专业实践能力，补齐当前教师实践教学能力不足的短板，对提升高职教育的人才培养质量无疑具有重要作用。当前高职教师专业成长最需要提升专业实践能力。调查显示，42.2%的专家认为，专业实践能力是教师专业成长最需要提升的方面（见图5-17）。

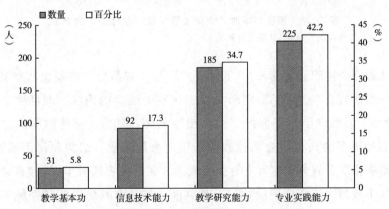

图 5-17　教师专业成长最需要提升的方面

注：数据缺失值为 7，该项统计数为 533。

---

① 徐国庆：《实践导向职业教育课程研究：技术学范式》，上海教育出版社，2005，第 88 页。
② 教育部教育规划与战略研究理事会秘书处编《建设中国特色、世界水平的现代职业教育体系》，教育科学出版社，2014，第 641 页。

　　调研发现，很多高职院校尚未将"双师型"资格作为教师职称晋升的必要条件。针对"教师职称评审条件中，对'双师素质'或'双师型'的要求"问卷的统计数据显示，有 44.7% 的教师认为本校将"双师型"资格作为参考条件，还有 20.8% 的将其作为可替代条件或未做要求。可见，仍有 65.5% 的教师认为所在学校并未将"双师型"资格作为职称评审必要条件，这反映出职称评审制度建设的不足之处（见图 5-18）。

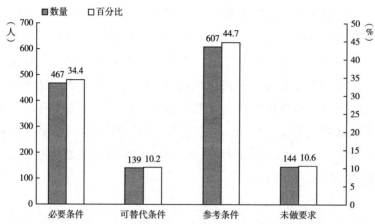

图 5-18　职称评审对"双师素质"或"双师型"的要求
注：数据缺失值为 6，该项统计数为 1357。

　　从教师个体职业素养看，"双师素质"与"双师型"的概念基本是一致的。一般而言，"双师型"概念主要表达两个层面的内涵，即群体结构的"双师型"教师和个体层面的"双师型"教师。其中，群体结构的"双师型"教师更多的是指职业院校教师队伍的整体素质、结构和比例要合理，尤其是强调专业教师能够具有专业实践能力和进行实践教学。[①] 换言之，这是对某个教师团队或师资结构的一种判断，即整个教师团队是否能够承担职业教育的项目课程、理实一体化课程，其中是否具有一定数量的能胜任专业理论教学的教师、能胜任专业实践教学的教师，或既能胜任专业理论教学也能胜任专业实践教学的教师。个体层面的"双师型"教师是对教师

①　贺文瑾：《"双师型"职教教师的概念解读（下）》，《江苏技术师范学院学报》2008 年第 8 期，第 50~51 页。

个人职业素养而言，即该教师是否能够胜任专业理论教学和专业实践教学，相当于具备一定的"双师素质"。对于专业教师而言，具备"双师素质"就是人们所言的"双师型"教师。

目前，学界对"双师型"教师标准的认定并无统一的标准，但形成了一些基本共识。比较有代表性的观点包括：①"双证书说"（教师资格证+职业技能证）；②"双资格说"（教师职业资格+其他行业资格）；③"双能力说"；④"双层次说"，即基于"经师+技师"的能力层次、基于"人师+事师"的素质层次；⑤"双素质说"；⑥"双职称说"；⑦"双融合说"；⑧"双来源说"；⑨"多师说"；⑩"特定说"。[①] 其中，"双素质说"逐渐被人们所接受，也就是说高职教师应具备"双师素质"。具体而言，"双师素质"包括什么？有很多学者基于"双师型"教师的素质特点，认为高职教师不仅要满足教师专业素质的一般要求，而且要有较强的职业技术能力与实践教学能力。有观点认为职教教师不仅应具备广博的专业（职业）基础知识、熟练的操作技能，同时还应具备实践教学能力，即将这些知识与技能传授给学生的能力。[②] 也有学者认为，职教教师应具有"双理论"（专业理论与职教理论）和"双技能"（职业技能与教学技能）。[③] 另有论者认为，高职教师应成为教育教学专家和本领域工程专家。[④]

"双师型"教师并非形式上的"双证书"教师，而是具有专业理论教学能力与实践教学能力的、能够胜任理论教学与实践教学工作的教师。受访专家 02E02-FZ1 认为："高职院校需要的'双师型'教师是真正能承担理实一体化课程的教师。教师具备双证书是其中一个条件，因为那是比较好量化的东西，但并不意味着你能胜任这方面工作。仅仅有证书还不够，必须能够胜任相关的专业实践课程，这样的话就基本上已经达到了。打个比方，就像你只拿到一个医师资格证，但没有这方面的实践能力是不行的。我们高职院校的教师都必须向'双师型'努力，这是必需的。"概言之，如

① 贺文瑾：《"双师型"职教教师的概念解读（上）》，《江苏技术师范学院学报》2008 年第 7 期，第 49~50 页。

② 周蕖主编《中外职业技术教育比较》，人民教育出版社，1991，第 174~175 页。

③ 吴全全：《职业教育"双师型"教师基本问题研究——基于跨界视域的诠释》，清华大学出版社，2011，第 118 页。

④ 何飞跃、魏旻、施茂祺：《高职院校教师专业发展浅说》，《职业教育研究》2009 年第 6 期，第 57 页。

果未将"双师型"教师资格作为职称评审的必要条件，势必会影响高职教育的内涵发展。

（二）"双师型"在职称评审中常常被简化为"双证书"

"双师型"或"双师素质"的标准在国家相关政策规定中曾有界定，但是在高职院校层面往往被简化为"双证书"标准。我国官方对"双师素质"教师的正式界定是基于高职高专院校人才培养水平评估工作所需。2004年4月19日教育部发布的《高职高专院校人才培养工作水平评估方案（试行）》（教高厅〔2004〕16号）首次将"双师素质"教师解释为，具有讲师或以上教师职称，又具备下列条件之一的专任教师：①有本专业实际工作的中级或以上技术职称（含行业特许的资格证书及有专业资格或专业技能考评员资格者）；②近五年中有两年以上在企业第一线本专业实际工作经历，或参加教育部组织的教师专业技能培训获得合格证书，能全面指导学生专业实践实训活动；③近五年主持或主要参与两项应用技术研究，成果已被企业使用，效益良好；④近五年主持或主要参与两项校内实践教学设施建设或提升技术水平的设计安装工作，使用效果好，在省内同类院校中居先进水平。其中的评判标准是多元的，可以理解为"证书标准""能力标准""应用研究标准""实践技术标准"等。

之后，2009年高等职业院校人才培养工作评估研究课题组编写的《高等职业院校人才培养工作评估解读与问答》一书中，将"双师型"界定为高等职业学校中具有中级及以上教师职称，又具备以下条件之一的专业课教师：①有本专业实际工作的中级及以上技术职称（含持有行业特许的资格证书及具有专业资格或专业技能考评员资格者）；②近五年中有两年以上（可累计计算）在企业第一线本专业实际工作经历，或参加教育部组织的教师专业技能培训获得合格证书，能全面指导学生专业实践实训活动；③近五年中主持（或主要参与）过两项应用技术研究（或两项校内实践教学设施建设及提升技术水平的设计安装工作），成果已被企业（学校）使用，达到同行业（学校）中先进水平。① 该标准基本上沿用了2004年的标准，并

---

① 高等职业院校人才培养工作评估研究课题组编《高等职业院校人才培养工作评估解读与问答》，高等教育出版社，2009，第284页。

作为全国高职院校人才评估工作对"双师型"教师认定的标准。2019 年 1 月国务院发布的《国家职业教育改革实施方案》明确指出，"双师型"是指"同时具备理论教学和实践教学能力的教师"。无疑，上述官方文件对"双师素质"或"双师型"教师的认定标准具有较强的权威性和重要参考价值。调研发现，很多高职院校基于认定的方便、客观，基本沿用国家层面的标准，其中最主要的属于"双证书"标准。04E04-FZ1 认为大部分高职院校基本采用"双证书"标准，他说："对于双师素质具体采用什么样的标准，这一块我们也没有很大的创新。从理论上讲，我们是按照教育部评估系统中'双师素质'采集面板上的定义，共有五类情况可以界定为'双师'。但是在实践层面，我们基本上是看是否有'双证书'。"

调查发现，当前高职院校判定"双师型"教师的主要依据是"获得双证书"。针对"学校判断'双师型'教师的最主要依据"的统计结果显示，14.3%的教师认为是依据"具有一定企业工作经历"，24.8%的教师认为主要是"能胜任理论和实践课程教学"，50.3%的教师认为是依据"获得双证书"，10.6%的教师反映以本校专门考核认定为准。可以说，"双师型"在职称评审中常常被简化为"双证书"，这已经成为不争的事实。无疑，这在很大程度上降低了"双师型"教师资格的标准，亟待进一步改进（见图 5-19）。

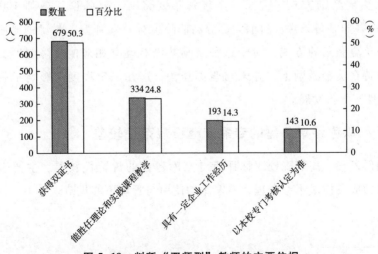

图 5-19　判断"双师型"教师的主要依据

注：数据缺失值为 14，该项统计数为 1349。

但是，在职称评审的实际操作中，由于官方文件规定的相关标准中有的不容易做到，有的是一种弹性规定，没有特定的证明能力或说服力。同时，在职称评审的相关政策中并未明确指出学校"双师素质"或"双师型"教师认定标准。因此，在职称评审中大多数高职院校的普遍做法是，只要教师具备"双证书"，通过学校相关部门的认可就视为具有"双师素质"或属于"双师型"教师。05E05-FZ1表示："学校对教师'双师素质'是有要求的，一般是有技师证或者工程师证就算双师，目前主要是看是否有'双证'，有证就算。但存在的问题是，因为现在社会上的证多如牛毛，都是掺着水分的，含金量不高。"由此产生的主要问题是，许多教师在申报职称时提交的关于"双师型"教师的材料流于形式，没有真正体现教师的能力水平。[①] 09E09-FZ2表示："当前，有老师虽然有相关的其他资格证书或技能证书，但是却无法承担实践技能教学。如果唯资格证去讲，它和实践还是不一样的，因为你考一个证和在企业做多少设计还是有本质的区别的，这个是不能等同的。"

此外，"双师型"未作为很多高职院校职称评审的必备条件。有的院校将"双师素质"要求作为一种倡导性条件、一种可替代性条件或一种加分条件，而不是一种必备条件。09E09-FZ1表示："学校每年鼓励老师做双师型老师，但是这个没有硬性的规定。"还有的院校对具备"双师素质"的教师采取奖金激励方式，例如"学校每年度奖励'双师型'教师1000元/人"，但并非必备条件。目前大部分高职院校对"双师型"教师的激励，普遍采取奖金激励的方式，对于这种激励并没有确立相应的保障制度，激励仅仅维持在奖金激励上，并未与职称挂钩，这在一定程度上影响了教师向"双师型"方向发展。

三　职称评审急需的专家库建设规范性较差

调研发现，高职院校职称评审专家库建设的规范性较差，主要表征是专家库的成员构成不够合理，专家库的使用与管理不够规范。

---

① 孙艺方：《高职院校教师职称评审体系指标量化初探》，《宁波教育学院学报》2018年第1期，第11页。

（一）专家库遴选的成员结构不够合理

专家库成员的构成、素质、能力情况直接影响职称评审委员会的结构与质量。评审权下放之初，很多高职院校在组建职称评审委员会时需要专家库。很多高职院校由于缺乏这方面的积累和资源，必须借用省教育管理部门或其他高校的专家库，并从中临时选取一些专家。同时，从校领导与教师中遴选一部分专家，组成职称评审委员会。还有的高职院校由于规模较大、高级职称获得者较多，条件比较成熟，建立了校专家库。值得关注的是，由于种种原因，当前两种专家库都存在成员结构不合理问题，有的缺乏校内学术委员会成员的参与，有的缺乏校外同类院校专家参与，有的缺少企业方面专家参与，具体情况如下。

第一种情况是，很多高职院校在组建专家库时未充分吸纳校内学术委员会成员。结果是，在组建职称评审委员会或专业（学科）评议组时缺乏学校学术委员会的参与。职称评审在很大程度上是对教师学术能力、学术贡献力的一种评价，因而属于一种学术性活动。从学术权力的有效发挥角度看，学术委员会成员不仅有权利和义务参与，而且通过参与能充分发挥学术力量，促进学术民主，实现学术权力与行政权力的平衡，避免行政权力的膨胀，促使治理理念在职称评审中的推进。相反，如果专家库或职称评审委员会中缺乏校学术委员会成员的充分参与，往往会造成行政权力膨胀，导致职称评审容易受相关领导个人意见的影响或左右，可能存在某些人操纵或控制职称评审的风险，甚至产生一些暗箱操作、以权谋私、违规违纪等问题。

第二种情况是，缺乏校外同类院校专家的参与。如今高职院校职称评审基本采取同体评审的办法，亦即评委会成员主要由本单位专家组成，并对本单位同事进行教学科研业绩评价，决定其是否具有相应职称资格。[①] 调研发现，一些学校在专家库或职称评审委员会中缺乏一定比例的校外专家，甚至没有校外专家，属于较为典型的同体评审，容易导致一些不公正、不公平问题的产生。有的专家库缺乏高职院校某专业的专家，高职院校在选用专家库成员时，往往从本科院校同类专业专家中选取。尽管专家们会按

---

① 司林波：《高校教师职称评审中的帕金森定律及其治理》，《高校教育管理》2012 年第 4 期，第 74 页。

照一定文件规定等进行评审，但是由于高职院校与普通本科院校两类教师的工作内容、业绩成果定位不同，会在一定程度上影响评审的公平性、合理性。此外，由于校内专家与申报人同属于一所学校，往往存在较强和较普遍的熟人关系。这种熟人关系往往会影响评审专家做出客观、公正、公平的判断。即使有时评委的判断是比较客观、公平的，但是对于职称评审未通过的申报人而言，依然容易产生一些误解，影响专家与教师之间关系的和谐。有专家表示："担任校内专家确实很容易得罪人，不得罪这个人，就必然得罪那个人，有点像'猪八戒照镜子——里外不是人'。"

第三种情况是，缺乏行业企业专家的参与。行业企业是高职院校办学与发展的合作共同体，申报人的一些成果，譬如技术发明、专利应用、管理方法等究竟在行业、企业使用情况如何，是否产生较大的收益或创造一定的经济效益，是否能促进中小微企业的技术更新、产业升级、产品提质，都需要行业企业界的专家来参与和甄别。由于多种原因，大多数学校组建专家库时缺乏行业、企业等的专家参与，这也容易导致评审中关于一些横向课题实际贡献情况、技术发明或革新给企业带来的收益情况、教师服务企业培训情况等的信息不对称，进而产生评审不公平、不合理问题。

（二）专家库的使用与管理规范性不足

专家库的使用与管理规范性不足，是当前专家库建设的重要问题之一，也影响职称评审结果的客观性、公平性、权威性。规范性不足的问题主要包括以下几种情况。

第一种情况是，专家库中某些专业方面的专家人数不够，结果在抽取学科组专家时，特定专业的专家储备不够或缺失，只能抽选相近专业的专家作为评审委员会成员或评议组成员，导致评审专家与评审专业领域不一致，评审客观性、合理性不强等问题。另外，按照相关要求，高职院校进行单独自主评审时，职称评审委员会应该由 21~25 名专家组成。但是，有的高职院校的职称评审委员会成员未达到规定要求，只有 17 人或 15 人，最低的是 13 人。

第二种情况是，有的专家库在遴选专家时标准不够规范。对于专家的遴选应该有比较严格的规定，譬如评审正高级职称的专家库成员一般须具有正高级职称，并且应为人正派，办事公正，能够遵守工作纪律和坚持工作原则，在教师中具有一定威信和学术声誉或地位。但是，有的高职院校在组建专家库时，将一些不具备职称条件的中层领导等也都作为专家库成员，偏离了专家库的遴选原则，加重了职称评审中的行政色彩。对此，教师们反映较为强烈，10E10-FZ1认为："职称评审委员会主要就是学校领导班子成员、职能部门的负责人，其中有一部分成员的职称并不够规定要求，个人的专业素养与能力也不突出，但是毕竟是领导嘛，也就成了评审专家。相反，学术委员会的代表比较少，令人不明就里。"

　　另外，有的学校在建设专家库时偏重或倾向于聘请一些研究型大学的专家作为高职院校职称评审的专家，这容易导致评审中的标准要求过高或标准不一致等问题。访谈发现，来自研究型大学的专家在对高职院校教师进行职称评审或外审论文鉴定时，往往认为高职院校教师的科研成果级别较低，学术性不够强，因此给予的评价不是特别高。某高职院校人事处负责人04E04-FZ2认为："这么多年我们有时候将外审论文主要送给一些本科高校，有时候送高职院校。有一年，学校评职称就把教师代表统一送到本科去了，本科院校教师认为高职院校老师的科研水平和他们没法比，结果呢，我们学校送审的论文基本上没有得A的，绝大多数是C，也有D档，而论文外审出现D档就是一票否决。"这是专家遴选标准不够合理造成的评审不公平的教训。

　　此外，许多学校在使用和管理专家库时存在一些影响职称评审公正性、公平性、合理性的问题。①未对专家进行定期更换。按照相关规定，每年应按照一定比例适当调整职称评审委员会成员，形成一个动态的、随机性的人员结构。但是，有的学校的很多专家连续多年担任评审专家，这容易形成职称评审中的特权，也容易滋生评审中的不公正或腐败问题。②缺乏对职称评审委员会成员的系统性培训。目前，很多高职院校逐步开始组建学校职称评审委员会，但缺乏培训环节，导致评委会在进行相关评审工作时存在较多问题。譬如，由于缺乏对职称评审委员会成员、评议组成员的培训，存在一些新任专家不熟悉评审政策、规则、要求，不能坚持评审标准，不遵守评审规范的现象，甚至私自向他人透露其委员或成员身份的情况等。③有的学校对专家库或职称评审委员会成员的保密措施不到位，常常出现校内专家名单泄露情况，产生评审前申报人与评审专家之间的非正常联系，或有的领导给评审专家打招呼的情况。凡此种种，必然在一定程度上影响评审的公正性。④对评审专家的违规违纪行为未进行严格、明确要求，导致少数专家出现不能恪守职业道德，私自与评审对象联系，甚至泄露评审秘密、收受贿赂、营私舞弊等严重问题。这些都是今后高职教师职称评审制度建设需要注意的重要方面。

概言之，当前高职教师职称评审制度存在的主要问题是制度供给偏斜，即高职教师职称评审制度在设计导向上偏离了"双师素质"定位，偏向"学术型、研究型"方向。因此，高职教师陷入两个评价导向不一致的制度之中，一方面，在平时的教育教学中，要按照"双师"方向发展；另一方面，在职称评审中却要服从"学术导向"的评审标准。①

---

① 王为民：《高职教师供给如何走出"制度陷阱"》，《中国教育报》2017 年 1 月 10 日，http：//www.cssn.cn/jyx/jyx_jyqy/201701/t20170110_3377142.shtml。

第六章
高职教师职称评审制度问题的原因探究

制度是社会思想文化的一种表现形式，制度建设中存在的问题不只是制度设计技术层面的问题，更是思想文化层面问题的一种外显。审视和剖析我国现行高职教师职称评审制度存在的问题，需要"跳出学校看学校""跳出教育看教育"，须从思想文化层面挖掘和探究其中的影响因素与缘由。鉴于复杂性是人文社会科学问题研究的共性特点，亦即一个问题的形成既可能是单一因素作用的结果，也可能是多种因素共同影响的产物，因而，问题与缘由之间呈现的并不都是"一对一"的因果关系，而是更多属于"多对一"或"多对多"的因果逻辑。无论何种逻辑关系，关键在于"回到事实本身"以探究问题产生的根源，揭示事物发展的本质规律。秉持该学术原则，下面对高职教师职称评审制度存在的主要问题进行探究与剖析。

第一节 传统教育管理思想对高职教育类型
属性的长期忽视

学术导向评审模式的形成与存续与传统教育管理思想对高职教育类型属性的忽视有很大关系。类型属性关涉高职教育的归属问题，是高职教育制度体系建设的前提。类型属性不明确，必然导致高职教育发展方向的迷失、高职教育制度体系建设的价值偏差，高职教育发展就可能"在错误的道路上越走越远"。对此，本研究从传统教育管理思想对高职教育的类型属性认知、管理归属和管理思维惯性等视角进行剖析。

一 传统教育管理思想对高职教育类型属性关注不够

何谓传统教育管理思想？它是与教育治理思想相对的一种管理思想。

传统教育管理思想一般具有以下特点。首先，从参与主体看，传统教育管理一般采取教育行政部门单一主体决策的方式；而教育治理常常采取政府、学校、教师、学生利益相关者等多元主体参与的方式。其次，从运行机制看，传统教育管理通常采用教育管理权力集中模式，强调行政命令的强制性；而教育治理强调政府、学校、教师、学生利益相关者等共同参与、协商、决策与执行。再次，从服务对象看，传统教育管理往往基于教育管理部门自身立场和利益来选择或决策；教育治理则追求为教师、学生和学校发展服务。最后，从信息传递看，传统教育管理受计划经济思维影响，常常采取自上而下的、行政命令式的信息传递或政策执行方式，缺乏对学校信息的及时调研、反馈、分析和互动；而教育治理通常处于上下信息互动、多方信息互通、信息对称性较强的状态。由是观之，在传统教育管理思想的影响下，我国高职教育管理惯于用普通教育的管理逻辑与思维去认知和对待高职教育，由此导致对高职教育类型属性的长期忽视。

如上文所述，受传统教育管理理念影响，高职教育的类型属性长期被忽视，造成高职教师职称评审制度对普通本科的"萧规曹随"。1986年《高等学校教师职务试行条例》规定，该条例适用于普通高等学校，原则上也适用于高职院校等其他类型的高等学校，导致职称评审制度的"张冠李戴"。由此造成的影响如下：一是在理念导向方面，高职教育常常受传统普通教育办学理念与思维方式的严重影响，人们习惯于用普通教育思维和模式去管理高职教育、评价高职教育。二是在政策安排方面，出台的政策法规忽视高职教育的类型属性。很多教育政策或法规的设计基本上是以普通本科院校或研究型大学为中心，以普通本科院校为主体，而对高职教育的类型特征重视不够、关注不多。三是在管理方式上，上级管理部门要求高职院校在执行相关政策时，必须参考普通本科院校的内容规定。四是从制度建设上，高职院校缺乏符合自身特点与需求的制度体系，基本上都是"套用本科"的一系列制度。由此导致的结果是，高职教育渐渐偏离其人才培养目标，造成高职教育的普教化，以至于被人们戏称"高职院校越来越像普通高校"。

类型属性是高职教育职称评审制度建设的依据与方向。如若忽视类型属性，高职教育职称评审制度建设就容易迷失方向，甚至落入缘木求鱼的泥淖。传统教育管理理念常常采用普通教育的逻辑来审视职业教育，导致高等职业教育的类型属性长期被忽视，高职教育出现较为严重的同质化现象。2019年1月24日国家发布《国家职业教育改革实施方案》，强调"职业教育与普通教育是两种不同教育类型，具有同等重要地位"，才使职业教育的类型属性正式受到高度关注。职业教育的类型属性，不只是指明职业教育与普通教育在性质上的差异，也不仅是强调职业教育人才培养过程的类型化、办学形态的类型化和管理模式的类型化，更为重要的是要求把职业教育建设成一个具有独立形态的体系。换言之，职业教育是一个与普通教育不同的、相对独立的教育体系，职业教育具有独特的人才培养目标与模式、教育教学体系、教师工作与管理体系等。因而，职业教育在发展中理应建设一系列符合职业教育特点、属性与需要的管理体制和运行机制，而不是照搬或参照普通教育的办学与管理思维与模式，亦即职业教育的身份必须从"附庸"走向"独立"，职业教育的发展必须从"走别人的路"转向"走自己的路"。

简言之，传统管理思想忽视高职教育类型属性，不仅致使高职教育本身"投错胎""进错门""干错活儿"，而且导致高职教育制度体系建设方向迷失、理据缺失、无所适从。高职教师职称评审制度建设，也存在同样问题。

二　传统教育管理思维惯性造成职称评审制度的路径依赖

受传统教育管理思维的影响，高职教师职称评审制度在建设过程中呈现出较强的路径依赖。这种路径依赖不仅包括制度本身的思维惯性，诸如高职教师职称评审制度的设计理念、思路、策略、方法等，也包括相关主管部门或学校领导的主观态度，以及一些客观因素，诱致学术导向的评审模式依然占据核心与主导地位。导致这方面路径依赖的主观因素有以下两个方面。

一是地方相关部门或一些高职院校为了规避制度改革中的风险，往往采取比较谨慎或保守的态度。在相关权力清单、职责清单和负面清单不明晰情况下，一些部门或高职院校对该项政策执行或制度改革持特别谨慎的态度，相关领导一方面采取保证稳定、循序渐进的改革策略，另一方面边走边看，参考和学习其他高职院校经验，在此基础上稳步推进。某学院校长33O07-FZ1认为："真正的思想改变并不容易，甭看大家都在讲，但是真正到了各个学校，学校管理者都会观望，有点保守，怕损害有些人的利益。他们都想求稳，不迈那么大的步子，这样不会引起不稳定，不会让大家反感。"例如 M 省出台的《高等学校教师（实验人员）中高级专业技术职务任职资格申报评审条件（试行）》，并未将高职院校教师评审条件进行单列，而是采取"职普混用"的方式。尽管在其中的副教授职称条款中提及有关高职教师的情况，设计出高职院校"教学为主型"教师职称评审条件，但在涉及"教学科研型""科研开发服务为主型"时，又采用"职普共用标准或条件"（见表6-1）。该省高校教师职称评审条件有以下特点：①在讲师、教授的任职资格评审条件方面，普通本科院校与高职院校的标准完全一样；②在副教授任职资格评审条件方面，普通本科院校与高职院校在"专业理论知识和工作经历、能力"方面标准完全一样。可见，这种制度惯性对高职教师职称评审制度建设的影响依然比较明显。

表6-1　M省采用"职普同一型"职称评审规定

职称	学校类型	教学为主型	教学科研型	科研开发服务为主型
讲师	普通本科院校	完全相同	完全相同	完全相同
	高职院校			
副教授	普通本科院校	不相同	完全相同	完全相同
	高职院校			
教授	普通本科院校	完全相同	完全相同	完全相同
	高职院校			

　　二是一些高职院校具有较强的"升本"情结，对高职教育类型属性表现出选择性忽视。调研发现，部分高职院校希望通过继续沿用此前的评审制度，促使教师为学校"升本"创造更多科研成果，对高职教育类型属性表现出选择性忽视。

　　导致上述路径依赖的客观因素有：①需要保护当前准备申报高一级职称教师的利益。很多准备申报高一级职称评审的教师，其职称评审业绩成果主要是依据原有标准或指标准备的，也是按照此前的规定办法来准备申报材料。如果突然改弦易辙，完全采用改革力度比较大的职称评审规定或办法，必然会损害这部分教师的利益，打击其积极性，甚至造成教师对学校的敌对情绪。因此，需要在职称评审制度改革中设置一个过渡期，并采用渐进式的制度变迁方式，避免"硬拐弯"对部分教师当前利益的损害。②由于时间等原因，很多高职院校尚未对近年来颁布的职称评审方面的政策法规做深入、系统的研究，对相关要求与规定了解不够、把握不准，因此也采取沿用旧制的策略。某高职校长19M06-FZ1对此的理解是："由于国家刚刚给高职院校下放高级职称评审权，说实在的，我们目前对这方面的政策要求、改革理念、基本原则和具体执行与落实办法理解和研究得不全面、不到位，并且也受相关条件限制。为了保证职称改革的稳定性，避免一些矛盾和风险，我们基本上采取比较谨慎的办法，所以我们学校当前主要还是沿用以前的评审标准，在此基础上适当调整，做一些加法或减法。"③高职院校在职称评审方面的配套制度建设尚未跟上，包括具体的一系列评审指标等。05E05-FZ1表示："当前的职称评审套用本科的痕迹很浓，没有高职自己的一套东西出来的。主要有两方面原因，一是上面还使用原来的职称评价体系，没有针对高职另外搞出一套体系；二是对老师应用能力考核的难度比较大，这个考核目前还没有可操作的标准。高职是以解决实际问题为主的，但是，目前我们还没有一个评价教师应用能力的可行的、可操作的标准。"此外，传统的课题项目强调以论文等形式结题，这种规定对学术导向的评审模式也产生推波助澜作用。很多课题主管部门在课题验收过程中强调，必须发表一定数量和级别的学术论文，否则不予结项。这种以发表论文或主持课题项目为依据的科研成果与水平认定办法无疑掣肘了当前职称评审制度的改革进程。在此情况下，一些高职院校教师为了结项和评职称不得不按照一些期刊的学术价值取向撰写论文。①

第二节　盲目照搬研究型大学理念误导高职教师职称评审观

教育问题的产生往往有更深层次的社会因素。② 近现代以来，随着西风

---

① 王孝坤、胡晓霞：《高职院校教师职称评聘问题与治理运行机制》，《宁波职业技术学院学报》2015年第2期，第10页。

② 李鹏：《评价改革是解决教育问题的"钥匙"吗？——从教育评价的"指挥棒"效应看如何反对"五唯"》，《教育科学》2019年第3期，第7~13页。

东渐，西方研究型大学的理念对我国高等教育产生较为深远的影响。特别是进入 21 世纪后，在教育全球化背景下，我国高等教育出现持续学习与全面借鉴西方研究型大学理念的倾向，以至于在我国学术话语体系中，比较推崇西方研究型大学理念，尤其强调大学的科学研究功能，并将学术研究视为大学教师的重要职责。我国高职教育在发展过程中，同样受西方研究型大学理念浸染，客观而论，是对西方研究型大学理念生搬硬套的误读与误用，最终误导高职教师职称评审观。

一　大学理念移植对高职院校职称评审观的长期影响

我国高职教师职称评审观在很大程度上受以研究为主导的研究型大学理念影响，这也是影响高职教师职称评审制度变迁的重要外生变量。大学理念对我国高职教师职称评审观念的影响，基本上是以下路径：译介与学习大学理念→移植到我国高等教育→移用到我国高职教育→套用在高职教师职称评审方面。在西学东渐过程中，中国大学深受西方研究型大学理念的浸染，上至研究型大学，下至普通本科院校，乃至高职院校均受其影响。无论是 19 世纪德国研究型大学，还是美国研究型大学，均奉行学术导向的教师评价观。在此理念影响下，科研被视为我国大学的一项基本职能。[①] 另外一个重要推手是基于科学主义评价范式的大学排名，其将中国大学导向浮躁与功利。在这些大学排名的导向下，国内大学热衷追逐以科研为导向的"学术 GDP"。[②] 因此，我国普通本科院校的职称评审制度几乎都是"学术导向"的评审模式。我国高职教师职称评审制度是套用普通本科院校的标准，因此，同样存在盲目推崇"科研至上"的倾向。其中，误读大学理念是前提，误用大学理念进行职称评审制度建设是结果。

大学理念移植对高职院校职称评审观的影响主要表现如下。首先，存在误读大学理念、一知半解的问题。我们在学习大学理念的过程中，存在一定程度的误读。事实上，我们译介的大学理念特指西方研究型大学的办学理念，并不适合我国高职院校。两者的概念截然不同，属于两种不同类

---

① 李宝斌、许晓东：《高校教师评价中教学科研失衡的实证与反思》，《高等工程教育研究》2011 年第 2 期，第 76 页。

② 晋浩天：《破"五唯"，第五轮学科评估的突破口》，《光明日报》2020 年 11 月 4 日，第 6 版。

型的高等教育。在学习大学理念过程中，由于认知的局限性，很多人不加分辨地将大学理念视为整个高等教育的通则，奉其为圭臬，认为这种理念适用于各种类型、各种层次的高等教育办学机构。被访专家04E04-FZ2认为："高职和普通本科不属于一个类型，一个属于应用型，一个是学术型，完全不是一个频道，因此，在设计职称评审制度时，不能简单地参考普通本科院校、研究型大学教师职称评审指标。"

其次，存在误用大学理念、盲目套用的问题。在很长一段时期，我国整个高等教育，包括研究型大学、普通本科院校、高职院校等都按照或参考大学理念来管理学校，建立相应的规章制度和标准。毫无疑问，特别重视科学研究、推崇科研至上的大学理念成为我国大学很多规章制度和标准建设的重要指导原则。在此情况下，由于我国高职教师职称评审制度最初是"套用"国内普通本科院校的相关制度，我国高职也形成了"学术主导"的制度设计理念与标准。亦即，我国高职院校在设定教师职称评审指标时，依照源于西方研究型大学的理念，认为高职教师所担负的主要工作责任就是教学、科研与服务社会等，并将学术导向的评价模式沿用至今。实际上，高职教师的主要责任是促使学生掌握能够胜任某一职业工作的职业能力，并非学术型高校的促进学生从事研究性工作的目标。

针对"高职教师职称评审标准应不同于普通本科院校"的调查数据显示，97.9%的教师基本赞同，其中比较赞同或非常赞同的为88.7%（见图6-1）。换言之，高职教师对此已经基本形成共识，这为进一步健全与完善职称评审制度提出较为强烈的诉求。如果该制度建设依然滞后或力度不够，势必影响高职教师工作的积极性与创造性。

针对该问题，72.8%的专家表示非常赞同，23.5%的专家表示比较赞同，两者合计为96.3%（见图6-2）。表明专家对此高度赞同，并且与教师态度具有一致性。

最后，由此造成的问题是，高职院校科研定位产生"学术漂移"，即非大学高等教育机构（譬如高职院校）按照更接近于大学的方式来确定活动实践的一种趋势。具体而言，就是绝大多数高职院校教师毕业于学术型本科院校，其对普通本科教育的记忆，以及普通本科教育对其教学、科研潜移默化的影响也会成为一种惯性。因而，高职院校套用研究型大学的科研定位、标准与评价模式，使得其科研目的、定位、标准与评价模式偏离或

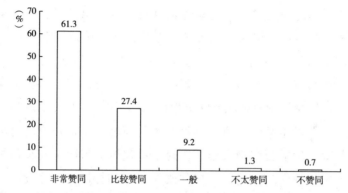

图6-1 教师对"高职教师职称评审标准应不同于普通本科院校"的态度

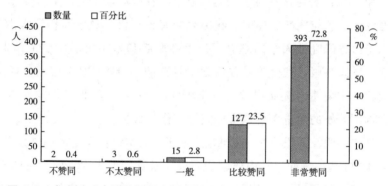

图6-2 专家对"高职教师职称评审标准应不同于普通本科院校"的态度

游离了其本身特点与需求。

由上可知，我国高职院校教师职称评审制度违背了其制度设计的价值导向，即偏离了"服务学校发展定位""服务教师专业发展""服务人才培养目标"三者协调统一原则。

二 大学理念误读下的"万能教师"假设有悖分工原理

首先，基于"万能教师"的职称评审制度设计违背基本常识。所谓"万能教师"假设，是指忽视教师个体作为不完全理性人的存在，违背教师个体在工作时间、精力、能力等方面存在有限理性的基本常识，而是将教师视为具有无限时间、无限精力、全知全能、样样精通的全能通才。在制度设计和分配教育工作职责与任务时，一方面，未将教师集体性的工作任务进行合理的分工安排，而是将教学、科研、服务社会等方方面面的工作与任务平均分解给每位教师，让每位教师都承担很多种类的工作；另一方面，不考虑教师既是工作体也是生活体的社会存在，任意或无限地给教师增加工作量，并以行政命令的方式要求教师个体将所有工作都能完美做好。研究发现，高职教师职称评审制度设计理念中存在一种机械理想主义的逻辑与倾向。很多高职院校在教师职称评审条件设计中不同程度地存在一些不切合实际的、过于理想化的共同倾向。例如，要求教师在教育教学、教研科研、学生指导、参赛获奖、服务企业等诸多方面都能精通，把每位教师都定位为一个"无所不能""无所不通"的极品全才。访谈中，某校教研室主任 19M01-J1 说："像我们高职院校老师整天有特别多工作量、很多事，除了上课之外，还有开会，报项目，检查。如果你再兼职一些行政工作，你的事会更多，一天下来都不知道忙的啥，哪有心思去专心做科研、写文章、发核心，除非是家庭也不顾。你要想做科研啥的，除非你每天再额外挤出点时间，牺牲点休息时间来做，否则光靠白天那点时间根本都不行，人的精力是有限的，其他岗位的那些人肯定也是一样。而且每年年终考核都有指标要求，论文多少篇，项目多少个。"

事实上，上述"万能教师"的假设，违背基本事实与常识。众所周知，每位教师都并非完全理性的人，都有能力方面的局限性。对于绝大多数教师而言，他们属于"各有所长，各有所短"的专业技术工作者。受时间、精力等因素限制，如果一位教师能在专业教学、教研科研、服务企业等诸多领域的某一两个方面集中精力、认认真真、扎扎实实地做好、做精，并通过长时间积累和努力，最终在这些方面或领域达到全国或地区专家级水平，做出较为突出的社会贡献，已经实属不易，并且是一种比较理性的表现。这种可能性是比较大的，也符合人才成长的规律和常态。相反，如果违背该规律，不考虑教师个体的实际情况，基于"万能教师"假设，在职称评审指标设计中要求教师"面面俱到""样样精通"，会带来诸多问题。第一，这种可能性比较小，不符合教师专业发展的规律，是故难以实现；第二，会增加教师的精神压力和思想负担，往往会逼促教师在有些方面潦草应付、敷衍塞责、弄虚作假，甚至做出有违师德行为或学术不端行为；第三，会误导教师分散时间、精力，将自己的专业发展方向铺设得很宽、很泛，缺乏自己的业务专长和主攻方向，结果会造成"面面俱全、样样稀松"的现象。是故，从某种程度上看，"万能教师"假设背后是对教师健康权、人格权、劳动权的不尊重，因为，健康权、人格权、劳动权是与人的尊严具有最直接关系的权利。[1]

其次，职称评审制度设计理念有悖于社会分工原理。社会分工原理认为，随着人类社会技术不断发展与进步，人们为了追求更高的工作效率，降低工作转换带来的较高成本，开始逐步进行分工。换言之，不同劳动者依据个人工作偏好、优势和资源获取便利度，从以前从事一系列工作的方式，转换到仅仅专注于从事某一项或少数几项工作的方式，从而达到降低工作转换带来的交易成本，提高工作效率的目的。然后，通过交换或商品交易等形式获得其他一些能够满足自身生活所需的物品。社会分工是社会发展与进步的重要特征，既符合社会发展促使不同性质、不同类型工作不断分化与专业化的需求，也符合有限理性人难以同时承担所有工作任务的实际特点，是社会不断发展的基本诉求和普遍规律。社会分工的优势在于，让有特长的人做自己擅长的事情，进而使平均社会劳动时间大大缩短、社会总生产效率显著提高。

职称评审制度的设计理念违背社会分工原理，影响教师的劳动效率和质量。随着经济社会发展，高职教师整体所承载的职责与功能渐增，加上专业分工越来越细，专业要求越来越高，同时不同教师均存在一定的个性差异，教师群体内部如果存在合理分工将会提升工作效率。因此，教师个体不可能平均承担所有的教学、科研和服务社会工作，需要进行一定分工。在当前高职教师职称评审中，存在较为严重的不当评审现象。一方面，科研条件是个"硬杠杠"，申报的职称级别越高，科研方面的要求越高、分值占比越大，这诱导教师将大量时间、精力投放在科研方面；另一方面，还要求教师在教学、服务企业、指导学生、参赛获奖、引领文化等方面有较为突出的业绩。尽管很多高职院校在职称评审中已经尝试进行"分类评审"，但是事实上，当前高职院校教师选择教学科研并重型者居大多数。因而，整体上对职称评审指标的设计依然是强调教师在教学、科研、服务企业等诸多方面都要有一定业绩。另外，为了在竞争激烈的职称评审中胜出，

[1] 俞可平：《权力与权威：政治哲学若干重要问题》，商务印书馆，2020，第34页。

申报人试图在各个方面都能获得一定的加分，导致很多教师疲于应付多种不同性质、类型的工作。对此，06E06-FZ1认为："问题就是，让老师成为一个杂家，而没有专注于某一个领域，这就不利于教师专业发展，这是一个比较大的问题。"无疑，过多种类的工作任务与较为频繁的工作转换必然影响教师个体或集团的劳动效率和质量。

最后，背离社会分工原理的"万能教师"假设容易导致诸多问题。①对高职教师工作性质与特点不够尊重。这种理念没有充分考虑和尊重教师个体的优势与偏好，对教师的专长发展关注不够。如此一来，每一位教师都会面临从事教学、科研、服务社会、引领文化等多种不同性质的工作，其中有的是该教师的优势与长项，有的则是该教师的劣势与弱项。在此情况下，再要求教师在各个方面都能做到能力突出、技艺精湛、质量上乘、成果显著、贡献巨大，这种可能性很小，也很不现实，反而会增加教师的工作压力和心理焦虑。很多高职教师在各种考核指标下不堪重负，压力很大。②容易造成人力资源的巨大浪费。由多元智能理论可知，每位教师的职业能力与结构各有所长。为了提升工作效率和质量，需要每个教师进一步明确自己的主要工作，或以教学为主，或以科研为主，抑或教学与科研并重等。因此，职称评审指标设计不能对教师业绩做全面要求。02E02-FZ2指出："职称评审不能要求教师是全才、通才。学校本身是一个整体，就像一个人，因此教师要进行分工，手有手的作用，脚有脚的作用。只要手、脚的作用发挥充分了，那它就合格了。教师分工也是一个道理，不能求大求全、样样都做，只要发挥他某一方面的特长就行了。"相反，如果不考虑教师个体实际情况，盲目地让每位教师都均等化分担各种教育教学任务，是不现实的。针对"高职教师的教学科研都应该很强"的观点，02E02-FZ2提出质疑："这个东西是相对的，不是绝对的。教学、科研能力都强的这类老师是很少的。从理论上讲，教学相长是有道理的，也是有条件的。但是，从实践层面讲，有时候是比较难的，两者也是相互冲突的。当前，高职院校教师的课时量是非常多的，我们学校老师的课时一年一般为380～400课时，实际上就把教师的科研时间给挤掉了。"现实中，高职教师的时间往往被切成多块，精力过度分散，很难专注于某一件事情，能把某件事情做好、做精也难能可贵。从人力资源开发与管理的角度看，上述做法背离了人性化、科学化、合理化的原则，必然会事与愿违、适得其反。

概言之，盲目借用大学理念来指导我国高职教师职称评审制度设计，从逻辑上来讲是荒谬的，其结果必然会将职称评审制度建设导入歧途。

第三节　绩效评估模式助长职称评审制度设计的学术导向

绩效评估模式助长并固化了高职院校教师职称评审的学术导向模式，导致高职院校与教师陷入"学术锦标赛"。绩效评估模式源于 20 世纪初期泰勒（Frederick W. Taylor）《科学管理原理》一书提出的绩效管理思想。[①]绩效管理指"各级管理者和员工为了达到组织目标而采取的制定目标、检查实际工作、衡量工作业绩、根据业绩进行奖罚和制定未来业绩提升计划的一系列综合管理活动"。[②] 后来，政府部门用绩效管理思想来进行绩效评估，"根据效率、能力、服务质量、公共责任和公众满意程度等方面的分析与判断，对政府公共部门管理过程中投入产出、中期成果和最终成果所反映的绩效进行评定和划分等级"。[③] 其主要特点是，强调以绩效等比较客观可测的结果为评判与奖励的重要依据。

一　绩效评估导致压力型体制并诱发学术锦标赛

在绩效评估模式下，压力型政府体制逐步形成并导致"政绩锦标赛"，进而在高职院校诱发"学术锦标赛"现象。这是学术导向职称评审模式形成的重要原因之一。20 世纪八九十年代，绩效管理思想逐渐被我国所借鉴，我国政府管理模式逐步从目标管理向绩效评估模式转变。绩效评估模式是传统管理思想对政府或企事业单位工作或生产业绩情况与效果进行诊断、考核和评估的一种重要方式，并以业绩为评估或考核的重要评判标准。鉴于地方政府一般依据"举办者"职责原则来履行对高职院校的财政投入责任，[④] 为了

---

① 〔美〕弗雷德里克·泰勒：《科学管理原理》，黄榛译，北京理工大学出版社，2012，第 5 页。
② 廖建桥：《中国式绩效管理：特点、问题及发展方向》，《管理学报》2013 年第 6 期，第 781 页。
③ 蔡立辉：《西方国家政府绩效评估的理念及其启示》，《清华大学学报》（哲学社会科学版）2003 年第 1 期，第 76 页。
④ 杨钋：《技能形成与区域创新：职业教育校企合作的功能分析》，社会科学文献出版社，2020，第 49 页。

获得地方政府的财政支持，地方政府下属的高职院校会为争夺相关资源而进行业绩竞争。为此，高职院校成为压力传导的一环，并将压力传导给教师。某高职院校人事处负责人 14M01-FZ1 认为："当前的创新改革发展往往会将压力、动力传导至各个方面，包括教育领域也是如此。作为教育系统的一部分，高职院校管理者也面临如何创新改革发展，如何取得与众不同的业绩问题，因此就利用对教师的各种评价制度将任务和压力传递下来。这样自上而下的传导，从校长到下面基层的老师都有一定压力，都不得不做这一块。这几年我们高职院校都没消停过，上至领导、管理人员，下到教师，压力都挺大。"换言之，在绩效评估模式下，政府将一些可量化的指标作为政府给学校配置财政拨款等资源的重要依据。①

随着 2006 年我国高校工资制度第四次改革，事业单位开始全面推行岗位绩效工资制度，标志着事业单位的人员收入分配开始依据岗位与绩效。②2010 年 1 月 1 日，我国高职院校教师收入分配制度改革正式启动，开始对教师实施绩效评估模式，并实行以薪级工资、岗位工资、绩效工资以及津贴补贴为主要组成部分的绩效工资制度。现对绩效评估管理模式对压力型政府体制的形成，以及压力型政府体制如何助长高职教育领域的"学术锦标赛"现象进行如下剖析。

首先，绩效评估模式促使压力型政府体制逐步形成。基于绩效管理思想的绩效评估模式在我国政府管理实践中呈现出诸多特点，并促使压力型政府体制的形成。绩效评估模式在我国政府管理中表现出积极的一面，包括能较好调动下级政府的工作积极性、创造性，较好地执行和落实上级政府的政策要求，大幅提升工作效率等。与此同时，该绩效评估模式在我国行政官员任命制与任期制的框架下，也呈现出以下特点：一是在评估形式上，强调以上级教育管理部门为单一主体、以行政命令形式推动的单向性评估；二是在评估目的上，强调基于上级管理部门政绩观及其利益的评估立场，也就是说，"绩效评估常常立足上级政府的立场，而对基层所属单位

①　李政：《我国高等职业教育项目制治理模式的变迁逻辑——基于历史制度主义的视角》，《江苏高教》2021 年第 5 期，第 103~108 页。
②　沈玉芳：《浅析高职院校绩效工资制度改革：以浙江省某高职院校为例》，《经济师》2013 年第 4 期，第 156 页。

及其员工的立场和利益关注不够"；①　三是从评估内容上，强调业绩评估的唯一性，推崇"绩效至上"理念，同时将业绩纳入政府部门政绩的重要内容，并据此进行奖惩；四是从评估周期上，强调短周期、高频率的评估或考核，要求早出成果、多出成果、出大成果（见图6-3）。这也是我国压力型政府体制形成的重要因素。

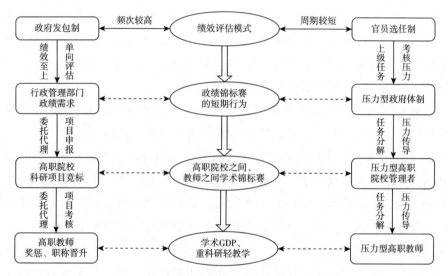

图6-3　绩效评估模式诱发"学术锦标赛"

其次，压力型政府体制诱发"政绩锦标赛"现象。压力型政府体制是指，各级地方政府或相关行政部门为了完成上级政府分配或布置的经济社会发展任务，实现经济赶超等目标，采取将本级政府或行政部门的任务进行量化并分解给下级政府或单位，令其在规定时间内完成，将完成情况作为工作绩效并与高度物质化奖惩相结合的一种管理方式。"在压力型政府体制下，地方政府部门为了获得更多、更大的政绩，彼此之间常常出现'政绩比拼'或'政绩锦标赛'现象。"②　"政绩锦标赛"现象是在压力型政府体制下形成的，一般需要具备以下条件：一是上级政府通过行政命令的方

①　周志忍：《政府绩效管理研究：问题、责任与方向》，《中国行政管理》2006年第12期，第14页。
②　高小平、盛明科、刘杰：《中国绩效管理的实践与理论》，《中国社会科学》2011年第6期，第7页。

式将本地域的经济发展任务分解给下级政府或机构，责成其按时完成，对下级政府造成一定的工作压力；二是上级政府具有相对集中的人事权力，可以依据下级政府官员的绩效决定其是否升迁，对下级政府形成一定的激励机制；三是制定一套相对客观透明，能够单独考核与比较的业绩评估指标；四是参赛的下级政府官员认为通过自身的努力有希望完成上级分配的任务，在这场竞争中获胜，实现自己的预期。①

再次，"学术锦标赛"是"政绩锦标赛"在高等教育领域的具体表现形式。我国高等教育领域内同样存在"政绩锦标赛"，其更多的表现形式是以科研业绩为主导的"学术锦标赛"。高等教育业绩中的教育教学业绩或人才培养质量难以在短时间内准确衡量和显示，而科研业绩在短时期的显示度较高，因而常常被视为学校的"政绩"。因此，高校之间的竞争主要表现为"学术锦标赛"。"学术锦标赛"表现在学校之间与教师个体之间两个层面。学校层面的"学术锦标赛"是学校与学校为争夺相关资源而展开的竞争。例如，在各类教育评估和高校排名中，作为理性人的高校为了声誉和争取更多的来自上级的拨款，或为了追求短期办学政绩，通过制定教师科研奖励等规定，投放大量科研奖励资金，引导和鼓励教师把主要精力放在科研上，忽视短期难见成效的教学活动。② 个体层面的"学术锦标赛"主要表现在高校对教师的业绩评价与考核方面，凡是科研业绩突出者往往就是比赛获胜者。例如，我国高校教师在入职聘用、学术业绩考核、晋升、薪酬发放等过程中都具有较强的锦标赛特征。③

最后，高职教育领域存在较为普遍的"学术锦标赛"现象。高职教育领域的"学术锦标赛"是在我国高等教育资源按照"项目制"原则配置的背景下，学校之间在争夺以项目形式出现的办学资源时形成并不断强化的一种竞争机制。"在项目制的形塑下，政府与学校之间以'委托—代理'关系互动，进而形成了高职院校独特的行动模式。"④ 高职教育领域的"学术

① 周黎安：《中国地方官员的晋升锦标赛模式研究》，《经济研究》2007 年第 7 期，第 36~50 页。
② 李宝斌、许晓东：《高校教师评价中教学科研失衡的实证与反思》，《高等工程教育研究》2011 年第 2 期，第 79 页。
③ 阎光才：《学术等级系统与锦标赛制》，《北京大学教育评论》2012 年第 3 期，第 8~23 页。
④ 李政：《我国高等职业教育项目制治理模式的变迁逻辑——基于历史制度主义的视角》，《江苏高教》2021 年第 5 期，第 103~108 页。

锦标赛"有学校层面、教师个体层面两种表现形式，在此仅论述前者。高职教育领域的"学术锦标赛"有其特定的动因。学校层面的"学术锦标赛"存在的主要动因是，高职院校领导在同行竞争中需要较大的政绩来表明自身的能力，并作为政治进步的重要基础，而学校的科研业绩则是其政绩的加分项或增加政治资本的筹码。作为一个具有学术属性与行政属性的机构，高职院校内部权力架构以行政权力与学术权力为主。其中，行政权力的合法性基础源于政府任命和授权，按照行政逻辑的绩效评估理念，行政权力的拥有者需要通过短周期、高频率的政绩来回应上级和外部权力，因此也会通过制定科研奖励办法来鼓励、支持学校的科研产出，并加强教师科研方面的考核。

高职教育领域"学术锦标赛"的竞争主要聚焦在以下方面。其一，在争取高水平项目过程中展开的"学术锦标赛"。在以地方财政投入为主的格局下，地方政府具有较大的自由裁量权。高职院校能否获得上级行政主管部门资源或项目的关键性指标是科研业绩。同时，完成项目并接受项目验收的指标仍是学校的科研产出量。多年来，这种情况一直出现在"示范校""骨干校""双高计划"等项目评审之中，对高职院校教师科研、教学等的业绩评价产生较大的影响。"为了在科研竞争中取得明显优势，各高职院校不断出台各种科研激励政策，将科研成果的产出、级别作为评价科研绩效的主要依据。"[①] 最终形成"科研竞争→获得项目→科研结项→再次科研竞争→再次获得项目→再次科研结项"的"学术锦标赛"规则。

其二，在争夺高职院校排名榜位次过程中展开的"学术锦标赛"。一些评估机构在对高职院校进行排名时也将科研业绩等作为一个重要的指标。这些所谓的高职高专"排行榜"习惯参考或套用普通本科院校的评估指标，包括"双一流"指标等。其中，"期刊论文的发表量、专利获取数量、纵向课题数量以及科研到账经费等是比较容易量化的指标"。[②] 例如，"金平果排行榜"从 2020 年开始连续对全国高职院校综合竞争力等五个方面进行评价和排名。其中，科研产出占一级权重的 15%，主要内容包括科研项目、高

① 郝天聪、石伟平：《高职院校的科研锦标赛：表现形式、形成机制及改革建议》，《高等教育研究》2020 年第 11 期，第 67~69 页。
② 韩冰、吕玫：《我国高职"双师型"教师队伍建设对政策工具的要求基于政策文本和政策环境的分析》，《职业技术教育》2019 年第 24 期，第 30 页。

质量论文、发明专利。某学院校长 33O07HLZ-FZ1 表示："作为校长，我很关注对高职院校进行排名的指标体系，如果它的导向往普通高等院校方向靠，就会影响到学校的发展，学校领导有的很在乎这个。"基于对学校的声誉与自身利益的考虑，学校管理者往往受排行榜的影响，因而愈加重视对校内教师科研的要求与考核。

其三，在高职院校争取"专升本"资格过程中展开的"学术锦标赛"。毋庸讳言，长期以来，很多高职院校都具有一种"升本情结"，并试图以此获得更多教育资源和获取更大发展空间。在高职院校升本的评价指标中，科研是关键性的竞争指标。一些准备或有意向升本的高职院校为了在"学术锦标赛"中胜出，往往会如法炮制一些关于教师科研业绩考核与奖励的规定，不断给学校教师的科研任务加码。

二　绩效评估促成追求"学术 GDP"的评价机制

高职院校为了在学校层面上的"学术锦标赛"中胜出，也如法炮制，利用绩效评估的模式建立追求"学术 GDP"的教师评价机制，形成教师之间的"学术锦标赛"。对此，14M01-FZ1 表示："我们领导一直强调这个科研成果。科研数量或者老师们的竞赛获奖其实更主要的是学校对外的一种形象、实力的展示。地方政府对此倒没有要求和评比，主要还是教育管理部门和人社部门在对高职院校进行各种资源分配时，要看各个学校的实力。像我们院校参评全国双高校，肯定得拿出比较硬的实力，包括教学、获奖、学生就业等方面的业绩成果，要想获得实力不加紧努力是不行的。学校之间的评比也就类似于老师之间的评职称。"实际上，上述情况具有较强的代表性，作为压力型高职院校管理者，校长在绩效评估的裹挟下也不得不追求和支持"学术 GDP"。

首先，学校采取对教师进行"学术 GDP"评估的策略。在绩效评估模式下，高职院校及其管理部门为了办学政绩需要，常常将上级要求或学校制定的科研任务通过职称评审分解为对教师的考核指标。[①] 01E01-FZ1 表示："校内教师职称评审的条件设计基本上跟上级政策导向是一致的。要评

---

① 艾萍娇：《高校如何用好下放的职称评审权》，《光明日报》2021 年 2 月 1 日，https://difang.gmw.cn/2021-01/28/content_34581404.htm。

价这个学校的办学水平，包括是否有资格上马某一项工程，老师们能不能成为某一方面高层次人才等，主要是看科研等业绩。我们学校要与上级评估的标准保持一致，因此，我们制定职称评审制度的时候，很多导向是按照这些点来设计。拿科研来说吧，就是把上面给咱们学校的指标分解到老师身上，让他们去完成这么一些内容。基本就是这种情况。"学校将科研任务直接或间接地分解给教师，要求教师定期完成"学术 GDP"。对此，高职院校往往会采取分解任务、发动教师群体力量的策略。这种"学术 GDP"任务分解的办法，在职称评审制度设计中比较明显。06E06-FZ1 指出："现在上级在考核高职院校的时候都会关注学校科研基金、高水平论文和博士数量这些方面。前段时间，省里对本科院校和高职院校进行综合考核，考核的办法改了 100 多稿，最后一稿找了我们高职的校长去帮他们看一看。结果发现，省里对本科院校和高职院校的考核关注的都是一些显性的东西，包括科研、教学、师资队伍建设等。那都是教育部搞的一些比赛、评审指标。上面都是这样考核学校，学校不那么考核老师吗？"可见，对教师实施"学术 GDP"考核，将科研等指标和任务分解给教师个体，让教师之间开展"学术锦标赛"，是很多高职院校的无奈选择。

其次，学校制定以追求"学术 GDP"为目的的评价机制。为此，一方面，学校制定教师科研奖励机制，促使教师个体与学校"捆绑式发展"。有研究发现，高职院校教师层面的"学术锦标赛"之所以能对教师产生强激励，主要是因为通过制定教师科研奖励机制，让教师个体与学校实现"捆绑式发展"。"捆绑式发展"是指"作为个体的公民或家庭，只有捆绑在集体性的发展工程上，才能分享发展带来的收益，否则只能是被边缘化"。[①]为增加学校科研绩效的成果，高职院校往往以目标责任制考核的方式，将科研任务分解或分配给每一位教师，作为教师的"学术 GDP"指标，借此将组织的科研达标目的与个体发展目标紧紧捆绑在一起。"一些高职院校根据发表论文的数量、级别、经费到款额等对教师的科研奖励甚至到了'明码标价'的地步。"[②]特别是，高职院校在职称评审制度建设中常常将科研

① 辛允星：《"捆绑式发展"与"隐喻型政治"：对汶川地震灾区平坝羌镇的案例研究》，《社会》2013 年第 3 期，第 159~183 页。
② 郝天聪、石伟平：《高职院校的科研锦标赛：表现形式、形成机制及改革建议》，《高等教育研究》2020 年第 11 期，第 67~70 页。

成果产出作为重要竞争性条件，论文发表与课题获取的数量与级别成为教师职称晋升的重要砝码。

另一方面，为了进一步在学校之间的"学术锦标赛"中获胜，学校往往会对教师的科研任务采取层层加码的办法，形成过度追求科研数量而对质量和实际贡献不够重视的科研"GDP 主义"。其中，包括在高职教师职称评审制度设计中，盲目追求发表与研究型本科一样标准的学术论文。例如，规定从事自然科学教学或研究的申报人须在 SCI、EI、ISTP 等世界著名三大科技文献检索系统上发表论文若干篇；从事社会科学领域教学与研究的教师须在 CSSCI、SSCI 等来源期刊或国内本学科领域的权威期刊上发表论文若干篇。这种不依据学校办学定位、人才培养目标、教师工作特点与需求的"学术GDP"规定，不仅容易挫伤真正热爱职业教育的教师的积极性，损伤他们的身心健康，而且容易滋长急功近利的学术风气。为了尽快晋升职称，很多教师将主要时间精力投放在科研工作中，甚至不惜代价地去拼命发文章、争项目，导致科研目的的功利化，甚至出现比较严重的科研造假、学术不端情况。

此外，这种评价机制的另一个明显特点是业绩考核周期较短、频次较高。绩效评估模式下形成的"学术锦标赛"是基于获得政绩为目标的一种科研机制，旨在增加相关领导任期内的政绩，因此追求的是"短平快"研究，对教师科研业绩的考核周期较短、频次较高，诱导教师"早出成果""多出成果""快出成果"，甚至诱发一些学术不端问题。受访教师 19M01-J1 反映："比如说专利，在我们学校，教师获得一个发明专利的得分比较多，在职称评审中应该 12 分吧，所以很多老师'整出'很多发明专利，一下子那个分数都上去了。其实你说这个发明专利怎么来的，一个人一年能出来三四个发明专利，有的是不是也不太正常？"一位教师在短时间内能"整出"多项发明专利，一方面表明申报者在绩效评估模式下的"过度竞争"，另一方面也暗示该模式会诱发一些学术不端问题。

问卷调查中，针对"贵校对教师科研考核的周期"的统计数据显示，75.9%的教师认为学校科研考核周期为一年，12.5%的教师反映考核周期为半年，相对而言，仅 9.2%的教师反映所在学校对教师科研考核的周期为两年（见图 6-4）。调研表明，当前高职院校在政绩驱动和"学术锦标赛"环境下，对教师科研考核的周期比较短，在很大程度上催生很多"短平快"式科研成果。

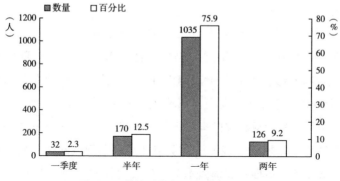

图6-4　学校对教师科研考核的周期

　　追求"学术GDP"导致科研成果的虚化与教育教学的弱化。其一，导致科研成果的虚化，即在所谓的科研成果中充斥着大量研究周期较短、研究深度不够、重复研究较多、研究含金量较低、理论或应用价值较小甚至没有任何实际价值的"学术垃圾"。一切行为都是奖励的结果，奖励什么，就得到什么。可以说，由"学术锦标赛"催生的很多科研成果缺乏真实的价值与意义，一些成果与教师工作特点与需求、与高职院校人才培养几乎毫无关联，或对教师教育教学几乎没有实质性的帮助，并且造成很大的人力、物力、财力等资源浪费。高职院校毕业生19M01-X2说："如果一位老师的课题研究得好，对学生学习有帮助、有启发，能有利于学生职业发展，这样的研究就有价值。相反，如果教师做研究是仅仅为教师自己有名，为了评职称，对学生、学校和社会没有价值和贡献，这又有什么用呢？我感觉教师做研究就是得联系到教学，联系到他的学生。"此外，还影响了正常的学术风气，破坏了良好的学术生态。在整个绩效考核过程中，"教师科研产出的品质与实质性成效或社会效益很少被考量，换而言之，用过度量化的形式化考核遮蔽了应有的实质性考核"。[1]

　　其二，导致教育教学的弱化和教学质量不高的问题。[2] 绩效考核的弊端之一就是"为考核而努力，考核什么就做什么，不考核不去做"。在当前高

① 蔡连玉、鲁虹：《高校教师绩效管理计件工资化及其治理路径研究》，《高校教育管理》2020年第2期，第97~104页。

② 赵志群：《现代职业教育质量保障体系研究：现状与展望》，《西南大学学报》（社会科学版）2014年第4期，第70页。

职院校教师绩效管理实践和职称评审中，科研绩效常常是分值占比较大的刚性标准，而教学业绩则是占比较小的软性指标。换言之，现有的追求"学术GDP"的评价机制，更加弱化了教育教学，导致职称评审中教学与科研两方面的严重失衡。毋庸讳言，这种评价机制必然会影响教师将主要精力投放在教学方面，致使很多高职院校存在较为严重的"水课"现象。简言之，这种盲目追求"学术GDP"的过度竞争或恶性竞争，其实就是诱导教师将更多精力从生产性努力（教育教学），转移到分配性努力（盲目追求科研比拼），形成一种典型的"零和博弈"，即教育"内卷化"问题，最终导致，很多教师不再努力追求"如何把'蛋糕'做大"，而是拼命谋求"如何分到更多的'蛋糕'"。

综上发现，在当前高职院校教师职称评审中存在多种不当评价问题。这种不当评价主要表现为：①错位化评价，即对教师评价的方向、内容、标准等与高职院校的定位、人才培养目标及模式等不一致，甚至存在背离情况。这必然会误导教师的专业成长，误导教师的教育教学工作，最终影响高职院校的内涵发展与人才培养质量。②拔高式评价，即对教师评价内容、标准的要求过高，过于理想化，脱离高职教师工作及专业发展实际。③短期化评价，即对教师评价的频率太高或评价周期太短，催逼教师产出"短平快"业绩。例如，对教师科研成果的评价往往背离教师科研成果形成的规律。④非理性评价，即评价程序设计不科学、不合理，包括评审主体选择不当、评审流程不合理、评审条件或标准不合理等（见表6-2）。

表6-2 高职教师职称评审中存在的不当评价问题

类别	不当评价的表征
错位化评价	不合目的之评价，职称评审的条件、内容、标准等与高职院校的定位、人才培养目标及教师专业发展不吻合
拔高式评价	理想化的评价，职称评审对教师各方面业绩要求过高、趋于理想化，脱离高职教师工作及专业发展实际
短期化评价	催逼式的评价，对教师各方面业绩评审的频率太高或评价的周期过短，催逼教师产出"短平快"业绩
非理性评价	评价程序设计不科学、不合理，包括评审主体选择不当、评审流程不合理、评审条件或标准不合理等

由此可知，绩效评估模式对职称评审制度设计导向的影响比较严重，它让越来越多的教师们卷入"学术锦标赛"，将主要精力投入"学术 GDP"的生产，而很少顾及学术成果的实际价值，同时让教师工作重心偏移，背离教育教学初心，与高职教育立德树人的旨归渐行渐远。

第四节　教育行政化掣肘职称评审制度的
民主性与公平性

"官本位"是部分高校各管理部门官僚化的文化基础。[①] 长期以来，我国高等教育机构被定位于政治领域，[②] 因此，部分公立高校带有"官本位"色彩，学校管理人员的选拔机制基本是沿袭政府官员的管理办法。[③] 同样，高职院校也存在一定程度的教育行政化问题。如今在很多高职院校，校院两级领导往往是行政与学术双肩挑，集行政权力与学术权力于一身，这导致他们在职称评审中发挥重要或决定性的作用。高职院校的行政化主要体现在两个方面：一是高职院校在办学、管理、教学、制度建设过程中存在的行政权力膨胀，对学术权力产生一定"挤压"作用；二是教师、学生、相关的行业企业等利益相关者参与学校管理的机会较少，造成行政权力在很多事务管理与决策中的越位、错位或缺位等情况。从行政化来源看，高职院校行政化一般包括外部行政化和内部行政化。前者是指高职院校的内部事务往往受上级主管部门的行政权力干涉或缺乏应有的自主权，包括高职院校领导的任命或选聘方式、学校人事权等。后者是指高职院校内部在学校建设、教育教学管理、组织人事等方面未能充分发挥学术权力，缺乏民主治校的理念与运行机制。

高职院校行政化主要体现在以下方面：一是学校领导任命制不够健全，导致很多领导对上负责有余、对下负责不足的倾向或问题；二是具有"官本位"思想的领导容易在学校管理中形成"外行指挥内行"的局面；三是行政化的办学思维容易使高职院校的办学背离教育规律，并按照行政部门

---

① 段旭龙、李娟：《高校人事制度改革新视野》，人民日报出版社，2014，第 1 页。
② 涂又光：《文明本土化与大学》，《高等教育研究》1998 年第 6 期，第 5~7 页。
③ 李爱民：《大学教育职员制度改革研究》，经济管理出版社，2009，第 109 页。

的管理方式运行，制约职称评审制度建设的合理性、科学性、有效性。当前高职院校的行政化问题并非个案，有一定普遍性。33O07-FZ1 认为："学校办学的领导太重要了。地方高校人事的任用很多是从官场上过来的人，这些人中不乏实干者，但是有一些并不懂得教育的管理者仅仅是想当官，只对上面负责而不是对下面负责。"这种行政化势必影响职称评审制度的民主性与公平性。

一 高职院校行政化制约职称评审制度设计的民主性

当前，利益相关者在高职教师职称评审制度建设中缺乏充分的话语权。中国传统行政文化的突出表现为重权威、轻民主，协商与民主体现较少。[①] 在教育管理中，利益相关者参与不够或者没有参与，是当前普遍存在的问题。职称评审权下放后，很多高职院校存在行政权、教育权和学术权不分的问题，常常出现行政部门主导职称评审和制定评审标准，而学术委员会等参与不足的情况，导致职称评审制度设计及其执行过程中的行政化倾向。调研发现，很多高校在制定职称评审制度时一般先由人事、教务、科研等职能部门制定初步方案，之后上报学校领导审批通过后直接下发实行。在整个过程中，教师参与度较小，具体情况如下。

第一，缺乏教师的充分参与。从政策设计角度看，高职院校在制定职称评审制度时应充分征求教师意见。作为治理主体，教师具有参与权、知情权、决策权。2017 年 10 月 20 日发布的《高校教师职称评审监管暂行办法》（教师〔2017〕12 号）第五条规定："高校制定的教师职称评审办法、操作方案等文件须符合国家相关法律法规和职称评审制度改革要求。文件制定须按照学校章程规定，广泛征求教师意见，经'三重一大'决策程序讨论通过并经公示后执行。"同时，根据教育治理理念，"凡是有关学校发展方向、基本建设、重大教育教学改革和师生切身利益的事项，要充分听取利益相关者的意见。需要扩大教职工对学校领导和管理部门的评议权、考核权"。[②] 但是，当前一些高职院校在职称评审过程中，对评审原材料、

---

① 姚琦：《制度与思想：行政文化的比较研究》，中国书籍出版社，2017，第 231 页。
② 褚宏启、贾继娥：《教育治理中的多元主体及其作用互补》，《教育发展研究》2014 年第 19 期，第 2 页。

评审依据或规定、评审流程等具体信息未予公示或展示，而仅仅公示相关的审核排名或结果、最终评聘人员名单等，损害了教师的知情权和参与权。

调研发现，教师未能充分参与职称评审方案的制定和职称评审制度建设。被访谈人 10E10-FZ1 讲述了其学校的情况："制定评审方案的参与主体一般是人事处、科研处和教务处三个部门一起，以人事处牵头为主的。流程是，首先，职能部门先拟定一个初稿，大家坐一起进行讨论。然后，就是有个征求意见的环节，主要是征求每个二级单位书记、院长的意见。第三，拿出一个初稿出来上我们的校长办公会，校长办公会通过之后我们就开始发文。学校没有通过教职工大会等方式让教师讨论过职称评审制度的改革方案，教师很少参与评审方案的制定。"有专家认为，当前在职称评审制度建设中缺乏教师等利益相关方的充分参与，这在一定程度上影响了制度建设的有效性。被访谈人 07E07-FZ1 表示："教师职称评审中老师参与得较少。从学科组到评委会成员基本上都是领导、干部，很少有普通老师参与，这是有问题的，应当发挥教授治校的积极作用。但是，当前存在行政治校的严重倾向，行政治校就面临着学校领导不想把部分权力放下去的问题。有时候领导可能做事情考虑不周，导致一些不合理、不科学、不符合实际情况的决策，但是老师还是要听领导的，毕竟职称评审的权力在他手里。"

第二，缺乏行业企业的充分参与。众所周知，"跨界性"是职业教育的重要属性。高职院校人才培养模式要求具备"双师素质"的教师在跨界的环境中从事理实一体化教学与研究，同时还应定期到企业实践或为企业服务。高职教师的工作特点决定教师工作业绩也具有跨界性，即在服务行业企业方面的实绩或成果。因此，作为校企合作重要主体的行业企业在教师职称评审中也应具有一定的知情权和发言权。企业不仅理应成为职业教育发展的主体，也应成为高职教师职称评审制度建设的参与主体之一。但是，一方面"我国职业教育处于市场机制发展的初期阶段，企业界表达意愿的机会和条件尚不成熟"，[①] 另一方面，高职院校在职称评审制度建设过程中缺乏邀请企业代表参与的意识。我国成立了很多职业教育行业教学指导委

---

① 和震：《建立现代职业教育治理体系 推动产教融合制度创新》，《中国职业技术教育》2014年第 21 期，第 140 页。

员会，但是从高职院校的职称评审制度建设看，行业组织的指导作用尚未充分发挥。事实上，在教师职称评审中，高职院校很少邀请来自行业企业方面的专家参与，或听取他们的意见。调研过程中的访谈佐证了这方面判断。某校评委会专家04E04-FZ2认为："实事求是讲，我们学校评职称是没有企业的参与的。虽然我们教师在评职称的时候有到企业实践的规定，比如，我们评正高、副高、中级都有下企业实践半年以上的要求。按理来说，应该请企业代表参与职称评审，反馈这方面情况。实际上，这么多年来行业企业没有专家参与，我觉得这是一个缺陷。现在高职院校里面最缺的是企业这一部分的评价。教学质量一般是学校和老师在评。实际上，老师的教学质量好坏，直接体现在他们所教的学生身上。而他培养的学生是要到企业里面去的，基本上90%都到企业去，因此，企业评价能更客观地反映教师们的整体教学质量和效果。企业在教师评职称时是应该参加的，企业评价是非常重要的一个方面，虽然做起来很难。"该评委会专家较为客观地指出了当前职称评审过程中缺乏行业企业参与的情况及其原因，这是今后制度建设需要认真考虑的问题。

第三，缺乏学生的充分参与。学生在教师职称评审中应该具有一定的知情权、参与权。学生是教师教育教学的直接对象，对教师的师德师风表现、教育教学态度、业务水平与能力、教学实际效果和影响力比较熟悉，因而应具有一定的发言权和参与权。"学校应制定有关学生管理或涉及学生利益的管理规定，要充分征求学生意见。"① 当前大多数高职院校学生只是定期参与教师评教，但在教师职称评审过程中，学生并未被赋予应有的知情权、投票权，学生对教师的意见往往难以反馈并形成良性的管理闭环。如果没有学生的充分参与，职称评审委员会就难以全面了解和掌握申报教师的情况，难以做出科学判断。

高职院校行政化不仅不利于提升职称评审制度的科学化、民主化和法治化水平，而且会对教师职称评审产生一定的消极影响。如教师对企业、对学生负责的意识淡化，教师不愿将更多的时间和精力投放在服务企业、教育教学上，而是更倾向于投入到容易提升职称评审竞争力的科研方面。

---

① 褚宏启、贾继娥：《教育治理中的多元主体及其作用互补》，《教育发展研究》2014年第19期，第2页。

据此可见，高职院校的行政化影响着职称评审制度设计的民主性。

二　高职院校行政化影响职称评审制度建设的公平性

调研发现，高职院校行政化影响职称评审制度建设的公平性，这种影响主要表现在制度建设、职称评审和学术资源占有等方面。

首先，院校行政化影响高职教师职称评审制度建设的公平性。行政化往往忽视利益相关者的话语权和参与权，导致表达机制不顺畅，在信息不对称情况下的认知与判断不准确、不全面或不合理，最终影响制度公平性。一些高职院校在设计职称评审制度时，往往按照学校领导的主观意志行事，或出现顺应"领导意图"的潜规则，[①] 而对教师和学生的实际情况把握不准、真实需求考虑不足，"造成主、客体激励信息的不对称，导致学校制定的职称评审激励目标与教师自身的发展目标不一致甚至对立的情况"。[②] 而且，"在高校职称评审活动中，高校与评审专家、评审专家与申报人、高校与申报人、申报人与学生之间都存在信息不对称现象"。[③] 这就容易导致领导者、决策者对高职教师工作特点的理解与认知产生一定偏差，影响制度建设公平性。

其次，行政权力在职称评审中挤压学术权力。主要表现在两个方面：一是行政权力会干扰学术权力正常行使。事实上，行政权力往往主导高校内部运行机制，[④] 包括对职称评审中学术评议机制的影响。调研数据显示，在教师职称评审中，领导主观评价所占的比重较大，41.0%的教师认为影响较大或非常大（见图6-5）。有研究发现，在一些高职院校行政权力往往控制了学术委员会的运作，在集体评议环节，个别领导型评委的意见被强加在大多数评委身上，造成一些申报人的成果业绩刚刚达到申报要求就通过了，而一些业绩较高的人则因为票数少被淘汰。二是在职称评聘中，行政权力有时会产生对教师评价的不公平。例如，一些学校把"服从工作安

① 司林波：《高校教师职称评审中的帕金森定律及其治理》，《高校教育管理》2012年第4期，第73页。
② 陈淑维：《高职院校中青年教师二次成长激励机制初探》，《中国职业技术教育》（理论版）2015年第18期，第56页。
③ 李兴旺：《信息不对称视角下高职新一轮职称评审问题与对策》，《科教文汇》（上旬刊）2020年第3期，第110页。
④ 蔡连玉、鲁虹：《高校教师绩效管理计件工资化及其治理路径研究》，《高校教育管理》2020年第2期，第97~104页。

排、任劳任怨"等内容列为职称评审条件，"有的教师因为自己的教学或研究任务较重而谢绝参与和承担领导主持的课题，就被误以为'未服从工作安排'"，① 以至于影响正常的职称评审。

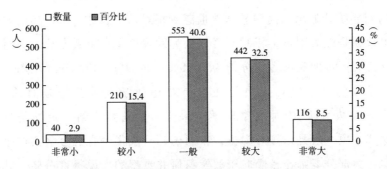

图 6-5　教师职称评审中领导主观评价所占比重

注：数据缺失值为 2，该项统计数为 1361。

　　最后，行政权力时常侵占部分学术资源。这主要表现为以下方面：一是高职院校一些行政管理岗位人员争相参加教师系列职称的评审，并且在职称评审中常常占据部分专业技术岗位指标。他们享受教师系列专业技术职称待遇，却并未从事教学、科研等工作。譬如，在教育研究型教师职称岗位上，绝大多数获得该类高级职称的人员，实际上并未在教育科研岗位上，而是从事行政管理工作。学院对这类教育研究型人员既没有严格的教育科研业绩考核，也没有教育科研工作量规定。对此，02E02-FZ2 指出："国务院之前发布过一个通知，要求行政领导与从事业务教学的专职教师要分开，就是说，如果你要搞党政工作，你就不要评职称。因为，一旦领导自己有权、有资源评职称，肯定是要往自己脸上贴金。但是该文件好像一直没有执行，这样的话很多领导就选择'双肩挑'。从长远看，学校领导或者管理人员应该实行职业管理者或教育职员制度。否则，由于社会关系等影响，专职教师在职称评审中很难得到完全公正的对待。"二是一些行政管理人员利用自身的资源优势，常常优先获得一些评优获奖资源，往往比普通教师职称晋升迅速，而普通教师成为职称评审竞争中的弱势群体。

---

① 王孝坤、胡晓霞：《高职院校教师职称评聘问题与治理运行机制》，《宁波职业技术学院学报》2015 年第 2 期，第 11 页。

对此，04E04-FZ3 认为："一些教学资源并不是一般老师能够拿得到的。特别是一个职业院校老师想拿一个省级课题，难度是很大的。省级课题一般来讲还是学院领导拿到的多一些吧。一方面是由于老师的能力，另一方面来讲，就是官本位的问题。"针对"在科研方面做起来难度最大的问题"的问卷统计显示，高职教师普遍感到很难获得课题。43.9%的教师认为获得课题是最大困难，相对而言，认为发表论文、出版专著、获得技术专利是最大困难的教师占比分别为 18.9%、20.3%、17.0%（见图 6-6）。此外，学校的行政管理人员往往容易获得教学成果奖等方面的资源。05E05-FZ2 认为："教师要拿教学成果奖，就是要达到一定的条件。但是，这些奖项一般是以领导为主，普通老师一般很少有机会拿到这个教学成果奖，大部分老师比较倾向于教学科研并重型的。说得直白些，就是普通教师觉得有些教学条件达不到，所以他们往往不会考虑这一块。"三是行政权力往往会以非正常途径获得他人的学术成果。这主要表现在两个方面：一方面，一些科研能力较强的高职院校教师由于受制于某些行政领导，会让领导分享自己的科研成果，或者被领导占有或剥夺，形成"学术贿赂"与"学术剥削"现象。高职院校尚未建立起一系列学术基本规范，因而会出现"学术剥削"现象，"许多教师参与了研究，却不能获得独立的成果认定，甚至没有署名"。① 另一方面，行政权力与学术权力往往会

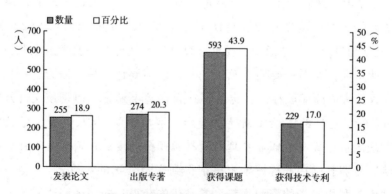

图 6-6　科研方面遇到的最大困难

注：数据缺失值为 12，该项统计数为 1351。

---

① 徐国庆：《高水平高职院校的范型及其建设路径》，《中国高教研究》2018 年第 12 期，第 93~97 页。

联合起来并形成对某些科研资源的垄断，"导致真正潜心从事研究而又不善于钻营的教师在项目申报、期刊发表或成果获奖方面缺乏优势"。[①] 如此一来，那些真正优秀的教师可能在职称评审中被淘汰，相反，投机者往往能够晋升成功。

由上可知，高职院校职称评审中的公平性受到行政化的较大影响。如果高职院校职称评审的民主性与公平性问题不能得到有效遏制，不仅影响高职院校教师的切身利益和职业认同感，而且影响教师对高职院校的归属感，导致高职教师职称评审制度在教师心中失去公信力。

第五节　教师职称评审制度建设缺乏一定的经验积累与总结

高职教师职称评审制度建设本身具有一定的复杂性与挑战性，同时，由于高职院校实行自主评审时间较短，缺乏一定的经验积累与总结，这些问题影响了高职教师职称评审制度建设的质量。

一　职称评审制度建设是一项复杂性难题

第一，如同教育评价一样，教师职称评审制度建设涉及诸多方面利益。一方面，高职教师职称评审制度建设属于一个跨界性强、涉及面广、涵盖范围大、考虑因素多的问题，即需要教育、人力资源和社会保障等多个部门的配合与协调，牵涉行政管理中的人事、职称、工资等多个方面的管理单位，关涉学校管理中的教师、教学、科研、绩效、校企合作、招生就业等几乎所有方面的职能机构，涵盖教师师德师风、学历资历、教育教学、科研教研、服务行业企业等多方面的业绩评价，还须考虑到高职院校文、理、工、农、医等各种门类，以及不同专业、岗位、职务等的类型情况。在评审制度建设中，同时将上述诸多情况、因素考虑到、兼顾好是比较困难的。某高职院校人事处负责人04E04-FZ1谈及职称评审工作的复杂性时说："职称评审是个'筐'，什么都想往职称里面塞。学校就把它当作指挥

---

① 徐大成：《大学教师职称晋升中"劣币驱逐良币"现象审视》，《教育评论》2019年第5期，第116页。

棒，我们在工作中就觉得也太过于复杂了，其实要求太多、太杂，啥都要求去做。但是，不放进去又体现不出学校的一个导向性，所以呢，这是一个比较难解决的矛盾。"另一方面，评价本身就是一项关系科学与人文、公平与效率的难题。职称评审包括师德、教学、科研等多项评价，涉及主观性评价与客观性评价、过程性评价与结果性评价、多主体评价与整体性评价，同时必须体现科学精神与人文精神，兼顾客观、公正、效率、技术、成本等多个要素，还需严格执行各级政府各个部门出台的政策法规，遵循职称评审的国家标准、地方标准，再结合高职院校实际情况制定符合高职教育特点的学校标准。这种复杂性表现在很多方面，例如，教师工作业绩存在的隐蔽性、显现的时滞性、集体成果的难以分割性、教育教学业绩的难以测量性。

第二，有关职称评审的理论基础与方法论比较缺乏。理论研究的滞后必然影响实践的进行。由于缺乏职称评审方面的理论指导与技术支持，评审权下放后，高职院校在健全与完善职称评审制度过程中遭遇诸多方法论困境。主要表征如下：一是指标设计"重硬性指标，轻软性指标"。很多高职院校在职称评审中往往比较关注学历、资历、科研成果、获奖评优情况等比较容易测量的硬性指标，而往往忽视教师育人效果、教学成效、学生就业质量、服务行业企业带来的效益等比较难以测量的软性指标。二是评审方法"重量化评价，轻质性评判"。很多高职院校主要采用指标量化方法，而对教学质量评价、科研成果质量评价、服务社会效益方面很少采用质性评价方法。三是"重形式性评价，轻实质性评价"。很多评价指标貌似是对业绩、成果、贡献的评价，其实并未抓住业绩、成果、贡献的真实本质，并未从客体（教学对象、科研成果消费者）的角度来设置评价指标，而是一味强调教师在教学、科研等方面的形式化的东西，譬如教学课时量、发表论文数量与级别、申报课题的数量与级别或经费、出版专著或教材的数量与级别，以及获得政府部门的奖项或荣誉等。质言之，这些都不属于实质性评价。真正的实质性评价应该是教学的实际效果对学生身心与人格发展、职业能力提升、就业质量方面的贡献，以及科研成果在社会、行业企业应用中的实际贡献等。

第三，高职教师职称评审制度存在"功能超载"问题。所谓"功能超载"是指，在制度建设中前置性制度或配套制度的缺失、低效、不健全或失灵，造成很多问题不断叠加或积累，导致后置性制度承载前置性制度遗留问题的情况。现代职业教育体系建设是一个循序渐进的过程，对高职教师职称评审制度而言，其前置性制度存在缺失、套用、低效等问题，包括高职教师培养制度的缺失、高职教师资格证书制度的有效性不足、高职教师企业实践制度亟待进一步落实、"双师型"教师认证制度从"双证书"向"双能力"方向的过渡等。同时，高职教师工作绩效制度存在诸多不健全之处，包括高职教师师德考核的"负面清单"建设滞后，高职教师教学考核指标、科研考核指标、服务企业考核指标都亟待健全和完善等（见图6-7）。上述问题导致高职教师职称评审制度不仅承载对前置性制度执行、落实的功能，而且还要发挥对教师业绩进行综合评价的功能，并且很多功能的实现与问题的解决已经超出高职教师职称评审制度的功能范围，想"毕其功于一役"是比较困难的。但是，在高职教师职称评审制度建设过程中必须考虑上述问题，并须通过高职教师职称评审制度建设来倒逼前置性制度或配套制度的健全与完善。

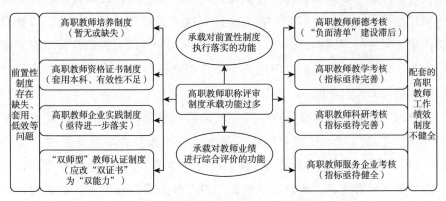

图 6-7　高职教师职称评审制度"功能超载"问题

二　职称评审制度建设缺乏及时的经验总结

首先，高职院校在职称评审制度建设过程中面临时间紧迫、任务艰巨、经验不足的挑战。对于每所高职院校而言，职称评审是每年一度的大事。一方面，2017年国家全面下放高级职称评审权后，高职院就须及时健全与完善相关制度，并为下一年度及今后学校职称评审提前做好制度设计和各项工作的筹备工作。另一方面，2016年以来，有关高校教师评价、"破五唯"、职称评审等方面的政策文件比较密集，信息量较大。如何将这些文件精神与指导意见融入学校职称评审制度建设，凸显高职教育的特殊性以及学校的实际情况，并按照"三重一大"的流程来理性设计学校职称评审制度及其配套的办法或规定等都是应考虑的问题。可以说，该制度建设的任务特别艰巨、面临的困难也较多。

其次，缺乏关于高职教师职称评审方面的专业研发机构。当前，部分高职院校对职称评审制度建设不够重视，基本上是在此前制度规定的基础上做一定的微调或增删。对此，被访谈人 19M06-FZ1 表示，在高职教育发展过程中，亟须有关高职教师职称评审方面的专业研发机构。他说："我们刚获得高级职称评审权，但是我们实际上对此还没有研究透彻，相关条件还不具备，因此，我校目前还是按照综合型大学的评审标准，不想降低我们教授的含金量。当然，我们会对指标做一些调整，比如在科研指标上，我们会更强调校企合作方面的技术创新等内容。论文方面，我们会重视应用性研究。但总体来说，我们还缺乏这方面的比较系统的研究，缺乏相关的理论指导和成功经验借鉴。我们希望有这方面的专门研究机构，为我们提供指导与支持。"调研发现，目前我国尚没有专门研究高职教师职称评审的机构，也缺乏这方面的专门研究者。全国范围内有关这方面的专题研讨会、培训与交流也比较少。

最后，有关高职院校职称评审制度的研究成果较少，难以满足职称评审实践的急切需求。尽管职称评审制度是高职教育改革与发展的"指挥棒"，但是调研发现，学界对这方面的研究关注较少，研究者多为高职院校一线的教师或管理者，他们是该问题的重要发现者与探索者。相关的研究论文较少，对学界的影响力还不足。相关的学术专著、调查报告或专题研究尚未出现。与学界研究形成鲜明对比的是，高职院校职称评审制度建设者迫切需要这方面的经验与成果，并自发进行了一些学校之间的研讨。例如，2017 年 9 月，为了探索出一条切实可行的职称评审发展之路，四川省多所高职院校在眉山职业技术学院联合召开高职高专职称评审研讨会，共同探索职称评审的方法和路径。① 又如同年 10 月，珠海城市职业技术学院

---

① 眉山职业技术学院：《川南片区市属高职高专职称评审研讨会在我院举行》，2017 年 9 月 30 日，http://www.msvtc.net/htmlarticles/House/mzyw/2017_09/31079.html。

组织召开"11校教师职称评审制度改革研讨会",共同研讨教师职称评审制度改革。①

综上可知,高职教师职称评审制度现存问题的背后有其特定的社会文化渊源,既有传统教育管理思想对高职教育类型属性的疏忽,有盲目移植研究型大学理念对职称评审观的误导,有绩效评估模式对学术导向评审模式的影响,也有教育行政化对职称评审制度民主化与公平性的掣肘。对上述问题正本清源,不只是为了解释现象世界,更是旨在为健全与完善高职教师职称评审制度提供有效的方法论指导。

---

① 珠海城市职业技术学院:《11所高职院校齐聚我校研讨推进教师职称评审制度改革》,2017年10月23日,https://www.zhcpt.edu.cn/info/1033/20488.htm。

第七章
健全高职教师职称评审制度的对策

哲学家们只是用不同的方式解释世界，而问题在于改变世界。好的制度通过创新降低交易成本，创造发展优势，提高发展效率，进而带来增量收益和回报。① 高职教师职称评审制度建设须基于治理思想指导，彰显高职教育类型属性，并进一步优化评审方式与流程，不断加强配套制度建设，通过给高职教师"松绑"，进一步释放高职教师的活力与创造力，提高职称评审制度建设的水平与质量，更好地服务高职教育的高质量发展。

第一节　构建基于治理思想指导的职称评审制度建设原则

21 世纪以来，我国提出"走向共同治理、实现治理现代化"的治理思想。"国家治理体系的现代化，最重要的是体制机制的现代化和人的现代化。相比较而言，制度更具有根本性，国家治理体系的关键在于制度改革和创新，即制度的破与立。"② 治理现代化意味着国家在现代化建设各领域，将由传统管理思想转向更民主、更有序、更有效的治理思想，即在弘扬民主法治、公平正义、平等包容、高效活力精神的基础上，不断培育公民民主参与意识，从管理转向服务、从集权转向分权、从人治转向法治、从封闭转向开放，促使市场主体在各个职能领域更合法、更合理、更高效地运行，实现国家层面、政府层面、社会层面的共同治理。随着国家治理体系和治理能力现代化的历史进程不断推进，我国高职教育也逐步向放权管理、

① 张占斌：《改革红利再释放》，生活·读书·新知三联书店，2014，第 5 页。
② 俞可平等：《中国的治理变迁（1978~2018）》，社会科学文献出版社，2018，第 25 页。

多元治理的方向过渡，成为新时代高职教师职称评审制度建设的方向。

通过对治理思想的系统梳理发现，治理思想为高职教师职称评审制度建设提供了重要的主体论、方法论和目的论。其中，治理的主体论强调治理的多元性、参与性与责任性，治理的方法论倡导协商式、制度化、自治性和公开透明，治理的目的论要求实现多元共赢、高效化和协调性。基于此，本研究认为职称评审制度建设必须坚持的两项基本原则是，树立多元参与共治的职称评审制度建设理念，构建党委领导、校长负责、多元参与的运行机制（见表7-1）。

表 7-1　基于治理思想指导的职称评审制度建设基本原则

治理本质		对职称评审制度建设的诉求	基本原则
主体论	多元性	由利益相关者代表组成的多元主体	1. 树立多元参与共治的职称评审制度建设理念。2. 构建党委领导、校长负责、多元参与的运行机制
	参与性	多元主体共同管理、民主管理	
	责任性	调整制度建设治理权结构，赋予各主体参与权、决策权	
方法论	协商式	合作、协商、互动协作，共同参与并处理公共事务	
	制度化	治理的保障源于法律、契约等所提供或产生的权力	
	自治性	实现自治，从"为民做主"到"让民做主""由民自主"	
	公开透明	出台政策等须公开透明，公民有知情权和监督权	
目的论	多元共赢	兼顾利益相关方利益，实现所有人的利益最大化	
	高效化	机构设置合理性、程序科学性、施策灵活性、减少成本	
	协调性	制度安排具有整体性、协调性，形成有机的制度系统	

一　树立多元参与共治的职称评审制度建设理念

依据治理思想所包含的市场主体公平、认同合作和公共利益等核心内容，[1] 以及治理思想所蕴含的民主参与精神、契约精神与效率精神可知，[2] 治理思想的本质是多元参与共治，其包括主体论、方法论与目的论三个维度。根据这三个维度对高职教师职称评审制度设计理念中的职称评审主体、

---

[1]　俞可平：《治理和善治引论》，《马克思主义与现实》1999年第5期，第38页。

[2]　薛澜、张帆、武沐瑶：《国家治理体系与治理能力研究：回顾与前瞻》，《公共管理学报》2015年第3期，第5页。

职称评审方式方法和职称评审价值诉求进行审视与探究。

（一）明确制度建设主体：政府"元治"与校企"共治"

治理思想的主体论为"谁是职称评审制度建设的主体"提供了理论遵循。治理思想主体论的核心理念是多元主体协同共治、民主管理，主要包括主体的多元性、主体的参与性、主体的责任性等三个方面。

一是主体的多元性，亦即治理实施主体是多元的，并通过政府、社会、民众等多主体互动协作，共同处理公共事务，实现多元主体协同共治，即"中央政府在宏观层面提出大政方略，但把具体的细化责任、权力交给了省市县等中间政府，把贯彻实施的灵活性放在了基层政府手中"。[①] 主体的多元性即强调发挥民主的作用，因为民主是人类社会的基本价值，是各种不同文明体系的共同政治追求，但民主必须有序推进，增量发展，不能急于求成，并且推进民主必须与增进民众福祉和改善治理相结合，让民主造福于民。

二是主体的参与性，主要包括利益群体的参与、政府的"元治理"角色两方面。一方面，作为公民的一部分，利益群体具有参与政治管理的权利是实现治理的前提。"公民必须具有足够的参与选举、决策、管理和监督等权利，才能与政府共同形成公共权威和公共秩序。"[②] 另一方面，政府扮演"元治理"角色，即政府在多方共同治理的体制中，依然发挥主导性、决定性、保障性的作用，承担确定发展方向、目标、标准的重任，为多方主体参与管理提供共同的行动目标和行为准则，最终形成"政府主导、多元主体协同互动的公共服务治理格局"。[③] 也就是说，摆脱原来计划经济体制下"万能政府"的低效能，逐步转变为多元共治、效率更高的高能政府。[④]

三是主体的责任性，即管理人员及管理机构在公共管理中应担负相应的职责与义务，以及对公民提出的意见与要求等作出及时调查与回应，并

---

① 周雪光：《从"黄宗羲定律"到帝国的逻辑：中国国家治理逻辑的历史线索》，《开放时代》2014年第4期，第125页。

② 俞可平：《治理和善治：一种新的政治分析框架》，《南京社会科学》2001年第9期，第43页。

③ 俞可平编《中国如何治理？——通向国家治理现代化的道路》，外文出版社，2018，第149页。

④ 刘熙瑞、马德普：《中国政府职能论：基于现代化与社会主义国家治理的战略思考》，学习出版社，2017，第267页。

进行负责性的反应或行动。根据治理的主体论，可以明确职称评审制度建设的相关主体及其责任。

首先，依据主体的多元性原则，高职教师职称评审制度建设的主体是由诸多利益相关者代表组成的多元主体。具体而言，这些利益相关者包括政府管理部门、高职院校、行业企业、教师、学生及其家长等。他们通过一定的制度安排共同参与职称评审制度建设活动。

其次，依据主体的参与性原则，上述主体在职称评审制度建设中具有共同管理、民主管理的权力。对此，一方面，应构建基于管理部门、学校、行业企业、教师、学生及其家长等多元主体沟通对话、协商参与决策的机制，确认这些多元主体参与制度建设的权责，促使其进行民主管理。鉴于行业企业是高职教育重要的办学主体或参与者，产教融合、校企合作是职业教育的本质特征。因此，相关的行业企业应以主体身份参与职称评审制度建设，被赋予在制度建设中的参与权、决策权和监督权，并可以作为职业教育的重要评价主体之一。[1] 另外，作为传统教育管理中的弱势群体，高职院校的教师与学生在职称评审制度建设中的知情权、表达权、决策权、监督权也应得到充分保障。另一方面，依据政府"元治理"原则，政府在职称评审制度建设中发挥着重要的主导作用，亦即要坚持政府及其学校代理人和学校管理者的"元主体"或"第一主体"的地位与作用。职称评审制度建设不仅需要政府放权与协调各部门的关系，而且应充分发挥教育行政管理部门的引领性作用，提高地方政府教育政策执行的创造性，[2] 为职称评审制度建设提供更好的顶层设计，从现行的审批式管理转向监管式治理。

最后，依据主体的责任性原则，应调整职称评审制度建设的治理权结构，赋予相关主体参与权、决策权。在今后的教师招聘、教师待遇等用人机制方面，应进一步给学校"松绑"，让学校能够自主确定用什么人、怎么用人。调整高职院校的治理权结构，一方面，进行分权，保障多主体参与学校自治，实现真正的多元共治。在职称评审制度建设中，政府相关部门要继续向高职院校下放权力，要明确政府具有职称评审制度建设的主导权

① 潘海生、林晓雯：《建立作为教育类型的职业教育的评价方式》，《中国职业技术教育》2021年第4期，第6页。
② 孙科技：《教育政策执行碎片化的整体性治理》，上海人民出版社，2020，第79页。

而不是主体权,具有监督权而不是评审权。另一方面,高职院校评审权应向校内相关职能部门和教学单位进一步下放,包括教学单位(二级学院)的推荐权、职能部门的审核权、教师对申报人的师德评价权、学生对申报人的教学态度与效果评价权、行业企业对申报人服务行业企业的贡献的评价权等。依据信息对称性理论,对教师师德、教学、科研、服务社会等方面的评审应该基于特定的信息依据,应该让信息对称方对教师上述方面进行针对性评价。可见,这种分权是必要的、合理的。

另外,在高职教师职称评审制度建设过程中要进行必要的集权,才能确保政府在其中的"元治理"角色。换言之,作为政府的代理人,学校管理者应该成为制度建设的主要责任人,负责职称评审制度建设的组织、协调,以及制度的顶层设计,包括建立职称评审申诉制度,对教师提出的质疑、建议、问题等进行回应。

(二) 形成制度运行机制:协商式、制度化、自治性、公开透明

治理思想的方法论为"如何进行职称评审制度建设"提供了理论遵循。治理的方法论强调协商式、制度化、自治性和公开透明等内容。首先,治理的主要方式是协商,即政府、社会、民众等多主体通过互动协作,共同参与并处理公共事务。其核心是利用权力上下互动的运行,建立合作、协商、伙伴关系,确立和实现共同目标的管理机制。其次,治理的保障是制度。治理的保障源于法律、契约等正式或非正式制度所提供或产生的权力,既有政府授权,也有契约、协商或其他非正式制度因素产生的权力。因而,治理过程,一方面要采取必要的正式制度化手段——法治,"实现国家长治久安还是要靠制度,靠制度执行力",[①] 即通过完善的制度和规范化的公共秩序来促进治理效果。另一方面,利用契约精神进行参与、合作,即"政府在治理过程中并非以权威的身份参与,而是以与社会其他团体、机构或公民同样平等的身份去参与、协商合作"。"个体自愿、一致同意、各负其责"是这种契约精神的核心。[②] 最后,治理的主要形式是自治。治理的目的

---

① 江必新:《国家治理现代化基本问题研究》,《中南大学学报》(社会科学版) 2014 年第 3 期,第 140 页。

② 郑言、李猛:《推进国家治理体系与国家治理能力现代化》,《吉林大学社会科学学报》2014 年第 12 期,第 48~49 页。

是从"为民做主"到"让民做主"，最终实现"由民自主"，即实现自治。地方政府及市场主体应享有一定的自由权，包括必要的自由裁量权。只有相关主体获得一定自由权时，才会迸发出较强的内发性活力，充分发挥自主性与创造性。另外，治理的过程公开透明。政府在出台相关政策和发表信息时必须公开透明，即每一个公民都有权获得相关政府政策的信息，对此具有知情权和监督权。

由上可知，职称评审制度建设的方法论是利益相关者形成多元协商的制度建设机制。具体而言，其一，依据协商式原则，高职教师职称评审制度建设应建立多元协商机制。在职称评审制度建设中，政府或作为政府代理人的学校管理者应通过协商与合作机制与其他利益主体建立伙伴关系，通过相互协作共同确立职称评审制度建设的目标、内容和方法等。其二，依据制度化原则，职称评审制度建设应通过一定的政策安排，不断健全与完善相关配套制度以实现法治化。一方面，进一步完善职业教育及其相关法律法规，从建立现代职业教育治理体系的高度实施产教融合、校企合作制度创新，为高职教师职称评审制度建设创设一个更好的宏观制度环境。另一方面，完善高职教师职称评审制度体系，包括有关教师师德评价、教学业绩评价、科研业绩评价的配套制度，以及进一步完善和规范职称评审的流程、要求、标准和执行，保护申报人在职称评审时享有自由、公平等基本权利。其三，依据自治性原则，政府部门应赋予高职院校较为充分的办学自主权，包括自主的制度设计权和自主评审权。只有赋予学校充分的办学自主权，学校才能摆脱对政府的依附性，形成"自主管理、自主发展、自我约束、社会监督"的运行机制。同理，高职教师职称评审制度建设需要获得必要的评审权，包括评审方案与办法制定权、评审标准设计权、评审专家的遴选权与使用权、评审结果的认定权等。现实中，很多地方政府制定的职称评审标准具有较为明显的"套用本科"现象，很大程度上限制了高职院校制度建设的自主权。此外，依据公开透明原则，职称评审制度建设应该进行必要的公示、全程的监督，以及建立相应的申诉制度。

（三）回归制度设计目的：基于"立德树人"的多元共赢

治理的目的论为"高职教师职称评审制度建设的目的是什么"提供了理论遵循。治理目的论的核心是"一切以维护人民的利益为根本"，主要包括实现治理的多元共赢、治理的高效化、治理的协调性等三个方面。其一，实现治理的多元共赢。治理的目标为兼顾利益相关方的诸多利益，实现全社会的公共利益，以及实现所有人的利益最大化。其二，实现治理的高效化。高效化治理一般归因于管理机构设置合理性、程序科学性、施策灵活性，以及最大限度地减少成本，并利用各种市场机制或制度来避免政府管理中的低效，达成高效化治理。① 高效化治理不仅能促使利益主体通过便捷性、公正性和公开性的方式积极参与政策制定，有效规避决策中的信息不对称问题，大大提升决策与政策制定的理性化与科学化，而且能使制度或政策执行力很强、执行效果很好。其三，实现治理的协调性。治理的协调性是指"各种制度安排具有统一的整体性、相互协调性，进而形成一个有机的制度系统，包括从中央到地方各个管理层级，从政府到社会各个行业领域"。② 拥有协调性能够有效规避垂直统治的僵化与信息不对称，提升制度执行力，③ 降低国家管理的成本与风险。

由上可知，职称评审制度建设的目的论是实现利益相关者共赢。就高职教师职称评审制度建设而论，具体表现为以下方面。

其一，依据治理的多元共赢原则，职称评审制度建设不仅应考虑政府利益，而且应考虑到学校、教师、学生、企业等主体的利益，包括服务高职院校内涵发展、服务教师专业发展、服务学生职业能力提升、服务企业人力资源提升以及技术革新与生产效益等。特别是，应该以这些利益相关者利益的"最大公约数"为最重要、最根本的利益，亦即以立德树人为根本，"引导广大师生将主要的时间和精力用在教育教学、学习与成长上，营造校长专心办学、教师静心从教、学生健康成长的良好教育生态"。④ 具体到高职教师职称评审制度建设，如果不能围绕服务高职教育发展的基本功能，而是背离激励教师教书育人的根本目标，即使看上去再完美，也没有多少价值。

---

① 郑言、李猛：《推进国家治理体系与国家治理能力现代化》，《吉林大学社会科学学报》2014 年第 2 期，第 48~49 页。
② 俞可平：《推进国家治理体系和治理能力现代化》，《前线》2014 年第 1 期，第 5 页。
③ 江必新：《国家治理现代化基本问题研究》，《中南大学学报》（社会科学版）2014 年第 13 期，第 140 页。
④ 石中英：《打赢新时代教育评价改革攻坚战总体战》，《中国教育报》2020 年 10 月 22 日，第 6 版。

其二，依据治理的高效化原则，高职教师职称评审制度建设应打破惯性思维的定势，探索管理机构设置合理、程序设计科学、管理灵活、信息反馈及时、决策时效高，执行力强、执行效果好、管理成本最小化的制度设计流程与运行机制，避免制度的内卷化，规避职称评审中的恶性竞争，抑制分配性努力，消解职称评审中出现的"学术 GDP 主义"以及"学术锦标赛"现象。

其三，依据制度的协调性原则，高职教师职称评审制度建设应实现纵向的上下位制度之间、横向的平级制度之间，具有较好的协调性、一致性，避免制度之间的不相容问题。为此，一方面，应进一步从高职教师专业发展制度建设层面，包括教师培养制度、教师资格证书制度、教师企业实践制度、教师评价制度等纵向制度维度，进行不断优化和协调，提高制度的相容性；另一方面，应从政府部门对高职院校实施的评估制度、社会机构对高职院校的排名标准等横向制度维度，进行制度设计的优化与协调，摆脱"套用本科"设计理念的桎梏，提升相关制度的相容性，最终实现相关制度设计理念的"五个"一致性，即教师职称评审制度与高职院校人才培养目标一致、与高职教师职业能力诉求一致、与教师工作职责要求一致、与教师工作绩效考核标准一致、与教师专业发展诉求一致。

概言之，高职教师职称评审制度建设应回归职称评审制度建设的终极目的——"立德树人"。唯此，才能形成以服务高职院校内涵发展、服务教师专业发展、服务学生职业能力提升为宗旨的职称评审制度建设新理念。

二　构建党委领导、校长负责、多元参与的运行机制

构建党委领导、校长负责、多元参与的评审新机制是我国高职教育实现治理体系与治理能力现代化的必然产物。一方面，要坚持"党管人才"的政策不动摇；另一方面，要尊重职称评审兼具行政性与学术性的特点，实现党委领导与多元参与统一。

（一）党委领导、校长负责是职称评审制度建设的重要原则

首先，加强党管人才，落实党管职称，是我国高校教师职称评审制度建设的应有之义。中国的公共治理结构是一种"以党领政"的治理结构，

在多元化的治理主体中，最重要的是中国共产党的各级组织。[①] "党政军民学，东西南北中，党是领导一切的"，[②] 在同级的党委和政府中，党委是权力核心与最高决策权威所在。《国家中长期教育改革和发展规划纲要（2010—2020 年）》提出，进一步落实和扩大高校办学自主权、完善治理结构。2012 年党的十八大报告明确指出 "要更加注重改进党的领导方式和执政方式，保证党领导人民有效治理国家"。我国公办高职院校普遍实行党委领导下的校长负责制，党委与校长属于政府在高职院校的代理人。依据治理思想，政府在治理中发挥着主导作用，政府在多方共同治理的体制中属于 "元治理" 角色，因此，在职称评审制度建设中必须首先坚持党委领导、校长负责，包括全面负责职称评审制度的顶层设计、相关机构的设置、评审内容与指标的制定、评审方法方式的选择、评审流程的优化等。同时，鉴于治理主体的责任性原则和反应性原则，作为高职院校管理者的党委与校长必须全程指导、直接负责职称评审监督委员会对职称评审的监督工作，包括组建职称评审监督委员会、建设职称评审申诉制度等。简言之，评审权下放后，高职教师职称评审制度建设必须坚持党委领导。

其次，要充分发挥校长负责制的作用，由校长牵头负责职称评审制度建设，并做好三个重要环节的工作。一是校长组织并建立职称评审制度建设与领导小组，主要包括高职院校党政办公室、人事处、教务处、科研处、校企合作处、纪检部门、工会等多个职能部门以及校学术委员会。校学术委员会在相关职能部门配合下，研制和拟定职称评审整体方案、内容标准、流程办法等。二是组织职称评审制度建设与领导小组系统学习有关职称评审的政策文件、这方面的研究成果、兄弟院校的改革经验，树立正确的教育价值观、发展观、质量观和政绩观，深刻领会和把握新时代教育评价改革的指导思想、原则与方法。三是根据国家 "三重一大" 的相关要求，按照一定流程对职称评审制度的相关文本进行审核、修改和完善，包括先提交职称评聘领导小组审核和修改，学校职工代表大会讨论和审议，学校党政联席会议商议、修改与审定，最后报请上级主管部门审核通过。

---

① 俞可平等：《中国的治理变迁（1978~2018）》，社会科学文献出版社，2018，第 20 页。
② 习近平：《决胜全面建成小康社会 夺取新时代中国特色社会主义伟大胜利——在中国共产党第十九次全国代表大会上的报告》，人民出版社，2017，第 20 页。

事实上，坚持党委领导、校长负责与多元参与并不矛盾，为了防止治理中由多主体的共同参与带来的多中心、分散性和不确定性等，必须坚持党委领导、校长负责的原则。

（二）多元利益群体参与共治是职称评审制度建设的重要保障

首先，多元利益群体参与共治是职称评审制度建设不可或缺的力量与保障。党的十八大报告强调，在加强党领导的同时应转变党治国理政的方式。党的十九大报告明确要求"不断推进国家治理体系和治理能力现代化"，明显增强全社会发展活力和创新活力，要处理好党的领导、人民当家做主与依法治国之间的关系，及时理顺各种权力关系，进行权力结构调整，通过不断地鼓励和引导多元参与以及治理机制创新，推进国家治理方式的制度化与法治化。对此，受访者33007-FZ1表示："实际上，真正的教育是教育家办出来的，是一线的教育工作者去发现的、去创造的、去内生的，仅仅靠一些外在的、形式上的东西是弄不成的。"这种源于基层教育管理实践者的朴素呼声表明，多元利益群体参与高职院校共治的重要性，也是高职教师职称评审制度建设须遵循的重要原则。在高职教师职称评审制度建设中，应积极发挥多元参与的优势，促进职称评审制度建设，特别是加大行业企业、学生的指标权重，改变此前职称评审制度建设中民主性不强、利益相关者参与不充分带来的一系列问题。事实上，制定职称评审制度"需要形成一套多元参与的机制，使重要利益相关者通过博弈和协商"，[①]就职称评审的标准、实施办法等达成共识，这有利于提高职称评审制度的合理性、科学性、有效性。事实上，只有将传统管理中那种"对上负责有余、对下负责不足"的压力型管理体制，转变为"一种对上负责和对下负责相结合的民主合作型管理体制"，[②]才能有效破解高职教育行政化的困境。

其次，在职称评审制度建设及其制度实践中，不同利益相关者自身拥有的信息优势与评价重点各有不同。具体到高职院校职称评审制度建设过程中，除学校党委、校长外，应积极发挥学术权力在高职院校科研评价中

---

① 刘继安、陈志文：《教育评价改革的"破"与"立"》，《光明日报》2020年9月15日，第14版。
② 丁煌：《浅析浮夸歪风屡禁难止的体制根源》，《中国软科学杂志》1999年第10期，第25页。

的作用，将校学术委员会部分成员、教师代表、行业企业代表、在读学生或毕业学生代表纳入职称评审委员会，并对职称评审事务进行负责和管理。亦即，增加学术委员会在职称评审中的参与权、决策权，并将行政权与学术权分离。

针对"高职教师的职称评审应该有行业企业领域的专家参与"的统计结果显示，92.5%的教师赞同（含一般、比较赞同、非常赞同），其中67.7%的教师比较赞同或非常赞同（见图7-1）。也就是说，随着人们对职业教育"产教融合、校企合作"跨界特征的认知更加深入，高职教师已经普遍意识到行业企业等利益相关方应参与教师职称评审，并具有一定的知情权、参与权，这有助于促使企业成为校企合作的主体，也有助于加强并落实对企业合作产权的保护等。[①]

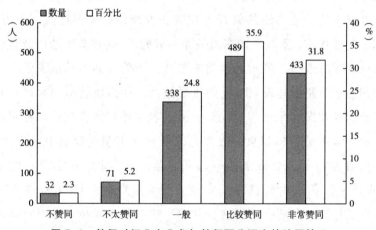

图7-1 教师对行业企业参与教师职称评审的认同情况

专家对该问题的认同度更高，33.0%的专家非常赞同，41.9%的专家比较赞同，两者合计为74.9%，超过教师对该问题比较赞同和非常赞同的比例（见图7-2）。可见，专家们也认同该问题，亦即，行业企业领域专家应在教师职称评审中具有一定参与权、话语权等。

这对实现多元参与治理的制度建设具有重要作用。其中，同行专家评

---

① 王为民：《合作产权保护与重组：职业教育校企合作机制创新》，《教育研究》2020年第8期，第119页。

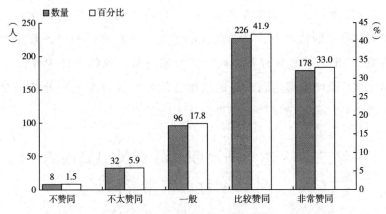

图 7-2　专家对行业企业参与教师职称评审的认同情况

价应侧重于对授课教师的专业水平和教学能力进行评价。学生评价应重点放在授课教师的教学态度、水平、效果，以及学生在职业能力提升的收获感方面，并且，学生评价应在教师教学评价部分占重要地位。

　　其原因包括四个方面。一是作为教师课程教学的受众，学生在教师教学态度、教学实施与组织情况、教学效果等方面获得的信息比较完整、全面、客观，学生最具有评价权。对此，有的高职院校已经开始这方面的探索，获得较好效果。被访谈人 06E06-FZ2 介绍了其学校的经验："各二级学院成立由党政领导班子成员、学术办主任、经民主推荐的 3~4 名教师及一定比例的学生代表组成的二级学院教师教学质量评价工作委员会，任期 3 年，负责本二级单位教师的教学质量评价。学校把教学质量评价权从学校层面交给二级学院，主要是学校做不过来，但是，二级学院对教师比较了解。选取学生代表主要是突出学生主体地位，就是设置几个指标观测点，看看学生对老师上课的反应如何。例如，看学生的抬头率。"二是学生最了解自己在某个或某些教师教学中的学习收获情况，是感知教师教学效果以及学习者学习收获的重要主体。诚如弗莱克斯纳（Abraham Flexner）所言，作为高等教育的消费者，学生要求在确定课程和教师的任命、晋升、解雇方面拥有一定程度的发言权。[1] 这一要求不是没有道理的。三是学生如果具

① 〔美〕约翰·S. 布鲁贝克：《高等教育哲学》，王承绪等译，浙江教育出版社，1987，第 42 页。

有一定的教师教学评价权，有助于督促教师坚持"教学工作必须对学生负责""以教学为中心""以学生为中心""以育人为中心"的理念。四是在适当培训和指导的情况下，高职院校的学生具备相对较强的评教能力。有研究表明，"相对于领导评价、同事或专家评价、教师自评等评价方式来说，学生评价教学能够达到较好的信度、效度和区分度"。① 此外，对学生评教中的个别"偏激情况"可以进行技术处理。

第二节　建立凸显职业教育类型属性的职称评审指标体系

　　依据制度设计的合目的性原则，高职教师职称评审制度必须建设凸显职业教育类型属性的职称评审指标体系，即职称评审指标体系必须符合职业教育特点。具体包括两个方面：一是从学校本位的发展看，职称评审制度必须与教师工作制度的要求保持一致，遵循"干什么、评什么"的法则，包括评审内容与工作内容一致、考察重点与工作重点一致、评审方式方法与工作业绩特点相吻合等；二是从教师本位的发展看，职称评审制度必须尊重高职教师"双师型"属性，据此制定符合高职教师专业发展特点的职称评审内容与指标，这是完善高职教师职称评审制度的核心与关键。②

　　从哲学的目的论、本体论与方法论看，职业教育类型属性具有三大特征，这为职业教育职称评审指标体系建设提供了重要理论依据。《国家职业教育改革实施方案》提出职业教育"类型属性"的重要命题，并作为职业教育改革的重要遵循。职业教育类型属性中的目的论、本体论与方法论统一于职业教育的三大特征。③ 从职业教育类型属性的目的论看，职业教育特征之一是通过产业链与教育链的需求整合，确立职业教育生存与发展的社

① 胡祖莹、魏红：《教学评价中信息来源的可靠性研究》，《高等师范教育研究》1996 年第 3 期，第 38～43 页。
② 王为民：《走出"制度陷阱"：高职教师专业发展制度的供给困境反思》，《河南大学学报》（社会科学版）2018 年第 1 期，第 142 页。
③ 姜大源：《跨界、整合和重构：职业教育作为类型教育的三大特征》，《中国职业技术教育》2019 年第 7 期，第 9 页。

会价值，亦即培养高素质技术技能型人才。从职业教育类型属性的本体看，职业教育特征之二是通过产业界与教育界、学校与企业的跨界合作，利用知行合一、工学结合的人才培养模式，实现职业教育独特的存在方式，凸显具有产教融合、校企合作特征的办学形态。[1] 从职业教育类型属性的方法论看，职业教育特征之三是必须构建相对独立的体系结构，不能依附或套用普通教育的制度框架。亦即要想最终实现职业教育类型属性，必须构建相对独立与完整的职业教育体系（见表7-2）。[2]

表 7-2　职业教育类型属性的本质特征

本质	特　征	具体描述
目的论	人才培养类型不同：高素质技术技能型人才	通过产业链与教育链的需求整合，确立职业教育生存与发展的社会价值
本体论	办学方式类型不同：产教融合、校企合作，知行合一、工学结合	通过产教融合、校企合作办学模式和知行合一、工学结合人才培养模式，实现职业教育独特的存在方式及教育教学内容、形式
方法论	制度体系类型不同：构建独立完整的体系	职业教育必须构建相对独立的体系，不能依附或套用普通教育体系

基于此，建立相对独立、完整的职业教育体系是职业教育类型属性得以顺利实现的物质保障。该体系建设主要包括设置职业教育实施机构、建设并健全职业教育的一系列制度。在建设职业教育实施机构方面，当前主要是在巩固与发展中职与高职专科教育的基础上，积极发展本科层次的职业教育。在制度建设方面，主要是健全与完善一系列基于职业教育特点与发展诉求的职业教育体制、机制和规章制度。其中，既包括国家层面的一些制度设计的落实，例如《现代职业教育体系建设规划（2014—2020年）》中的一些顶层设计尚未完全制度化或贯彻执行，也包括职业院校内部一些规章制度。

就高职教育体系建设而言，一方面，高职教育实施机构即高职院校的

---

① 赵伟、孙英：《职业教育类型论》，《中国高教研究》2020年第11期，第98页。
② 徐国庆：《确立职业教育的类型属性是现代职业教育体系建设的根本需要》，《华东师范大学学报》（教育科学版）2020年第1期，第1页。

规模式发展已经基本结束，开始向内涵式发展转向；另一方面，高职教育的制度体系建设仍然相对滞后。譬如，当前一些有关高职教育的政策、管理方式、制度等基本上仍在套用、参照或模仿普通本科院校的模式或标准。有研究发现，高职院校职称评审方案与指标更多遵循的是学科教育的评价逻辑。[1] 有鉴于此，本研究依据上述职业教育类型属性的本质特征，结合职业教育对教师素养、能力和业绩的诉求，以及对职业教育职称评审的调研与总结，提出职业教育类型属性的职称评审指标设计框架，作为指标体系建设的指导（见图7-3）。

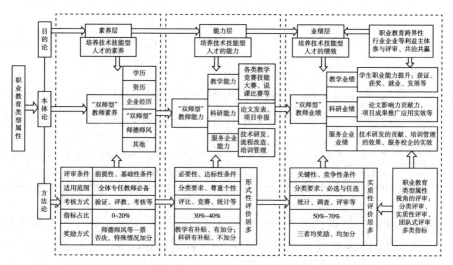

图7-3 职业教育类型属性下的高职教师职称评审制度设计理念

一 类型属性的目的论对职称评审目标定位的诉求

类型是具有共同特征的事物所形成的种类，教育类型指的是基于相同教育特征的教育种类。教育类型不同的明显标志在于培养目标的不同，即职业教育的类型特征是以服务发展为宗旨、以促进就业为导向。[2] 目标定位是职称评审指标体系建设的坐标原点，锚定职称评审的目标定位是职称评

---

① 潘海生、林晓雯：《建立作为教育类型的职业教育的评价方式》，《中国职业技术教育》2021年第4期，第8页。

② 姜大源：《职业教育要义》，北京师范大学出版社，2017，第142页。

审指标体系建设必须一以贯之的基本指南。

（一）锚定职称评审的旨归，服务技术技能型人才培养

提升技术技能型人才培养质量是职称评审制度的终极目标。从职业教育类型属性的目的论看，高职教师职称评审制度建设的最终目的在于通过对教师工作业绩的评价及职称晋升，提高教师工作的积极性、主动性和创造性，进而不断提升高职教育人才培养质量。职业教育是一种以培养人为目的的社会活动，培养什么人和怎样培养人是职业教育的永恒主题。[①] 职业教育应将学生的全面发展作为首要目标。[②] 人才培养始终是高职院校的第一要务与中心工作，教师是提高教育教学质量最为关键的因素，教师教学是人才培养的一条最基本的途径。《深化新时代教育评价改革总体方案》明确指出，职称评审制度建设必须坚持的宗旨是"坚持社会主义办学方向，落实立德树人根本任务"，进一步明确职称评审制度改革的思想指引与行动逻辑。具体到高职教师职称评审制度建设，应通过制度设计把主要精力和资源配置有效地集中到人才培养中心工作上来，把高职院校教育教学重点更加有力地集中到培养高素质技术技能型人才质量上来。某高职院校毕业生19M01-X1认为："教师应该将主要精力放在学生上，第一是教学生为人，第二应该是技术，这是双重的。学校教育最终的目的就是让学生以后能走得更远。教师把精力用在教学方面，学生的技术落地，并且落到自己身上，学生的能力才能培养出来。""以生为本"是职业教育类型属性对职称评审指标设计的基本诉求。高职教师职称评审制度指标设计应从先前的政府、学校本位回归教师、学生本位。某高职院校毕业生19M01-X2对教师职称评审的理解是："评职称的最终目的应该是让老师培养更多优秀的学生。如果职称评审仅仅是为提高教师自身能力，而不重视发挥教师能力，意义就不大了。一个老师可以带好多好多届学生，教师在提高自己水平的同时，用自己的能力来培养学生，这种老师是贡献最大的。"不难发现，作为重要利益相关者和教育消费者，学生对教师职称评审的认知是朴素的，这同时说明职称评审的宗旨是实现服务高职教育教学和人才培养的总目标。

① 祁占勇：《职业教育政策研究》，教育科学出版社，2018，第270页。
② 周志刚等：《职业教育质量评价体系研究》，经济科学出版社，2018，第160页。

评审权下放前，高职教师职称评审制度设计主体主要是政府部门。在压力型政府体制下，职称评审指标设计往往基于设计主体的角度或利益来考量，而较少从教师、学生发展的角度来进行系统设计。长期以来，高职教师职称评审制度的指标基本上是套用本科院校的，造成高职院校出现较为普遍的普教化倾向，教师呈现较为严重的同质化，高职教育的内涵发展与人才培养质量提升遭遇瓶颈。评审权下放后，高职院校在制定职称评审标准时基本上立足于学校和教师本位，但是基于学生本位的考量不足。一方面，学生在教师教学评价过程中参与度不够；另一方面，一些评价教师业绩的指标也多从教师本位来设计，很少从学生本位来考虑。譬如，关于教师教学质量的评价，大多数高职院校的评教指标设计都是考察教师课程的受欢迎情况或学生满意度，而很少关注学生在该课程学习中获得哪些方面比较显著的收获或提升。再如，对教师科研业绩的评价，指标设计基本上是教师本位，考察教师论文发表的数量与级别等，而对科研成果的转化以及对提升教育教学效果的考察不够。

职业教育类型属性的目的论重视并强调高职教育内在规律性，是对教育行政化的一种摒弃，也是对职业教育教师本位、学生本位的回归。在今后高职教师职称评审制度设计中，必须立足教师本位与学生本位。相应的评审指标设计要充分尊重教师、学生两类重要的利益相关者主体，不仅应满足高职教师教学工作需求、专业发展需求，而且应满足学生综合职业能力提升、服务学生人文素养与专业素养的和谐发展，促使职称评审制度回归教书育人之初心。某高职院校毕业19M01-X3认为："对教师的职称评审，教书育人的业绩比重应该大一点，一是教师的师德应该是第一位，二是授课方式以及与学生的沟通方面，三是学识要高。如果教师只是把学生当作过客，只是给学生上课，而不是真正把学生当成自己的学生，去教真正的东西，即使评上职称，我感觉也是不太合格的。"可以看出，从高职学生的视角看，在对教师进行职称评审时应特别注重对师德、教学实绩的考核。

（二）确定职称评审的导向，提升教师育人能力与成效

首先，职称评审的基本指标应强调"双师型"教师资格，并将"双师型"教师资格作为职称评审的必备条件。这是高职教育类型属性对职称评审制度建设的基本诉求，亦即，培养技术技能型人才的教师必须具备胜任

理实一体化教学工作的能力，否则高职教育的人才培养质量难以保障。为此，应依据国家相关规定，制定操作性较强的"双师型"教师资格认证标准，并逐步对"双师型"教师的专业技术水平或实践教学能力进行等级考核。另外，为不断提升教师专业实践能力、实践教学能力，应通过职称评审基本条件设置，严格执行相关部门对教师定期去企业实践的规定。

鉴于高职院校教师队伍的复杂性等客观条件，可以设计一个制度过渡期。在过渡期内，采取"新人新办法，旧人旧办法"等方法，渐进式推进该基本要求。有研究发现，通过多种方式方法参与企业实践、专业培训和职业技能竞赛，能有效提升高职教师的"双师素质"以及助其获取"双师型"教师资格。① 例如，宁波职业技术学院以"有效课堂认证"活动为抓手，通过开展课堂教学质量监控提升教师的教育教学能力，提高教师队伍的"双师型"质量。可以说，将"双师型"资格作为职称评审的必要条件，对提升教师专业发展水平、提升技术技能型人才培养质量，具有重要促进作用。

其次，建设符合高职教师工作特点的职称评审制度，是确定高职教师类型属性的重要实践保障。建设基于高职教师工作特点的职称评审制度，就是在职称评审制度建设中应客观、全面研究和掌握高职教师的工作职责、内容与特点，避免评聘标准脱离教师岗位工作要求、教师发展实际，② 尤其是，要正确理解高职教师承担的教学、科研、服务社会三大职能之间的关系。本研究把三大职能间的逻辑关系分为同心圆、直线和三角形模式。第一类教师职能之间的发展模式是"同心圆"模式。该类教师以教学为中心，科研是服务教学的科研，服务社会是基于教学的需要。教学、科研和服务社会三大职能具有同心性。教师在三类职能之间的转换成本较低，最容易集中精力做出成绩，因而该类是最为理想的关系。第二类是"直线"模式。该类教师的教学、科研和服务社会职能之间具有较大的重叠性，教师在不同职能之间的转换成本也不是很高。第三类是"三角形"模式。即教师肩负的三项职能在发展过程中彼此独立与分离，呈三角形状态。该模式中教师在不

① 黄亮：《内涵发展视域下高职教师职称评审改革路径研究——以江西财经职业学院为例》，《职教论坛》2019年第6期，第71页。
② 王孝坤、胡晓霞：《高职院校教师职称评聘问题与治理运行机制》，《宁波职业技术学院学报》2015年第2期，第10页。

同职能工作间的转换成本最大，不利于教师成长（见图7-4）。

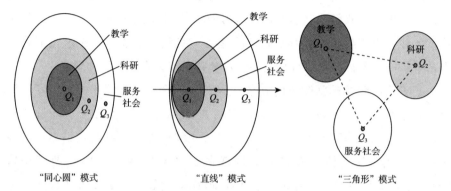

图7-4　高职教师职能之间的逻辑关系

由上可知，教学与科研之间存在相互促进的积极一面，也存在相互背离的消极一面。对于大多数高职教师（教学科研型）而言，高职教师职能之间的逻辑关系可以概括为两种：一是坚持"以教学为中心，以科研促教学"的原则，二是坚持"以科研为桥梁，服务校企合作"的原则（见图7-5）。

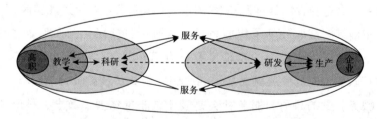

图7-5　校企合作背景下高职教师三大职能之间的关系

二　类型属性的本体论对职称评审内容设计的诉求

（一）提高教学业绩的指标比重，增加教学业绩考核的新指标

首先，提高教学业绩的指标占比与权重，强化教师以教书育人为首要职责的评价导向，制定以教师教育教学能力为基础与核心的绩效评价指标。高职院校的首要任务是培养人才，对于高职院校教师而言，教育教学是其

首要工作与核心职责，应把教育教学实绩作为教师职称评审指标的基本要求和重要内容，引导教师"把精力放在课程上，放在教学上，上好每一节课，教好每一个学生"。① 受访专家 04E04-FZ3 认为："就教学、科研和服务社会的重要性而言，我认为，教学第一，科研第二，社会服务第三。其中，教学一定是第一位的。"高职教师职称评审，应将对教学实绩的考核放在第一位，使教育教学的业绩占职称评审赋值结构的最大比例，引导教师潜心教学、全心育人，上好每一节课，关爱每一个学生，避免偏重科研而忽视人才培养的不良倾向。特别是，将专业实践能力作为评审的重要指标。通过加大专业实践能力的权重与考核要求，凸显高职教师的"双师型"特点，引导教师将主要时间与精力放在提升自身技术应用能力与教学水平上。德国对企业教师资质的一个重要诉求是"实施工作过程导向或经营过程导向的职业教育的能力"。② 教师的第一本职是教学，其次才是科研和服务社会。毫无疑问，学校必须要适度降低科研成果在职称评审中的比重，将科研的重要性放到稍低于教学的位置。高职毕业生 19M01-X1 认为："在高职教师的教学、科研和服务社会中，我觉得教学应该更重要，因为我们是高职，应偏重教学、重视（学习内容在）整个行业的应用。这样就会给学生一个引导，让学生明白所学的东西在行业能用到哪些，现在是在干吗的。如果（教师）偏研究的话学生可能不太适合。"可见，从教育消费者角度看，教师应以教书育人为首要职责，这也是对职称评审制度建设的基本诉求。

　　问卷调查中，针对"高职教师教学业绩应作为教师职称评审的最重要内容"的统计数据显示，85.0%的教师比较赞同或非常赞同高职教师教学业绩应作为教师职称评审的最重要内容，其中非常赞同者占 46.6%。不赞同、不太赞同者占比很小，总计为 2.1%（见图 7-6）。

　　对该问题的专家问卷显示，非常赞同、比较赞同的专家分别占 61.7%、30.6%，两者合计占比超过 92%（见图 7-7）。相对于教师的态度，专家对该问题非常赞同的比例更高。由此可见，当前职称评审制度建设中，将教学业绩作为最主要的考核内容，已经成为高职教师和专家的共识，摒弃"学术导向"的职称评审模式也将是高职教育内涵发展的必然。

---

① 顾明远：《每个教师都能成为好老师》，《中国教育报》2021 年 4 月 3 日，第 3 版。
② 姜大源编《当代世界职业教育发展趋势研究》，电子工业出版社，2013，第 138 页。

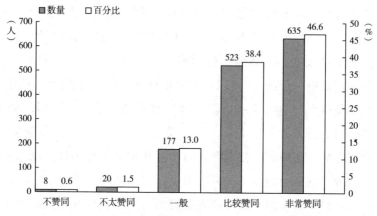

图7-6　教师对教学业绩应作为职称评审最重要内容的态度

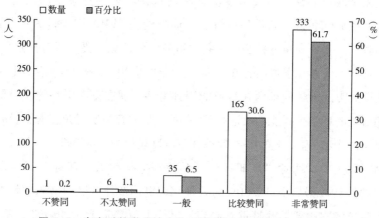

图7-7　专家对教学业绩应作为职称评审最重要内容的态度

其次,增加教学业绩考核的新指标,突出教师开展教育教学的实绩。在传统教学业绩的基础上,新增一些能体现教师教学实绩的评价指标。在对教学的考核过程中,应坚持"质与量相结合、以质为主"的原则,适当加大教学质量方面的赋分系数或权重,将学生就业竞争力(就业竞争力指数、就业率、专业对口率、职业吻合率、离职率等),[1] 学生获得各类技能

---

① 林润惠:《高职院校校企合作——方法、策略与实践》,清华大学出版社,2012,第157页。

证书的等级及比例，学生获得技能大赛的成绩，学生参与企业技术改造、技术革新项目等方面情况作为考核教师教育教学质量的重要内容。其中，学生的专业就业率永远是对学校教育水平的最好、最真实的社会评价。[①] 此外，增加教研活动类考核指标包括专业建设成效、课程开发实效、实训基地建设情况、技术技能水平、编写教学案例情况、教学改革成效等，教师承担的辅导员、指导学生等工作也应计入工作量。

（二） 降低科研业绩的指标比重，强调科研业绩的应用与转化

首先，整体上降低科研业绩的分值和权重，淡化科研数量要求，重视科研质量与贡献。亦即，必须适当降低科研成果在职称评审指标中的比重，使其低于教学指标的比重。破"五唯"并非在科研评价中完全抛弃这些指标，而是不能"唯"，不能简单、机械地量化评价，而是要关注其实际价值、贡献与影响力。如果完全否定论文、项目等指标，职称评审容易陷入"唯关系"的泥淖。职称评审不能片面追求"学术GDP"，不能误导教师陷入"学术锦标赛"的误区，应淡化对科研数量的要求，不能简单地以收录率、引用率、刊物影响因子等数量指标来衡量科研贡献，而应突出科研质量与实际贡献。如果科研缺乏学术品质，即或模型再精致化，数据再丰富，也是没有价值的。对此，一方面，对科研成果应强调其贡献度而不是数量，对数量方面的要求应该降低或者仅作为参考。某产业学院院长17M04-Q1认为："政策引导很重要，如果政策引导发多少论文就能评职称，那我肯定拼死拼活写论文，甚至买论文。对此，可以在政策方面调整一下，将教师发表论文等科研业绩作为一个参考性的东西（指标），有论文也行，没有论文也可以，那么，老师就不会把很多精力放到论文上了，就会投入到对学生的培养上。"企业界人士对该问题的表达很直白，直击要害。也就是说，必须通过更优化、合理的政策安排才能有效破解该问题。只有充分发挥职称评审相关制度设计的作用，适当改变职称评审中有关论文方面的规则，才能有效遏制当前"学术锦标赛"的问题。另一方面，强调科研的质量，对具有原创性、影响力大、效益显著并持续的科研业绩可以重奖并在职称评

---

① 王振洪：《职业教育评价改革重在彰显类型教育特征》，2021年1月21日，https://www.tech.net.cn/news/show-92985.html。

审中累计奖励或赋分。

其次，明确高职教师的科研定位，坚持以应用研究为主的学术导向。高职教师从事科研的初衷是提高教师自身专业能力，更好地服务教育教学，因而应"将有关职教教学与理论方面的研究作为高职教师科研的主导方向，适当提高与产教结合有关的科技发明的权重，激励教师积极参与科技发明与工艺革新"。[①] 其一，高职教师需要研究教育教学中存在的问题，探究不同类型层次学生成才规律、学习规律，包括课程研究、教学方法研究、学生心理研究、学生能力开发研究、学生就业指导研究等，旨在更好地依据课程内容设计教学过程。其二，高职教师科研应重点评价教师应用性研究成果及其转化和推广、科学普及、试验技能等技术服务贡献。其三，教师还须关注产业发展的新业态、企业生产管理的新变化，及时引进企业生产管理中的先进技术与工艺操作流程等，不断更新和丰富教学内容，提升人才培养质量及其服务产业发展的符合度。对此，33O07-FZ1 表示："以前的'研'主要指的是写理论文章，也不下去搞实际的项目，做出的东西比较空。现在提'研'是因为产业经济发展，很多企业需要帮着做研发。"事实上，高职院校教师对以前那些脱离教育教学目标的研究的质疑已久，急切希望通过政策引导与制度安排来鼓励高职科研返璞归真，服务教育教学。

针对"高职教师的科研定位"的问卷统计显示，高职教师普遍认同其科研定位应以应用性研究或教学研究为主；其中，57.8%的教师认为应以应用性研究为主，32.6%的教师认为应以教学研究为主。其实，这两个选项的内涵是一种包含与被包含的关系，亦即，教学研究属于应用性研究。如果将教学研究归为应用性研究，则有 90.4%的教师对此认同。相比较而言，仅有 3.2%左右的教师认为应以基础性研究为主（见图 7-8）。由此可知，目前高职院校教师已经基本认同其科研定位为应用性研究，这与其教育教学工作需求密切相关，是教育教学工作的需要，也是自身专业发展的诉求。

专家对高职教师的科研定位更集中于应用性研究。数据显示，68.5%的专家认为，应用性研究应作为高职教师科研的定位或方向。25.3%的专家认

[①] 王为民：《高职教师供给如何走出"制度陷阱"》，《中国教育报》2017 年 1 月 10 日，http：//www.cssn.cn/jyx/jyx_jyqy/201701/t20170110_3377142.shtml。

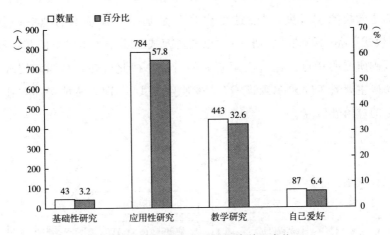

图7-8　教师对高职教师的科研定位

注：数据缺失值为6，该项统计数为1357。

为是教学研究，其实，教学研究也属于应用性研究。而选择基础性研究者仅占4.1%（见图7-9）。可见，教师与专家对该问题的看法具有较高一致性，而且专家对应用性研究更认可。

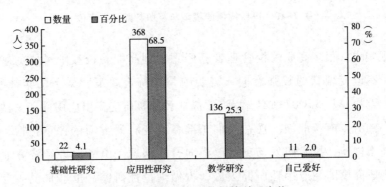

图7-9　专家对高职教师的科研定位

注：数据缺失值为3，该项统计数为537。

依据巴斯德象限模型可知，一般而言，高职教师的科研定位基本属于皮尔森模式或爱迪生模式，即技术类研究或纯应用研究（见图7-10）。在Donald Stokes教授的巴斯德象限模型中，研究主要分为"以求知为目的"和"以实用为目的"两个维度，并由此分为"皮尔森模式""爱迪生模式"

"波尔模式""巴斯德模式"。其中，"皮尔森模式"属于以技能训练和整理经验为主的技能类研究；"爱迪生模式"是基于工程技术的纯应用研究；"波尔模式"是一种纯基础研究；"巴斯德模式"属于应用引发的基础研究，既有基础研究的特点，也有应用研究的价值。据此可知，高职院校教师从事的科研主要属于"皮尔森模式""爱迪生模式"，即以技能提高与技术研发为主的应用性研究。

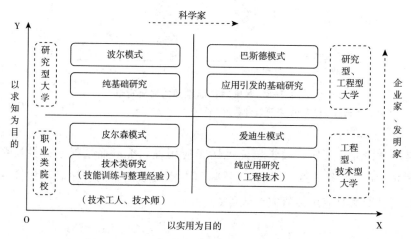

图 7-10　巴斯德象限模型与高职教师科研定位

现实中，很多高职院校管理者已经意识到高职院校教师科研的基本定位，也有改变现状的较强意向，需要的是在特定政策背景下的集体行动。某高职院校校长 33O07-FZ1 表示："高职教师科研应突出应用性，去搞理论说实在的有点南辕北辙。现在我们正准备改变科研方面的评审指标，逐步加大技术创新、技术研发与突破、横向合作课题、服务地方经济方面的权重。做研究要围绕应用性研究去做，少做理论性研究，也不是说一点也不能做，但不是这类学校的定位和主导方向。高职院校教师科研以应用性研究为主，但并不意味着完全摒弃基础性研究。"鉴于我国高职院校发展的包容性以及教师发展的多样性，在设计职称评审科研指标时，应考虑那些以基础性研究为志趣的教师群体，对他们而言，须建立以基于原创性成果为特征的科研评价规则。

（三）重视服务社会的业绩考核，增设校企合作方面评审指标

本研究认为，高职教师服务社会的业绩主要体现在两方面。一是服务地方经济社会与文化发展，特别是服务企业产品研发、技术改造、员工培训、企业管理等方面；二是服务所在学院建设与发展，积极承担院系在人才培养方面的一些必要工作，包括专业建设、课程开发、学生管理、就业指导与学生社团指导等。

首先，应将教师服务社会特别是企业业绩纳入职称评审考核指标之中。虽然社会服务能力并非教师最重要的能力，但是为行业企业提供技术服务、研发指导、专业培训是高职教师的一种责任与义务，也是促使校企之间形成互补性需求、合作关系的前提。[①]

一方面，从高职教育教学对技术积累与技术创新的需求看，高职教师必须具备较强的实践教学能力，以及能够服务学校教学与企业发展的技术应用与研发能力。[②] 随着技术不断更新与产业迭代升级，面对智能化时代技术知识的独立性越来越强的现实，高职教师必须系统完整地掌握产业发展中较为复杂的技术性知识，持续更新和提升自身技术知识与技能水平，才能更好地胜任教育教学工作。为提升专业实践能力，教师只有定期到企业实践才能不断学习新的管理方式、产品设计理念、生产组织方法、生产技术、工艺流程等，才能将这些源于实践的理念方法、技术技能等融入职业教育教学中。作为某颇具特色的服装学院院长，04E04-FZ5对此深有体会："教师要搞应用研究来服务行业企业。高职教师要想教学水平高，就要经常与企业来往、交流，学习和研究新的东西。如果一个老师不到企业去的话，那他的教学水平高不到哪里去的。"高职院校毕业生19M01-X2说："我觉得高职教师服务企业也是应该的，因为他服务企业其实也就相当于变相地提升自身实践能力。如果老师能够有这种能力的话，对我们学生有好处，能更好地引导和指导学生，反正我们最后也是步入社会进入企业工作等。"可见，服务企业不仅是高职教师的一种责任与义务，也是教师自身专业发

---

① 王为民：《合作产权保护与重组：职业教育校企合作机制创新》，《教育研究》2020年第8期，第113页。

② 陆俊杰：《类型教育视野下职业教育的理念回归与特色超越》，《职业技术教育》2020年第19期，第22页。

展的诉求，是持续提升教育教学能力的要求。

另一方面，高职教师如果具有较强的服务企业技术研发、产品设计等能力，能够胜任企业的研发与管理工作，就会成为校企双方深入合作的"双聘"人才与技术纽带，有助于更深层次的产教融合。因此，重视服务企业的业绩考核有助于提升教师教育教学能力，推动校企深度合作。为此，增设教师在校企合作方面的业绩评审指标，有助于快速改变当前职业院校教师服务校企合作能力较弱的境况。提高教师对服务企业的重视程度，有两种办法。①增设或加大服务企业业绩的指标权重，引领教师到企业实践学习并为企业服务。04E04-FZ5 介绍了学校在这方面的实践探索与他的个人体会："我们现在改革，就是把老师去企业服务这一块的比重加大了。比如说，你有一个团队在帮企业做技术研发，企业要付一定的费用。我们在评职称时，有市厅级的课题，也有省厅级的课题，那么，你为企业做技术服务到款额达到多少你就相当于市厅级课题或省厅级课题了。这样的话，就是让老师能够有更多的时间去搞技术研发。要加大专利方面的比例，就是老师和企业共同申报专利，这方面我觉得分量应该加大。"②利用"冻结教师身份"，倒逼教师到企业实践。某产业学院院长 17M04-Q1 认为："高职院校体制内有的老师没有在企业待过，他一时缺乏服务企业的能力。因为他一直在做理论研究，让他做到实际上服务企业确实比较难。对此，可以冻结他一段时间的教师身份，他必须到企业里面来。譬如，一位教服装设计与制作的老师，给他一年两年时间进服装厂，学校冻结他的身份，只给他发基本工资，他必须去服装厂实践，问题就可能解决了。"也就是说，只有通过职称评审制度设计，包括诱致性和强制性的要求，才能有效推动教师到企业实践与服务企业。对于专业实践能力或技术研发能力相对较弱的教师，可以通过加入校企研发团队的方式，经过一段时间的学习与提升，较好地成长起来。此外，这些指标设计应根据不同职称职位和教师发展不同阶段而定。初级、中级职称的评审指标应以到企业定期实践学习为主，包括参与研究团队的学习、实践、研究等。在高级阶段，应制定更高标准的指标，包括承担企业科研项目，服务企业技术研发，获得高质量科技发明、技术专利及其推广与应用成果等。

其次，增设教师服务学院建设与发展的考核指标，提高教师服务学院的向心力、凝聚力与贡献力。从广义上看，教师服务院校发展与建设也属于教师服务社会的范畴，也是教师工作的责任与义务。调研发现，高职院校教师在自己的教学与科研方面都比较积极，但是很多教师不愿参与或承担所在学院（含二级学院、系部、专业教研室）专业建设、课程开发、学生管理、就业指导等方面的事务，或消极对待这方面的工作，导致高职院校的二级教学单位产生较大的管理难度，难以有效整合教师力量和开展一些集体性教育教学改革。实际上，当前高职教师的教育教学与科研普遍呈现"个体户"式的发展模式，大多数教师是"单枪匹马"式地进行教学改革，"散兵游勇"式地从事科学研究，整体缺乏团队意识与凝聚力，因而高质量、持久性的教学团队以及科研团队较少，严重制约了一些重大教育教学改革项目、重大科研项目的实验与推进。对此，本研究认为要做到以下几点。①适当增加服务学院建设与发展的相关指标。也就是，要求教师在任现职期间必须承担一定的服务学院发展的工作量。②赋予各基层推荐小组（含二级学院、系部、专业教研室）一定的推荐权，优先推荐积极参与并为学院建设和发展做出贡献的教师。③增设适量的民主评议得分（包括学院领导测评、学生评教、同行测评）等，主要是鼓励教师积极参与、承担和高质量完成一些有关学院建设的公共事务，提高教师服务学院的积极性与主动性。

三　类型属性的方法论对职称评审指标设计的诉求

制定科学合理的量化指标体系是职称评审制度设计的重要内容。严格地讲，职称评审量化指标是指依据科学合理的职称评审理念，结合人才培养目标、培养模式、教育教学需求和教师工作特点及其业绩表现形式，对教师思想道德表现与工作态度、教育教学、科研、服务行业企业等方面业绩内容结构的重要性、创新性、贡献力、影响力等情况进行量化赋分、加权，以衡量教师师德表现、专业能力、学术水平、业绩贡献、育人效果，以及能否胜任更高一级专业技术职务、是否可以晋升职称的一种综合性评价。

（一）积极倡导对教师进行分类评审，制定因类而异的评审指标

调研发现，一些职业院校尚未对专任教师系列内部的教师按工作内容进行分类评审。① 有的院校尽管在形式上规定实施分类评审，但是不同类型

① 注：高职院校职称评审指标设计中基本上已经兼顾学科类型的差异，如社科类和理工类，因而，在此的分类主要指依据工作内容的分类。

教师的评审指标大同小异，存在较为明显的"学术导向"问题，未能凸显不同类型教师工作及其业绩的特点。

为了发挥各类教师的优势，应倡导分类评审的原则，制定因类而异的评审指标。第一，坚持"按岗分类、人岗匹配"原则，明确各类岗位结构、职责及其对应教师类型。针对在高职教师职称评审中依据何种分类标准的专家问卷统计数据显示，74.0%的专家认为应按教学型、科研型、服务型分类，也就是说，大多数专家认同根据工作内容进行分类。按专业分类进行评审，会使得评审标准过度复杂化，仅有15.8%的专家认可（见图7-11）。

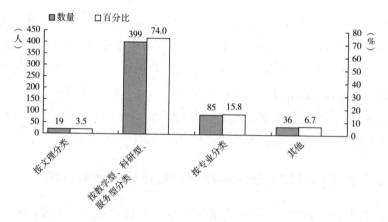

图7-11　专家对高职教师职称评审分类标准的意见
注：数据缺失值为1，该项统计数为539。

第二，坚持"因类而异、发挥优势"原则，设定不同类型教师的职称评审条件和指标。对教学为主型教师，应提高教学业绩、教研教改、指导学生等方面指标的比重，鼓励其发挥教学方面的特长与优势，而在学术研究、服务企业等方面仅做少量合格性要求，不做过多硬性要求或不设置竞争性指标。对技术技能服务型或社会服务与推广型教师，应提高技术技能水平及贡献、产学合作项目、知识产权转让等方面指标的比重，鼓励其在发挥技术技能服务方面的优势与特长，而教学方面的指标应适当减少，或仅做合格性要求，不设置竞争性指标。对教学科研并重型教师，可以在教学业绩、教研科研业绩方面提高指标比重，在校企合作方面不做硬性要求等。对科研为主型教师，重点在产出高质量论文、高质量项目等方面提高比重，鼓励其在科研方面做出卓有成效的贡献，同时适当降低教学方面的指标要求。

第三，坚持"条件组合、菜单选择"原则。即在必备条件基础上，增设多项符合不同种类教师业绩特点的任选或可替代条件指标，申报人可以依据自身意向或类型特点，进行"菜单式"选择，实现较为灵活的教师分类。

第四，坚持"自选类型、自由调整"原则，院校不强制教师选择何种类型，不限制教师自主调整类型。

第五，坚持"总量平衡、相对公平"原则，保证各类教师业绩指标整体上公平合理。

（二）逐步减少形式性评审指标，适当增加实质性评审指标

首先，高职教师职称评审制度设计中，应逐步减少形式性评审指标，增加实质性评审指标，扭转脱"实"向"虚"的倾向。形式性评审指标是指某些评审业绩指标设计有违注重工作实绩与实际贡献的导向，仅仅注重形式而缺乏实质性意义，甚至偏离职称评审旨归的指标。实质性指标是指符合高职教师工作特点与需求，能够真实反映教师工作成果、贡献与成效的业绩指标，亦即坚持工作实绩导向，强调相关教学、科研等业绩的成果转化与实际贡献，一般包括产出指标、效益指标和满意度指标等。例如，在职称评审中，不仅考察课题项目、论文著作等数量指标，还必须评估这些成果的转化情况。再如，1998 年的《卡尔·帕金斯职业和技术教育法》规定，各州职业教育的核心绩效指标为学生的技能获得情况、毕业证书及相关证书、就业情况等。[①] 当前很多职称评审指标属于形式性评审指标，譬如仅仅依据发表论文的数量与级别，而很少关注其对学校、社会的真正价值、贡献或影响力。对科研项目的考察只注重其项目级别、项目的科研到账经费，而忽视其推广、应用的实际情况与社会贡献力。事实上，两者有着本质的区别，并且会形成两种不同的职称评审导向：一种是偏重成果的形式，但是成果未必有价值、实效或贡献，容易诱发"五唯"倾向；一种是强调成果的实质，注重成果的价值、实效与贡献。

针对"对高职教师科研成果的评价，应以其对社会的实际贡献为主"

---

① 高山艳：《美国生涯与技术教育绩效评价：内容、困境及启示》，《外国教育研究》2013 年第 10 期，第 119 页。

的统计数据显示，高职教师普遍认同对高职教师科研成果的评价应以其对社会的实际贡献为主，即强调实质性评价而不是形式性评价。其中非常赞同的教师占 34.1%，比较赞同的教师占 38.7%，两者合计占 72.8%。不太赞同或不赞同者共占 5.3%（见图 7-12）。换言之，高职教师对该问题的回应基本保持较高的一致性，也反映了应进一步优化职称评审标准，逐步把形式性指标转化为实质性指标，强调科研成果的实际价值与转化。这是职称评审指标改进的一个重要原则与方向。

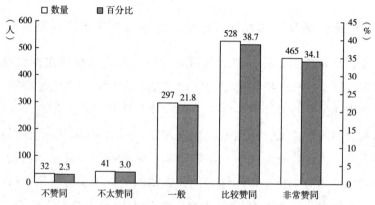

图 7-12　教师对科研成果评价应以社会实际贡献为主的态度

专家对该问题的态度与教师的态度具有较大一致性，39.8%的专家表示非常赞同，39.1%的专家表示比较赞同，两者合计占 78.9%。不太赞同或不赞同者共占 3.9%（见图 7-13）。

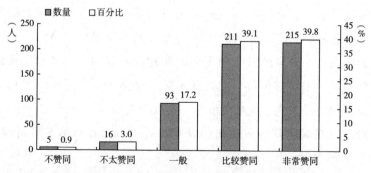

图 7-13　专家对科研成果评价应以社会实际贡献为主的态度

其次，如何把形式性评审指标改进或改变为实质性评审指标？本研究认为，应主要依据不同类型科研成果的创新性、影响力、实际效果、应用推广效益等来进行评价。譬如，把教学方面的形式性评审指标"完成教改项目、精品课程等的数量与级别"，改为不仅是完成教改项目、精品课程的数量，而且强调其在推广应用及其对教育教学的实际贡献等。又如，将主要关注"论文发表的数量、级别，并依次赋分"的形式性评审指标，变为强调所发表论文的质量，包括创新性、影响力等学术价值与贡献，或教研论文在推广、应用中所产生的教育教学实效与贡献等（见表7-3）。再如，学生评教应超越常规的教师本位的评价指标设计，重点根据学生本人在课程学习中的收获感来评价，诸如依据学生在精神与人格成长、专业知识技能提升、思维与方法能力提高等方面的收获感进行评价，引导教师安心教学，提升人才培养质量。在杜威看来，"对学生有着积极后果的测验，是和生活中广泛的问题相联系的……这就是真实性评价"。[①] 亦即本书所说的实质性评价。简言之，应通过制度设计鼓励教师把形式性成果向实质性成果转化，促进教学、科研业绩转化为教育教学质量与人才培养质量的提高，或企业生产的效益与经济红利。从科研管理层面看，对形式性业绩可给予少量补贴，但不给予大额奖励，对实质性业绩给予大额或重点奖励。

表7-3　形式性与实质性评审指标比照及其改进意见

举例	形式性评审指标	实质性评审指标
教学方面	关注教师完成教改项目、精品课程等的数量与级别。如出版教材1部加5分等	强调教改项目、精品课程的推广应用及其对教育教学的实际贡献等，包括项目、课程的推广使用情况、受好评情况、应用效果等。增加教学业绩新指标：学生技能大赛获奖、毕业生就业率、创业率、用人单位满意度等就业质量情况
论文方面	关注论文发表的数量、级别，并依次赋分。如SCI论文每篇8分等	强调所发表论文的质量，包括创新性、影响力等学术价值与贡献；或教研论文在推广、应用中所产生的教育教学实效与贡献等

① M. J. Herrick, E. C. Wisconsin, "Assessment of Student Achievement and Learning, What Would Dewey Say? A 'Recent' Interview with John Dewey," *Journal of Vocational and Technical Education*, Vol. 13, No. 1, 1996.

最后，改革科研业绩定期清零制度，探索科研成果的增值评价。亦即，一些代表作或重大科研业绩的后续性影响力、贡献力或产生的效益可持续累计，实施增值评价。目前，在职称评审制度中科研业绩存在"定期清零"或"过期不算"的规定，即申报人在某一职称阶段内的某项科研成果一旦使用过，无论其后续影响力、贡献度如何增长，都不能将这些增值性业绩用于以后的职称评审。其实，这种规定对一些真正有价值的、一时不为世人所完全认可的重大研究成果是不公平的。历史上很多诺贝尔奖获得者都是在成果发表多年以后，其价值才逐渐被后人所认可。例如，经济学家罗纳德·H. 科斯（Ronald H. Coase）早在 1937 年已发现交易成本和产权对于经济体制结构和运作的重要性，30 年后其产权理论才受到重视和高度评价，1991 年他才获得诺贝尔经济学奖。因此，对一些代表作、重大科研业绩成果可以实行累积计算或增值计算，即其后续的贡献度也应重新计入研究者的业绩。质言之，科研成果的增值评价重视科研业绩的成果转化，属于一种典型的实质性评价。

本研究认为，科研业绩的增值评价一般包括四个层面或阶段，即发表平台层、社会影响层、推广应用层和实际效益层（见图 7-14）。现以科研论文为例进行说明。第一个层面是发表平台层（A），主要是指科研成果发表的刊物级别。一般而言，在"以刊评文"的环境下，刊物级别越高，论文的质量通常被认为越高。第二个层面是社会影响层（B），主要是指科研成果发表后在学界或社会造成的积极影响力或受关注度，包括其中的新视角、新方法、新思维、新数据、新观点等对本专业或本领域的影响等。第三个层面是推广应用层（C），即在该研究对社会形成一定的积极影响后，可能会在某领域被采纳、试用、应用或推广。被推广应用的范围越大，表明该研究成果被采纳、被社会接受的程度越高。第四个层面是实际效益层（D），即科研成果在推广应用过程中产生的实际效益，包括教育效益、社会效益、经济效益等。

因而，对一些特别有价值的代表作，应探索科研成果的增值评价。对这些具有重大影响力、推广性和贡献力的科研评价可以采取分段计算的方法。具体而言，就是对特别有价值的代表作可以进行四个时段（T1、T2、T3、T4）的业绩评价，分别表示不同层面的业绩贡献和四个阶段的增值评

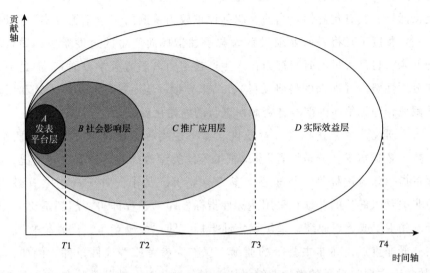

图 7-14　科研业绩增值评价的四个层面

价。其中，$T1$ 属于原值评价，主要依据发表平台层（A）。$T2$ 属于第一个增值评价，主要依据社会影响层（B）。$T3$ 属于第二个增值评价，主要依据推广应用层（C）。$T4$ 属于第三个增值评价，主要依据实际效益层（D）。总评价等于各个评价之和。并且，应该赋予 B、C、D 更高的权重，鼓励科研成果的社会影响与转化。但是，如何实施 E_{T2}、E_{T3}、E_{T4} 评价，仍是值得继续探讨和研究的问题。

$$E_{(总)} = E_{T1} + E_{T2} + E_{T3} + E_{T4}$$

（三）合理利用达标性、竞争性等指标，规避恶性竞争造成的内卷化

合理利用达标性、竞争性等指标，能有效规避职称评审中存在的恶性竞争问题，消解由此造成的内卷化现象。所谓达标性指标（又称"控制性指标"），就是在制定绩效考核目标时，将一些基础性、必要性指标设定为合格要求，只需达标即可，甚至设有上限，不鼓励其过度超额。其特点是弱激励、有限激励。竞争性指标是指，对一些能够带来无限利好的指标，不设置上限，鼓励人们通过竞争增加产出。其特点是强激励、优胜激励。

还有一种参考性指标，即一些非重点、非对应性指标仅作为参考。其特点是低激励，具有包容性。当前，职称评审较为普遍的"学术锦标赛"问题，在一定程度上是将科研业绩设置为竞争性指标而产生的过度竞争，导致教师并未将自己大量的时间精力投入生产性努力（教育教学方面），而是消耗在分配性努力（所谓的科研项目），结果导致一定范围的教师陷入零和博弈的困境，即为争夺内部教育资源而进行的内卷化现象。

本研究认为，达标性、竞争性、参考性指标设置的基本原则有两个。一是"依据需求，分类设置"，即根据不同类型教师的岗位需求等情况，将评审指标分为达标性、竞争性、参考性指标。其中，对于一些"有必要，但非主要职责"的业绩，采用达标性指标，即"达标即可，超额不奖"。对于一些主要或重点业绩，采用竞争性指标，即"鼓励竞争，优胜得奖"。一些"既非重点，亦非主要"的业绩，仅作为参考或替代性条件。例如，将"教学为主型"教师的教学业绩设置为竞争性指标，鼓励教师在此方面产出一些精品成果，同时，将教研或科研业绩设置为达标性指标，将服务企业业绩作为参考性指标。同理，教学科研并重型教师的竞争性指标是教学、科研、教研或服务企业业绩可作为参考性指标。对于科研为主型教师，科研业绩属于竞争性指标，教学或教研业绩则为达标性指标（见表7-4）。二是遵循"根据情况，适度调整"原则。鉴于我国高职院校之间存在较大差异，在采用不同指标时也应根据学校实际情况，及时调整，避免绝对化、极端化。譬如，教学业绩属于教学为主型教师的竞争性指标，但并不意味着其教学工作量越多越好。

表7-4　三类评审指标的设置情况

教师类型	竞争性指标	达标性指标	参考性指标
教学为主型	教学业绩	教研或科研业绩	服务企业业绩
科研为主型	科研业绩	教学或教研业绩	服务企业业绩
教学科研并重型	教学、科研业绩	教研或服务企业业绩	服务企业业绩
社会服务推广型	服务企业、社会等业绩	教学业绩	教研或科研业绩

（四）遵循教学业绩的"不可分性"，大胆探索"团队式"评审指标

从学生职业能力形成角度看，高职教师教学工作业绩具有较强的"不

可分性"，教师个体业绩难以从中简单分解出来并单独评价，因而应大胆探索"团队式"业绩评审。高职院校学生职业能力，包括专业技术技能的形成、获证情况、就业质量等，是诸多教师教育教学效能与学生个体学习共同努力的外显，而且参与其中的每位教师个体的教学业绩由于"不可分性"而难以单独评价。相对而言，普通教育中的文化课程学习效果常常可以通过分科考试检测出来。可见，高职院校学生职业能力的提升或学习成效是特定年级或专业教学团队全体教师教育教学业绩的反映，具有较强的团队性、整体性与不可分性。因此，采用"团队式"评价的方式比较合理。

探索"团队式"业绩评审，需要积极开发与此相应的评审办法、标准。此前的评审理念是基于教师个体之间业绩评比的思维逻辑，而忽视高职教育类型属性中的"团队式""不可分性"的业绩特点。在今后的职称评审制度建设中，可以根据各个团队（包括以二级学院为单位的团队、以某专业为单位的团队等）连续3~5年毕业生的职业能力提升以及就业情况，按照团队教学成效分配名额的办法，将高职院校的职称晋升指标分给各个二级学院或专业团队。二级学院或专业团队具有推荐权，职称评审权属于学校评委会。这样不仅有利于改变此前"单枪匹马"搞教学或科研的局面，大大提升教学团队的凝聚力、向心力与整体合力，而且有助于在团队内形成一种以教育教学为中心、崇尚协作实干的基层教学团队精神。

综上，只有建立凸显职业教育类型属性的高职教师职称评审指标体系，才能从制度与实践层面扭转"学术导向""套用本科""学术GDP"的发展误区，从根本上破解高职院校普教化、高职教师同质化、高职课程学术化、高职教育内卷化的现象。

第三节　优化评审方式流程以提升制度设计的公平合理性

公平正义是社会制度的首要价值，在职业教育制度设计过程中必须始终贯彻公平合理的原则。进一步优化评审方式与流程，建设科学、合理、公平、公正的职称评审制度，不仅能够有效激发教师工作的积极性、主动性与创造性，而且对高职院校用人、留人以及人力资源开发具有重要意义，是职称评审制度建设在追求公平与效率过程中的一种长期努力。

一 采取评审与聘任的有效组合，破除"有评无聘"的职称终身制

如何破除职称终身制是高职教师职称评审制度建设必须破解的一个重要问题。本研究认为，采取评审与聘任的有效组合，能破除"有评无聘"的职称终身制。事实上，职称终身制问题与职称评审制度、聘任制度之间的组合方式直接有关。职称评审制度、聘任制度均为学校人事管理的重要方法，两者各有利弊。职称评审制度的优点是对初级、中级、副高级职称获得者具有较强的激励功能；其不足是，对已经获得高级职称者，特别是正高级职称者而言，激励作用减弱。尽管在正高级职称中又设置不同等级，但是对多数正高级职称获得者而言其激励作用已大大降低。聘任制度的优点在于激励的持续性，能促使教师在每个聘期都较好地发挥自身能动性，竭尽全力去工作。其不足之处是，聘任过程存在较大主观性，影响聘任的客观性与公平性；受聘人员的职称或岗位变动性较大，稳定性较差。为了系统分析评审制度与聘任制度的四种组合方式，本研究借助职称评聘象限图，将评聘的组合方式分为"有评有聘""有评无聘""无评无聘""无评有聘"四种（见图7-15）。这些评聘方式的称谓各有不同，并且在我国职称制度的发展历史上都曾出现、尝试或应用过。

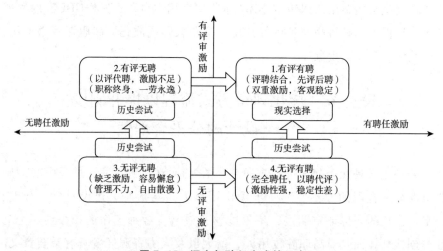

图7-15 评审与聘任方式的组合

一是"有评无聘"方式（第二象限），即职称终身制。目前，许多高职院校的教师，包括普通本科院校的教师职称实为"有评无聘"的职称终身制。在这种人事管理制度下，只要申报者评上高一级的职称就随之享受相应的职称待遇，评上之后并没有定期聘任或聘任管理流于形式，无实质性聘任关系和聘任权责，形成一种缺乏公平竞争的终身制问题。其又称"评聘（完全）一体""评聘（完全）合一"。其特点如下：①最大弊端是"有评无聘"或"评后无聘"，缺乏实质性聘任；②容易造成"能上不能下"的"职称终身制"问题；③学校仅重视评审过程，但是聘任管理形同虚设或缺少有效的聘期考核，造成教师一旦评上高级职称，容易产生"船到码头车到站"的心理，导致"评前努力，评后懈怠"的管理困境。④岗位结构被严格控制，学校能够严格按照相关部门规定的岗位结构或职称比例进行评审；⑤评聘成本相对较低，只有评审成本，没有聘任成本（见图7-16）。对此，某受访者表示："许多老师评上之后，有所懈怠，觉得评上教授就是到顶了。"

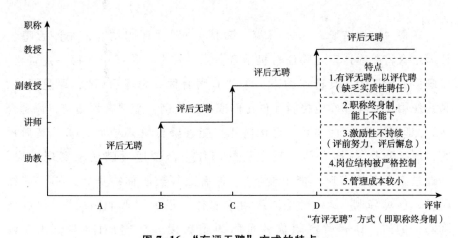

图7-16 "有评无聘"方式的特点

二是"无评有聘"方式（第四象限），即完全聘任。"无评有聘"方式特点如下：①激励性强，即能充分激发教师的活力和创造性、积极性；②唯才是用，有利于具有真才能的教师快速晋升；③稳定性差，教师职称每个聘期常常处于一个变化不居状态，因而给教师的稳定感较弱，不利于师资队伍稳定；④主观性强，由于聘任主要取决于管理者对受聘者的综合判断，容易滋生不公平问题，如任人唯亲、营私舞弊等问题；⑤存在一定风险（见图7-17）。现阶段，公办高校实行完全聘任的时机尚未成熟，近年来高校在完全聘任过程中也发生过一些矛盾激化问题等。

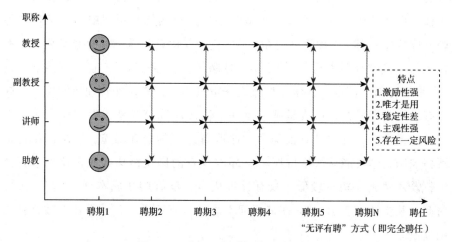

图 7-17 "无评有聘"方式的特点

三是"有评有聘"方式（第一象限），即"评聘结合，先评后聘"。评聘结合将职称评审与聘任有机结合起来，评上职称属于获得一定资格，受聘后方能任用。其特点如下：①"有聘有评，先评后聘"，评是资格，聘是任用，能够较好地控制岗位比例或职称比例；②"首评即聘，评聘合一"，即首次评审通过后，直接聘用，能够降低管理成本；③"其后再聘，评聘分离"，即在第二轮之后的聘任中需要通过聘任来实现上岗，并通过定期考核实现"能上能下"，能有效打破职称终身制；④"同级聘任，但可降聘"，一般是同级对应聘任，很少"低职高聘"，但可以降聘，例如，具有教授职称者可聘为副教授；⑤"相对客观，比较稳定"，能提高聘任的客观性，增强聘任的稳定性，提升聘者的积极性；⑥"适当压力，激发活力"，给教师适当的压力，有助于充分激发教师活力（见图7-18）。

不难发现，"有评有聘"具有"双重激励"功效，把评审与聘任两种激励方式较好地结合起来，做到扬长避短，有助于实现"能者上、平者让、庸者下"的动态评聘机制。其中，评审激励属于一种"评审条件达

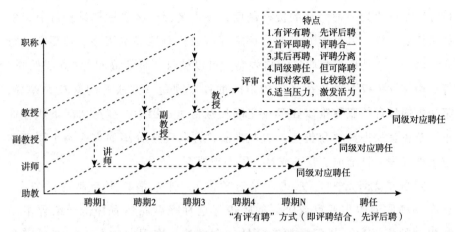

图7-18 "有评有聘"方式的特点

标+同行评比胜出"的竞争，聘任激励属于一种完成聘任合同的"达标式"竞争。"有评有聘"既考虑到我国教师人事管理的现状，又能较好规避职称终身制的弊端，还能消解完全聘任带来的矛盾激化风险。"首评即聘、评聘合一"能较好促使评审结果与聘任要求有效衔接，降低评审成本。需强调的是，今后需要进一步加强聘任制度建设，并依据"人事相符，人尽其才，才尽其用"的原则，促使评审与聘任实现有机结合（见图7-19）。

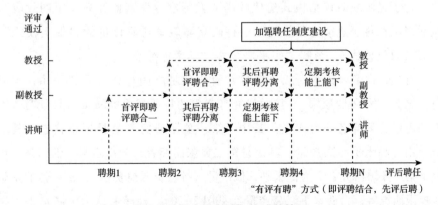

图7-19 "有评有聘"方式的情况

另外，还有一种"评聘完全分离"的方式。在这种方式中，首先，职称评审制度成为一种完全的资格制度，评审名额不再受职称结构限制，犹如考驾照一样，申报者通过职称评审即可获得一定职称资格。然后，实行完全聘任，该聘任不受职称资格限制，可以进行"低职高聘""高职低聘"等。由于评审权下放，每个学校之间的评审规定、方法等均有较大差异，某一校内评定的职称难以在学校之间相互认可。因而，在此情况下职称评审环节也就失去其存在价值。由此推断，评聘完全分离的方式属于简单的重复性管理，且增加了管理成本，因而被摒弃。

四是"无评无聘"方式（第三象限），即取消评审与聘任。如今，还有一种取消职称评审或聘任的呼声。这种呼声固然有抨击当前评审制度弊端的积极意义，但是却走向另一个极端。在现实情况中，如果完全取消教师职称评审或聘任，教师工作就将失去强有力的激励机制，教师教育教学可能陷入无活力、无动力的状态，教师管理容易出现混乱或失控，因而该建议并不理性，也不可取。综上，本研究认为，采取"有评有聘"（评聘结合）方式是现阶段我国高职教师职称评审制度的最优现实选择。

二　延长科研业绩的评价周期，消解"短平快"式"学术锦标赛"

为了克服绩效评估模式造成的高职教师职称评审指标的"短期效应"，应适当延长科研业绩的评价周期，打破高职教育科研评价的"催生模式"，改为"自然模式"，消解"短平快"式"学术锦标赛"。

首先，研究者的科研成果质量与科研数量之间存在一定的关系，本研究称之为"科研四象限"。按照研究者产出的科研成果的质量与数量两个维度，可以将研究者分为四类。其中，第一象限研究者是最理想状态，其科研产出为高水平、高产量；其次是第二象限研究者，为高水平、低产量；再次是第三象限研究者，为低水平、低产量（社会资源浪费少）；最可怕的是第四象限研究者，为低水平、高产量（见图7-20）。杜泽逊认为，高水平、高产量不是常态，并不多见。"一个学科的地位应当由两种人奠定，一是高水平、高产量的人；二是高水平、低产量的人。在某种意义上讲，高水平、

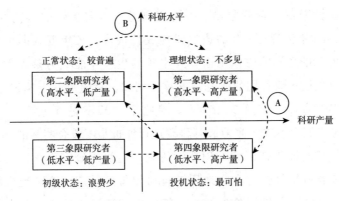

图 7-20　科研水平与产量关系

低产量才是学术研究的常态。我们制定政策应当重点考虑高水平、低产量这个群体。"① 因为高水平、低产量的学术群体可以叠加成最高的山峰，而低水平、高产量难以堆出较高的山峰。

当前，职称评审对教师科研评价的规定有偏差，也就是对低水平、高产量的人更有利，而对高水平、低产量者最不利。当前，我国职称评审制度对教师科研的评价基本处于强调数量阶段或数量导向阶段Ⓐ，主要鼓励多发论文，多做项目或课题等，在此情况下，第四象限的研究者往往成为投机者，而第二象限的研究者则处于不利地位。在此情形下，职称评审制度就会诱导其他象限学者向第四象限方向转型或努力，造成严重的人力、物力等资源的浪费。今后，对教师科研的评价应该重视质量、成效、贡献等，逐步走向以科研水平与实际贡献为评价标准的阶段Ⓑ。只有这样才能鼓励研究者产出高质量研究成果，并成为真正的学者（第一象限、第二象限）。

其次，应尊重学术研究周期规律，树立科学理性的科研评价理念。"短平快"式的科研评价方式属于一种拔苗助长式的科研管理方式，是助长"学术锦标赛"之风的重要因素。科学研究不同于制造业的产品加工，而是一种知识生产，具有其内在的规律性、特殊性和复杂性。相对而言，有的

---

① 杜泽逊：《不能助长低水平、高产量人文学科研究，要大张旗鼓反对唯指标论》，2019 年 1 月 22 日，https://whb.cn/zhuzhan/xue/20190122/237530.html。

低难度、简单性研究容易出成果。有的高难度、高质量科研成果受时间限制、自然条件限制、资源限制、人力限制等，需要多年的研究才能完成。犹如自然界的树木成长，有的速生树种成长很快，三年五载即可成合抱之木；而雪松翠柏之类的树木则需要几十年的生长才能成为参天大树。重大的研究成果往往需要长期的研究做支撑，例如，袁隆平院士经过 12 年的努力，才成功培育出"三系杂交稻"。因此用"长不过 5（年），短不到 1（年）"的"催生模式"来对教师科研进行评价是不符合实际的，特别是对一些耗时较长的探索性研究、创新性研究、追踪式研究而言，更是有违规律。如果违背科研规律，人为地压缩科研评价的周期，势必造成科研评价的拔苗助长，背离科研评价的初衷。简言之，短视化的科研评价制度，往往会造成科研过程的中断、科研重要环节的人为"删减"、科研成果质量的低劣或造假，生成一些没有价值的科研"次果"或"落果"，最终影响或破坏了原本能孕育而成的科研"硕果"。

最后，合理设置科研评价周期，开启科学研究的"自然模式"。亦即适当延长科研评价周期，让教师安心做学术，从容出成果。这不仅能消解科研短视行为与功利化倾向，有效防止"学术锦标赛"发生，而且能鼓励教师围绕教育教学中的真问题，锚定合理的研究方向，开展系统性、长线性研究，产生具有真实应用价值、实际贡献力与长远影响力的研究成果，将科研红利释放在高职教育内涵发展与提高人才培养质量之中。本研究认为，在对教师科研评价的过程中，应适当延长科研周期及其评价周期。对此，一是根据科研项目的大小、难度和教师情况，将科研项目分为短周期（2~3年）、中周期（4~6年）、长周期（7~9年或9年以上）。二是制定科学、合理、灵活、高效的科研评价周期。高职教育的科研要想做真实、做深入、做成功，必须提供宽松良好的环境，给予长期支持，这样才能更好地鼓励教师潜心研究、长期积累、扭转重数量轻质量的科研评价倾向，遏制急功近利的短期行为，彻底摒弃急功近利式的科研评价模式。三是鼓励教师成为追求研究质量的"慢学者"，而不是追求研究数量的"快学者"，鼓励教师产出"原子弹"式的科研硕果，而不是大量"手榴弹"式的重复性、低水平的科研成果，更不是几乎毫无价值的"假成果"。高职教育内涵发展亟须高质量的研究成果大力支持和有效转化，而不能仅仅依靠扩大"验证式"研究数量，否则不利于高质量科研成果的产出。有研究发现，德国教授特别注重论文质量，每年只发一篇论文即可，[①] 但其研究成果的价值与贡献却往往被广泛认可。

三　试行"线上+线下"外审答辩，杜绝代表作"枪手代写"现象

当下，很多高职在进行代表作鉴定时，都采取校外同行专家盲审制度，即代表作评审由校外同行专家进行盲审，专家不知道是谁的代表作，申报人也不知道谁是评委，属于一种异体评审办法。相对而言，这种外审制度较为客观、公平、公正，但是现行的代表作外审制度的缺憾是难以杜绝"枪手代写"现象。这是因为，外审专家只能对代表作的水平与质量进行甄别，而难以评判代表作是否出自申报人之手。为此，本研究提出基于"线上+线下"的外审答辩方法。

首先，高职院校教师代表作应从以前的"唯学术论文"扩大到富有高职教学特点的多种成果。在职称评审制度建设的过渡期，代表作的内涵应更具包容性，涵盖基础理论研究、应用性研究等多种成果表现形式。02E02学院对代表性成果的界定是"3项个人的代表性研究成果，具体包括论文、专著、教材、标准、研究报告、发明专利、获奖的教案、指导学生大赛的方案，以及个人展览、比赛、收藏、演播作品等不同形式的成果"。同时，应注重代表作的原创性、影响力、应用效果和社会贡献度。高职院校教师代表作的鉴定标准不能简单"袭用那种论文多少篇、专著多少字的数量指标"，[②] 而应兼顾学术性[③]、创新性[④]、价值性[⑤]等标准，还应包括对其实践效果、实际贡献和推广情况的考察。

其次，构建"线上+线下"外审答辩信息平台（见图7-21）。各个省级

---

① 石毓智：《世界一流大学观察：斯坦福大学何以后来居上？》，2020年10月2日，https://www.sohu.com/a/422223663_777213。

② 潘懋元：《北京大学教师聘任制笔谈：职称回归学衔 提高学术权力》，《集美大学学报》（教育科学版）2003年第9期，第4页。

③ 陆敏、胡梅娜：《原创性学术研究的基本准则》，《政法论坛》2002年第1期，第117~123页。

④ 詹先明：《"学术共同体"建设：学术规范、学术批评与学术创新》，《江苏高教》2009年第3期，第13~16页。

⑤ 李品、杨建林：《大数据时代哲学社会科学学术成果评价：问题、策略及指标体系》，《图书情报工作》2018年第16期，第5~14页。

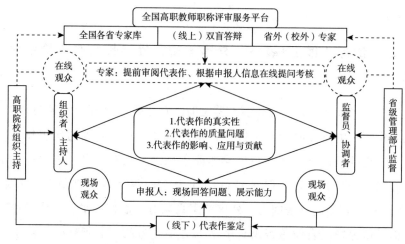

图 7-21 "线上+线下"外审答辩信息平台

高职教育管理部门应组织高职院校和相关行业，联合建立代表作外审专家答辩平台或成立第三方评审机构，不仅为职称评审抽选外审专家提供便捷的资源，而且能够提供和实现诸多相关者共同参与的"线上+线下"的外审答辩系统。其中外审专家最好是省外专家。该答辩系统的运行情况如下：一是对代表作进行"线下"盲审。即在高职院校人事处等相关部门的组织下，随机抽选外审专家 3~5 人，提前将申报人的代表作送交外审专家完成"线下"盲审。二是对申报人进行"双盲"答辩。亦即，通过"在线"外审答辩系统，在申报人与专家都彼此看不到对方的情况下（双盲），通过音频或特殊视频实施答辩。专家根据代表作及申报人业绩与成果情况进行专业提问和综合考察，以此来验证申报人的专业水平、业务储备、成果研发过程、实际贡献与应用推广效果。三是对申报人代表作进行综合评议。如同硕博学位论文答辩，"线上+线下"外审实施公开答辩的形式，提前通知教师，也可邀请校内教师、学术委员会成员参与旁听，并通过系统互动。答辩结束后，负责主持答辩的专家根据答辩情况、论文鉴定情况，以及在线教师的反馈，在规定时间内及时给出外审意见，其中包括申报人业务水平是否与代表作质量一致等问题。如果发现存在学术不端的嫌疑，在进一步核实后，实行"一票否决"及其他相关规定。此外，应不断完善"线上+线下"外审答辩的办法与细则，明确各类主体的责任、义务与惩戒措施，确保鉴定工作办法合理、流程规范、结论公正。

"线上+线下"外审答辩进一步强化了代表作盲审的透明度，不仅是对教师业务水平、业绩成果的一种展示和宣传，而且是对职称论文真伪、优劣的一次检验，能有效防止论文造假等学术腐败现象。

四 根据学校情况选择投票方式，逐步试行"实名投票"办法

在职称评审的评委会投票环节，匿名投票与实名投票两种方法各有利弊，各有其适合的组织文化环境。究竟何种投票方法比较合理，要根据高职院校的情况来定。匿名投票的优点是，在对人事进行决定时，匿名可以保护投票者免受人际关系的干扰，令其无后顾之忧地发表意见，从而消除不必要的顾虑，投票人能够按照自己内心的意愿投下神圣的一票。① 但该方法无法限制评委可能存在的私心，容易诱发一些黑箱问题。换言之，在匿名投票情况下，一些缺乏原则或立场不坚定的评委可能会出于私心而罔顾其责任感与使命感，投了违背评审要求或原则的票，导致一些学术水平不高但善于攻关的申报人"胜出"，并且评委难以被追责。在匿名投票庇护下，"某些评委投票往往失去原则，主观性被无限扩大，公平性会被'集体负责'的条文所扭曲"。② "实名制投票"的优点在于，"有利于评委增强责任感，保证评审的透明性与公正性"。③ 评委在重要的评审环节均需要明确标注代表专家学术尊严的评委名字，尽管当时不能公布每位评委的投票情况，但须接受必要监督。这种方法能强化评委对公平正义的敬畏感、对评委工作的责任感、对学校发展的使命感，因而在一定程度上能够规避一些"投黑票"的嫌疑，提高职称评审的公平性与合理性。

本研究认为，随着高职教师职称评审制度逐步健全，学校管理者与教师的规则意识、维权意识、监督意识逐步加强，应逐步从"匿名投票"过渡到"实名投票"。在职称评审制度建设之初，可先实行"匿名投票"，以规避行政化等可能带来的干预。在高职院校组织文化不断提升过程中，人们对职称评审公平、公正、透明的诉求越来越高，规则意识越来越强，在

① 毕竟悦：《投票的匿名与实名》，《今日中国论坛》2008年第5期，第82页。
② 董云川：《职称评审公正论》，《高等教育研究》1999年第3期，第45页。
③ 司林波：《高校教师职称评审中的帕金森定律及其治理》，《高校教育管理》2012年第14期，第75页。

评委安全能够受到充分保护的情况下，可以实行"实名制投票"办法。当然，为了保护评委的安全，投票结束后仅公布投票结果，不公开每位评委的投票情况，只有在申报人出现重大问题，需要追查相关责任时才能开启查票程序。换言之，实名投票需要一定的组织文化环境，特别是配套制度的支持，否则其优势不但难以发挥出来，而且可能会造成对民主的伤害。调研发现，目前大多数高职院校在实行评审时采用"匿名投票"方式，仅个别学院采用实名投票方式。在我国职业教育治理能力与治理体系现代化过程中，实行实名投票将成为一种趋势。

五 落实"三监督、三公开"原则，促使职称评审公开透明

程序性公平是制度公平的重要维度。为了提高程序公平性，在高职教师职称评审制度设计与执行过程中，应落实"三监督、三公开"原则。

《高校教师职称评审监管暂行办法》（教师〔2017〕12 号）规定，从事前、事中、事后三个环节，加强对教师职称评审的"三监管"。一是在职称评审办法制订阶段，职称评审制度的设计应接受监督。学校职称评审领导小组应依据学校党委提出的职称评审指导思想、基本原则，在相关职能部门的协作下制订职称评聘方案、标准或办法。其间，须按照"三重一大"的要求和流程，将评审设计方案向全体教师公开，征求意见并接受全体教师监督，及时听取教师反馈的意见，并采纳合理的建议。二是在职称评聘组织实施阶段，每个重要环节应接受相关职能部门监督。职称评审领导小组直接或委托相关职能部门（如监委会、二级教学单位等）对职称评审不同环节的情况进行监督，包括监督相关工作人员及评审委员会成员对评审事宜的保密情况。如果发现违规情况，及时提出整改意见并责成落实，或追究责任。三是职称评审结果公布后，评审结果应接受全体教师监督。监委会等部门要监督结果公示及其反映情况，广泛征求意见，对投诉情况及时调查并做出回应。

调研发现，针对"对教师提出的评审质疑，学校应做出合理的解释"的教师问卷统计结果显示，60.5%的教师非常赞同，29.9%的教师比较赞同，不太赞同或不赞同者共占 0.8%（见图 7-22）。换言之，几乎所有教师赞同（含一般、比较赞同、非常赞同）该观点，说明当前教师对职称评审中的公平、公开、透明、监督及其对教师负责的诉求成为共识，整体的申

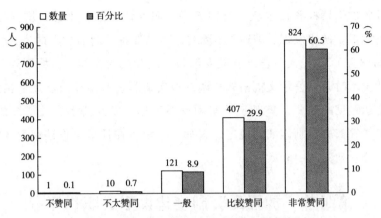

图 7-22　教师对学校应合理解释评审质疑的态度

诉与维权意识比较强。

针对该问题，59.8%的专家非常赞同，32.6%的专家比较赞同，两者比例之和为 92.4%（见图 7-23）。其与教师的态度高度一致。

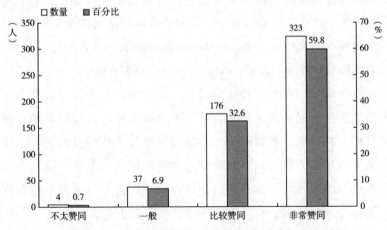

图 7-23　专家对学校应合理解释评审质疑的态度

"三监督"有助于避免职称评审中的黑箱问题，提升制度设计与执行的公平性与合理性。"三公开"即：在评审之前，职称评审方案、办法、标准等制度规定应该在全校公开，让全校教师了解职称评审制度的内容；在评审过程中，要公示申报人职称评审的相关材料、资格审查结果以及推荐结果等；评审结果应在全校公示。"三公开"能增强整个评审流程的透明度，保证教师的知情权和监督权，有助于提升职称评审的公平性，增强教师的主人翁意识。调研发现，02E02 学院制定的《职称评聘通过人员公示管理办法（2018 年）》先人一步，有较大创新。该办法内容详尽，特别规范，具体包括公示时间、公示文稿格式、调查核实流程、举报要求、惩戒措施等，并对公示意见的收集、整理、核实和反馈工作，以及公示有关情况的调查核实工作等都有特别详细的规定。譬如，公示应在评审工作结束后 30 天内完成，公示期为 7~15 天。

第四节　加强配套制度建设形成职称评审制度的系统合力

依据制度有效性理论中的配套制度导向一致性与相容性原则，制度内部规则与其他相关制度须"相互协调一致、相互支持、互为行动条件，纵向运行通畅，横向相互耦合默契协同，呈现高度协同性、整体性"。[①] 因而高职教师职称评审制度建设的重要任务之一是加强配套制度建设，解决职业教育的机制不畅或不相容问题，以及相关政策制度的碎片化[②]现象（管工作的不管报酬或职称评审）等，[③] 形成高职教师职称评审制度的系统合力，提高高职教师职称评审制度的科学性、合理性与有效性。

职业教育属于一种相对独立的体系，应该加强符合自身教育类型特点的体制机制建设，提高政策供给与政策安排的质量，形成服务职业教育人才培养目标、符合职业教育规律、尊重高职教师工作特点的配套制度。这些配套制度的建设不仅对高职教师职称评审制度具有重要作用，而且是健全与完善整个高职教育体制机制的制度保障。在健全与完善上述制度的过程中，要坚持三项原则。一是有关高职教育制度安排不能缺失，要有及时、全面的供给。二是这些制度安排必须遵循高职教育发展规律，符合高职教育的类型特征和层次特征。譬如，在对高职教师评价考核的相关

① 徐邦友：《推进国家治理体系和治理能力现代化的中国方案》，《治理研究》2020 年第 5 期，第 12 页。

② 孙科技：《教育政策执行碎片化的整体性治理》，上海人民出版社，2020，第 38 页。

③ 蓝志勇、刘洋等：《英国人才制度与人才发展战略》，党建读物出版社，2016，第 247 页。

制度设计中，应重视对教师实践教学能力与业绩的考察，重视教师服务企业发展方面的业绩贡献。三是这些制度安排必须具有内在协调性、一致性和相容性。这样才能规避各个制度之间的矛盾与冲突，形成制度的最大合力。

一　研制高职师德师风"负面清单"，融入校企合作相关元素

调研发现，当前缺乏具有高职院校特点的师德师风"负面清单"。按照国家规定，高校都必须出台有关师德师风建设的规定。高职院校在职称评审制度中都规定师德失范"一票否决"，但是对于"哪些具体情况、何种影响程度"实行"一票否决"，并未明确解释，导致对师德师风等要素缺乏必要的考查和评价。[①]诚然，国家出台一系列有关加强高校师德建设的政策规定，为提升师德管理水平发挥了重要作用，但是这些政策规定属于一种指导性文件，往往比较宏观，大多是从正面进行引导和要求，而对师德失范情况的规定不够明晰，解释不够详尽，可操作性不强。因此，高职院校尽快研制符合高职特点的校本师德"负面清单"，不仅能更好地规范和引领师德师风建设，而且能为师德考核提供重要参考。

高职院校师德师风"负面清单"既应有普通高校教师"负面清单"的一般性，也应有职业教育"跨界"的校企合作特殊性。在"负面清单"设计中，须考虑和补充校企合作环境下对师德的要求与规定。一方面，在校企合作情境下的教育教学中，高职教师必须遵守合作企业的各项规章制度，不得有违企业生产或操作方面的安全规程、不得违反企业的技术保密规定，不得泄露企业的商务秘密等。否则，按照企业方的规定或校企合作协议给予相应的批评教育或惩处，并视情况在职称评审中给予"一票否决"或其他处罚。另一方面，教师在负责和指导学生实习、实训或顶岗的过程中，应对实习生加强安全与规范教育，尊重学生的劳动成果，不得截留或克扣学生的实习补贴或劳动收入，不得占有或索取学生在创新创业中的合法收入和知识产权等（见表 7-5）。同时，建立"师德师风信息库"，记录师德失范信息。

---

① 邵建东、韦清：《高职教师职称评聘须彰显职教特色》，《中国教育报》2020 年 12 月 15 日，https://www.tech.net.cn/news/show-92728.html。

表 7-5 高职师德师风"负面清单"中的校企合作元素

校企合作	校企合作中的师德师风"负面清单"举例
教师到企业实践	①教师必须遵守企业的生产管理制度，不违章作业，不违反劳动纪律；②教师必须尊重企业师傅（含技术人员）管理、技术指导和生产要求，不得顶撞企业师傅或不服从管理；③教师必须维护合作企业的形象，不得做出有损于合作企业或学校形象的行为等
教师服务企业	①必须遵守合作企业的各项规章制度，履行合作合同，不得有违企业生产制度或操作规程；②不得违反企业的技术保密规定或知识产权；③不得泄露企业的商务秘密等
教师带领学生实习	①对实习生加强安全与规范教育，不得在带队实习期间擅自离岗；②尊重学生劳动成果，不得截留、克扣学生实习津贴或侵占其合法收入等

此外，还应增设师德师风"正面清单"，及时录入在师德师风方面表现突出的人物事迹，将教师教书育人中的一些高尚行为、感人事迹、默默奉献事迹等进行统计和整理，并在职称评审中有一定赋分。

二 改变"双证"式"双师型"认证，探索"双能力"式等级认证

首先，要逐步改变"双证"式的"双师型"认证。目前，高职院校大都采用"双证"式标准的"双师型"教师资格认证。官方文件曾明确"双师型"教师或"双师素质"的认定标准，如《教育部关于加强高职高专教育人才培养工作的意见》（教高〔2000〕2 号）强调"双能力"，但无可操作性规定。之后《高职高专院校人才培养工作水平评估方案（试行）》（教高〔2004〕16 号）强调职称与经验，但仍存在操作性不强的问题，如"应用技术研究成果已被企业使用，效益良好""使用效果好，在省内同类院校中居先进水平"等。可见，尽管国家层面强调以素质能力为核心的"双师型"教师，但是由于缺乏比较具体可行的操作性或强制性标准，在实践中常常被简化为双证书标准，因此，"双证书"成为高职院校认证"双师型"教师的通用办法。虽然相关统计表明"双师型"教师占比较高，但"真正达到'双师型'教师的能力要求并能够承担起'双师型'

教学任务的并不多"。① 测评数据表明，盲目追求关联度不高的证书数量不仅会分散教师的精力，而且阻碍了其职业能力发展，② 因而应避免教师盲目追求一些相关性不强的证书。

其次，积极探索和开展"双能力"的等级认证。2019 年《国家职业教育改革实施方案》重申，"双师型"教师是"同时具备理论教学和实践教学能力的教师"，即必须坚持基于"双能力"的认定标准。在针对"判断'双师型'教师的最合理的依据"的专家问卷调查中，36.1% 的专家选择"能承担理论和实践课程"，即"双能力"，所占比例最大，也就是说，多数专家比较认可"双能力"标准。24.7% 的专家选择"获得相关部门的双证书"，主要原因是"双证书"标准在现实中便于操作。20.6% 的专家选择"本校专门考核认定"（见图 7-24）。可见，认定"双师型"既需要基于"双能力"的要求，又需找到比较合理、便于操作的标准。

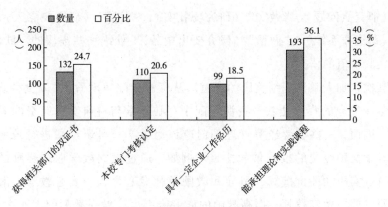

图 7-24　判断"双师型"教师的最合理的依据

注：数据缺失值为 6，该项统计数为 534。

为此，一是应研发具有较强可操作性的"双能力"达标标准。04E04 学院早在 2013 年已出台《"双师素质"教师资格认定办法》，其中包括认定条件、认定程序、履行职责及待遇。例如"考核合格者，每年发放 1000 元的双师津贴"，"该资格作为职称晋升的必要条件"。有的高职院校通过对教

---

① 吴维煌：《职业教育不应在"普教化"与"技能化"间走极端》，《陕西教育》（综合版）2019 年第 5 期，第 55 页。

② 张志新：《基于测评的职业教育教师职业能力研究》，清华大学出版社，2016，第 135 页。

师胜任理论教学、实践教学情况进行一个学期或一个学年的长期追踪和考评，以此确定是否具备"双能力"。二是应进一步研发关于"双能力"的中级、高级标准，即形成基于"双能力"的等级认证标准，以满足技术进步、产业升级对不同职称级别教师专业成长的诉求。

三　适当调控科研奖励经费比例，加大教学业绩奖励的比重

首先，适当调控科研奖励经费比例，在保证科研经费充足的情况下，将更多的增量教育经费投放到教学方面。摒弃以科研为主的职称评审模式，并不意味着不鼓励教师从事科学研究。相反，应鼓励教师从事一些具有应用性、基础性、长线性的高质量教育教学研究或专业研究，并给予专项的、充分的经费支持。也就是说，逐步改变此前科研项目"多而滥"、科研经费"均而少"的科研项目申报与经费管理模式，向科研项目"少而精"、科研经费"专而足"的模式发展，要求教师每做一项科研，务必将其研究"做真"（研究真问题）、"做实"（研究要扎实）、"做深"（研究要深入）、"做长"（研究要系统）、"做精"（研究要出精品），杜绝一些虚假的、肤浅的、没有实际价值的研究。

其次，加大教学业绩奖励的比重。从资源分配角度看，"偏重科研，轻视教学"现象的背后是教育资源分配中存在教学与科研奖励经费配置的不合理。因而，一些教育经费管理部门应该对教学、科研经费进行统筹，并加大教学奖励经费的投入量和比重。例如，通过设立教学业绩奖励的实效性项目、实质性评价指标，引导和激励教师专心育人、安心教学、潜心做真教研、放心做好教师，提高教师的职业吸引力，增强教师的工作主动性、积极性、创造性和贡献度。

四　调整部分期刊选文导向与规则，提高教研论文刊发比例

首先，调整部分学术期刊的选文结构，增设职业教育类论文的栏目。当前，我国职业教育领域的专门期刊数量与级别都相对偏少，与职业教育发展的速度、规模、质量相比明显滞后，远远不能满足职业教育发展的需求，产生期刊资源相对匮乏的问题，特别是国内职业教育领域的核心期刊数量较少，尚无专门的 CSSCI 期刊，在一定程度上影响了学者们从事职业教育研究的积极性。因而，应根据职业教育与普通教育的发展规模、院校数

量和专任教师数量的比例，适当调整我国职业教育与普通教育类期刊的比例，包括调整部分期刊的选文结构，增设一些职业教育类的论文栏目，解决职业教育领域论文发表平台少，以及职普期刊结构不平衡、不合理的问题。

其次，逐步提高职业教育应用性研究成果的刊发比例。调整部分期刊长期以来形成的"学术导向"的选文原则，[①] 引导期刊适当增加有关职业教育，特别是职业教育教学类研究成果的发文比例，引导和促使职业教育应用性研究成果的发表及其转化。

---

① 张泽青：《学术期刊发展的新机遇——职称制度改革对学术期刊的影响》，《编辑之友》2017 年第 10 期，第 5 页。

结　语

　　"对发展中国家而言，最为缺乏的不是资本、技术，而是有效的制度。"① 全国高职院校在获得评审权后，均面临如何健全与完善教师职称评审制度的问题。这不仅急需相关理论的支持与指导，而且急需对实践经验的总结与借鉴。本研究成果既是对我国高职教师职称评审制度变迁的历史回顾，也是对高职教师职称评审制度问题的系统审视，又是对评审权下放后高职教师职称评审制度建设经验的及时总结，同时为高职教师职称评审制度建设与发展提出重要对策。同时，需清楚地意识到，高职教师职称评审制度建设是一个理论研究与实践探索相互促进的过程，必须依靠政府、学校、教师等多元主体的共同参与和民主共治，才能破解制约职称评审制度发展的沉疴宿疾，才能营造职称评审制度建设的治理环境，才能提升高职教师职称评审制度的有效性。为此，本研究认为，在今后的高职教师职称评审制度建设中，相关主体须履行以下责任与义务。

　　首先，国家教育行政部门及相关部门应在国务院职业教育工作部际联席会议的统筹协调下，认真落实《深化新时代教育评价改革总体方案》中有关职称评审制度改革的规定，健全有关职称评审的配套制度。健全和完善高职教师职称评审制度是高职教育领域落实《深化新时代教育评价改革总体方案》的重要内容和抓手，其中包括两个重要的配套制度。一是改进科研与教学经费管理制度，适当调整科研奖励办法及其经费比例，增设教学业绩的考核与奖励项目，加大对教育教学业绩、应用性研究成果的奖励比重与力度。二是教育部门与国家新闻出版管理部门应联合推动学术期刊制度改革，支持创办有关高职教育的高质量教学研究类学术期刊，鼓励高职院校学报向教学研究方面倾斜。

---

　　① 李晓：《东亚奇迹与"强政府"——东亚模式的制度分析》，经济科学出版社，1996，第73页。

其次，地方政府应依据相关政策法规，推进和支持高职院校进行教师职称评审制度改革。调研发现，当前仍有少数省份有关高职教师职称评审方面的政策安排与制度建设明显滞后，依然沿用或套用普通本科高校的职称评审标准，并未研制或颁布单列的高职教师职称评审指导意见或省级标准，严重影响省内高职院校教师职称评审制度的建设进程与质量。同时，鉴于当前职称评审制度处于改革的过渡期，地方政府在指导和监督高职院校推进职称制度建设时，应鼓励高职院校坚持两条原则：一是采取增量改革原则，即在不损害或影响教师当前已有利益的前提下，通过制度的健全来增加利益总量，提高全体教师教书育人积极性、创造性；二是采取渐进式原则，既要规避对当前职称评审制度的完全否定或推倒重建，又要支持高职院校大胆探索和推进职称评审制度建设，并在不断的经验总结中逐步完善，避免突进性制度变革引发的矛盾激化问题，提高制度变迁的稳定性。

再次，高职院校应充分利用职称评审权下放给学校带来的契机，大胆创新、勇于探索，健全与完善符合高职教育类型特点及学校实际情况的职称评审制度。在教师职称评审制度建设中，高职院校须充分发挥利益相关方参与职称评审制度设计的优势，依据制度有效性理论对职称评审指标与流程进行补充、优化和完善。特别是，及时补充有助于推进学校教育教学质量提升和教师专业发展的规定，包括增加教师服务学院建设与发展、服务学生管理与就业指导、服务企业技术研发的指标，促使职称评审制度与教师工作制度相容、与"双师型"教师专业发展吻合、与技术技能型人才培养目标一致。

最后，高职院校教师应积极参与学校职称评审制度建设，通过学术委员会、教代会、教职工大会、教师工会、基层党委会等渠道和方式，为学校职称评审制度建设建言献策，提出自己的真知灼见和创新想法。高职院校进行的教师职称评审制度建设既需要依据国家与地方政府的相关法规与标准，也需要听取学校全体教师的意见与建议。每位教师都应积极参与并贡献自己的实践智慧，而不是置身事外，消极地等待或被动适应。此外，高职教师应明确教育教学工作的旨归是立德树人、潜心育人，明确高职教师的科研定位，坚持科研服务教学、服务企业的宗旨，自觉抵制学术不端和"学术 GDP"主义，追求崇高的学术精神和学术理想。

总之，健全与完善高职教师职称评审制度是建设现代职业教育体系的重要内容，也是实现职业教育治理能力与治理体系现代化的必然诉求。只有健全和完善具有高职教育类型特点的职称评审制度，才能更好地引领高职教师的专业发展方向，进一步激发高职教师投身教育教学的主动性、积极性与创造性，增强高职教师职称评审制度的有效性，发挥和实现"事奏其功"的制度目标。高职教师职称评审制度研究是一项关涉内容比较复杂、颇具挑战性的研究，尽管笔者"穷理以致其知"，但不足之处难免。今就教于各位专家与同仁，敬请批评指正。

路漫漫其修远兮，吾将上下而求索。

参考文献

一 著作类

〔德〕菲利克斯·劳耐尔、鲁珀特·麦克林主编《国际职业教育科学研究手册》，赵志群等译，北京师范大学出版社，2014。

〔德〕菲利普·葛洛曼、菲利克斯·劳耐尔主编《国际视野下的职业教育师资培养》，石伟平译，外语教学与研究出版社，2011。

〔德〕黑格尔：《小逻辑》，贺麟译，商务印书馆，1997。

〔德〕柯武刚、史漫飞：《制度经济学》，韩朝华译，商务印书馆，2000。

（汉）许慎：《说文解字》，徐铉校订，中华书局，2013。

〔美〕理查德·A. 波斯纳：《法理学问题》，苏力译，中国政法大学出版社，1994。

〔美〕阿兰·斯密德：《制度与行为经济学》，刘璨、吴水荣译，中国人民大学出版社，2004。

〔美〕本杰明·卡多佐：《司法过程的性质》，苏力译，商务印书馆，1997。

〔美〕道格拉斯·C. 诺思：《制度、制度变迁与经济绩效》，杭行译，格致出版社，2008。

〔美〕凡勃伦：《有闲阶级论》，蔡受百译，商务印书馆，1981。

〔美〕费正清：《中国的思想与制度》，郭晓兵等译，世界知识出版社，2008。

〔美〕弗雷德里克·泰勒：《科学管理原理》，黄榛译，北京理工大学出版社，2012。

〔美〕勒维克：《技术教育哲学》，李声吼译，台北：五南图书出版公司，2002。

〔美〕康芒斯:《制度经济学》,赵睿译,华夏出版社,2013。

〔日〕门田武治:《高度生产率的秘密:巴克制——工作效率分析与管理》,广东省哲学社会科学研究所世界经济研究组译,上海译文出版社,1980。

〔瑞典〕T. 胡森、〔德〕T.N. 波斯尔斯韦特总主编《教育大百科全书》,张斌贤等译,西南师范大学出版社,2011。

〔英〕霍恩比:《牛津高阶英汉双解词典》,王玉章等译,商务印书馆,2010。

〔英〕萨默斯:《朗文当代英语大辞典》,朱原等译,商务印书馆,2005。

〔美〕约瑟夫·熊彼特:《资本主义、社会主义与民主》,吴良健译,商务印书馆,1999。

〔英〕亚当·斯密:《国富论》,高格译,中国华侨出版社,2014。

〔美〕约翰·罗尔斯:《正义论》,何怀宏等译,中国社会科学出版社,1988。

〔美〕约翰·罗尔斯:《政治自由主义》,万俊人译,译林出版社,2000。

〔美〕詹姆斯·N. 罗西瑙主编《没有政府统治的治理》,张胜军、刘小林等译,江西人民出版社,2001。

曹晔:《职业教育师资培养模式实践与创新研究》,社会科学文献出版社,2020。

陈英杰:《中国高等职业教育发展史研究》,中州古籍出版社,2007。

辞海编辑委员会编《辞海》,上海辞书出版社,2009。

邓晓芒:《康德〈判断力批判〉释义》,生活·读书·新知三联书店,2008。

段旭龙、李娟:《高校人事制度改革新视野》,人民日报出版社,2014。

法律出版社编辑部编《专业干部业务技术职称法规汇编(一)》,法律出版社,1982。

樊纲:《渐进改革的政治经济学分析》,上海远东出版社,1996。

高等职业院校人才培养工作评估研究课题组编《高等职业院校人才培养工作评估解读与问答》,高等教育出版社,2009。

袁贵仁、葛道凯编《职业教育办学模式改革》,高等教育出版社,2012。

顾建军、邓宏宝主编《职业教育名著导读》，教育科学出版社，2015。

顾明远主编《教育大辞典》，上海教育出版社，1990。

和震、李玉珠、魏明等：《职业教育产教融合制度创新》，科学出版社，2018。

和震主编《职业教育政策研究》，高等教育出版社，2012。

侯怀银主编《教育研究方法》，高等教育出版社，2015。

姜大源主编《当代世界职业教育发展趋势研究》，电子工业出版社，2013。

姜大源：《职业教育学研究新论》，教育科学出版社，2007。

姜大源：《职业教育要义》，北京师范大学出版社，2017。

教育部教育规划与战略研究理事会秘书处编《建设中国特色、世界水平的现代职业教育体系》，教育科学出版社，2014。

阚阅：《当代英国高等教育绩效评估研究》，高等教育出版社，2011。

匡瑛：《比较高等职业教育：发展与变革》，上海教育出版社，2006。

蓝志勇、刘洋等：《英国人才制度与人才发展战略》，党建读物出版社，2016。

李爱民：《大学教育职员制度改革研究》，经济管理出版社，2009。

李存山编《张岱年选集》，吉林人民出版社，2005。

李道揆：《美国政府机构与人事制度》，人民出版社，1985。

李桂荣等：《中等职业教育发展评价研究》，科学出版社，2017。

李晓：《东亚奇迹与"强政府"：东亚模式的制度分析》，经济科学出版社，1996。

李玉林、王建新编《专业技术职务聘任与管理》，辽宁大学出版社，1987。

林代昭主编《中国近现代人事制度》，劳动人事出版社，1989。

林润惠：《高职院校校企合作——方法、策略与实践》，清华大学出版社，2012。

林喜庆：《海峡两岸专业人员职业资格制度比较研究》，党建读物出版社，2016。

林毅夫：《诱致性制度变迁与强制性制度变迁》，载盛洪编《现代制度经济学》（下卷），北京大学出版社，2004。

刘复兴：《教育政策的价值分析》，教育科学出版社，2003。

刘良华：《教育研究方法》，华东师范大学出版社，2014。

刘熙瑞、马德普：《中国政府职能论：基于现代化与社会主义国家治理的战略思考》，学习出版社，2017。

卢现祥：《寻找一种好制度：卢现祥制度分析文选》，北京大学出版社，2012。

罗军强、方林佑等：《高等职业教育历史研究》，光明日报出版社，2011。

吕鑫祥：《高等职业技术教育研究》，上海教育出版社，1988。

吕一中等：《我国职业教育办学体系及管理体制研究》，中国经济出版社，2014。

马树超、郭扬等：《中国高等职业教育历史的抉择》，高等教育出版社，2009。

美国国家教育统计中心编写《现代美国生涯与技术教育纵览——1990~2005年数据分析报告》，和震、高山艳等译，河南科学技术出版社，2013。

孟广平主编《当代中国职业技术教育》，高等教育出版社，1993。

裴娣娜：《教育研究方法导论》，安徽教育出版社，2010。

彭海斌：《公平竞争制度选择》，商务印书馆，2006。

祁占勇：《职业教育政策研究》，教育科学出版社，2018。

秦亚青：《权力·制度·文化》，北京大学出版社，2005。

中华人民共和国教育部高等教育司、全国高职高专校长联席会：《教学相长：高等职业教育教师基础知识读本》，高等教育出版社，2004。

山鸣峰：《高校人事管理改革——理论与实践》，上海大学出版社，2005。

商务印书馆编辑部辞源修订组《辞源》，商务印书馆，1998。

石伟平、匡瑛等：《中国教育改革40年：职业教育》，科学出版社，2018。

石伟平主编《中国职业教育发展报告（2018~2019）》，华东师范大学出版社，2021。

石伟平编《时代特征与职业教育创新》，上海教育出版社，2006。

孙河川：《教师评价指标体系的国际比较研究》，商务印书馆，2011。

孙科技：《教育政策执行碎片化的整体性治理》，上海人民出版社，2020。

陶郁、刘明兴、侯麟科：《地方治理实践：结构与效能》，社会科学文献出版社，2020。

陶遵谦主编《国外高等学校教师聘任及晋升制度》，华东师范大学出版社，1983。

王明伦：《高等职业教育发展论》，教育科学出版社，2004。

王为民：《高职教师专业发展制度有效性研究》，科学出版社，2017。

吴全全：《职业教育"双师型"教师基本问题研究——基于跨界视域的诠释》，清华大学出版社，2011。

习近平：《决胜全面建成小康社会 夺取新时代中国特色社会主义伟大胜利——在中国共产党第十九次全国代表大会上的报告》，人民出版社，2017。

肖化移：《审视高等职业教育的质量与标准》，华东师范大学出版社，2006。

谢晶：《职称制度的历史与发展》，中国社会科学出版社，2019。

徐国庆：《从分等到分类——职业教育改革发展之路》，华东师范大学出版社，2018。

徐国庆：《实践导向职业教育课程研究：技术学范式》，上海教育出版社，2005。

徐国庆：《职业教育项目课程：原理与开发》，华东师范大学出版社，2016。

徐国庆：《职业教育原理》，上海教育出版社，2007。

徐华：《高职教师专业发展：困境与出路》，上海交通大学出版社，2017。

徐平利：《职业教育的历史逻辑和哲学基础》，广西师范大学出版社，2010。

杨柏华：《美国公务人员的考绩制度》，世界知识出版社，1989。

杨钋：《技能形成与区域创新：职业教育校企合作的功能分析》，社会科学文献出版社，2020。

姚琦：《制度与思想：行政文化的比较研究》，中国书籍出版社，2017。

姚若松、苗群鹰：《工作岗位分析》，中国纺织出版社，2003。

叶芬梅：《当代中国高校教师职称制度改革研究》，中国社会科学出版社，2009。

俞可平：《论国家治理现代化》，社会科学文献出版社，2015。

俞可平：《权力与权威：政治哲学若干重要问题》，商务印书馆，2020。

俞可平编《中国如何治理？——通向国家治理现代化的道路》，外文出版社，2018。

俞可平等：《中国的治理变迁（1978~2018）》，社会科学文献出版社，2018。

俞启定、和震主编《中国职业教育发展史》，高等教育出版社，2012。

袁振国主编《教育研究方法》，高等教育出版社，2000。

张金马：《政策科学导论》，中国人民大学出版社，1992。

张念宏主编《中国教育百科全书》，海洋出版社，1991。

张维迎：《公有制经济中的委托-代理人关系》，载盛洪主编《现代制度经济学》（下卷），北京大学出版社，2004。

张占斌：《改革红利再释放》，生活·读书·新知三联书店，2014。

张志新：《基于测评的职业教育教师职业能力研究》，清华大学出版社，2016。

张维迎：《博弈与社会讲义》，北京大学出版社，2014。

赵志群、白滨编著《职业教育教师教学手册》，北京师范大学出版社，2013。

赵志群：《职业教育工学结合一体化课程开发指南》，清华大学出版社，2009。

周蕖主编《中外职业技术教育比较》，人民教育出版社，1991。

周谈辉：《职业教育师资培育》，台北：三民书局，1985。

周志刚、米靖主编《职业教育教师培养制度与机制创新》，北京师范大学出版社，2013。

周志刚等：《职业教育质量评价体系研究》，经济科学出版社，2018。

Douglass C. North, *Institutions, Institutional Change and Economic Preformance*, Cambridge: Cambridge Unversity Press, 1990.

Ziqun Zhao, Lianwei Lu, "China's TVET Teachers and Their Professionalization," Philipp Grollmann, Felix Rauner, *International Perspectives on Teachers and lectures in Technical and Vocational Education*, New York: Springer, 2007.

二 论文报纸类

〔英〕格里·斯托克：《作为理论的治理：五个论点》，华夏风译，《国际社会科学杂志》（中文版）1999 年第 1 期。

毕竞悦：《投票的匿名与实名》，《今日中国论坛》2008 年第 5 期。

蔡立辉：《西方国家政府绩效评估的理念及其启示》，《清华大学学报》（哲学社会科学版）2003 年第 1 期。

蔡连玉、鲁虹：《高校教师绩效管理计件工资化及其治理路径研究》，《高校教育管理》2020 年第 2 期。

蔡永红、黄天元：《教师评价研究的缘起问题及发展趋势》，《北京师范大学学报》（社会科学版）2003 年第 1 期。

陈淑维：《高职院校中青年教师二次成长激励机制初探》，《中国职业技术教育》（理论版）2015 年第 18 期。

陈婷：《基于马斯洛需求层次理论的高职院校科研激励机制》，《黎明职业大学学报》2019 年第 1 期。

陈银飞：《道德推脱、旁观者沉默与学术不端》，《科学学研究》2013 年第 12 期。

褚宏启、贾继娥：《教育治理与教育善治》，《中国教育学刊》2014 年第 12 期。

褚宏启、贾继娥：《教育治理中的多元主体及其作用互补》，《教育发展研究》2014 年第 19 期。

褚宏启：《关于教育治理的几个关键问题》，《人民教育》2014 年第 22 期。

褚宏启：《教育治理：以共治求善治》，《教育研究》2014 年第 10 期。

戴香智：《高职教育发展的内卷化及其突破》，《长沙大学学报》2017 年第 15 期。

丁煌：《浅析浮夸歪风屡禁难止的体制根源》，《中国软科学杂志》1999 年第 10 期。

董云川：《职称评审公正论》，《高等教育研究》1999 年第 3 期。

方军：《制度伦理与制度创新》，《中国社会科学》1997 年第 3 期。

冯务中：《制度有效性理论论纲》，《理论与改革》2005 年第 5 期。

符成成：《高职教师职称评定管理工作策略革新》，《岳阳职业技术学院学报》2013 年第 2 期。

付淑琼、姜蕾：《基于"双师型"教师队伍建设的高职院校教师职称评审标准研究》，《职业教育》（下旬刊）2019 年第 7 期。

高山艳：《美国生涯与技术教育绩效评价：内容、困境及启示》，《外国教育研究》2013 年第 10 期。

高小平、盛明科、刘杰：《中国绩效管理的实践与理论》，《中国社会科学》2011 年第 6 期。

谷峪、李玉静：《现代职业教育治理：框架构建和内容解析》，《职业技术教育》2015 年第 16 期。

顾明远：《每个教师都能成为好老师》，《中国教育报》2021 年 4 月 3 日，第 3 版。

韩冰、吕玟：《我国高职"双师型"教师队伍建设对政策工具的要求基于政策文本和政策环境的分析》，《职业技术教育》2019 年第 24 期。

韩天学：《融职称评审为一体的高职"双师型"教师专业能力标准体系研究》，《机械职业教育》2016 年第 5 期。

郝天聪、石伟平：《高职院校的科研锦标赛：表现形式、形成机制及改革建议》，《高等教育研究》2020 年第 11 期。

何飞跃、魏旻、施茂祺：《高职院校教师专业发展浅说》，《职业教育研究》2009 年第 6 期。

和震：《建立现代职业教育治理体系 推动产教融合制度创新》，《中国职业技术教育》2014 年第 21 期。

贺文瑾：《"双师型"职教教师的概念解读（上）》，《江苏技术师范学院学报》2008 年第 7 期。

贺文瑾：《"双师型"职教教师的概念解读（下）》，《江苏技术师范学院学报》2008 年第 8 期。

胡晓霞：《高职院校教师考核评价机制构建的实践探索与思考》，《职教论坛》2015 年第 14 期。

胡祖莹、魏红：《教学评价中信息来源的可靠性研究》，《高等师范教育研究》1996 年第 3 期。

黄亮：《内涵发展视域下高职教师职称评审改革路径研究——以江西财

经职业学院为例》，《职教论坛》2019 年第 6 期。

黄英婉：《"放管服"背景下高校教师职称评审改革研究——以沈阳大学为例》，《沈阳大学学报》（社会科学版）2020 年第 6 期。

贾德民：《高等职业教育内卷化及其破解路径研究》，《辽宁广播电视大学学报》2017 年第 3 期。

江必新：《国家治理现代化基本问题研究》，《中南大学学报》（社会科学版）2014 年第 3 期。

姜大源：《跨界、整合和重构：职业教育作为类型教育的三大特征》，《中国职业技术教育》2019 年第 7 期。

姜晓萍：《国家治理现代化进程中的社会治理体制创新》，《中国行政管理》2014 年第 2 期。

解鹏、李健宁：《高职院教师工作满意度及激励策略的调查研究》，《江苏高教》2015 年第 4 期。

晋浩天：《破"五唯"，第五轮学科评估的突破口》，《光明日报》2020 年 11 月 4 日，第 6 版。

靳云全、王攀：《高校教师科研评价存在的问题及对策探析》，《科技与管理》2007 年第 4 期。

经月美：《高职校规范开展职称评审代表作同行鉴定工作》，《现代企业》2019 年第 12 期。

孔易人：《价值：合目的性》，《浙江学刊》1997 年第 3 期。

雷家彬：《高职教师职称评价标准的比较研究》，《高校教育管理》2016 年第 4 期。

雷世平：《职称评审权下放高职院校并非"一放就灵"》，《大视野》2020 年第 1 期。

李宝斌、许晓东：《高校教师评价中教学科研失衡的实证与反思》，《高等工程教育研究》2011 年第 2 期。

李梦卿、罗莉：《"双师型"教师职称：职教教师专业发展的保证》，《职教论坛》2011 年第 22 期。

李鹏：《评价改革是解决教育问题的"钥匙"吗？——从教育评价的"指挥棒"效应看如何反对"五唯"》，《教育科学》2019 年第 3 期。

李品、杨建林：《大数据时代哲学社会科学学术成果评价：问题、策略及指标体系》，《图书情报工作》2018 年第 16 期。

李苏：《"放管服"视域下高职教师可持续发展动力机制研究》，《职业技术》2020 年第 2 期。

李晓东：《基于岗位能力视角的高职"双师型"教师认定标准及培养路径研究》，《现代教育管理》2019 年第 8 期

李兴旺、杨彩凤：《"放管服"改革背景下高职院校教师职称改革现状调查研究》，《科教文汇》（上旬刊）2020 年第 4 期。

李兴旺：《信息不对称视角下高职新一轮职称评审问题与对策》，《科教文汇》（上旬刊）2020 年第 3 期。

李申申、常顺利：《儒家道德教育具身性的当代阐释》，《北京师范大学学报》（社会科学版）2021 年第 4 期。

李政：《我国高等职业教育项目制治理模式的变迁逻辑——基于历史制度主义的视角》，《江苏高教》2021 年第 5 期。

梁苏、杨富：《高职教师职称评聘存在的问题及对策思考》，《西北成人教育学院学报》2014 年第 6 期。

廖建桥：《中国式绩效管理：特点、问题及发展方向》，《管理学报》2013 年第 6 期。

林宇：《高等职业院校师资队伍建设的现状、问题及对策》，《中国高教研究》2015 年第 1 期。

林宇：《围绕提高质量强化高职教师队伍建设》，《中国高等教育》2010 年第 8 期。

刘复兴：《教育政策价值分析的三维模式》，《教育研究》2002 年第 4 期。

刘继安、陈志文：《教育评价改革的"破"与"立"》，《光明日报》2020 年 9 月 15 日，第 14 版。

刘霞玲：《高职院校教师职业能力评价与能力建设研究》，《宁波大学学报》（教育科学版）2011 年第 1 期。

刘志军、王洪席、张红霞：《促进教师不断发展的评价体系构建》，《清华大学教育研究》2015 年第 6 期。

陆俊杰：《类型教育视野下职业教育的理念回归与特色超越》，《职业技术教育》2020 年第 19 期。

陆敏、胡梅娜：《原创性学术研究的基本准则》，《政法论坛》2002 年第 1 期。

罗向阳、林瑞娟、支希哲：《高校教师职称评审制度的悖论解析》，《黑龙江高教研究》2014 年第 8 期。

罗艳、刘琼：《以教学能力为主构建高职院校教师职称评价标准合理性探究》，《职业技术》2015 年第 4 期。

潘海生、林晓雯：《建立作为教育类型的职业教育的评价方式》，《中国职业技术教育》2021 年第 4 期。

潘懋元、王琪：《从高等教育分类看我国特色型大学发展》，《中国高等教育》2010 年第 5 期。

潘懋元：《北京大学教师聘任制笔谈：职称回归学衔 提高学术权力》，《集美大学学报》（教育科学版）2003 年第 9 期。

潘永波：《基于职称评定现状分析教师职称改革的紧迫性》，《人才资源开发》2016 年第 2 期。

钱维存、石伟平：《困境与突破：职业院校教师绩效管理的问题、原因与对策》，《中国职业技术教育》2020 年第 27 期。

任君庆、王琪：《高职院校教师职业压力、组织支持感与工作满意度关系研究》，《中国职业技术教育》2020 年第 3 期。

沈玉芳：《浅析高职院校绩效工资制度改革：以浙江省某高职院校为例》，《经济师》2013 年第 4 期。

施虹：《基于清理"四唯"背景下高职院校职称评审机制优化探析——以 T 学院为例》，《就业与保障》2019 年第 24 期。

石中英：《打赢新时代教育评价改革攻坚战总体战》，《中国教育报》2020 年 10 月 22 日，第 6 版。

司林波：《高校教师职称评审中的帕金森定律及其治理》，《高校教育管理》2012 年第 4 期。

宋延军：《基于公平理论的高校教师薪酬制度设计研究》，西南大学博士学位论文，2011。

孙彦玲、孙锐：《想用的人评不上，评上的人用不上——从人才评价定位看当前职称制度改革》，《中国青年报》2017 年 4 月 13 日，第 2 版。

孙艺方：《高职院校教师职称评审体系指标量化初探》，《宁波教育学院学报》2018 年第 1 期。

谭见君、严勇：《“双一流”背景下高职院校师资队伍建设的问题与对策》，《长沙理工大学学报》（社会科学版）2019 年第 1 期。

田帆：《高职院校职称采集与评审系统设计与实现》，天津大学硕士学位论文，2016。

涂又光：《文明本土化与大学》，《高等教育研究》1998 年第 6 期。

汪长明：《高职院校教师职称评审的新思路探析》，《职教通讯》2016 年第 11 期。

王成福等《高职教师专业实践能力的内涵及培养对策》，《高等工程教育研究》2015 年第 3 期。

王为民：《合作产权保护与重组：职业教育校企合作机制创新》，《教育研究》2020 年第 8 期。

王为民：《走出“制度陷阱”：高职教师专业发展制度的供给困境反思》，《河南大学学报》（社会科学版）2018 年第 1 期。

王孝斌、夏勇子：《高职院校“双师型”教师队伍建设现状——基于湖北省 16 所高职院校的调查与分析》，《职业技术教育》2015 年第 30 期。

王孝坤、胡晓霞：《高职院校教师职称评聘问题与治理运行机制》，《宁波职业技术学院学报》2015 年第 2 期。

王亚鹏：《高职教育“四个评价”体系的价值意蕴与实践逻辑》，《教育与职业》2021 年第 10 期。

王艳辉：《高职教师职称评审制度发展与问题研究——以河南省为例》，河南大学硕士学位论文，2018。

魏红梅、王曦：《论高校教师职称评审权力的下放与规制》，《江苏高教》2018 年第 9 期。

温丙帅、孙建波：《高职院校“双师型”教师职称评审权利保障研究》，《中国职业技术教育》2014 年第 20 期。

吴全全：《职业教育国际合作的成效研究：定位、功能与组织》，《职教论坛》2011 年第 13 期。

吴维煊：《职业教育不应在“普教化”与“技能化”间走极端》，《陕西教育》（综合版）2019 年第 5 期。

吴益群、范可旭、吴丽华：《高职院校混合所有制办学人事制度改革初探》，《职业技术教育》2017 年第 8 期。

辛允星：《"捆绑式发展"与"隐喻型政治"：对汶川地震灾区平坝羌镇的案例研究》，《社会》2013 年第 3 期。

徐邦友：《推进国家治理体系和治理能力现代化的中国方案》，《治理研究》2020 年第 5 期。

徐大成：《大学教师职称晋升中"劣币驱逐良币"现象审视》，《教育评论》2019 年第 5 期。

徐国庆：《高水平高职院校的范型及其建设路径》，《中国高教研究》2018 年第 12 期。

徐国庆：《确立职业教育的类型属性是现代职业教育体系建设的根本需要》，《华东师范大学学报》（教育科学版）2020 年第 1 期。

徐勇、吕楠：《热话题与冷思考——关于国家治理体系和治理能力现代化的对话》，《当代世界与社会主义》2014 年第 1 期。

许耀桐、刘祺：《当代中国国家治理体系分析》，《理论探索》2014 年第 1 期。

谢清理、蒋士会：《国际视域下职业教育微证书应用实施的价值考量和实践路径》，《教育发展研究》2021 年第 C1 期。

薛澜、张帆、武沐瑶：《国家治理体系与治理能力研究：回顾与前瞻》，《公共管理学报》2015 年第 3 期。

阎光才：《学术等级系统与锦标赛制》，《北京大学教育评论》2012 年第 3 期。

杨金土等：《对发展高等职业教育几个重要问题的基本认识》，《教育研究》1995 年第 6 期。

叶继元：《近年来国内外学术评价的难点、对策与走向》，《甘肃社会科学》2019 年第 3 期。

叶继元：《有益遏制学术评价形式化数量化》，《中国教育报》2012 年 3 月 28 日，第 3 版。

尹蔚民：《全面深化职称制度改革充分发挥人才评价指挥棒作用》，《求是》2017 年第 10 期。

俞可平：《推进国家治理体系和治理能力现代化》，《前线》2014 年第 1 期。

俞可平：《治理和善治：一种新的政治分析框架》，《南京社会科学》2001 年第 9 期。

俞可平：《治理和善治引论》，《马克思主义与现实》1999 年第 5 期。

俞启定、王为民：《审视与反思：我国高职教师职称评审标准的套用问题》，《教师教育研究》2013 年第 1 期。

俞启定：《高等职业教育的性质定位及高职教师队伍建设问题探讨》，《当代教师教育》2020 年第 4 期。

翟博：《新时代深化教育评价改革的根本遵循》，《中国教育报》2020 年 10 月 29 日，第 6 版。

詹先明：《"学术共同体"建设：学术规范、学术批评与学术创新》，《江苏高教》2009 年第 3 期。

张舸、李飞虹：《高职教师职称评审体系的构建与研究》，《成人教育》2012 年第 10 期。

张建芳：《高职院校职称评聘的问题探析》，《太原城市职业技术学院学报》2017 年第 11 期。

张文凌：《职称评审应改变不记名投票制》，《中国青年报》2006 年 3 月 3 日，第 6 版。

张媛：《高职院校教师职称评审制度探析》，《轻纺工业与技术》2020 年第 5 期。

张泽青：《学术期刊发展的新机遇——职称制度改革对学术期刊的影响》，《编辑之友》2017 年第 10 期。

赵丽：《高职教师科研工作现状与对策分析——基于高职院校科研评价的现状调查与分析》，《太原城市职业技术学院学报》2017 年第 4 期。

赵淑琪：《高职院校教师教科研能力现状调研及提升策略》，《教育与职业》2019 年第 21 期。

赵伟、孙英：《职业教育类型论》，《中国高教研究》2020 年第 11 期。

赵晓芳：《基于胜任力模型的高职教师职称评定体系构建》，《教育理论与实践》2016 年第 36 期。

张志新、赵志群：《职业教育教师职业能力模型构建研究》，《职教论坛》2016 年第 15 期。

赵志群：《现代职业教育质量保障体系研究：现状与展望》，《西南大学学报》（社会科学版）2014 年第 4 期。

郑柏松：《高职院校教师职称量化评价体系的构建与探索——以黄冈职业技术学院为例》，《机械职业教育》2019 年第 10 期。

郑梦真：《治理与放权：高职院校教师职称制度研究——基于东部八所高职院校的调研》，河南大学硕士学位论文，2020。

郑言、李猛：《推进国家治理体系与国家治理能力现代化》，《吉林大学社会科学学报》2014 年第 2 期。

周黎安：《中国地方官员的晋升锦标赛模式研究》，《经济研究》2007年第 7 期。

周礼：《关于推进高职院校教师职称评审工作改革的思考》，《长春教育学院学报》2015 年第 10 期。

周丽娟、陈新：《高职教师职业倦怠现状调查与分析——以北京农业职业学院为例》，《中国职业技术教育》2017 年第 27 期。

周雪光：《从"黄宗羲定律"到帝国的逻辑：中国国家治理逻辑的历史线索》，《开放时代》2014 年第 4 期。

周瑛仪：《应用研究驱动的高水平高职学校建设》，《高等工程教育研究》2020 年第 1 期。

周媛媛：《高校教师职称评审与岗位设置管理工作的衔接研究》，《管理观察》2014 年第 34 期。

周志忍：《政府绩效管理研究：问题、责任与方向》，《中国行政管理》2006 年第 12 期。

朱剑荣：《高职院校教师绩效考核体系创新研究——以南京化工职业技术学院为例》，《职业技术教育》2014 年第 26 期。

M. J. Herrick, E. C. Wisconsin, "Assessment of Student Achievement and Learning, What Would Dewey Say? A 'Recent' Interview with John Dewey," *Journal of Vocational and Technical Education*, Vol. 13, 1996 (1).

R. R. Nelson, "The Co-evolution of Technology, Industrial Structure and Supporting Institution," *Industrial and Corporate Change*, 1994 (3).

Theodore W. Schultz, "Institutions and the Rising Economic Value of Man," *American Journal of Agricultural Economics*, 1968 (50).

三　网络类

杜泽逊：《不能助长低水平、高产量人文学科研究，要大张旗鼓反对唯指标论》，2019 年 1 月 22 日，https：//whb. cn/zhuzhan/xue/20190122/237530. html。

眉山职业技术学院：《川南片区市属高职高专职称评审研讨会在我院举行》，2017 年 9 月 30 日，http：//www. msvtc. net/htmlarticles/ House/mzyw/2017_09/31079. html。

艾萍娇：《高校如何用好下放的职称评审权》，《光明日报》，2021 年 2 月 1 日，https：//difang. gmw. cn/2021-01/28/content_34581404. htm。

邵建东、韦清：《高职教师职称评聘须彰显职教特色》，《中国教育报》，2020 年 12 月 15 日，https：//www. tech. net. cn/news/show-92728. html。

韩秉志：《人社部出台改革意见——职称评审重在破除人才成长羁绊》，2019 年 12 月 24 日，http：//www. gov. cn/xinwen/2019-12/24/content_5463426. htm。

中华人民共和国教育部，《2016 年教育统计数据》，2017 年 8 月 22 日，http：//www. moe. gov. cn/s78/A03/moe_560/jytjsj_2016/。

中华人民共和国教育部：《2019 年教育统计数据》，2020 年 6 月 11 日，http：//www. moe. gov. cn/s78/A03/moe_560/jytjsj_2019/qg/。

王振洪：《职业教育评价改革重在彰显类型教育特征》，2021 年 1 月 21 日，https：//www. tech. net. cn/news/show-92985. html。

石毓智：《世界一流大学观察：斯坦福大学何以后来居上？》，2020 年 10 月 2 日，https：//www. sohu. com/a/422223663_777213。

王为民：《高职教师供给如何走出"制度陷阱"》，《中国教育报》，2017 年 1 月 10 日，http：//www. cssn. cn/jyx/jyx_jyqy/201701/t20170110_3377142. shtml。

珠海城市职业技术学院：《11 所高职院校齐聚我校研讨推进教师职称评审制度改革》，2017 年 10 月 23 日，https：//www. zhcpt. edu. cn/info/1033/20488. htm。

附录 1
某些高职院校的评审条件

【案例 1】02E02 学院申报教授职称的科研教研条件

02E02 学院《教师专业技术职务申报条件》（2018 年）规定申报教授职称的科研教研条件为：满足表 1 第 1 项，或第 2~14 项中的两项条件，其中教学为主型教师至少具备 1 项教研业绩，教学研发型教师至少具备 1 项科研业绩。

表 1   教申报授职称的科研教研条件

序号	种类	具 体 条 件	备注
1	主持项目	主持 1 项国家级教研/科研项目，或 2 项省部级以上教研/科研项目	必备
2	教学成果奖	获得教学成果类国家级二等奖以上（排名前五）/省级一等奖（排名前三）/省级二等奖（排名前二）	符合其中两项
3	教学团队、专业建设	国家级教学团队/国家级专业教学资源库建设/国家级示范专业、重点专业建设/国家级实践基地建设主要参与人（排名前二），或主持国家级精品资源共享课程建设/国家级精品开放在线课程建设/国家精品教材建设	
4	教学竞赛	参加政府部门组织或经学校认定的教师教学竞赛/教师教学能力大赛（现代信息技术应用大赛）/技能竞赛，获国家级一等奖	
5	指导学生	作为第一指导老师指导学生参加政府部门组织或经学校认定的技能竞赛，获国家级一等奖	
6	年度优秀	连续 5 次或累计 10 次获得学年度教学优秀	

序号	种类	具 体 条 件	备注
7	科研成果	获得科研成果类国家级奖或省部级一等奖（排名前五）/省部级二等奖（排名前三）/省部级三等奖（排名前二）/市级一等奖（排名第一）	
8	科研平台	参与国家级科研平台（团队）建设（排名前五）/省部级（排名前三）/市厅级（排名前二）	
9	成果转化	开展各类科技成果转化获得较大社会和经济效益，收益上缴学校累计100万元以上	
10	制定标准	主持制定并发布1项国家标准	符合其中两项
11	咨询报告	作为第一完成人提交2篇咨询报告或政策性建议，被市级以上主要领导人实质性批示并采纳（须经学校学术委员会组织鉴定）	
12	项目经费	主持1项省部级以上教研/科研项目，或主持研究类项目（不含平台、培训类项目）累计到账经费自然科学类达80万元/社会科学类达40万元	
13	学术论文	以第一作者或通讯作者身份公开发表2篇四类以上学术论文（含在期刊上发表的文学和艺术作品）	
14	学术著作	独立或作为第一作者公开出版1部20万字以上，且获得市级以上优秀成果奖或文库资助出版的二类以上学术著作	

【案例2】14M01学院的"教科研业绩"项目测评内容及标准

14M01学院的"教科研业绩"项目测评内容包含教学科研项目、教学科研获奖、专利、论文和论著教材等五个子项目（见表2）。

表2 "教科研业绩"项目测评内容及标准

子项	具体内容及标准
教学科研项目	①任现职以来承担国家级、省级、厅级科研项目，已结项验收的按级别分别计25分、20分、10分（含教学质量工程项目）。②横向项目通过验收并到账50万元、30万元、10万元的分别加25分、20分、10分
	国家级科研项目（含教育部教学质量工程项目）、省级重点项目立项（未结项）分别计10分、5分

续表

子项	具体内容及标准
教学科研获奖	①获自然科学奖、技术发明奖、科技进步奖、社会科学奖、教学成果奖和教育教学技能竞赛奖等奖励，国家级（1~3 等奖）30 分、25 分、20 分，省级（1~3 等奖）25 分、20 分、15 分，厅级（1~3 等奖）15 分、10 分、5 分。②指导学生参加技能竞赛获奖。国家级一类竞赛（1~3 等奖）25 分、20 分、15 分，国家级二类竞赛（1~3 等奖）20 分、16 分、12 分；国家级三类竞赛（1~3 等奖）15 分、12 分、9 分。省级一类竞赛（1~3 等奖）15 分、12 分、9 分；省级二类竞赛（1~3 等奖）12 分、9 分、6 分；省级三类竞赛（1~3 等奖）9 分、7 分、5 分。厅级竞赛（1~3 等奖）6 分、5 分、4 分
专利	发明专利 12 分、实用新型 4 分
论文	①SCI、EI（JA 论文）、SSCI、CSSCI、A&HCI 或 CSCD 期刊检索的本专业学术论文（需提供检索、收录证明），被《新华文摘》《中国社会科学文摘》《高等学校文科学术文摘》全文转载，在《人民日报》、《光明日报》及《求是》发表 2000 字以上学术性文章，人大复印报刊资料全文转载，在国内中文核心学术期刊上发表的本专业学术论文等，10 分/篇。②在 CN 期刊上发表的本专业学术论文等，4 分/篇

论著教材	字数	<10 万字	10 万~20 万字	≥20 万字
	专著、国家级规划教材	9 分	11 分	13 分
	著作、省级规划教材	5 分	7 分	9 分
	译著、一般教材	3 分	4 分	5 分

附录 2
对教师及专家的调查问卷

高职院校专业课教师调查问卷

尊敬的老师，您好！欢迎您参与全国教育科学规划课题的调研。这是一份有关高职院校专业课教师专业技术职务（职称）评审制度的匿名问卷，仅做研究之用，请您放心作答。衷心感谢您的支持！（请在您认为合适的选项下打"√"）

"我国高职教师职称评审制度发展研究"课题组

一 个人基本情况

（一）性别： 1. 男 2. 女

（二）年龄： 1. 30 岁及以下 2. 31~40 岁
3. 41~50 岁 4. 51 岁及以上

（三）教龄： 1. 5 年以下 2. 5~10 年 3. 11~15 年
4. 16~20 年 5. 20 年以上

（四）最高学历： 1. 大专及以下 2. 本科 3. 硕士 4. 博士

（五）职称： 1. 助教 2. 讲师 3. 副教授 4. 教授 5. 其他

（六）双师型教师： 1. 是 2. 否

（七）入职情况： 1. 毕业后入职 2. 从其他院校调入
3. 从企业调入 4. 由事业单位调入

（八）所教专业：_____

二　贵校职称评审制度现状（单选）

1. 贵校教师职称评审条件中，对"双师素质"或"双师型"的要求是：

A. 必要条件　　　B. 可替代条件　　　C. 参考条件　　　D. 未做要求

2. 在"双师素质"提升方面，学校提供的最主要渠道是鼓励教师：

A. 到企业实践　　　B. 访学　　　C. 参加培训　　　D. 其他

3. 贵校判断"双师型"教师的最主要依据是：

A. 获得双证书　　　　　　　B. 能胜任理论和实践课程教学

C. 具有一定企业工作经历　　　D. 以本校专门考核认定为准

4. 在正常职称评审中，院系考核或推荐占的比重大致为：

A. 20%及以下　　　B. 20%～50%　　　C. 50%～70%　　　D. 70%以上

5. 在贵校职称评审规定的分值结构中，权重最大的是对_____方面的考察。

A. 学术水平　　　B. 教学水平　　　C. 服务社会　　　D. 其他

6. 贵校职称评审计分中，教学分值所占比例是：

A. 25%及以下　　　B. 25%～50%　　　C. 50%～75%　　　D. 75%以上

7. 贵校职称评审计分中，科研分值所占比例是：

A. 25%及以下　　　B. 25%～50%　　　C. 50%～75%　　　D. 75%以上

8. 在教学评价方面，_____所占比重最大。

A. 教学课时数　　　　　　B. 教学工作质量

C. 教学教改研究　　　　　D. 指导学生

9. 在对教学工作质量进行评价时，最重要的依据是：

A. 学生评价　　　　　　B. 同行专家评价

C. 教学督导评价　　　　D. 领导评价

10. 职称评审规定对理论教学、实践教学的重视情况是：

A. 偏重理论教学　　　B. 偏重实践教学　　　C. 两者都重视　　　D. 其他

11. 贵校对教师科研评价中，所占分值最大的指标是：

A. 论文　　　B. 专著　　　C. 课题项目　　　D. 技术专利

12. 在科研评价中，对应用型科研的重视程度：

A. 不重视　　　B. 不太重视　　　C. 一般

D. 较重视　　　E. 非常重视

13. 您认为，学校对教师科研成果的应用推广：

A. 不重视　　B. 不太重视　　C. 一般　　D. 较重视　　E. 非常重视

14. 在科研方面投入的时间与精力，对您教学方面造成的负面影响：

A. 非常小　　B. 较小　　C. 一般　　D. 较大　　E. 非常大

15. 您认为，当前教师的科研成果对其教学的实际帮助：

A. 非常小　　B. 较小　　C. 一般　　D. 较大　　E. 非常大

16. 贵校职称评审规定对教师到企业实践的重视程度为：

A. 不重视　　B. 不太重视　　C. 一般　　D. 较重视　　E. 非常重视

17. 贵校职称评审中，对教师到企业实践的考核要求_____达到。

A. 非常难　　B. 较难　　C. 一般　　D. 较容易　　E. 非常容易

18. 贵校职称评审规定对教师社会服务方面的重视程度：

A. 不重视　　B. 不太重视　　C. 一般　　D. 较重视　　E. 非常重视

19. 贵校对教师职称评审中，领导主观评价所占的比重：

A. 非常小　　B. 较小　　C. 一般　　D. 较大　　E. 非常大

20. 您参与次数最多的社会服务工作是：

A. 社会培训　　B. 科技推广　　C. 政策咨询　　D. 其他

21. 当前，贵校对教师科研考核的周期是_____一次：

A. 一季度　　B. 半年　　C. 一年　　D. 两年

22. 您认为，在科研方面做起来难度最大的是：

A. 发表论文　　B. 出版专著　　C. 获得课题　　D. 获得技术专利

23. 您认为，当前对教师科研考核的周期：

A. 太短　　B. 较短　　C. 合理　　D. 偏长

24. 您认为，高职教师的科研定位应以_____为主。

A. 基础性研究　　B. 应用性研究　　C. 教学研究　　D. 自己爱好

三　请在符合您观点的选项数字上画"√"（单选）

序号	内　容	非常赞同	比较赞同	一般	不太赞同	不赞同
1	高职教师教学业绩应作为教师职称评审的最重要内容	5	4	3	2	1
2	教师担任辅导员、指导学生等工作应计入教学工作量	5	4	3	2	1

续表

序号	内　容	非常赞同	比较赞同	一般	不太赞同	不赞同
3	对高职教师科研成果的评价，应以其对社会的实际贡献为主	5	4	3	2	1
4	高职教师的职称评审应该有行业企业领域的专家参与	5	4	3	2	1
5	在高职教师职称评审中，应实施师德考核一票否决	5	4	3	2	1
6	在高职教师职称评审中，应实施教学质量考核一票否决	5	4	3	2	1
7	高职教师职称评审应从定额竞争式过渡到考核达标式（如考驾照）	5	4	3	2	1
8	高职教师职称评审，应该从评聘一体过渡到评聘分开	5	4	3	2	1
9	对教师提出的评审质疑，学校应做出合理的解释	5	4	3	2	1
10	高职教师职称评审标准应不同于普通本科院校	5	4	3	2	1

问卷到此结束，请您检查一下有无漏答。再次感谢您的支持与合作！

高职院校人事管理者及评委会专家调查问卷

尊敬的老师，您好！欢迎您参与全国教育科学规划课题的调研。这是一份有关高职院校专业课教师专业技术职务（职称）评审制度的匿名问卷，仅做研究之用，请您放心作答。特别感谢您的支持！（在您认为合适的选项下打"√"）

"我国高职教师职称评审制度发展研究"课题组

一　贵校职称评审规定的现状（单选）

1. 贵院系教师在评职称时，主要依据_____制定的评审规定或细则。

A. 省相关部门　　　　B. 市相关部门

C. 本校　　　　D. 二级学院（或系部）

2. 在贵校职称评审条件中，关于"双师型"的要求是：

A. 必要条件　　　　　B. 可替代条件

C. 参考条件　　　　　D. 未做要求

3. 贵校对教师职称评审中，院系考核或推荐所占的比重：

A. 20% 及以下　　B. 20%～50%　　C. 50%～70%　　D. 70% 以上

4. 贵校对教师师德考核时，_____所占的权重最大。

A. 学生评价　　B. 同行评价　　C. 领导评价　　D. 其他

5. 在贵校职称评审规定中，_____方面的分值所占比重最大。

A. 学术成果　　B. 教学业绩　　C. 服务社会　　D. 其他

6. 贵校职称评审计分中，教学分值所占比例是：

A. 25% 及以下　　B. 25%～50%　　C. 50%～75%　　D. 75% 以上

7. 贵校职称评审计分中，科研分值所占比例是：

A. 25% 及以下　　B. 25%～50%　　C. 50%～75%　　D. 75% 以上

8. 贵校职称评审规定对教师到企业实践的重视程度为：

A. 不重视　　B. 不太重视　　C. 一般　　D. 较重视　　E. 非常重视

9. 贵校职称评审规定对教师社会服务方面的重视程度：

A. 不重视　　B. 不太重视　　C. 一般　　D. 较重视　　E. 非常重视

10. 贵校为专业课教师提供最多的专业成长机会是：

A. 在职研修　　B. 企业挂职锻炼　　C. 访学　　D. 其他

11. 目前，您在专业成长方面最需要_____方面的提升。

A. 教学基本功　　　　　B. 信息技术能力

C. 教学研究能力　　　　D. 专业实践能力

12. 从实效上看，贵校当前的职称评审制度，对教师专业成长的促进作用：

A. 非常大　　B. 较大　　C. 一般　　D. 较小　　E. 非常小

13. 您认为，在高职教师职称评审中，较合理的分类标准是：

A. 按文理分类　　　　　B. 按教学型、科研型、服务型分类

C. 按专业分类　　　　　D. 其他

14. 您认为判断"双师型"教师的最合理的依据应是：

A. 获得相关部门的双证书　　B. 本校专门考核认定

C. 具有一定企业工作经历　　D. 能承担理论和实践课程

15. 您认为，高职教师的科研定位应以_____为主。

A. 基础性研究　　　B. 应用性研究　　　C. 教学研究　　　D. 自己爱好

二　请在符合您观点的选项数字上画"√"（单选）

序号	内　容	非常赞同	比较赞同	一般	不太赞同	不赞同
1	高职教师教学业绩应作为教师职称评审的最重要内容	5	4	3	2	1
2	教师承担辅导员、指导学生等工作应计入教学工作量	5	4	3	2	1
3	对高职教师科研成果的评价，应以其对社会的实际贡献为主	5	4	3	2	1
4	高职教师的职称评审应该有行业企业领域的专家参与	5	4	3	2	1
5	在高职教师职称评审中，应实施师德考核一票否决	5	4	3	2	1
6	在高职教师职称评审中，应实施教学质量考核一票否决	5	4	3	2	1
7	高职教师职称评审应从定额竞争式过渡到考核达标式（如考驾照）	5	4	3	2	1
8	高职教师职称评审，应该从评聘一体过渡到评聘分开	5	4	3	2	1
9	对教师提出的评审质疑，学校应做出合理的解释	5	4	3	2	1
10	高职教师职称评审标准应不同于普通本科院校	5	4	3	2	1

问卷到此结束，请您检查一下有无漏答。再次感谢您的支持与合作！

附录 3
本研究的访谈提纲

对高职院校专业课教师进行访谈的提纲

尊敬的老师，您好！我们正在进行高职院校专业课教师专业技术职务（职称）评审制度相关研究，请对以下问题谈谈您的看法。本次访谈遵循保密原则，仅做科研使用，请您放心回答！非常感谢您的支持！

"我国高职教师职称评审制度发展研究"课题组

1. 在贵校，院系推荐教师参加职称评审时，主要依据哪个层面的评审规定？该规定主要考核教师哪些方面？各自比重如何？

2. 您是否认同"将师德表现作为评聘的首要条件"？贵校在师德考核方面是如何做的？

3.（1）贵校对教师教学的考核主要包括哪些方面，比重如何？

（2）贵校对教学工作质量评价的主要依据是什么？

（3）是否有必要实施教学质量考核一票否决？

4.（1）对教师科研方面的考核存在哪些问题？

（2）对教师科研进行评价时，是否有必要实施代表性成果制度？

5.（1）在贵校职称评审中，是否有教师服务社会方面的专门要求？

（2）当前教师在科研、教学与服务社会工作中，存在哪些问题？三者相比，您认为哪一个最重要？

6.（1）贵校职称评审中，是否对"双师型"或"双师素质"有一定要求，其标准如何判定？

（2）学校对教师到企业实践有何政策和要求？存在哪些问题？

7. 从实际效果看，贵校的职称评审规定对促进教师专业成长作用如何？

8.（1）贵校职称评审是评聘一体还是评聘分开？您认为应当如何？

（2）贵校教师评价中，是否存在评价周期过短的问题？

（3）如果老师对职称评审结果产生怀疑，通常会怎么办？

对高职院校评委会专家进行访谈的提纲

尊敬的专家，您好！我们正在进行高职院校专业课教师专业技术职务（职称）评审制度相关研究，请对以下问题谈谈您的看法。本次访谈遵循保密原则，仅做科研使用，请您放心回答！非常感谢您的支持！

"我国高职教师职称评审制度发展研究"课题组

1. 在贵校教师职称评审过程中，评审专家主要做哪些工作？评审流程和评审方式是什么？

2. 贵校是如何对师德进行考核的？您认为师德考核"一票否决"合适吗？

3.（1）贵校对教师教学的考核包括哪些方面，比重如何？

（2）贵校对教学工作质量评价的主要依据是什么？

（3）是否设置教学工作量的上限？是否有必要实施教学质量考核一票否决？

4.（1）当前，高职教师主要从事哪种类型的研究？您认为高职教师的科研定位应该是什么？

（2）当前科研评价存在哪些问题？是否设置科研工作量的上限？贵校在推进"科研代表性成果评价"方面是如何做的？

5. 贵校对教师的社会服务是如何评价的？在科研成果转化方面是如何考核老师的？在教师到企业实践方面是如何考核的？

6. 您认为，在职称评审中应当如何设定科研、教学、服务社会三方面的比重？

7. 您认为，高职院校如何从自身办学特色出发，建立合理的教师职称评审标准？

附录 4
访谈内容摘录

一　访谈教师

访谈某高职院校信息工程学院教师

1. IR（IR 表示访谈者）：您认为，当前教师专业实践能力如何？

IE（IE 表示被访者）：在我看来，高职教师在实践方面还是有所欠缺的。我们要求高职老师是"双师型"，要下企业实践。但是，高职老师下企业的现状其实是"很水"的。实际上，现在老师的专业实践和动手能力实际是不够的。比如说会计老师，他上课是很好上的，但是，要他跟企业做账其实是做不来的。做软件开发的老师，要让他做一个软件系统，那他真的是做不来的。但是，他上课却讲得头头是道。……问题就在于，当前的科研评价是按照学术型大学的科研评价标准去进行评价的，这个根本不是我们高职老师应该去做的事情，而是一些本科、研究型、学术型大学老师应该做的。我们的研究，应该是为企业作了多少个系统，提供了技术服务。如果能够以这个为导向，老师们的动手能力会有所提升，那大国工匠也会出来一部分。但是，如果按照现在的'指挥棒'让老师到企业实践，那可能就是"水水"地去一下。……其实，我认为当前老师最缺乏的还是专业实践能力。

2. IR：学校对老师科研业绩的考核主要是依据什么？

IE：从学校评审的结果看，主要还是以论文、课题为标杆。从我自身参加评审的情况看，如果老师的省级论文、课题数量不够或者没有，基本上是没有希望了，其他的做得再好也不行。……我们都是按照本科的套路走的。现在，我们必须按照教育部对我们高职的要求，就是为中小企业提供技术服务或者研发，我觉得这样是比较合理的。但是，实际上，当前评审过程中大都要求纵向、省级这样的课题项目或论文等。我感觉这些对我们高职来说意义不大，很多老师仅仅是"为了省级课题而省级课题"，质量不高，原创性不足。……我认为，高职院校教师的科研应为企业解决一些实际问题。另外，在职称评审方面，如果能把教师为企业做一些科技研发的业绩代替论文、项目，就好了。

3. IR：贵校实施代表作的情况怎么样？

IE：首先，不同的教授在评的过程中也会有不公平的现象。比如，有的评审材料会送到高职院校的专家手里，有的会送到本科院校的专家手里。本科院校的评审专家会按照他们的学术性、权威性标准去进行评定，结果是不同的老师评，就是会有不一样的结果。另外就是，论文发表方面有一个很大的黑色产业，就是存在找"枪手"代写的情况。有的老师递交的代表作是英文论文，但是自己都不清楚其中一些单词的意思，这该如何解释。我在想，老师对自己的论文或其他代表作，如果能够通过答辩进行适当的解释，就是当面讲一讲自己是如何做这个研究的，这种情况就会得到有效遏制。但是，如果固定一个模式的话，接下来的老师在熟悉这个套路后，也会在答辩时说得头头是道，所以很难解决。

二　访谈专家

访谈某职业学院业务校长

1. IR：您认为，高职院校老师科研定位应是什么？

IE：我觉得老师的科研定位有两方面。一方面是教学研究，这个要作为重要的方面来进行考量。第二个方面就是老师服务行业、企业的技术改造、技术革新。我觉得就应侧重于这两方面的研究，也就是应用技术研究。这一块高职院校的老师还是比较缺乏的，因为，高职院校的老师很多是由非师范类院校培养的，对教学本身的规律掌握得不是非常好。一些老师并不懂教育的规律、心理学知识，而是凭着自己的认知去开展教学，像我们引进的一些硕士、博士。比如，博士毕业的老师，他的知识结构压根不适应职业教育的要求。所以，现在我们希望博士引进来就直接放到企业里面，先去过企业实践这道关，结合企业实践和产业发展来开展他的研究，然后，再反哺到教学中来。如果高职院校都招博士，博士进来如果安排上课，对于博士来说也是浪费了其科研能力。对于学生来说，也浪费了时间。因为，博士对于高职学生实践知识的学习来讲根本不了解。但是，现在国家在考核高职院校的时候都会关注学校博士的数量、科研基金、高水平论文等方面，我认为引进博士是一种双向浪费，是不必要的。

2. IR：当前，对教师的科研评价存在哪些问题？

IE：其实呢，科研评价还是应更多地关注质量，看其有没有解决实际问题。这个实际问题包括两个方面，教研方面有没有解决学校的重大问题；第二个问题就是横向技术服务方面有没有解决企业的一些问题。那我觉得以后还是这两方面的提升。像买论文这种问题，主要是有没有人进行举报。因为这些都是要进行公示的，我们打出来的分数都是要跟老师见面的。就是我按照一定的评价体系指数进行打分，然后，老师觉得里面有问题都是可以提出质疑的。所以，买卖论文的事情肯定是有的，如何证明，只有通过这些方面。

3. IR：当前，高职教师的科研是否能够服务教学？

IE：其实，从某种意义上来讲，教学和科研这两者之间还是有一些冲突的。倒不是说，老师的科研能力强，教学效果就好；教学效果好，科研能力就强。我觉着这两者之间应该是能够相辅相成的。比如说教师不去开展研究，教学方法和手段如何才能提高呢？没有理论支撑如何去做好一份完整的设计？但是，人们往往会把教学和科研割裂开来，这是因为我们做科研就是为了做科研，而不是为了解决教学的问题，也不是为了解决生产的问题。

我刚刚提到过高职院校的老师的科研，一是应侧重于教学研究。老师针对教学中的问题进行科研，以此来支撑实践，那么，这是不矛盾的。第二个就是高职院校要培养学生的实践动手能力、技术技能。如果教师能持续跟踪行业、产业前沿，并且能够把这些技术引进到课堂上来，那这两者之间不是也能相互促进吗？那么，这两者为什么现在存在冲突？就是在于老师是为了评职称而去做科研，为了得到科研经费而去做科研，不是为了解决企业的技术问题去做科研。显然，这样的科研并不完全是为了人才的培养。我认为，教师搞科研必须明确一点，就是搞科研要和自己的教学发生联系，然后，我再去做这样的科研。职业教育的逻辑起点是培养企业、产业的技术技能型人才。所以，我觉得还是一个初心的问题。

访谈某高职院校二级学院院长

1. IR：您认为老师的教学、科研和社会服务三者有何关系？

IE：我觉得这三者之间的关系还是比较密切的。老师首先要有自己的课题。老师研究的过程就是学习的过程、经验积累的过程，这些经验积累就是会传到课堂上去，课才会上得很生动、鲜活。然后就是，老师在帮企业指导、做的过程中会精力有限，那么老师就可以带动学生形成一个工作室，这样的话就能在做中学习。……没有说"不做科研的老师把课上得很好的"，这种概率很低，除非是马列、文科类的，实践类的老师没有在企业搞过课题、作品没上过市，那教的学生肯定不行。只有老师做的东西跟企业要求的一模一样，才能教好学生。在企业上过班的还行，那种没（在企业）上过班的（教师）教给学生的东西也没什么用。

2. IR：您认为，在教师教学评价方面有哪些好建议？

IE：我一直主张实施项目教学，而且我们跟企业合作过程中，我是做得比较深入的，也就是把企业的真实项目引到课堂上来做。由于我们做得比较真实，我们专业就发展得比较快，在校企合作过程中，企业的研发中心就取消了，由我们的研究团队取而代之。我经常在校内外作报告或汇报，我有个体会——企业项目的真实程度决定了专业建设的现代化程度。现在，很多专业就是没有企业项目，那它的专业发展动力就不足。如果仅仅是模拟项目，那也是不行的。我觉得现在教学改革最为关键的就是企业项目的介入，以及这个项目完成的绩效，这是一个专业性很硬的考核指标。我们跟企业合作就是在做真实项目，现在我们做的服装都能放到商场里去买，整个企业有28%的衣服是由我们做的，老师和学生的能力、积极性都很高。

3. IR：如何建立一个符合高职院校教师特点的职称评审制度？

IE：首先，就是刚才我提到的，就是把社会服务的比重加大一点。因为这是龙头，这个拉起来的话，老师的能力就会变强。如果每一个老师都能服务企业了，那这个老师教的学生就比较好。就目前来讲，社会服务这一块就还是比较弱的。因为，现在职业院校能力偏弱，这个弱主要是指职业能力、服务社会能力比较弱。但是，要想提升到大学里面去读书读博士也不行，就是要到企业去实践学习，反复去学习，归根结底老师要在企业锤炼出来。我们的老师之前只能做一部分面料，后来企业大部分的面料都是我们做的，我们也是经历了十年的努力积累。我们现在能够年年拿奖，全国大赛我们连续四年拿奖，我们凭什么？不就是平常跟企业做项目锻炼出来的嘛，也就是横向课题。

三　访谈人事处负责人

访谈某职业院校人事处负责人

1. IE：评审权下放后，贵校如何制定教师职称评审方案？

IR：从 2014 年开始我们省职称评审权开始下放，省里当时比较重视这个事情。教育厅一开始出了一个征求意见稿，但是，后来考虑到更多的自主权给学校，就做得比较模糊。我们学校最初用了教育厅提供的文件……我们当时考虑就是平稳过渡吧，因为职称评审老师都是准备好几年的，学校一下子突然变化老师也无所适从。在 2014～2016 年，我们基本上沿用了教育厅的规定，没有什么大的变化。后来，人事处形成这样一个方案，实际上是征求相关职能部门的意见，主要是教务处、科研处、学工部等几个相关部门。学校成立了相关的领导小组，然后，再面向教职工征求意见，还有上教代会，包括学术委员会都起了一定的作用。

2. IR：贵校在制定职称评审方案时，是如何考虑凸显高职特色的？

IE：之前，我们省本科和高职评职称是放在一起的。那么，高职院校意见比较大，毕竟跟本科院校竞争对高职不利。第一个感觉是，本科与高职院校职称评审区别比较大。我们教育厅分开评也有很多年了，但是总的来讲，跟本科还是大同小异吧。我们也是一直强调有高职特色，这么多年下来，特别鲜明的特色也不是太多，但是，跟本科还是有一些区别。有些东西没有办法量化考核。跟本科相比较，教学的比重可能就会更高一些。但是，教学比较难量化，很难找到大多数老师都比较认可的考核指标。第二个就是，我们高职比较强调教师动手能力，就是我们说的双师技能这一块。但是，也不是特别容易来体现老师的高技能，因为不同专业老师的情况都不太一样，是考核证书还是获奖还是什么，很难用一种办法进行简单的衡量。

3. IR：您认为，目前职称评审中存在的最大的困难或问题是什么？

IE：最大的困难可能还是标准的合理性吧，还有，如何体现高职特点这一点是比较难的。首先，大家都在强调教学中心地位，但是怎么体现教学的水平和能力，这就是个难点。第二，论文所谓的量化都是按期刊级别来的，但是按照级别、影响因子或者 SCI 几区就一定能代表论文的水平吗？这个也是有问题的。另外，老师们写的论文与所从事的工作有多大相关性，也是有问题的。但是，长期以来我还是没有合适的方法来改变这些问题。还有一个就是，职称评审是个"筐"，什么都想往职称里面塞，学校把这当作一个指挥棒。我们在工作中就觉得也太过于复杂了，其实意见也蛮大的，要求太多、太杂，啥都要求去做。但是，不放进去又体现不出学校的导向性，所以呢，我觉得这是一个矛盾。

四　访谈企业界人士

访谈某产业学院院长

IR：您认为，高职教师职称评审时，应依据教师的哪些业绩？

IE：我觉得评职称这个事儿，对教师业绩的考核应主要根据人才培养目标，看学生是否高质量就业。比如说，我请一位教师负责缝纫工培训或教学，将缝纫工培养成工艺师。我就看，学生毕业时，有多少人能拿到工艺师这个证书，有多少人是靠所学专业就业的，这是一个兜底的条款。如果说，你培养的学生拿的科研多、拿的课题多、教得课也好，就是培养不出学生。学生一毕业就失业，那高职教育就失去意义了。也就是说，对教师的教学评价，结果导向是必须的。比如说，你现在所带学生中，有多少学生拿到了相应的证书。比如说缝纫工、保安员、焊工，这些都是职业教育，都要拿到证书，这是结果导向。你想满足这个结果，肯定要有一个过程，你到底做了哪些实践，实践到底能不能产生盈利。你说你带的学生是焊工，这学生出去都不能干活，虽然有证，但是干不了活，也挣不了钱，这也是不行的。……你要是说从教育的角度来说，那我天天上多少课，做多少课题，写多少论文，我觉得这是可以的，那就是另当别论的事了。

其实，对一些无实际价值的论文，可以在政策方面调整一下。就是将教师发表论文等科研作为一个参考性的东西，有论文也行，没有论文也可以，那么，老师就不会把很多精力放到论文上了，就会投入到对学生的培养上。

IR：您认为，高职教师的科研应该如何定位？

IE：这个科研还要有，老师还是要以科研服务产业。我不知道你认不认识一个服装领域比较有名的一所高职院校服装学院的 XXX 教授。他一直认为，作为企业老师或高职院校教师，如果你自己都没有进过企业或工厂，你培养的学生工厂会要吗？如果教师都不知道工厂要啥样的老师，要啥样的学生，你能培养出企业需要的员工吗？我们的科研肯定是要以企业为产业，以岗位去做这个科研。比如，还拿服装做例子。我这个扣子一直是机械化地做，扣子老是不结实。那你能不能做个科研，把这个扣子做结实？中国人、非洲人体型不一样，你能不能根据这个体型进行量体裁衣，设计扣子？这些东西是企业需要的。这是非常现实的问题，扣子扣不严，（衣服）老提不上来。如果这个问题解决了，这不就是真的对企业有用吗？所以，我觉得如果老师能真正针对某一个产业、某一个企业、某一个岗位、某一个工序方面做好科研，这是最好的。如果你做不出来，可以和企业合作。合作的时候企业提供这些东西，你提供理论支撑，你们可以配合着，一块去做、去研究，这不就可以了。

高职院校体制内的很多老师没有待过企业的，他一时缺乏服务企业的能力。因为他一直在做研究理论，让他一下子做到能服务企业产业，确实比较难。这里面有一个政策问题，比如说，冻结他一段时间的身份，他必须上这个企业里面来。譬如，对一位教服装设计或制作的老师，给他一两年时间进服装厂，学校冻结他的身份，可以给他发基本工资，他必须去服装厂实践，问题可能就解决了。

五　访谈学生

访谈某职业学院毕业生 A

IR：你现在回顾一下在某职业学院就读时的情况。你认为作为职业院校老师应该把主要精力放在教学上还是科研上？

IE：我觉得教师应该将主要精力放在学生上，老师嘛，最终还是要以学生为主，这是我的理解。因为我感觉，高职教育的最终目的就是让学生以后能走得更远。就相当于我们这边的车间管理，要让车间里面的人把车间里的活做好，才能够推进这项工作，把它干得更好。因此，要让车间的人有个规划，因为很多东西他们不会的，也需要不断学习。作为教师，首先是教学生如何做人，第二应该是教会学生技术，这是双重的。学校教育的最终目的就是让学生以后能走得更远。教师把精力用在教学方面，学生的技术落地，并且落到自己身上，学生的能力才能培养出来。如果教师把主要精力放在科研论文上的话，可能很多东西都与教学离得太远，和学生学习也有点脱离了。

我觉得，当时承担我们 PRC 课程的一位老师给我的印象挺好。一方面，我觉得他的人品很好，特别是做人方面的综合素质对我影响很大。另一方面，就是他在技术方面的综合素质，我觉得他交给我们的一些技术，在我们工作后就可以直接用上，我觉得就挺不错的。

访谈某职业学院毕业生 B

IR：你认为，对高职院校教师进行职称评审时，哪些方面比较重要？

IE：我觉得老师的师德是第一位的，教学是第二位的，其次是科研。在高职教师的教学、科研和服务社会中，我觉得教学应该更重要，因为我们是高职，应偏重教学、重视技术技能在整个行业的应用。这样就会较好地给学生一个引导，让学生明白所学的东西在行业能用到哪些，现在是在干吗的。如果教师偏研究的话，学生可能不太适合。可能理论研究也是比较重要的，像本科、研究生他们会去接受这些研究。但是毕竟我是作为高职院校的学生，会对实践更加喜欢一点。

图书在版编目(CIP)数据

　　高职教师职称评审制度研究 / 王为民著. -- 北京：
社会科学文献出版社，2022.5
　　ISBN 978-7-5228-0065-3

　　Ⅰ.①高… Ⅱ.①王… Ⅲ.①高等职业教育-教师-
职称-评定-研究-中国 Ⅳ.①G715

　　中国版本图书馆 CIP 数据核字(2022)第 071929 号

高职教师职称评审制度研究

著　　　者 / 王为民

出 版 人 / 王利民
责任编辑 / 宋淑洁
文稿编辑 / 许文文
责任印制 / 王京美

出　　版 / 社会科学文献出版社·经济与管理分社(010)59367226
　　　　　　地址：北京市北三环中路甲 29 号院华龙大厦　邮编：100029
　　　　　　网址：www.ssap.com.cn
发　　行 / 社会科学文献出版社(010)59367028
印　　装 / 天津千鹤文化传播有限公司

规　　格 / 开　本：787mm × 1092mm　1/16
　　　　　　印　张：23.75　字　数：388 千字
版　　次 / 2022 年 5 月第 1 版　2022 年 5 月第 1 次印刷
书　　号 / ISBN 978-7-5228-0065-3
定　　价 / 138.00 元

读者服务电话：4008918866
▲ 版权所有 翻印必究